LIBRA

一种金融创新实验

A Kind of Experiment on Financial Innovation

数字资产研究院　编

人民东方出版传媒
東方出版社

图书在版编目（CIP）数据

Libra：一种金融创新实验 / 数字资产研究院编.
— 北京：东方出版社, 2019.8

ISBN 978-7-5207-1112-8

Ⅰ. ①L… Ⅱ. ①数… Ⅲ. ①电子货币—研究 Ⅳ.
①F830.46

中国版本图书馆 CIP 数据核字（2019）第 158260 号

Libra：一种金融创新实验
（Libra: YIZHONG JINRONG CHUANGXIN SHIYAN）

作　　者：数字资产研究院
责任编辑：姚　恋　李志刚　杨润杰
出　　版：东方出版社
发　　行：人民东方出版传媒有限公司
地　　址：北京市朝阳区西坝河北里 51 号
邮　　编：100028
印　　刷：三河市华润印刷有限公司
版　　次：2019 年 8 月第 1 版
印　　次：2019 年 8 月北京第 1 次印刷
开　　本：710 毫米 × 1000 毫米　1/16
印　　张：26.5
字　　数：400千字
书　　号：ISBN 978-7-5207-1112-8
定　　价：78.00 元
发行电话：（010）85924663　85924644　85924641

未来货币将是智慧、理念、制度和科技的完美结合。

目录

第三篇　Libra 和国际竞争

第四篇　Libra 和技术实现

第五篇　综述

附录

后记

Contents

序 一

以开放、理性、科学的态度看待 Libra

数字资产研究院　朱嘉明

2019 年上半年，科技界有两件大事具有历史性和世界性意义：其一，马斯克于北京时间 5 月 24 日发射 60 颗卫星，启动“星链“计划；其二，6 月 18 日，Facebook 发布 Libra 白皮书，宣布将发行基于区块链技术和具有公共产品性质的非主权货币。如果说，马斯克的“星链”计划的实施将改变人类的空间存在形态，那么 Libra 计划意味着支持人类社会的货币制度将面临深刻变革。只是 Libra 更为现实，影响着全球亿万民众的日常生活，所以更为政府部门、金融界、区块链社群和经济学家们关注。

现在，呈现在读者面前的这本《Libra：一种金融创新实验》，以文字的方式集结了在过去不到一个月时间中国国内关于 Libra 的最有代表性的思考、观点和讨论。在这些思考、观点和讨论的背后，是中国正在崛起的群体代表，他们具有金融、计算机、区块链、经济学的训练和实践，他们是上一轮区块链宣传、普及和应用的主体，他们是对世界范围内新事物有着超常敏感性和想象力的 80 后和 90 后。可以预见，他们对未来中国货币制度的创新将有着不可低估的作用。

人类的货币历史和文明史一样漫长。在人类货币史中，中国的货币史长达两三千年，几乎从未中断，数度创新，对世界起到过主导作用。但是从19世纪中期之后，中国的货币制度逐渐丧失优势，严重影响中国现代化进程。从清末到民国初年，政府和民间虽多次推动货币制度改革，但是直到20世纪30年代先后通过“废两改元”和“法币改革”，中国货币制度才得以进入现代化轨道。其后由于抗日战争和国共内战耗尽国力，中国的货币金融体系千疮百孔。中国虽然是制定战后货币制度的“布雷顿森林会议”参加者，但已不具有话语权，更不要说影响力。从1949年至1978年，中国实行以非货币化为前提的计划经济制度。改革开放后，中国经济持续高速度增长，成为世界第二大经济体，其间重新开启货币化和金融制度现代化进程，但中国在世界货币金融体系中的地位与国家经济状况、大国地位极不相称。

从20世纪70年代开始，当代世界货币金融体系存在的制度性的缺陷日益明显，全球金融资源分配不合理状况进一步恶化，加剧了国家之间和每个国家内部的贫富差别。2008年的世界金融危机，无疑加深了世界货币金融制度的潜在危机。

正是在这样的背景之下，世界货币金融体系面临前所未有的改革压力。与此同时，来自民间的力量，开始挑战现存的、以法币为核心的货币制度。人类已经无法回到白银、黄金时代。货币制度的未来唯有数字化。从比特币到Libra所代表的加密数字货币的产生和发展，代表了这个趋势。对于Libra，至少有六个“不可低估”：（1）不可低估Libra所代表道德的观念的制高点；[①]（2）不可低估Libra的技术基础；（3）不可低估Libra的团队吸纳世界范围内对其白皮书的各种反馈能力；（4）不可低估Facebook支持力量在世界主要发达国家的游说能力以及与政府监管机构的协调能力；（5）不可低估Libra在实施和应用过程中不断自我调整和改善的潜力；（6）不可低估Libra对未

---

① 7月3日，Facebook区块链负责人大卫·马库斯（David Marcus）在其博客长文中明确表示：“Facebook不会控制Libra货币、Libra网络以及其挂钩的价值”“Facebook将成为Libra协会100多名会员的其中之一，没有人会有特权或优先权”。

来经济、政治、社会和技术风险的应对能力和资源。

现在 Libra 的白皮书，显然没有包括其团队的全部构想，有些是他们认为不够成熟的，有些则是认为不合适立即公开于世的。在未来数月中，这个团队会根据各方面的反馈，加以修正和补充。所以，Libra 仍然是一个可以塑造，处于开放状态的动态概念。

以这样的历史视角来看，中国同时存在两种压力：一方面是来自所谓的“后”布雷顿森林体系货币金融制度，中国在不得不接受既有规则的同时，需要积极、主动和建设性地推动现实世界货币制度的改革。中国货币金融制度的进一步现代化，人民币的国际化和成为世界主要储备货币，还有着漫长的路要走。另一方面来自加密数字货币以及它们代表的新型货币机制的爆发力和潜力。如果说，比特币至今难以全方位影响世界经济生活，那么 Libra 则具备显而易见的可能性，引发包括金融模式、税收财政体制和商业模式的系统性和连锁性改变。所以，对于中国这样具有世界举足轻重地位的经济体，需要加速开发国家级主权数字货币，需要支持和扶植更大范围的技术开发和实验。

这本书，不仅是中文世界关于 Libra 思考、观点和讨论的文字性集合，而且标志着中国对数字货币的认知已经处于世界最前沿。在 2008 年比特币文本公布于世的时候，中国的反应滞后达几年之久。但是在 2013 年以太坊概念提出的时候，中国年轻一代已经迎头赶上，之后在区块链技术、通证经济方面有了诸多突破性的进展，甚至主导了世界相关潮流。而此次 Facebook 公布 Libra 白皮书，中国是同步的。在这本书中，读者不难发现，中国这个群体对 Libra 的思考、理解和预期甚至超越了 Libra 白皮书撰写团队。

2020 年在即，这将是计算机、互联网、5G、人工智能、大数据等技术大融合的年代，是科技改造传统经济特别是货币金融经济的时代，因此是社会变革的时代，是建立共享经济的时代。我们应该将 Libra 作为 2020 年一个最重要的构想和试验。

在未来的货币金融领域，绝对垄断状态应该逐渐改变，给人类更多选择，保证人们有更多和更大的自主权，改变金融资源的严重不平等。所以，我们需要关注在金融货币领域的新思想、创新和试验。根据Libra白皮书和其背后的思想，Libra在设计上避免形成一种新形态的货币金融垄断。尽管如此，中国应该为全球数字经济和数字货币提供新的选择。在本书中，可以看到作者们对中国数字经济和数字货币基本思想和科学技术框架的探讨。

还需要告诉读者的是，这本书的价值不仅仅是对Libra的介绍，还包含了中国年轻一代对Libra精神价值和其历史意义的诠释，以严肃的态度探讨Libra的未来可能性。毫无疑问，Libra作为一个巨大和复杂的社会工程，实施的难度和不可预知性，将超过马斯克的"星链"的太空工程计划，牵扯到现实社会的既得利益博弈。有一点可以肯定，Libra的实施，不会一蹴而就，将是曲折的。所以，这本书中所讨论的Libra的未来，显现的是理性和科学的态度，而不是简单和盲目的乐观。

1896年，货币哲学家西美尔曾经说过："现代文化之流向两个截然相反的方向奔涌：一方面，通过在同样条件将最遥不可及的事物联系在一起，趋向于夷平、平均化，产生包容性越来越广泛的社会阶层。另一方面，却倾向于强调最具个体性的东西，趋向于人的独立性和他们发展的自主性。货币经济同时支撑两个不同的方向，它一方面使一种非常一般性的、到处都同等有效的利益媒介、联系媒介和理解手段成为可能，另一方面又能够为个体性留有最大程度的余地，使个体化和自由成为可能。"①

在昨天和前天，西美尔上述关于人类文化与货币经济的理想是乌托邦，那么在今天和明天它正在变成现实。

2019年7月10日

① ［德］西美尔：《金钱、性别、现代生活风格》，顾仁明译，学林出版社2000年版，第6页。

法律之外，创新没有负面清单

中国金融博物馆　王巍

2019年6月18日注定成为金融史的一个划时代的里程碑式的日子。Facebook联合了具有全球商业影响力的几十个巨头企业共同发起了一个名为“Libra”的数字货币，用于支付和结算，也自然具备价值储备的功能。在简要发布的白皮书里，开宗明义地宣布Libra是在全球范围建立降低金融交易成本和普惠大众的金融基础设施。

人类文明进化的原动力就在于分工与交易，而金融的核心就在于不断创造支付工具和支付模式来满足和促进交易的完成，定价与价值储备都是支付功能的衍生品。Libra的诞生将会开启金融的新时代。第一，它是基于区块链理念的应用，奠定了多元的点对点支付网络格局；第二，它突破了金融机构在货币支付领域的运营垄断，硅谷技术完美逆袭华尔街金融；第三，它超越了各国中央银行主张的“货币主权”，全球支付治理规则面临颠覆性重组；第四，更重要的是，如同几百年前纸币取代金属币，信用卡和网络币（Apple Pay、微信和支付宝等）几十年来主导消费社会一样，Libra创造了一个前所未有的大数据与区块链构建的支付信任体系，极大降低了高额的金融垄断成本和庞大的金融风险代价，真正安全有效地将各种社会资源用于开发实体经济和提高人民的福利。

Libra发布伊始便引起了全球金融界的广泛关注和热烈讨论，欧美各国中央银行和国际金融机构都立刻做出各种表态，全球金融机构和商业公司都迅速以Libra白皮书对标，讨论并制定相应的对策。而一向谨慎的中国金融监管机构，对各界咨询均是守口如瓶，不做任何回应，可见兹事体大。

中国区块链应用研究中心于2019年6月25日在北京的国际金融博物馆举办了《Libra的世界影响和中国对策》恳谈会，邀请了众多具有市场影响力的业界专家参与讨论，两位前央行负责人也到场给予积极支持，这次论坛得到民间和政界的广泛关注。7月2日，中国区块链应用研究中心移师上海的并购博物馆举办第二次恳谈会。中国的民间和市场对Libra、数字货币和区块链的讨论始终与全球保持同步，这是得益于科技进步和社会开放的现实环境，这是中国金融监管界秉持宽容与吸纳态度的结果。相对于20世纪80年代初期的经济改革环境而言，如今中国的80后、90后在金融科技领域的创业环境远比先辈更加自由和幸运，当然，也会承担前所未有的历史责任：再造科技金融的基因与生态体系，扎扎实实地实现真正的普惠金融。

鉴于Libra的重要意义，自然也引起了来自学界、政界、金融与科技界的质疑和挑战，所有这些都直接或间接地表达了社会各界的巨大期许，也会给Libra催生更多的竞争对手和合作伙伴。小荷才露尖尖角，更有春风卷潮来！从金融竞争的格局上，我有几点感言与期待，与同行共勉。

法律之外，创新没有负面清单。创新是面向未来的探索和尝试，没有前例可循，也没有权威可以决断。法律之外，不应该为创新设置负面清单。我们强调多年的依法治国,而且我们也非常自信建立了一个文明的社会主义法治社会。在金融创新这样一个全球激烈竞争的领域，超越法律规则，人为建立语焉不详的负面清单，让一代创业者如履薄冰、动辄得咎，这是严重违背时代精神和世界潮流的。这两年，中国金融科技与全球同行的差距正在被拉大，人才也在流失，令人痛心。

央行不应垄断数字货币的创造。货币在人类历史上始终就是便利交易的支付工具，民间一向可以根据信任程度和交易需求来创造各种货币。最近二百年来的大工业基础上，各国政府陆续将铸币权集中并垄断，定义为法币。在网络经济和服务经济基础上，越来越多的区域和领域性货币已经大量被民间机构创造出来，得到广泛认可。数字货币可以是国家主权规定的法币，也可以是在特别交易者之间和特定领域被接受的支付工具。Libra 显然不是法币，但可能被市场广泛接受，甚至超越主权法币而在全球流通。中国一直强调由央行来设计数字货币，民间机构可不可以参与或创造中国版的 Libra？以中国的市场规模和应用场景，我们已经有与 Libra 抗衡的资源、技术和能力，让不让参与竞争，这是监管层不能回避的问题。

夯实国家金融安全与核心竞争力的环境。金融是一个复杂的社会生态系统。监管层有治理的规则，操作者有交易的立场，学问家有理性的逻辑。正是这种不同立场的观点交流和行为博弈，才使得金融工具、机构和模式被创造出来，日益丰富复杂，成为现代社会不可或缺的保障体系和动力系统。邓小平同志指出："金融很重要，是现代经济的核心"[①]，习近平总书记指出："金融是国家重要的核心竞争力"[②]，都是抓到了国家安全的要害。强制封闭一代人的全球视野，不允许公开讨论金融科技的创新机会，人为设置各种负面清单等，都可能瓦解国家的核心竞争力，增大金融风险。回避或无视全球金融科技创新的挑战，隔绝于全球金融生态体系，就是最大的金融风险。

任何创新事物，一定会有各种邪恶势力浑水摸鱼，欺诈、掠夺、"割韭菜"，危害社会利益。不独中国如此，全球各国亦如此，不独金融业如此，所有行业都如此，这是常识。这就需要政府监管和法律的介入，也需要行业社团协会的介入，更需要所有参与者的自律与干预。单单以监管一方之力，排斥其他，很难奏效，而且会将其他合作者推到对立面。以金融风险的名义，简单粗暴处理创业者和创业机构，更可能形成"剪不断理还乱"的真正风险局面。这是需要

---

① 《邓小平文选》（第三卷），人民出版社 1993 年版，第 366 页。

② 《习近平谈治国理政》（第二卷），外文出版社 2017 年版，第 278 页。

监管者和创业者共同面对、平等讨论，甚至互相妥协的地方。

Libra 的横空出世，是金融科技积累几十年的结果，也是比特币和区块链十年快速成长的突破。中国新一代创业者有幸躬逢盛世，参与全球金融创新的发展，再造普惠金融的全新生态，这是令人鼓舞的。我们期待中国版的 Libra 也可以尽快推出，参与全球货币支付体系的竞争，占据普惠金融的制高点。天不负我辈，我辈安能负于天？我们为金融科技和国家竞争力的提升鼓与呼。

2019 年 7 月 2 日

第一篇

Libra 和未来货币金融体系

Libra: The Future Monetary System

Libra：未来世界货币体系和货币金融资源平等

朱嘉明

摘　要

2019 年 6 月，在世界经济领域发生的最大的事情，也是和全世界民众休戚相关的事情，莫过于 Facebook 发布了关于 Libra 的白皮书。Libra 是一个具有极大创新价值的新型数字货币，因为 Libra，当代世界货币金融体系很可能发生重大演化，全球性货币金融资源分布和分配严重失衡的趋势可能得到遏制。

一、如何认知当代货币体系的历史？

当代货币体系的形成与发展，并没有那么久远，不过七十多年的历史，需要追溯到 1944 年。1944 年，第二次世界大战结束的前一年，也是诺曼底登陆后的不到一个月，西方主要国家和当时的中华民国在美国的新罕布什尔州的一个小镇上开会，讨论战后的货币体系。不得不承认，西方政治家在那样的历史时刻同时兼顾重大的军事行动和重大的金融货币制度重建的举措。民国政府组团参加了布雷顿森林会议，代表团团长是民国时期重要人物孔祥熙。

当时，存在两种方案：其一是凯恩斯（John Maynard Keynes, 1883—1946）方案。通过创建“国际清算同盟”（International Clearing Union）发行统一的“世界货币”，多边自由汇兑。这种“世界货币”排除黄金作为国际储备的必要性，世界各国在“世界货币”中的份额取决于第二次世界大战前三年的进出口贸易的平均值。其二是美国代表团团长怀特（Harry Dexter White, 1892—1948）方案。

黄金继续作为国际储备，唯美元和黄金挂钩，其他货币和美元挂钩，形成一个以美元为中心的国际货币体系。

如人们所知，怀特方案获得了成功，有两个原因起到了主导作用：其一是金本位制度的强大历史惯性；其二是美国毋庸置疑的经济实力。最终，布雷顿森林会议不仅确定黄金的国际储备地位，规定了美元的含金量，而且排除了美元之外，其他货币与黄金的直接关系，正因为如此，美元又被叫作美金。美元成为事实上的“世界货币”，美元霸权由此产生。

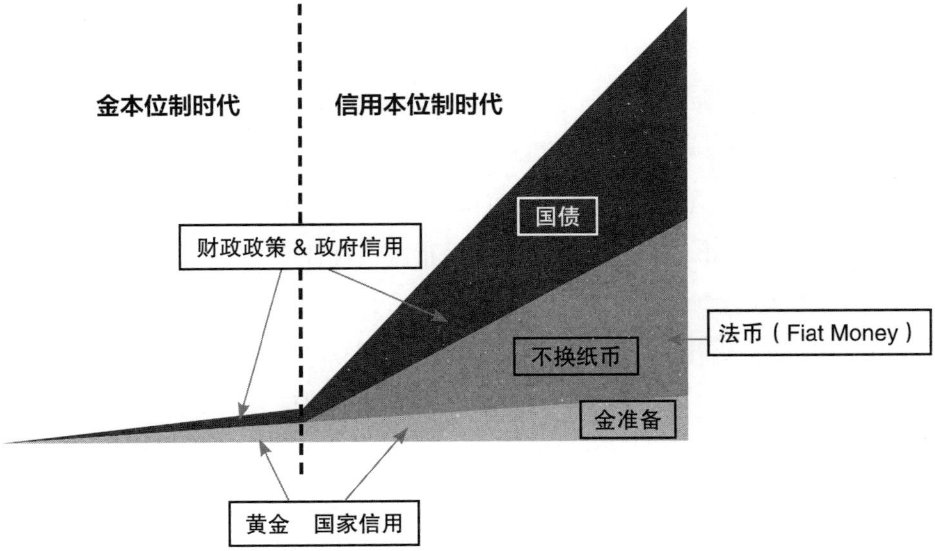

图 1-1　金本位制和信用本位制的货币体系比较

总的来说，发源于 1944 年布雷顿森林会议的当代世界货币体系，无非是世界主要国家的一些政治领域和货币金融领域精英在当时历史条件下的一种人为设计的结果，并非如人们以为的那么神圣。

七十多年之后，重新比较凯恩斯方案和怀特方案，凯恩斯方案显然更具有超前性。首先，黄金最终退出国际储备是历史趋势；其次，创建世界货币，避免个别国家的货币“一家独大”，有利于世界各国的长久利益。当然，凯恩斯方案中关于任何国家在“世界货币”中的份额取决于其在世界贸易中的份额，难以实现，因为各国在世界贸易中的比重是极为动态的。在布雷顿森林会议上，凯恩斯无疑是最为著名的人物，其方案没有得以采纳，应该是郁闷的。两年之后，凯恩斯去世。但是，怀特也没有活得太久，他在 1948 年过世了。

布雷顿森林会议还有两个重要成果：创建国际货币基金组织（International Monetary Fund, IMF）和世界银行（World Bank）。IMF 治理制度基于“特别提款权”机制，通过向成员国提供短期资金借贷，实现国际货币体系的稳定目标。世界银行以实现成员国经济复苏和发展为目标，基本手段是向成员国提供中长期信贷。

但是，布雷顿森林会议所确定的世界货币体系仅仅维系到 1971 年夏天，也就是不足三十年。1971 年 8 月 15 日，美国总统尼克松在当天的晚间新闻中正式宣布，美元和黄金的兑换信息窗口关闭，美元与黄金的固定汇率时代结束。于是，世界货币体系进入到所谓的后布雷顿森林体系。我们现在讨论世界货币秩序，实际上应该以 1971 年 8 月 15 日作为历史分水岭。也就是说，如果从 1971 年算起，当代世界货币体系仅仅只有四十八年历史。

在过去半个世纪，这个所谓的后布雷顿森林会议体系继续发生改变，其中最大的事件包括 20 世纪 80 年代广场协议的签署、2000 年之后欧元的发行和流通，以及人民币国际化的努力和在世界范围内影响力的增大。

二、当代货币体系的问题症结是什么？

布雷顿森林会议所创建的当代货币体系，对全球经济产生了不可替代的历史性贡献。但是，随着历史的推移，这个货币体系的问题也在积聚，与持续不断的经济危机和金融危机，特别是 2008 年世界金融危机，有着深刻的关联性。

为了深入讨论，我们需要澄清钱（money）、法币（fiat money）以及通货（currency）之间的差异。钱是一个非常抽象的概念，也是相当包容性的概念，人类自文明起端就发明和使用钱。但是，钱字的前面要加上各种限制，例如，铜钱、五铢钱。法币的基本定义，是建立在国家信用基础上，以国家和政府作为背景所发行的货币。不管一个国家多么小，都有发行法币的天然权利。法币自然是国家货币和主权货币，三者之间可以画等号。至于通货，主要是强调货币的流动和交易状态。

从战后到1971年的布雷顿森林会议体系期间，世界各国的法币和1971年之后的法币有着根本性的不同。1971年之前，世界主要法币几乎都有官方公布的含金量，而且在原则上是固定的。也就是说，包括美元在内的法币并不可以随意发行，最终受到黄金储备，也就是法币兑现黄金的限制。在那个时代，即使苏联的卢布也是有含金量的。只有中国例外，从未宣布过人民币的含金量。而在1971年之后，美元率先成为不再受黄金约束的纯粹纸币，完全基于国家信用。这个先河一开，在全世界范围内，实现了法币的空前解放，货币彻底完成了国家化的转型。在这样的情况下，央行在现代国家制度中获得了超乎寻常的地位。

在法币挣脱黄金束缚之后，美元成为最大受益者。（1）美国货币当局具有超乎寻常的发币权利。（2）世界货币体系中形成以美元为主体的储备货币。经过历史演进，2008年之后的世界储备货币除了美元之外，还有欧元、日元、英镑、人民币等等。（3）美元的信用优势。因为美国经济发达、政治稳定，美元自然成为世界范围内的“法币的法币”。（4）世界范围内产生对美元的路径依赖，美元渗透到世界的每个行业、每个阶层、每个地区和每个角落。（5）美元享有世界范围内的铸币税。

在世界货币金融体系中，世界各国的货币占全球外汇储备的比重和GDP是失衡的。2018年，美国的GDP占世界GDP的比重大概是24%，美元在全球外汇储备占比达61%以上。中国是世界第二大经济体，占世界GDP比重大概不到16%，但是人民币在全球外汇储备中的比重不足2%，只有百分之一点几。世界上有160多个国家及地区，占世界GDP比重约一半，但它们的货币占全球外汇储备不到6%。也就是说，各国对世界经济实际的贡献率和货币的比重长期处于失衡状态。

三、当代货币体系造成货币金融资源生态严重失衡

自 1971 年开始，急于脱离黄金束缚的世界法币体系，不仅具有“任性”特征，而且形成内在的膨胀机制，逐渐形成日趋失衡的金融生态：（1）国家（政府）获得对法币制造、发行和流通的绝对垄断地位。（2）国际关系的深层结构，逐渐移转到国家之间的法币关系，形成了以主权国家为节点的法币联盟。美元是超级节点。（3）中央银行地位的上升。最具有代表性的是美联储，它成为事实上的世界“中央银行”，其他国家按照国家实力组成了中央银行联盟。（4）美国在世界法币体系中处主导地位。美元与世界主要法币的汇率、美元利息，对世界经济影响甚巨。世界形成了巨大无比的货币市场和外汇市场。（5）传统商业银行和非银行金融发生结构性调整。

在这样的货币金融生态之下，世界性货币金融资源的不平等成为日益严重的问题。所谓金融资源不平等，主要是指各类金融资源，特别是货币资源的产生、分配，包括银行、基金在内的金融机构，以及资本市场和货币市场的分布和社会分布不平等。具体表现为：

（1）货币的中性化（money neutrality）特征急剧消失，货币对现实经济的实际影响力不断扩张。传统经济学家最强调的自然利率愿望渐行渐远。（2）自 20 世纪 70 年代开始，各国的货币供给，主要是 M2 的增长率，呈现加速度状态，有的时候甚至严重高于世界 GDP 的增长率。在 2008 年世界金融危机之后，几乎所有发达国家，为避免 1929—1933 年的世界金融危机和经济大萧条的重演，先后实行货币宽松政策，无限制地增加货币供给。（3）通货膨胀分布呈两极化状态，在世界主要发达国家，拥有成熟的市场，基本实现了通货膨胀率低于 2%，失业率低于 2.5%。相反，越贫穷的国家、市场经济发展程度越低的国家和金融制度越落后的国家，通货膨胀率越高。2018 年全世界有差不多 20 多个国家实际通货膨胀率达 10% 以上，土耳其、埃及，特别是委内瑞拉通货膨胀率最为严重，达到数千倍。在严重通货膨胀的国家，其主权货

币破产。[①]（4）美联储以及华尔街代表的传统金融资本力量，以强大的财富为基础，长期主导货币金融资本的主要走向。越来越多的主权国家，不仅所谓的传统的相对独立的货币政策几乎不复存在，而且难以找到不对本国货币汇率进行“操纵”的国家。（5）世界上上百个国家，影响着数十亿民众生存的上百种法币，离开本土，变得一文不值，他们在世界货币体系的话语权微乎其微。（6）在发达国家和发展中国家之间，在各种类型国家内部，人均货币和金融资源的差距甚大，而且有不断扩大的趋势。（7）世界上绝大多数发展中国家的民众得不到基本的金融服务，没有银行账户，没有智能手机支付的经验。全球性的 IPO 规模的扩大，包括主权基金在内的各类基金的兴起，加剧金融资源的积聚、垄断和寡头化。（8）商业银行的独立性大为减少，大型企业、跨国公司可以优先获得金融分配机会，甚至成为 2008 年世界金融危机之后的最大受益者。（9）国际货币基金组织（IMF）、国际清算银行通过《巴塞尔协议》及各类世界性金融合作协议，例如 SWIFI、Ripple 等，有效地影响着金融体系的规则与秩序。（10）金融科技和创新成果分享的失衡。

21 世纪以来，全球金融资源不平等现象日益严重，造成了日趋严重的后果：（1）阻碍了世界经济的均衡发展，扩大发达国家和发展中国家，包括新兴市场国家经济之间的差距；（2）加剧世界人均金融资源分布的差别，呈现发展中国家人均 GDP 上升，而人均金融资源下降的状况；（3）所有国家内部的金融资源分配的失衡，金融资源以前所未有的速度向世界极少数金融机构和人群积聚，成为世界性贫富差距扩大的深层原因，而中产阶级成为金融资源不平等的最直接受害群体；（4）全球性金融资源分布和分配的失衡，最终加剧社会分裂，构成世界性动荡的深层原因。

① 柬埔寨 1997 年因为政治危机导致货币金融危机，我有幸参与了重建货币金融制度的讨论，在如何从制度上治理其主权货币和美元的关系，提出了建设性意见。

四、超主权货币和非主权货币的提出与试验

世界货币金融体系，是一个极端不平衡的体系。如何实现人类的金融平等，包括金融资源平等、金融服务平等，缩小世界性的贫富差距，这是人类面临的重大问题。人类现在面临的重大问题，不仅包括人口问题、环境问题、经济增长不平衡问题，其实更大的一个问题是金融资源、金融服务、金融利益分享的失衡问题。而超主权货币和非主权货币的构想和实验，至少为解决货币金融资源分布和分配的失衡，提供了新的思路和选择。

不得不说，超主权货币和非主权货币是有差异的两个概念。

所谓的超主权货币并没否定主权的存在。例如，欧元属于以欧盟成员国原本主权货币（德国马克、法郎、意大利里拉、奥地利先令等等）为基础的超主权货币。所以，欧元具有清晰的法币基因和传统。2009 年年初，针对 2008 年世界金融危机的严峻形势，中国人民银行时任行长周小川提出创建超主权货币方案，其实是以继续维系包括 IMF“特别提款权”制度为前提的传统法币体系。未来，还会有其他形式的超主权货币诞生，例如，“亚元”，它并非是乌托邦。

但是，非主权货币则是与原教旨的法币没有基因传承的，其产生与发展与国家和政府不存在关联性。所以，非主权货币最接近哈耶克的货币非国家化的理念。如同法币一样，非主权货币也是“无中生有”的，只是法币需要国家和政府背书，而非主权货币则是使用者和受益者背书。不仅如此，非主权货币的“无中生有”需要以一个规则、一个算法、一种技术为基础。

在过去不足半个世纪的历史中，在世界范围内，非主权货币的典型案例包括：（1）区域货币（regional currencies）。[①]（2）时间币，例如 Time Dollars。（3）2009 年比特币诞生以来所形成的密码数字货币集群。（4）摩根大通和

---

① 世界上有 3000 多种区域货币，主要分布在北美、西欧、日本和发达国家发达地区。任何一个社区在自治的基础上和民主制度下，当地政府具有发行本区域货币的权利。美国盐湖城就有自己的货币。

国际商业机器公司（IBM）发行的加密数字货币。（5）具有准货币特征的、分布广泛的通证（Tokens）。

需要强调的是，上述大多数非主权货币基本上是合法的。其中比特币比较特殊。比特币的诞生和 Libra 的可能诞生，彻底改变、颠覆或者说撕裂了原本的货币体系。以比特币为代表的加密数字货币，市场价值最高的时候，达到几万亿美金，最差的时候也是几千亿美金。我们可以做这样一个设想，如果把拥有比特币的人口加上他们所拥有的财富，给他们一块土地，他们的人均 GDP 在世界上是排在很靠前的。他们的财富影响力绝对超过我们的想象。面对这样的事实，千万不要抱以轻蔑的态度。所以，至今并没有一个国家明确宣布比特币是非法的。事实上，基于区块链技术的比特币，是没有办法被消灭的，它的规则也没有办法由少数人改变。

2019 年 6 月，Facebook 公布的 Libra 白皮书，其思想还需要讨论，其方案的落实也需要突破很多制度性和技术性的困境。但是，Libra 无疑为非主权货币提供了一种新的思路和模式。仅仅根据公开的信息，可以看到 Libra 构想并非是乌托邦，确实存在如下的优势：（1）基于"综合"基础的创造：吸纳了布雷顿森林会议的精髓，包括怀特和凯恩斯思路；吸纳了 IMF"特别提款权"机制；吸纳了比特币等加密数字货币经验。（2）充分利用互联网技术和区块链技术的最新成果，包括 5G 的介入。（3）拥有超过 20 亿，分布于世界几乎所有国家的用户。（4）Facebook 主要拥有者的认同，资本市场反应积极。（5）已经得到包括 Visa 和 MasterCard 在内的数十家世界级企业的承诺和参与，而这些企业正在运行。（6）超级节点正在形成，构成更大的能量。（7）坚持以互惠金融为核心的价值观。

货币的本质是信任（trust）。如果 Libra 的实验得以开始，意味着主权货币和超主权货币、非主权货币之间的竞争开始进入一个新的历史阶段。

五、世界正在开始向一个新型货币体系过渡

在 2019 年谈论世界货币体系的过渡，已经不再是一种观念、一种理论，而是一种事实。理解正在改变之中的世界货币体系，需要接受三个基本维度：第一个维度是直观的世界货币结构，其中不仅包括传统的基于主权的法币体系，而且包括超主权货币和非主权货币。第二个维度是所有的货币形态都处于数字化转型的过程中。今天讲数字货币，可以是央行发行的，也可以是由商业银行发行的，还可以是商业银行和经济实体共同发行的，甚至是根本没有发行主体，例如比特币。但是非主权货币在数字化方面具有先天优势，在技术创新方面处于领先地位。第三个维度引入虚拟货币概念。基于计算机算法，通过计算机语言来表现出来的货币形态，脱离货币原本的物质和物理形态的数字货币，其实都是虚拟货币。虚拟货币可以是非主权货币，也可以是以主权为基础的法币。见图 1–2：

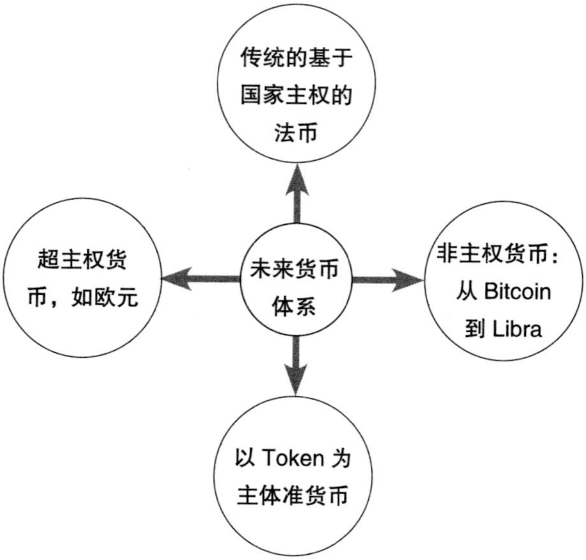

图 1–2　未来货币体系

正在形成的全息货币体系比较，见表 1–1：

表 1–1　世界全息货币体系对比表

<table>
<tr><th colspan="3" rowspan="3">世界全息货币体系</th><th colspan="3">货币基本形态</th></tr>
<tr><th rowspan="2">物理形态货币</th><th colspan="2">数字货币</th></tr>
<tr><th>非加密数字货币</th><th>基于区块链加密数字货币</th></tr>
<tr><td rowspan="4">法律规范监管状态</td><td rowspan="2">具有法律规范</td><td>主权国家／政府</td><td>中央银行“法币”：现金</td><td>各种基于法币的电子货币</td><td>中央银行发行：主权加密数字货币</td></tr>
<tr><td>半中心／准中心</td><td>商品性通货
· 金属
· 能源
· 谷物</td><td>混合型通货
· Reserve 币
· Saga 币
· Aurora 币</td><td>· Tether（USDT）
· Gemini Dollar（GUSD）
· USD Coin（USDC）</td></tr>
<tr><td>纳入法律监管</td><td>非中央／非中心</td><td>· 银行券
· 区域货币</td><td>· Visa
· Master
· Paypal</td><td>· JP 摩根币
· Libra（规划状态）
· 沃尔玛币（规划状态）</td></tr>
<tr><td>尚无完整法律规范监管</td><td>无中心</td><td>· 各种 coupon
· 各种代用币</td><td>· 通证（Token）
· 时间币
· 瑞波币</td><td>· 比特币
· 以太币</td></tr>
</table>

最值得注意的是，任何货币形态都在数字化。到目前为止，形成五种数字货币发行主体：（1）各国央行。近年来，很多国家央行都在做这方面的研究和试验，除了爱沙尼亚等小国之外，基本是“雷声大雨点小”。（2）商业银行。（3）商业银行和实体经济企业。（4）社交平台和互联网巨头联合体，例如 Libra。（5）无主，最典型的是比特币。见图 1–3：

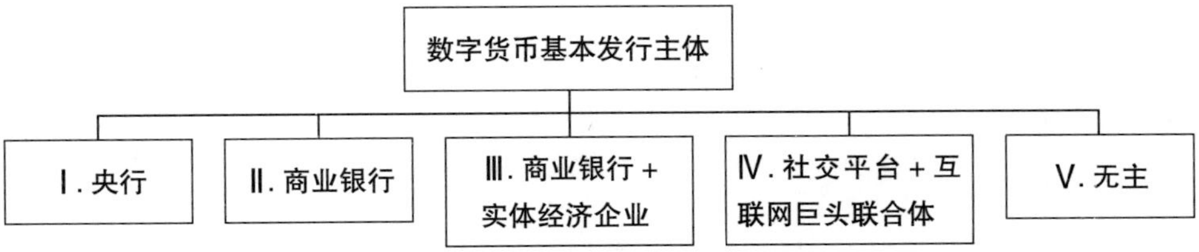

图 1–3　五种数字货币发行主体

关于现实全息货币体系的全方位比较，见表 1–2：

表 1–2　全息货币体系的全方位对比表

	机构	价值基础	信任机制	竞争模式	监管和法律	数字化	技术 / 基础设施	公众	社会影响	规模与空间
主权货币	央行 IMF	世界主流货币加贵金属	强制	绝对垄断	超越监管 / 法律健全	非数字化和数字化并存	传统基础设施	公民	M 货币政策 = 货币贬值	达到极限
超主权货币	IBM Facebook	一篮子货币	选择	垄断竞争	试图监管 / 法律不健全	数字化	互联网 + 区块链 2.0	网民	双向	巨大潜力
非主权货币 非国家货币	社区化 USDT	挖坑	自愿	竞争	严加监管 / 法律不健全	数字化	互联网 + 区块链 1.0	超时空社区成员	货币升值	等待突破
区域货币		劳动交换	自愿	合作	容忍 / 法律不健全	非数字化	原始	传统时空社区成员	稳定	稳定

这个表尚未穷尽所有的因素。这并非那么重要，重要的是：上面这个表所反映的世界货币体系的新格局，已经不可逆转，没有任何一个政府可以有这样的权威性，对迅速形成的世界新货币体系加以改变，任何国际组织，包括联合国及国际货币基金组织也没有这样的能力。唯一的出路，就是各国加强对话，增强治理和监管能力。

为什么说 Libra 可能是解决金融资源不平等的一种试验和尝试?

Facebook 公布的 Libra 白皮书，强调实践普惠金融，将“让更多人享有获得金融服务和廉价资本的权利”作为其追求目标，为此，“全球货币和金融基础设施应该作为一种公共产品来设计和管理”。

现在对 Libra 的实施和前途做出判断，显然为时过早。但是，Libra 在如何解决金融资源不平等问题上，最具有创新价值的方面包括：（1）将 Libra 定义为非主权货币。（2）Libra 采用区块链作技术，属于“货币互联网”。（3）Libra 以“一篮子”世界主要主权货币作为实现其价值稳定的基础。（4）Libra 本身就是新型金融“基础结构”，意味着超越传统银行服务。（5）Libra 将是世界交易速度最快的货币。（6）Libra 将实现全方位降低民众货币交易成本。（7）Libra 是一个和谐的金融生态系统，成员会获得平等的权利。（8）Libra 具有在世界各国落地即区域化（localization）的潜质，做到“东方不亮西方亮，黑了南方有北方”，或者“日不落”的超主权格局。

此外，需要格外重视 Libra 具有庞大和分布广泛的受益人群。Facebook 27 亿用户的地理分布比重，在亚洲注册用户最多的是印度和印度尼西亚，在拉丁美洲是巴西和墨西哥。我们由此会发现，它“控制”了金砖四国中的两个国家，而且巴西和印度是现在最具有潜力的发展中国家。除此之外，Facebook 不管从语言上还是宗教上，已经实现多元化。仅仅以语言为例，除了英文之外，还有中文、西班牙文、葡萄牙文、法文、德文伴随其用户，穿透了世界每个角落。这样超乎寻常的穿透力，意味着它超乎寻常的影响力和市场力。

Libra 背后的资本力量也是值得重新认识的。在 Facebook 的背后，最重要的是三个基金：贝莱德（BlackRock），占股 13.32%；先锋（Vanguard），占股 9.93%；共同基金（Fidelity），占股 9.35%；这三家基金控制着 Facebook 超过 30% 的股份。此事值得高度重视，因为这三家基金的背后有着众多的投资机构，而投资机构背后是千千万万的个人。所以，我们既要看到 Facebook 前面的 20 多亿的使用者，还要看到控制 Facebook 背后的资本力量，特别是所代表的一个新兴的与华尔街相区别的资本力量。

至于 Facebook 监管问题，需要有新思维。Libra 的监管不仅仅是被监管，而且很可能改变传统的监管思维，改变监管的制度。所以，并不是美国政府或者欧盟的监管意向就可以左右和束缚 Libra 的全球战略。

但是，不能因此推论 Libra 是“稳定币”。因为所谓“稳定币”的概念本身就存在问题，近乎永动机思想在数字货币领域的翻版。货币学不等于热力学，但是，货币学需要思考热力学的原理和定理。热力学第二定理对于理解货币体系尤其具有启发。在复杂的货币体系中，任何一种货币的稳定都是相对于其他货币而言的，而实现自身的稳定需要消耗能量，增加熵值，所以又导致新的不稳定。

六、罗马帝国的启示录

理解当代世界货币体系，要具备其演变历史的基本知识。不仅如此，知道世界主要文明的货币金融历史也是必要的。人类文明的演变与货币金融历史的演变紧密联系在一起。不论是古罗马帝国，还是中国历代王朝，都提供了丰富的历史经验。

解释罗马帝国的衰亡，是一个永无休止的历史课题。但是，有一点似乎争议很少：日耳曼人主导的“野蛮人”冲击，特别是正规的“罗马军团”与“野蛮人”的融合，形成强大的离心力量，是罗马帝国衰亡的重要原因。我们可以将当代世界货币体系理解为“罗马帝国”，将比特币等加密数字货币以及各种山寨版加密数字货币当作“野蛮人”入侵。如今，摩根大通、IBM，特别是 Facebook 的 Libra 相当于正规“罗马军团”正在悄然进行“和平演变”。以法币为核心的、固若金汤的当代世界货币体系，正在被冲击和解构。在比特币早期，不过是“星星之火”，如今正在成为气候，只要有更多的变量加入，形成“燎原之势”。

自加密数字货币即非主权货币产生以来，其所吸引的社会群体主要包括：（1）以计算机科学与技术作为背景的专业人士，这是一个不断膨胀的社会力量；（2）金融技术人士；（3）在互联网下长大的80后、90后及00后；（4）部分传统金融人士；（5）接受非主权货币理念的人。而且，这些群体主要集中在发达市场国家和新兴市场国家，特别是这些国家的主要大学和都市。

在不久的将来，如果Libra的试验真的得以开始，主要由社会精英和年轻一代支持的生态会得以改变，社会各阶层、世界落后地区和农村贫困地区都会产生参与和使用的人群。如果是这样的话，用过去中国的一种说法：支撑非主权货币的，将不再是“阳春白雪”的少数人群体，而是普罗大众，非主权货币由此渗透到千家万户的日常生活。

总之，Libra的设想和即将开始的实验，最终都需要历史的检验。无论Libra最终的实验是否达到预期，是否面临政治和商业模式方面的困难，甚至推迟时间表，但是Libra终究向人们展现了这样一个未来：财富的源泉、模式和结构都是可以改变的。我们需要想象这样的世界在未来不久可能会到来，我们需要为此进行准备。

作者简介

朱嘉明　经济学家，数字资产研究院院长。

Facebook数字货币的缘起、意义和后果

孟岩　邵青

摘　要

本文两位作者于6月16日在Libra白皮书发表前，根据有限的信息，从业务、技术、金融、货币竞争等多个角度对Facebook数字货币进行了分析，并对可能产生的影响做了详尽讨论。本文关于“Libra的出现将成为自比特币诞生以来数字货币领域最重要的事件”的判断，已经成为中国区块链社区的共识。本文关于“Libra将成为集央行与商业银行于一身的超级银行”的观点，以及“Libra将利用区块链支付网络的渗透性和难以排异性成为超主权货币”的观点，都在随后发表的白皮书中得到印证，并且被多数专家接受。本文提出从二网融合的角度来理解区块链与互联网的关系，这个观念也得到迅速的传播。在本文最后一部分，两位作者表达了对中国在数字货币领域里自我束缚以至落后于人的担忧，并指出在这一领域丧失优势的严重后果，进而提出具体的建议，在社区中引起强烈的共鸣。

6月18日，Facebook位于瑞士的子公司Libra Network（Libra网络）发布其加密数字货币项目白皮书。此前BBC报道说这个数字货币叫作GlobalCoin，翻译过来就是“全球币”。不过后来又传来消息说，GlobalCoin只是其员工在内部的昵称而已，该数字货币正式的名称还是Libra。虽然这个名字不如GlobalCoin那么锋芒毕露，但天秤座本身就象征着平衡与公正，而且Libra音形巨似LIBOR（伦敦银行间同业拆借利率），因此可以说这个名字仍然凸显

了发起者的雄心壮志和叛逆精神。

数字货币项目的一般惯例是先发表白皮书，之后半年到一年左右发行数字货币。白皮书的发布意味着Libra项目进入倒计时。从目前已经透露出来的信息来看，Facebook数字货币基于区块链创建，将于2020年第一季度正式发行。根据区块链媒体THE BLOCK报道，该计划将建立由100个合作联盟节点构成的数字经济体。目前Visa、MasterCard、Uber、PayPal等公司已经签约确认成为创始节点。假以时日，这一经济体将会把Facebook以及WhatsApp每月27亿的全球活跃用户纳入其中。

Facebook数字货币的推出不是孤立的，在此之前已经发生了一系列事件，包括：

- 2018年7月，纽约证券交易所的实际所有者ICE公司与微软、波士顿咨询集团和星巴克合作，成立加密数字资产服务机构Bakkt
- 2019年2月，摩根大通发布了用于机构间清算的数字货币——摩根币
- 2019年3月，IBM宣布跨境支付区块链World Wire
- 2019年6月12日，Visa宣布跨境支付区块链网络B2B Connect

以上的一系列事件表明，美国主流经济正在一步一步地拥抱区块链和数字货币。但是上述事件的影响力与即将推出的Facebook数字货币相比，都显得相形见绌。Facebook数字货币将是2009年比特币主网启动之后加密数字货币领域最重大的事件，标志着非国家发行的数字货币应用从1.0升级到2.0。区块链、数字货币和通证经济由此将一步到位进入互联网和金融科技的主战场，成为下一阶段数字经济的主角。

中国相关行业在这样重大的事件面前，无法有所回应，这非常令人担忧。必须认识到，如果在数字经济革命的新阶段，中国不能积极参与，不但将在新的竞争中处于完全被动的境地，而且在互联网和金融科技领域已经取得的优势也可能丧失殆尽。

经过媒体报道，人们对于Facebook发行数字货币的情况已经有了一定的了解，但对于其意义未必能看清楚。因此，我们将在本文中就此事件进行介绍

和分析，主要围绕如下四个问题展开：

第一，Facebook 启动加密数字计划的动机是什么？

第二，Facebook 数字货币的战略目标和意义是什么？

第三，Facebook 数字货币会引起哪些后果？

第四，我们应该怎么办？

本文将从目前已经被报道出来的事实，以及加密数字货币自身发展规律出发，沿着合理的逻辑路径就以上问题进行分析。我们希望这些观点能够激发更多关于 Facebook 数字货币和加密数字经济的研究和探讨。受限于自身的学识，观点难免有偏颇和谬误之处，我们愿意虚心接受社会各界批评指教。

一、Facebook 启动数字货币的直接动机

Facebook 启动数字货币计划的动机相对单纯，它是 Facebook 决策层对于 2018 年隐私泄露丑闻的直接回应。

这一丑闻爆发于 2018 年 3 月。当时有内线向美国媒体揭发，Facebook 违背用户协议，将超过五千万用户的隐私数据提供给一家大数据分析公司，可能影响了民意和政治投票。由于特朗普统治下的美国独特的政治气候，此事件被一再放大，有关 Facebook 侵犯用户隐私数据的各种事实一个接一个地被曝光。心高气傲的扎克伯格和他的主要助手桑德伯格被轮流拉到美国国会听证会上过堂，大量离职员工倒戈相向，媒体纷纷落井下石，甚至他曾经的创业伙伴也公开建议拆分 Facebook。在这种情况下，Facebook 的前景，自 2004 年创建以来第一次蒙上一层阴影。

不久之后的欧洲之行，加深了扎克伯格对 Facebook 前途的忧虑。2018 年 5 月，欧盟范围内《通用数据保护条例》即 GDPR 正式生效。同一时间，扎克伯格在欧洲议会出席两次听证会，并接受质询。其中第一次相对温和，而第二次则杀气腾腾。随后，扎克伯格因为拒绝赴英国接受质询而险些被逮捕，这使他清楚地认识到，在欧美地区，特别是在欧洲，Facebook 现在的商业模式将面

临根本上的威胁。

简单地说，Facebook 的商业模式，就是通过无偿或者低成本占有用户数据，通过高水平的大数据分析准确刻画用户特征和偏好，精准推送广告，赚取广告费。

这个商业模式是由 Facebook 开创的，也是由它做到极致的。Facebook 投入大量资源，汇集全球最优秀的技术精英，把实时大数据分析和计算广告推到了无人可以匹敌的程度，大大推动了人工智能技术的发展。然而，这一模式有一个致命的问题，它需要获得分析用户数据的权利。当欧美对于用户数据保护的新规则开始逐步确立的时候，用户数据的所有权和控制权明确划归用户，Facebook 必须经过用户明确授权、支付对价之后才能对这些数据进行分析，事实上，这就意味着它原有商业模式的成本和风险将大幅度提高，甚至可能在未来变得不再有利可图。Facebook 需要寻找新的商业模式。

要想激发重大变革和创新，最有效的办法，莫过于把一个掌握巨大资源而又具备眼光和胆略的人逼入绝境。据报道，最晚不迟于 2018 年 6 月，扎克伯格及其核心幕僚就大致确定了以加密数字货币作为新的战略突破口，并且成立了 150 人的团队开始实质性推进。

具体的决策过程，尚未被外界所知，但扎克伯格做出这个决策，一方面是形势使然，另一方面确实也凸显了其个性和胆略。平心而论，数字货币对于 Facebook 来说非首要之选，更不是最安全和最合乎常理的选择。2018 年，Facebook 的净利润高达 250 亿美元，用户数量超过 26 亿，市值超过 5000 亿美金，手握世界上最大的用户群体和花不完的现金，站在产业制高点上。如果求安全，Facebook 完全可以去跟其他巨头在电商、云计算甚至搜索领域一较高下。就算要做金融科技，也有大量成熟的传统模式可以选择。可以说，扎克伯格最终选择了区块链加密数字货币作为主要方向，是非同寻常的，已经超越了简单的“找出路”的意义，必然有着更高的战略目标。

二、Facebook 数字货币的战略目标

我们不预期 Facebook 会公开宣布其数字货币计划的全部战略。但如果全面理解锚定法币的加密数字货币的本质，沿着合理的逻辑推演，可以得出 Facebook 发行数字货币之后，在未来可能达成三个层次的战略目标，分别是：

第一层，获得新的盈利模式。

第二层，成为全球数字经济的中央银行。

第三层，建立 Facebook 数字经济帝国。

（一）获得新的盈利模式

Libra 能够在不侵犯用户隐私的情况下，使 Facebook 进入规模巨大的支付业务，并从最高点切入金融科技领域，赚取巨额的收入和利润。

互联网支付是金融科技的基础，拥有着巨大的规模和丰厚的利润。中国的互联网第三方支付在用户数量不到 6 亿的情况下，在 2018 年创造了大约 28 万亿美元的交易量。Facebook 如果可以向 Libra 有效转化用户，经过若干年的发展，一年承载 50—80 万亿美元交易量，并非天方夜谭。这意味着，Libra 只需要收取 2‰的手续费，仅手续费收入就比现在 Facebook 的全部营收还要高，而这一切都无须过度获取用户数据，可以在端到端加密的情况下完成。

跨境支付也是一块大蛋糕。全球跨境支付业务的总规模目前是 125 万亿美元，利润丰厚。经常出国旅游的人都知道，在国外零售窗口现钞换汇，手续费经常在 3%—7%之间。如果在离开时将没有花完的外汇再换回本国货币，则在现钞买入价和卖出价之间，可能有多达百分之几十的价差。通过 Libra 的统一数字货币体系，Facebook 可以将用户在这方面的交易费用降低一个数量级，把传统换汇业务杀得片甲不留，而它自己还能够获得高额的利润。

此外，Libra 的另一个能力是与 Facebook 固有的业务相结合，在避免过度收集用户数据的同时，为互联网广告业务注入新生。具体地说，Facebook 可以

在其社交网络、游戏等业务当中，基于Libra构造通证激励系统。它不必过度分析用户数据，而是可以用Libra奖励打造一个通证二级市场，在不了解用户具体偏好的情况下，鼓励用户点击广告，引导用户深度互动。进一步，这个通证激励系统还可以将每一个用户都转变为其广告销售或者分销渠道。比如说，一个用户通过跟广告交互获得了一张优惠卡，但是他本人并不需要。在传统互联网广告模式下，事情到此结束。但在通证激励模式下，用户可以通过自己的渠道或者二级市场来转赠和销售这张优惠卡，获得相应的提成奖励。这样一来，这些用户就成为Facebook广告业务的分销渠道，而Facebook也就纯粹依靠市场机制，在无须侵犯用户隐私的情况下，把广告业务提到一个新的高度。

当然，我们也完全能够想到，Facebook跟银行、基金、证券公司、交易所、保险公司等传统金融机构合作，在自己的体系中创建各种金融产品，成为用户的金融服务入口、全球最大的金融中介，赚取高额的中介费用。

因此，Libra有能力为Facebook创造一个新的盈利模式，不但能摆脱现有盈利模式遭颠覆的威胁，而且有可能使Facebook在互联网领域里再上一个大大的新台阶。

不过，上述几个盈利模式，尽管可能创造数百亿甚至上千亿美元的利润，但对于数字货币的能力来说，仍然只是一个起点，比传统用户积分要好一些，但如果只是停在这里，Facebook也无非就是一个更赚钱的互联网公司而已。我们认为，这绝不是Facebook发行Libra的最高目标。

（二）数字经济央行

据称，Libra将锚定多国法币组成的一篮子货币，听上去似乎跟国际货币基金组织的特别提款权（SDR）有神似之处，也跟2005年之后的人民币异曲同工。而这也就意味着Libra是一种加密数字货币和通证经济领域中所谓的“稳定币”，要在一定范围内控制价格波动，而不试图通过通证升值来提供激励。相反，Libra将为持有者派息，从而使整个体系更接近于一个银行。

我们认为，Facebook正是希望通过Libra项目升级为数字经济世界里同时掌握铸币权和信贷权的超级银行。

这里的关键是货币的发行权，或简称铸币权。根据本杰明·科恩（Benjamin Cohen）教授的观点，铸币权的本质是通过拖延和转嫁他人，避免调整成本的权力[①]。换一个比较通俗的说法，就是欠债以后拖延和转嫁债务的权力。举例说，拥有铸币权的实体，虽然承认其发行的货币是自己的负债，而且也会在报表上注明这些负债对应的抵押资产，但却没有向货币持有人偿债兑付的义务。央行虽然需要在自己的资产负债表里清清楚楚地标明货币背后由多少黄金、外汇、国库券等资产作为抵押和支撑，但是当一个老百姓拿着钞票去央行要求兑换成黄金、外汇或者国库券的时候，央行是不会承兑的。央行也许是当今法律体系下唯一一个拥有这种特权的机构。

那么 Facebook 是否可以通过 Libra 拥有这样的特权呢？要回答这个问题，我们要搞清楚加密数字稳定币的实现机制。

需要说明的是，稳定币其实是一个伪概念，世界上根本没有稳定币这一回事。所谓稳定币，其实只是一种方便交流的称呼而已，在加密数字货币领域中，通常是指价格咬住某一个外部目标的数字货币。也就是说稳定币之稳，并非其购买力稳，而是指其相对于锚定目标的法币价格之稳。

目前实现稳定币的思路，大致有三。

第一是法币债务抵押。通俗地说，就是将一定数量的法币抵押到存管机构中，然后在链上发出数量相同的数字货币。每一枚数字货币，背后都有等值法币抵押，一旦数字货币持有者要求兑换回法币，则发行者必须立刻等额兑现。从这个意义上说，稳定币只是发行在区块链上的法币债务符号。在百分之百现金准备的情况下，这种模式本身既没有扩张也没有收缩法币的发行量，只是把一部分法币挪到了区块链上，发行者并不真正拥有铸币权。

第二是数字资产债务抵押。这是区块链上特有的一种模式，就是将区块链上的去中心化数字资产（比特币、以太币等）抵押到一个智能合约中，来发行

---

① ［美］本杰明·科恩：《货币强权》，张琦译，中信出版社 2017 年版。

相对于法币稳定的数字货币。这一模式的代表是 MakerDAO 项目。这种方式可以认为是拥有部分铸币权。一方面，智能合约可以自己选择铸币抵押资产的类型，这是央行特有的权力，另一方面，这种方式发出来的数字货币，是可兑现的。用户随时可以通过智能合约将这些数字货币兑现为背后的抵押资产，这又跟央行货币不兑现不同。

第三是算法央行。即模拟央行根据 CPI 或一篮子货币价格调剂货币供给的算法，通过感知市场的供需关系来灵活扩张和收缩数字货币供给，试图实现成价格的稳定。这是一种完全拥有铸币权的方式，完全模拟央行操作。但是，由于没有政府权威的注入，这种模式只是徒具其表，目前没有成功的实例。

Libra 会采用怎样的方式来实现呢?

我们认为，短期来看，Libra 会是以法币债务抵押方式发行，长期来说，Libra 会采用一种混合模式来实现对铸币权的事实掌握。

据有关媒体报道透露出来的信息，Libra 将不是锚定一种法币，而是锚定一篮子货币。这就是说，在其发展的早期阶段，Libra 会按货币篮子确定的比例储备一定量现金，作为抵押发行数字货币，这是最简单的方式，也是最谨慎、最能为监管所接受，而且凭借 Facebook 的能力足以办到的方式。

由于Libra锚定一个货币篮子，并且可以向多种法币兑现，为了实现这一点，Facebook 必须在全球寻找业务合作伙伴，方便用户自由地将 Libra 兑换成对应的法币。为此，Facebook 会将铸币权分享给这些合作伙伴。

真正有趣的事情将发生在 Libra 稳定运行若干年之后。届时，Facebook 网络内将建立繁荣的电商、游戏、服务、金融等数字经济生态，大量产品和服务直接以 Libra 计价，接受 Libra 支付。全球 Facebook 用户将逐渐建立对 Libra 本币的直接信任。也就是说，人们信任 Libra 的价值，不再是因为它可以方便地兑换为法币，不再是因为有任何第三方资产的支撑，而仅仅因为它是 Libra，仅仅因为在整个 Facebook 社交网络和无数的二级市场中有二十几亿人愿意主动用自己的资产、现金、产品与服务为 Libra 承兑。

到了这一步，就意味着流通的 Libra 当中，很大一部分，甚至是绝大多数，只在 Facebook 数字经济生态内循环，根本不会被兑现。Facebook 仍然会提供一个兑现承诺，但实际上并不需要承担兑现义务，这就给了它一定的权利，可以通过购买或者交易各种资产来增发 Libra，而这就是事实上的铸币权。

这也部分解释了为什么 Libra 不是直接锚定美元，而是要锚定一个货币篮子。如果 Libra 锚定美元，那么未来当 Libra 掌握铸币权的时候，Facebook 事实上就成为美联储之外的另一个美元央行。这件事情无论是在政治上还是在观念上的冲击都太大，必须规避。锚定一个货币篮子，就是事实上创造了一个独立的货币，也就是说，Facebook 要做央行，但是一个独立的数字经济体的央行，而不是第二个美元央行。

（三）数字经济帝国

可能人们要问，就算 Facebook 成为一家数字经济央行，又会怎样呢？我们认为，Facebook 将通过 100 个盟友节点建立自己的金融辛迪加体系，并且以此为基础建立一个强大的数字经济帝国。

目前还不了解 Facebook 与其 100 个盟友节点之间将建立怎样的治理关系，如何将铸币权与其盟友分享，是否赋予它们信用扩张的权利。不管怎样，可以肯定的是，这些节点在足够的激励之下，将成为 Facebook 数字经济体在各地区、各行业的代表。它们将推动 27 亿用户在这个经济体中经营、创业、投资、贸易和彼此提供服务，以及从事各种金融活动。这将在互联网上创建一个完整的数字经济帝国。假以时日，这个数字经济帝国的 GDP 可能超过世界上大多数国家，并能逐渐建立自己的一整套治理制度。

而 Facebook 作为这个世界当中的政府和中央银行，将彻底进化为一个新的物种。当今世界上的其他一切商业组织，无论规模多大、利润多少，都已经与这样一个 Facebook 处于完全不同的层次。

三、后果

中长期来看，Facebook 数字货币将导致一系列复杂而深远的后果。全面分析这些后果已经远远超过了本文的范围，在这里我们重点讨论其中四个。

（一）加密数字货币成为不可逆的趋势

2009 年 1 月 3 日比特币网络启动之后，加密数字货币作为人类经济史上的一个全新事物横空出世。经过十年发展，加密数字货币已经具备一定的规模，取得了相当大的发展。但是与此同时，由于它对传统货币理论和体系的冲击，也由于这一新生事物本身的不成熟，加密数字货币也承受了巨大的争议和压力，存在各种力量希望将它扼杀在婴儿期，把它从历史和现实中抹掉。应该说，在 Facebook 数字货币发行之前，这种逆转历史趋势的可能性还是存在的。而在此之后，在超过 100 家机构和 27 亿全球用户被卷入这一历史进程之后，这种可能性已经完全不存在了，任何人和组织都无法阻挡加密数字货币的发展了。

当然，对于加密数字货币行业内部来说，互联网巨头的加入，本身也是一个转折点。在此之前，这一运动基本上还是由一小群理想主义者所主导的，他们提出了金融民主化、开放金融、通证经济、无边界金融、去中心化经济等一系列口号，希望给全球民众带来一个不同的选择。当 Facebook 这样的巨头加入之后，这个运动将从理想主义的 1.0 升级为商业主义的 2.0。理想主义始终会是这个运动的一部分，但资本和商业的力量将逐渐发挥主导作用。虽然无奈，但这是历史的必然。

好消息是，这一过程将再次激发大量的创新和财富创造，催生出一批新的数字经济巨人，带来又一个激情澎湃的创业时代。

（二）货币竞争原子化

比特币创建时的一个原始目标，是为了确保每个人能够完全控制自己的数字资产。为此，中本聪将比特币网络做成了一个点对点的、可自由接入的匿名支付网络，也使得渗透性和不可排异性成为区块链支付网络的原生特性。其结果就是区块链上的数字货币可以直接渗透到日常生活当中的每一个场景，从而导致了不同货币之间的原子化竞争。

对于区块链的定义有很多，但从探讨 Facebook 数字货币的角度来说，应将其视为互联网上的超主权的、开放的支付和金融网络。

通俗地说，支付网络就是“走钱”的网络，而金融网络除了走钱，还会走票据、证券和其他金融数据。今天主流的支付与金融网络是中心化的，与我们平时熟悉的互联网是两个相互分离的网络，一般由央行和银行的金融机构共同构建。第二代中国现代化支付系统（CNAPS）和中国国家金融网络（CNFN）是在中心化基础设施上建立的当今世界上最先进的国家级支付系统和金融核心网络。我们通过银行柜台服务、自动取款机、网银和互联网第三方支付等方式在银行账户之间挪动哪怕一分钱，都需要通过这个网络系统进行。

传统主权货币之所以能够在主权国家内获得垄断地位，除了法律和意识形态上的规范之外，还因为国家能够确保在其境内只有该主权货币的支付网络能够合法存在，而对其他的主权货币支付网络排异。比如说，人民币之所以无法在日本境内流通，并不是因为日本警察整天监督各个商家，用警棍逼迫他们拒绝人民币支付，而是因为日本政府可以很轻松地禁止人民币支付和金融网络铺设到日本境内，也就是进行排异管理。

为什么政府可以很轻松地进行排异管理呢？是因为中心化的核心金融网络结构非常复杂，规模和建设成本也很庞大，想要铺设到他国境内，成本高，动静大，必须经过政府批准。

但是区块链把这一切都给颠覆了。区块链的本质是什么呢？就是把支付和金融核心网络直接放在互联网上，不需要拿牌照、铺专线，搞一大堆基础设施建设。任何人只要愿意，只需要一部手机，就能够以极低的、接近于零的成本自由连入这个支付网络，使用数字货币完成支付交易。

事实上，在过去十年中，比特币已经充分展示了超主权支付网络的特点和威力。而以以太坊为代表的区块链 2.0 技术，表明区块链有足够的潜力发展成为超主权的金融基础设施，而不仅仅是支付网络。任何一个用户，不需要经过任何人的批准和授权，也不用拿牌照，都可以在区块链里创建、存储、支付和交易数字资产，并且参与投资、融资等各种复杂的金融和贸易行为。除非政府完全断绝互联网，或者不间断地检查每一个人的互联网终端设备，否则没有任何办法禁绝这种行为。

对于今天的主权国家来说，如果政府能够有效管理其境内的支付金融网络，则在该国之内，官方法币能够一统天下。不同主权货币之间的交易和竞争，只能发生在边境上，也就是外汇市场上。然而当区块链这种超主权的全球支付金融网络直接渗透到经济体的神经末梢，传统的货币边境就不复存在了，多种货币将并存于同一个场景之下。

Facebook 数字货币区块链将拥有 27 亿个移动终端，它的每一个移动 App 都变成 Libra 支付网络的一个“轻节点”或者“钱包”，任何一个用户都可以随时连接到这个支付网络之中。Libra 有望成为世界上第一个，也是现阶段规模最大的跨境、超主权数字货币支付网络。在这种情况下，政府限制和管理支付网络的能力就将被大大地削弱，几乎不可能实现对这种支付网络的排异。也就是说，这一支付网络可以随时渗透到任何一个主权货币区之内，与之并存，与之竞争。

Facebook 之后，还会出现一些新的跨国、超主权的数字货币。未来每一个用户在日常支付中，都需要从若干个货币当中选择一个来进行，货币竞争直接在原子交易层面展开，这将对现有的国内货币垄断的局面形成极大的冲击。

（三）跨国公司联盟主导货币非国家化进程

Facebook 及其商业盟友主导的数字货币是典型的非国家化货币。这一局面的出现，完全印证了哈耶克在 20 世纪 70 年代对于货币发展的构想和判断[①]。

---

① ［英］弗里德里希·冯·哈耶克：《货币的非国家化》，姚中秋译，海南出版社 2019 年版。

Libra 是由一家超级互联网巨头主导，100 个合作伙伴支持的、跨国运行的非国家化数字货币。预计这一数字货币的铸币权、治理权和收益都将依据一套规则在这 100 个节点之间进行分配。因此，相对于比特币、以太坊来说，它是中心化的，但相对于现有主权货币来说，它又是去中心化的。它可能归根结底仍然是代表一个小集团利益的，但是在具体治理模式上有更多的民主化和共享精神，相对于现有的主权货币是有一定超越性的。这一点，必须承认。

自货币出现以来，就一直具有经济与政治双重功能。一方面，它是交换媒介、价值存储和记账单位，另一方面，它是国家政治权力的象征。正如蒙代尔所说，“强大的国家，拥有强大的货币”。一个国家能够强制其国民使用并且只使用官方发行的货币，体现了这个政权对内的统治能力。与之相对应，一个主权货币能够在境外得到广泛地使用，也会被视为国家强大、泽被天下的标志。因此，货币之间的竞争被赋予了很强的政治意义。

但是，随着全球化的推进，国际贸易规模迅速扩大。为了降低交易成本，人们需要统一的世界货币，为此只好选择最强大国家的主权货币作为国际贸易和储备货币，也就是世界货币。在过去，雅典的银币、拜占庭的金币、佛罗伦萨的佛罗林、荷兰盾、西班牙比索和英镑都扮演过国际货币的角色，而今天，这一角色无疑属于美元。

然而，由一个主权货币来充当世界货币，会带来很多问题。一方面，这个世界货币的发行国确实享有向全世界征收铸币税的特权，这本身就是一种巨大的不公平。可另一方面，这种特权也在反噬世界货币的发行国。著名的特里芬悖论指出，由于各国都需要储备世界货币，因此这个世界货币的发行国就有义务向别国提供额外的货币供给，这就会导致该国长期的贸易赤字，最终经济将被削弱，进而危及这一世界货币的地位。美国现在面临的实际上就是这样的情况。

理想的世界货币，应该是一种单一的超国家货币，这将是一种经济效率最高、政治争议最小、交易费用最低的方式。蒙代尔就曾经说过，货币的最优数量，就像神的最优数量一样——“是奇数，最好小于三”。如果全球二百多个主权国家和地区能够坐下来一起商定一个方案，形成一个统一的世界货币，那当然是最好不过的。但是在当今政治碎片化、大国博弈、文明冲突的局面下，上述设想无异于天方夜谭。

Facebook 数字货币开启了一个新的思路。既然国家干不了，跨国公司可以干。Libra 这种跨境的、超主权、联盟化的非国家化数字货币，与跨国公司的利益是天然吻合的。它将有效地降低跨国公司之间，以及不同地区之间的交易成本，大幅度提升协作效率，这是跨国公司求之不得的。任何力量也阻挡不了跨国公司与数字货币的结合。

有理由相信，Facebook 只是第一个螃蟹试吃者，是罗马军团当中的第一个反叛者。上百家跨国经济组织，将以 Facebook 数字货币为平台，进行一系列激励、治理、法律合规方面的创新尝试。一旦它完成火力试探，其他的跨国公司一定会蜂拥而上。谷歌、微软、亚马逊、IBM 这样的科技公司以及华尔街的一些具有自我突破精神的金融机构，都将会投入其中。跨国公司联盟将主导非国家化数字货币的发展进程。过去一百多年来形成的主权国家与企业的联盟关系，将被迫重构。资本主义全球化也将因此进入新的阶段。

（四）开启数字经济大国博弈的新战场

Facebook 当然不是生存在一个无法无天的世界里，包括美国在内，各国政府都不会愉快地放弃好不容易建立起来的主权货币体系。如果 Libra 一上来就要在所有国家与所有主权货币对打，那是不会有机会的。扎克伯格必须考虑如何在现有制度的缝隙中为 Libra 找到立足之地。我们认为，在这个过程中，Libra 很可能与美元结盟。

美元作为当今的世界货币，其霸权地位在很长一个时期里还无法被挑战。但是它的霸主地位，主要体现在国际贸易、投资和外汇储备方面。由于美元支付网络同样可以被各主权国家轻松排异，美元也并不能够进入各国居民日常支付和企业间贸易之中，特别是数字经济生活当中。

然而，美元做不到的事情，Libra 却可以。如前所述，Facebook 数字经济体当中的用户，完全可以围绕 Libra 构造自己新的数字经济生活，在其中创作、就业、购物、旅游、消费、买保险等等。

更重要的是，Libra 是一个民间货币，不具有美元那样强烈的政治色彩。与此同时，Libra 一定程度上的分布式治理结构和利益共享的激励机制，也会比美元更好地平衡各方的利益，更容易为人所接受。

反过来，对于 Libra 来说，它在相当长的时间里会定位于数字经济之中，也不会进入到国际间实物贸易和大宗投资领域去挑战美元。相反，如果没有美国的支持和推动，其发展势必会遇到很多阻力。因此，它也有动力去与美元进行某种形式的结盟。

当然，在一些具体场景中，Libra 与美元是有竞争性的，但更多的是互补性。在双方相互需要的情况下，美元与 Libra 的连接，是一个大概率事件。

我们判断，目前美国政府和美联储可能尚未形成对 Libra 超主权数字货币的定见，但它们的体制和习惯，会允许 Libra 这样的项目往前走很远。第一批公布的 Libra 节点绝大多数都是美国企业和实体，它们都不太可能抗拒与美元结盟的压力和诱惑。于是，Libra 以某种方式成为美元体系在全球数字经济空间当中事实上的利益代表，几乎是必然的。从技术上来说，这不是一个多么困难的事，但从结果来讲，意义极为重大，将使美国在数字经济竞争当中取得重大的先发优势。

Libra 与美元的联盟关系一旦形成，从长期来看，政府，尤其是民主国家政府，很难有效阻遏 Libra 对于其数字经济的渗透。更合理的选择，只能是与 Facebook 及其盟友合作，寻求在税收、监管、防范犯罪等领域的体面的解决方案。

综上所述，尽管数字货币是以密码朋克的自由主义理想开端的，但资本力量和国家力量一定会延展到数字经济空间，这是不以任何理想主义者的意志为转移的。Libra 项目就是这一过程当中重要的事件。

四、对我们的启示

行文至此，我们对于 Libra 的分析已近尾声。但我们不禁还要思考，这件事情对中国意味着什么？我们应从中学到什么？在这里我们谈谈自己的看法。

第一，这意味着中国必须参与这场数字经济新竞赛，无法逃避。

我们认为，对中国来说，数字货币是一个风险与机遇都非常巨大的选项。然而，Libra 的启动向我们预示，这样一场新数字经济大陆的争夺战即将开幕。我们无法承受缺席的后果。

我们理解人们的担忧。在金融领域，由于美元和美国金融产业的巨大优势，更由于中国金融业自身的固有问题，数字货币可能被用来打破中国金融防火墙，造成资产外流、金融风险积聚，甚至财富被洗劫，风险是非常明确的。

因此，现在在国内，有很多人希望把头埋在沙子中，当作这件事情不存在。有的人以为可以通过行政和技术手段拒敌于国门之外，自甘落后于世界大势。有的人对此存有侥幸心理，寄希望于外国政府集体行动封杀数字货币，逆转历史潮流。比如前段时间印度国会动议要严惩参与比特币交易的行为，很多人就欢欣鼓舞，以为全世界政府都会去学印度，不知道三年前印度废钞闹剧的时候，他们有没有类似的幻觉。

如果客观地、不带偏见地观察当前数字货币的发展情况，了解国内外各行各业对于数字货币和通证经济迫切的创新热情，任何人都会得出明确的结论，数字货币实在不可避免，必将深刻地改变数字经济以及全球的科技、金融、资本和经济格局。这一进程可能有曲折，但不可阻挡。前面说的那些风险始终存在，我们参与，还有机会找到克制之道；不参与，则只有被动挨打这一个结果。

第二，增强危机感，提升对新一轮数字经济竞争的认识水平。

经过过去二十多年的努力，中国的数字经济规模已经超过 30 万亿，尤其在移动支付、电子商务等领域也取得了相当大的领先优势。这一方面是实打实的成绩，另一方面也确实导致了骄傲自满、高己卑人的心态。我们应该认识到，这个领域的技术革新一日千里，一个不留神，一步没跟上，就可能从领先变成落后。

拿 Libra 与中国现在的移动支付相比，一个是多中心治理、利益分享、广泛激励的体系，一个是单中心独断、赢家通吃的体系；一个是一上来就全球化、国际化、无孔不入，一个是由本国出发一点一点谈、一点一点铺；一个是平面式、点对点、终极渗透的区块链支付网络，一个是架床叠屋、结构复杂的中心化支付清算体系；一个是披着非国家化美丽外衣的数字经济原生货币，一个是被移植到数字经济空间里主权货币。在新一轮全球数字经济支付体系的竞争当中，谁会占据上风，这不是一目了然吗？如果我们没有危机感，继续躺在所谓“新四大发明”上得意扬扬，不出几年，中国的互联网支付就将从领先行业变成落后行业。

第三，增强信心，放大格局，敢于竞争。

中国有条件参与这一竞争并且取得一席之地。中国有一批有实力的互联网企业，有人数众多的、年轻而富有创造力的工程师群体，有规模巨大的实体经济，如果以数字货币为新的工具，迅速发展海外业务、销售中国产品、占领国际市场，有效地支持“数字一带一路”战略，完全可以在新的全球数字经济竞赛当中占据优势地位。

但要发挥我们的优势，必须放大格局。我们现在的思路，是把人民币挪到数字经济空间里来用。但是面对 Libra 这种非国家化的数字经济原生货币，这种打法是注定吃亏的。如前文所述，Libra 虽然背后有美国的影子，但它毕竟吸收了比特币等自由加密数字货币的一些思想，试图在形式上建立一个多中心的联盟组织和一套利益共享、权力共治、相互制衡的机制，体现出一定的超越性和格局。不管它背后的真诚度如何，相对于传统的中心化的、代表国家权势的货币，其亲和度是不可同日而语的。中国如果要在国际市场跟这样的数字货币竞争，硬推数字化人民币恐怕是不行的，必须站在人类命运共同体的高度上，拿出格局更大、更无私、更开放、更具国际化、更具共享精神的方案来。我们认为，如果能够拿出这样的胸怀来竞争，中国人没有理由不在新一轮数字经济竞争中占据一席之地。

最后，面对现实，鼓励对加密数字货币的学术和技术讨论。

从今年 2 月摩根币发布以来，美国主流机构拥抱数字货币的形势进展之快，大大超过了有关机构和专家的判断。整个中国的金融科技产业似乎都对此缺乏准备，显得有些迟钝。这与一段时间以来相关话题的讨论遭到抑制有直接的关系。

我们认为，数字货币话题极容易被利用来进行非法金融活动，因此予以一定抑制，是金融维稳的现实需要。但我们相信，在学术和技术领域鼓励相关讨论，不但是必需的，而且也与金融维稳的大目标不相冲突。已经到来的全球数字经济竞争，关键是金融思想，是激励模型，是治理机制，是监管合规水平和国际化运营的经验，而这些东西，不进行广泛地交流，充分地讨论，是出不来的。

因此，我们建议在一定可控范围内，鼓励对加密数字货币的学术和技术讨论，允许相关会议和交流活动召开，迅速提升中国相关产业人士对这个话题的认识水平。

对我们来说，Facebook 数字货币项目的启动应当是一声起床号，不管是真睡的，还是装睡的，现在都应该清醒起来，面对现实，开始坦诚地思考和讨论，这是赢得成功的前提。

（此文得到著名经济学家朱嘉明教授的亲自审读，并提出大量宝贵意见，在此表示衷心感谢。）

作者简介

孟岩　数字资产研究院副院长，CSDN 副总裁。

邵青　数字资产研究院副院长，苇草智酷创始合伙人。

Libra 白皮书难言创新，“稳定币”很难稳定

周沙

摘 要

本文由十五个问答组成，包括四个主要部分。第一部分，作者论述了 Facebook 发布 Libra 的商业逻辑，即 Facebook 发布 Libra，包含从传统依赖政治广告的商业模式，往金融汇兑的商业模式进行转型的努力。此举超越经济和金融行为，同时包含国家安全和国际政治等问题的挑战。第二部分，作者讨论了 Libra 作为超主权货币面临的挑战，包括 Libra 如何设计一篮子货币方案中的货币比例和背后的清算系统，以及有可能面临外汇市场的操纵和攻击，最终无法实现对法币的稳定等问题。第三部分，作者从技术层面分析了 Libra。Libra 的主要亮点在于其使用的 Move 智能合约语言。第四部分，作者讨论了通证经济。Libra 将取代现有的加密数字货币的支付功能，但不会造成一家独大的区块链格局。

问：扎克伯格发起 Libra 网络，对 Facebook 的业务将带来哪些影响？

答：Libra 是 Facebook 对其面临的困境的破解之道。Facebook 现有的主要业务是广告业，包括各种广告投放，不仅有商业广告的投放，还有政治广告的投放。在上一次美国总统竞选期间，Facebook 对选举的影响实际上超过了美国两党控制的传统媒体。

多年以来，美国政治环境的两极化不断加剧。例如，共和党控制的福克斯新闻，民主党控制的 CNN 和 MSNBC 等，他们有鲜明的政治立场，并持激进

态度，具有很糟糕的影响。相较之下，Facebook 上的自媒体的极端程度更严重。Facebook 还通过 AI 和大数据对用户精准画像，形成了更广泛和强烈的影响。因此，Facebook 现在面临打击，特别是针对其“利用用户隐私获取收益”的攻击，并没有那么简单。

Google 同样利用用户隐私获取收益，但是，Facebook 侵犯了共和党和民主党精英控制的政治媒体的利益。此次特朗普当选，实际上是两党“吃瘪”。Facebook 违反了美国政治选举的游戏规则。所以，两党打击 Facebook 隐私保护的漏洞，指责俄罗斯操控美国选举，使得 Facebook 承受了巨大压力。

Facebook 通过 Libra 进行转型，背后存在深刻的影响。Facebook 是基于 27 亿人社交的平台，优先去做相当于支付汇兑的事情。实际上类似于先做了一个“支付宝”。如同支付宝发展的演进，做完支付宝，接着做余额宝。这个逻辑是：Facebook 进入支付，再到储蓄，然后推进各种金融衍生品，接着就有可能通过这些领域的各种交易费的收入形成利润，从而放弃政治广告的收益。如此，就有可能实现与美国两党的精英和平相处、相安无事的局面。可以看到 Facebook 有这样一个趋势，将来 Facebook 肯定不会再碰各种政治广告的收入，可能连一些商业广告收入也要放弃。

问：现在政治广告在整个 Facebook 广告收入里面的比例会有一个很重要的影响吗？就某种角度，感觉政治广告在整个广告投放的占比较小。

答：政治广告主要包括两种。第一种是常态投放，用于政党基本盘的维护。对于己方阵营的普通民众，需要不断推送信息给他们，强化他们的认知。这是常态的投放。第二种是集中投放，即美国每四年的总统大选和国会选举，加上国会每两年一次的中期选举，以及各种地方选举。选举背后是大量金钱的运作，在这些时候，投放到政治广告上的资金数额是巨大的。类似超级市场在几个节日的销售量能够吃掉全年大部分的销售数量，美国媒体的政治广告，尽管是短期和一次性的，但是每两年一次的选举期间的投入是天文数字。

Facebook 所做的就是这样的转型。2020 年的美国大选，如果是两党精英赢回选举，可能就会放松对 Facebook 的打击。但是如果特朗普继续连任，

Facebook 可能要受到国会更大力度的打击。

问：Facebook 的 Libra 预计五年之内将会慢慢地向去中心化的网络架构转型。此举是否影响 Facebook 的社交媒体的底层架构转向去中心化的方向？

答：Facebook、Tencnt 和 Telegram 这种形态的社交媒体，有很多技术架构的需求。坦白来说，五年的时间里，Facebook 的技术能不能支持 27 亿用户的去中心化的需求，实际上还是有疑问的。

从我们井通科技的角度来讲，大约在今年年底到明年，能够支持 1 亿数量的客户。但是，10 亿数量级别的技术支持还是一个较大的挑战。因此，Facebook 可能偏向选择“去中心化和中心化混合”的模式。它在现有的社交板块，恐怕还是考虑用中心化的方式处理。但是其中涉及的金融相关业务，根据 Facebook 的业务模式，可能选择部分去中心化。所以说将来可能是一个混合结构。

问：Facebook 引入 Libra，是否将对用户数据进行付费使用？此举能否破除欧洲《通用数据保护条例》（GDPR）和美国数据隐私保护对 Facebook 的监管？

答：需要从若干角度进行分析。欧洲用 GDPR 对付美国的跨国互联网企业，实际上某种程度利用了政治正确的“保护用户隐私”的旗号打经济战和国家安全战。背后的逻辑是，欧洲用户的数据，应该由欧洲企业，而不是美国企业掌握和盈利。Facebook 如果使用区块链技术对用户的隐私数据进行确权并予以经济利益的回馈，可以在某种程度上讨好用户，换取个人信息。但是，公民的个人信息资料，不仅仅是个人隐私，Facebook 收集的一个个用户信息，构成了一个国家的国民大数据。加上 AI 和大数据的分析技术，会造成危害国家安全，甚至国家主权的问题。

例如造成此次 Facebook 危机的“剑桥分析（Cambridge Analytica）事件”。按照美国媒体的观点，“剑桥分析”被认为是“白手套”组织，背后还有始作俑者，国会认为是俄罗斯。打个比方，假设“白手套”组织通过经济回报，得以获取和分析美国国民的私人大数据，分析结果仍然会影响到美国的大选。也就是说，就算私人的信息已经受到了某种保护，在整体层面仍然危害了国家安全。欧洲的 GDPR 会不会存在这一方面的考虑？实际上现在我们已经面临这个问题了。

Libra 不能完全解除 Facebook 发展上遇到的法律和监管问题。例如，现在大家能够形成一个概念，苹果云在中国取得的数据必须留在中国，美国百度云取得的数据必须留在美国，欧洲的数据必须留在欧洲。这些还只是关于数据的落地点的约束。将来关于数据分析的问题，也会建构出一整套的设计和规则。所以说，除了现行的 GDPR，将来可能还会出台另外的一套法律法规来限制 Facebook。

问：Libra 白皮书发布后，美国国会的反馈比较负面，美联储的态度比较积极，为什么会出现这种情况？

答：Libra 的发行公司在瑞士，实际上与美国无关。美联储从技术角度和创新角度出发对待 Libra。什么是技术角度？例如，美联储首先会考量 Libra 会不会影响美联储的美元货币政策的实效性；其次，Libra 会不会影响到美国甚至全球金融系统的稳定性；以及是否会影响美国以外的其他国家的金融稳定性，如果是，美国政府是不是可以把它武器化？

美国国会从政治角度出发对待 Libra。如前文所说，国会首先考量 Facebook 在上一次美国大选中对两党政治精英造成的问题还没有清算，而现在 Facebook 搞出来的 Libra 又是政治性的东西。Facebook 也不会买国会的账，可能会装模作样请几个律师去应付一下国会。

问：超主权货币目前能否得到美国和欧盟的认可？

答：第一个概念是超主权货币。对于超主权货币的概念，现在并没有被清晰认识。在 Libra 之前出现过的比特币，也被认为是超主权货币。它和 Libra 有个显著区别：比特币被普遍类比为黄金，即数字货币黄金，而 Libra 设计为稳定币的形态。实际上，Libra 的设计机制相当复杂，存在许多挑战。

Libra 所谓的超主权货币，究竟是一篮子货币的储备，还是类似国际货币基金组织（IMF）的特别取款权（SDR）？如果类似 SDR，那么更像是信用建构的产物，并且不具备支付的功能。例如，你不可能用 SDR 去超市购物，但是 Libra 宣称具备支付的功能，可以流通。同时，如果 Libra 是超主权货币，更应该成为主权货币背后的总清算工具，其概念类似于被称为银行的银行的瑞士银行同业清算系统（SIC）。

第二个概念是稳定币。稳定币最简单的方案是，与单一货币挂钩，例如港币挂钩美元。还有一种设计机制是，与一篮子货币挂钩，例如新加坡币。一篮子货币里面的货币怎么确定，比例怎么分配，是根据多种原则。例如，与具有贸易关系的经济体的货币挂钩，参考贸易关系中经济体之间的经常性账户往来等等。

“一篮子货币”里的货币比例是机密信息。为什么？因为如果公开，就会与外汇市场形成一个价差，招来类似索罗斯的量子基金等“秃鹫基金”的攻击。1992 年做空英镑就是一个典型案例。然而，如果 Libra 成为跟美元、人民币、欧元平等的货币，当它的体量足够大，一定会自己设定兑换比例。特别是，Libra 进入国家后需要在实操层面做到能够兑换该国法币。问题在于，它设定的比例，某种程度上会转而影响外汇市场的互动。例如，Libra 与法币的兑换关系，跟现有的外汇市场的兑换关系，只要中间存在着差别，肯定会招来攻击。同时，主要货币的兑换率，牵涉到了各国贸易政策，乃至贸易战的问题。所以，现有外汇市场的外汇汇率实际上由各国央行通过“白手套”进行操纵，这也使得问题更加复杂化。

因此，对 Libra 而言，这是一个有困难的技术操作。从这个角度而言，即便挂靠银行资产，也只是形成一个抵押和基于资产的信用背书。信用背书不能够成为稳定的一篮子货币的内在逻辑。所以，Libra 可能无法实现稳定币的稳定。至少，对应一个具体的经济体，Libra 缺少类似法币的稳定。

此外，用户使用 Libra 做交换的最终场景很可能是法币。在这种情况下，为了保证本地市场的法币稳定性，反而造成 Libra 本身的波动性。

总之，Libra 在上述问题上的逻辑尚未完全打通。至于 Libra 能否获得美国和欧盟的认可，还需要进一步的观察。

问：全球最大的互联网公司向区块链转型，是否意味着区块链技术已经

成熟?

答：未必。首先，Facebook 自带影响力。举一个例子，几年前 Facebook 用 20 亿美元收购了虚拟现实眼镜公司 Oculus，此举直接拉爆了整个虚拟现实 / 增强现实的资本市场。Facebook 进入区块链领域，同样对行业内传统企业造成巨大冲击。

其次，关于区块链技术是否已经成熟，区块链行业内存在两种观点。主流观点认为区块链行业还需要五年的时间才会成熟。另外一个非主流观点，实际上就是我的态度，认为已经成熟。以我们的井通墨客为例，技术已经能够支持千万级别用户的大规模商用。到明年，能够支持一亿级别的用户。但是，到十亿级别的用户可能还需要解决一些技术难题。

根据既有的进展可以推测，Facebook 掌握了类似井通的技术，现在可能实现千万级别的用户支持，到了明年可能是一亿级别的用户支持，五年之后有可能实现几十亿规模的用户支持。

我们井通墨客从 2014 年就开始“爬坑”。相较之下，Libra 有一个新“爬坑”的过程，不确定速度。我认为，Libra 存在五年之后将实现十亿级别用户支持的可能性。但是，区块链技术支持一亿级别用户的条件已经基本成熟。

问：Libra 白皮书中隐含了哪些重大的技术突破?

答：Libra 的技术方案与我们井通非常相似，大体一致。Libra 的底层共识实际上使用了随机拜占庭容错（BFT）里的 Hotstuff 框架，中规中矩，没有看到特别的突破。关于 Libra 的底层速度，Libra 既没有分片也没有分层，底部的速度大概是 1000TPS，比 EOS 快，EOS 大概只能做到 200—300 的 TPS。我们墨客底层速度大概是 1000TPS，井通底层速度最慢到 2000TPS，最快可以做到 5000TPS。Libra 唯一的创新是，在智能合约上使用了一个新的编程语言“Move 语言”。Move 语言的名字取自 Facebook 的口号“Move Fast and Break Things”（快速前进，打破常规）。

问：区块链从去中心化诞生，演进到中心化的联盟状态占据主流，未来是否还将回归去中心化?

答：我在2012年的时候提出过一个概念——有效去中心化。

西方思维里有一种非黑即白的二元思维。在这种思维里，去中心化和中心化对立，去中心化要颠覆中心化。但是东方思维提出阴在阳之内，不在阳之对。在这种思维里，去中心化不是要推翻中心化，而是追求互补，来弥补中心化的一些缺点。

为什么我提出“有效去中心化”的概念？就是在完全中心化和完全去中心化之间有一个很大的空间，存在一个最优均衡点。最优均衡点不是根据标准确定出的某一个中间数值，而是根据不同实际应用场景，确定的独特的最优解。有的场景用联盟链最好，就应该用联盟链。有的场景完全去中心化最好，就应该完全去中心化。例如，对于物联网而言，越趋于去中心化就越好。这也是为什么将井通公链命名为联盟公链。

问：你是如何定义区块链的？具有怎样特征的网络和平台，可以称之为区块链？

答：IBM的Fabric在国内被批评为伪区块链，为什么呢？因为它没有拜占庭容错共识机制。Fabric在0.6版本的时候有，但是在1.0版本的时候就没有了，依靠中心化的kafka服务器。如果连拜占庭容错的共识机制都没有，很难称之为区块链。

区块链核心实际上包括两部分，第一部分，有没有拜占庭容错的共识机制支持。我们都知道共识机制有PoW、PoS、BFT等，或者是这几种的混合和变种。共识机制之上是分布式的账本结构。这一部分有一个新名词，叫作DLT（distributed ledger technology）。

第二部分，就是有没有通证激励因素。通证激励因素是让系统运转的关键。现在一种普遍被使用的概念是有币区块链和无币区块链。但是把通证称之为“币”是一种狭窄化的观点，造成大家一想到通证，就联想到上交易所进行炒买炒卖。实际上通证并非如此，它是对生态所有参与者所做出贡献的计量工具。

为什么需要计量的工具？举例而言：假如现在想要做一个政务区块链，需要各个部门把信息贡献出来。参与者会质疑贡献信息对自己有什么好处，为什么要贡献进去？这就需要通证，如果没有通证就没有办法对贡献度进行测量。继续这个例子，如果贡献信息会获得通证，那么谁获得的通证越多，就说明贡献越大，通证于是成为衡量政绩进行奖惩的依据。《梁家河》一书描述了习近平总书记在梁家河担任支书的经历，提到“那个年代，农民靠工分养活自己。工分就是钱和粮，梁家河办起铁业社、代销店、缝纫社后，工分就变成了‘虚拟货币’”①。这个工分其实就是一种通证，可以帮助经济系统内部实现循环和运转。

工分制度的实践对当下和未来都具有启发意义。比如说，在现有经济模式中，假设投入 1 元人民币，产出就会增加 5 元人民币，投入产出比就是 1 ∶ 5。但是 2008 年以来，各国央行都开始“放水”，造成边际效益递减，将来法币的投入产出比可能就是 5 ∶ 1，也就是投入 5 元人民币只能产出 1 元人民币。同时，面临着金融杠杆过高和经济下滑的两难问题。如果停止投放货币，经济就会下滑，如果继续投放，金融风险就会上升。那么，现在有没有可能换一个方式，例如通过投入 1 元人民币和 4 个通证，产出 5 元人民币？

我们这样思考这个问题：以前中国经济体量很小，需要使用美元才能与各国进行贸易。那么整个中国就像是一个“梁家河”，它发的通证就是人民币，但是要出去就要使用美元。这个思路类比到企业层面：每个企业，从供应商到用户，共同形成了一个生态。这个生态基于通证运转，然后对外接出去就要使用人民币。也就是说，每个通证生态都可以是一个“梁家河”。并且，因为通证按照人民币切换，使用人民币记账，不影响 GDP 的计量。这个方案可能是解决当今经济和金融高杠杆问题的一种思路，可能有助于现有金融体系的“水”进入实体经济，特别是中小企业里。

问：如果将来央行用这种通证的方式降杠杆，是不是还有助于更精细化的宏观调控的实施？例如，对于中小企业使用单独的条款，只针对它投放 Token，从而实现一种普惠金融。

① 《梁家河》，陕西人民出版社 2018 年版，第 109 页。

答：是的。这种设计类似于专项政策。举个例子，国务院提出农行要支持农业，但是农行投放的人民币，可能就进入到地产里面，没有在农业领域发挥作用。但是如果以通证的方式发行，限定是农业通证而不是地产通证，就无法流入地产领域。

问：Libra 将在哪些方面，冲击现有的加密数字货币市场?

答：两个可能性。第一种可能性，它会像前面讨论的 VR 产业的案例，Facebook 进入加密数字货币，对市场产生红利作用，造成市场整体的拉抬。第二种可能性，Libra 的出现挤占市场份额，导致很多加密数字货币的终结。

2017 年我推出墨客的时候有一个观点，比特币是一个点对点的现金支付系统，根据比特币衍生出来的加密数字货币，都自带了这种支付功能，也是它们本质的功能。对此，有不少努力的案例，例如李嘉诚投资的 Bitpay、高盛投资的 Circle，这两个案例都已经基本死亡。

我们可以看到，比特币正在变成数字黄金这样一种大宗角色，它的支付功能正在缓慢死亡。最主要的原因在于，支付是一个成熟市场，用户习惯已经形成。比如说，在中国进行一笔支付，用户自然会想这是多少人民币，而不是多少美元，等于多少比特币。

支付领域实际上是以法币为基石的市场。如果从技术上进行优化，最厉害的角色是央行发行的“主权法定数字货币”，不但大家的信任度最高，而且符合用户的使用习惯。退而求其次的是“类主权法定数字货币”，例如工商银行、JP 摩根等，或者像 Facebook 发行的 Libra。它不是央行发行的法币，但是能够维持跟法币挂钩的稳定性，具有很高的信用度。再之后，才是各种各样其他的加密数字货币。

所以，当“类主权法定数字货币”出现之后，所有其他的加密数字货币会丧失支付市场，进而死亡。

我们在 2017 年推出墨客的时候，设计的是底层母链和其上的子链的架构。当时已经考虑到支付市场不是墨客的主要方向，所以没有对母链分片，同时为了符合美国的合规要求，使用了 PoW。然后对其上的主要处理智能合约的子链进行了分片，可以支持 PoS、BTF 或者各种顾客自定义的共识。

问：Libra 网络自带大量用户和应用场景，会不会导致区块链分层网络和跨链应用最终出现一家通吃所有的竞争结果?

答：可能不会。凡是重要的底层基础设施，必定带有主权色彩。井通网络设计之初一个重要的长期考虑是，人民币国际化之后在“一带一路”上的各种跨境的小额清算和结算。此前的华为事件，具有科技冷战的雏形，而且将来也可能发生金融冷战。一般而言，一想到基础设施，就容易想到铁路、公路、机场和港口，可能现在还会想到电信通信设备、5G 网络和卫星定位系统。其实金融清算系统也是一种基础设施，必须带有地缘属性，最起码需要进入商务部的可信清单。例如，Facebook 的金融基础设施，华为和相关企业肯定无法使用。

全世界不可能依赖一个网络解决问题。世界各国还是会涌现出有竞争力的网络。例如，欧洲可能会出现基于欧洲本土的一个系统。所以，最后可能还是形成类似“三家分晋”的世界格局，当然这是我个人的看法。

Facebook 发行 Libra，对我们而言实际上是利大于弊，因为国内 Fabric 阵营的力量较大。我们井通也是和 Facebook 独立竞争。双方的架构基本一致，也就是说，井通在大规模商用方面的模式已经得到了确认。Libra 对井通的助力可能会大于阻力。

问：井通目前在做的事情在多大程度上与 Libra 发生了撞车?

答：我们和 Libra 英雄所见略同。双方的技术架构的设计基本相同。当然，井通没有 Facebook 的影响力，而且相对于海外大企业，国内各大企业的动作速度相对迟缓。但是，一个好的系统，必须要经历考验。井通的优势在于，已经经历了差不多六年的考验，积累了大量经验、教训和实战认识。

另外，从跨链的角度而言，因为井通和墨客采用了分层的架构设计，具有“所有的应用可以成为一个子链”的概念，适合跨链问题，所以说，在应用场景方面可能更好一点。

在具体的业务层面，Libra 现在主要是汇兑和支付，这些我们已经在做了，例如东南亚的汇兑、埃及的支付，但是我们的物联网、电商等领域，Libra 还没有。我们相对领先。

问：Libra 网络上有许多大型金融机构，内部数据一定有一个加密共享的机制。在零知识证明下的全同态加密方面，井通有着怎样的技术储备？

答：关于全同态加密，现有的运算还是太慢。将来可能需要类似芯片加速的支持。关于零知识证明，实际上所用的技术手段还是名单制，也存在速度问题。

墨客加密的机制是，通过子链做一个属于自己的“屉”，“屉”内的数据可以加密，且不需要给其他的子链或者母链知道，它唯一需要做的是，把哈希同步到母链，确保安全性和数值的一致性。于是，墨客的两个子链可以独自保密，其上的竞争性企业也互不影响。同时，墨客的母链用一个共识认定两个子链。

通过这样的机制，可以实现这样的场景：一个企业面临不同的供应商，可以根据不同情况给予不同的价格，让供应商之间彼此也无法得知对方获得的价格。从这个角度而言，需要用分隔的子链去对待不同的供应商。全同态加密和零知识证明的设计无法解决这个问题。目前，Libra 网络可能无法实现这样的场景。

（本文系新华财经对作者周沙的专访。编写工作组在不改变专访原意的情况下，加以适当整理和删减。）

作者简介

周沙　井通科技、墨客创始人。

下一个全球互联网央行？
——论 Facebook 发布数字货币白皮书

吴桐

摘 要

本文从 Libra 的使命、技术框架、经济模型、事件的潜在影响等方面进行分析，核心结论如下：Libra 会对现有的资本管制政策造成进一步冲击，Libra 在一定程度上得到了英美的支持，其信用比一些小国央行还要强；Libra 的抵押资产选取方式不仅填补了当前稳定币没有大规模采用金融证券的空白，更对金融证券的需求产生了结构性的影响，具有巨大的博弈空间；Libra 协会清一色的巨头配置基本宣布了区块链"草根时代"的终结，区块链的工具化程度逐渐增强，而理想主义日渐式微；从金融和科技的角力来看，Libra 是硅谷精英首次染指华尔街权力，科技会在金融发展中扮演更加重要的角色；Libra 发币的方式类似于大国的商业银行和小国的央行，未来对全球流动性的影响不可小觑。

2019 年 6 月 18 日 Facebook 数字货币项目 Libra 白皮书正式发布，这在区块链、数字货币、互联网和传统金融等行业都引起了轩然大波。当前 Facebook 市值约为 5395 亿美元（2019 年 6 月 18 日数据），而全球数字货币的市值约为 2867 亿美元（2019 年 6 月 18 日数据）。Facebook 的全球活跃用户数为 26.6 亿人，几乎相当于中国和印度两个人口大国的人口总和，约占全球总人口的 35%。如此一个庞然大物发布了数字货币项目白皮书，自然令各方为之震惊。然而，在这背后摆在我们面前的是一个既令人期待又令人恐惧的问题——Facebook 数字货币会成为全球的互联网央行吗？

从白皮书的简介中我们看到了 Facebook 的野心：Libra 的使命是建立一套简单的、无国界的货币和为数十亿人服务的金融基础设施，包括新的低波动性加密货币和智能合约平台计划，以期为负责任的金融服务创新开创新的机遇。

“简单”意味着精简脚本合约语言，Libra 专门定制了 Move 语言，支持复杂金融类智能合约的编写和执行。

“无国界”意味着以互联网和区块链为治理边界，而不是以国为界，这对现有的资本管制政策会造成进一步冲击，同时极大地提高了金融的普惠性。在互联网时代，政府可以通过监管运营商等中介服务商实现一定程度的监管，而区块链的去中心化程度更强，可监管程度更弱，这对政府进一步提出了挑战。

“为数十亿人服务”则体现了 Facebook 在 C 端二十多亿用户的深厚积淀以及互联网乃至全球的重要影响力，从 C 端而言 KYC 应该是需要的，同时转账成本也应该是较低的。同时服务对象的十亿级的数量级意味着区块链的超高性能，Libra 采用了基于 LibraBFT 共识协议的 BFT 机制，根据技术白皮书的内容显示，Libra 协议最初支持 1000TPS，区块间隔时间为 10 秒。

“低波动性”意味着 Libra 本质上也是一种稳定币，和现有的稳定币基于法币（USDT 等）、数字货币（DAI 等）以及“算法央行”不同，Libra 的底层资产是一篮子银行存款和短期政府债券。选择银行存款和短期政府债券的原因在于其现金流的稳定性和价格的低波动性，也意味着银行存款、政府债券等传统金融资产第一次被大规模采用作为稳定币底层资产。这不仅对于数字货币行业具有重大影响，也在需求端对传统金融资产产生了深刻改变。一篮子银行存款、政府债券怎么选取？选取哪家银行，哪个国家？期限是多久？这本身就是巨大的金融权力。可以预见的是，抵押资产将以美元为主，而一些国家的银行贷款和政府债券能否放进篮子里，则可以成为 Facebook 与这些国家谈判的筹码。基于这种模式，Facebook 的信用创造能力已经胜过一些小国央行。Facebook 发币的全球金融权力之争，主战场在美利坚之外。关于底层资产的选取还有一点值得关注的是没有选取黄金等贵金属作为底层资产，互联网企业从血统上对被凯恩斯称为“野蛮的遗迹”的黄金不感冒，尽管黄金和有价证券都是传统金融行业的资产，但互联网和区块链行业显然更喜欢虚拟化、符号化增强的后者。

此外，Libra 协会已确认的 26 个成员全是清一色的诸如 Visa、MasterCard、Uber、PayPal 等在内的行业巨头，而 Libra 协会计划将成员扩充到 100 个，根据规则，企业如果要成为协会的创始成员，必须满足下列标准中的至少两项：市值超过 10 亿美元或应收款结余超过 5 亿美元；每年在多个国家或地区为超过 2000 万人提供服务；被第三方行业协会或媒体公司评为行业百强领导者，协会在评估创始人申请者时参考的部分名单包括 Interbrand 的“全球品牌 100 强”、《财富》杂志的“500 强”、标准普尔全球 1200 指数、FTSE Eurotop 300 指数以及其他评选知名品牌的地区和国家名单。不得不令人慨叹区块链“草根创业”的黄金时代业已完全结束，而巨头时代已经开始。但另一方面，巨头的竞相入场才是一个行业迎来全社会“黄金时代”的先行指标。

在与监管层博弈层面，巨头也将逐步替换掉草根，扛起行业发展的大旗。区块链的初衷是去中心化，然而同时不要忘了区块链的工具性，中心化的组织和团体可以采用去中心化的区块链作为其工具，修改其不合理的成本，进而实现自我完善。与此同时，相比草根，巨头的合规性更高，更懂得怎么曲折迂回地与监管层斡旋，更懂得如何做行业品宣，我们也将再次见证传统金融中“猫鼠游戏”似的监管循环。事实上，英美等主流国家的监管层的反应也印证了这一点。6 月 19 日美联储主席鲍威尔表示，Facebook 在发布 Libra 白皮书之前已经会见了美联储，而美联储并不担心因加密货币无法执行货币政策。6 月 21 日英国央行行长也对 Libra 表示欢迎，表示非银机构和科技公司很快就能触达英国央行资产负债表，并授予其与商业银行相同的权利；Libra 则可能会大幅提高金融包容性，并降低支付成本。相比英美央行的乐观和支持，印度、德国等央行则表现出不同程度的担忧，英美政府欲借助 Libra 这一项目重振盎格鲁—撒克逊模式，这一事件不仅关乎区块链和互联网，也关乎货币和金融高边疆。全球各国政府再次被分化成核心国家政府和非核心国家政府，弱小的非核心国家政府面对 Libra 甚至都无第一次世界大战之力，货币金融体系直接灰飞烟灭。而对各国政府而言，一味地自下而上的监管都难以再奏效，如何将自身作为一个参与方实现多维度、全方位的区块链治理恐怕才是应该采取的策略。

另一方面，互联网和传统金融巨头的入场也意味着中短期内区块链距离去中心化的理想主义越来越远，工具性越来越强，区块链成为中心化机构增进效率、加强控制的重要抓手。我发表于 2018 年 12 月银保监会主管期刊《金融监管研究》中的学术论文《区块链和金融的融合发展研究》中的一个研究结论是：中心化的货币政策和财政政策是比特币（区块链第一个产品）诞生的直接原因，而比特币诞生的经济学含义就是反对中心化的货币政策和财政政策，这也是区块链的理想主义色彩。然而，理想很丰满，现实很骨感，2018 年加密货币市场熊市中以 USDT 为代表的锚定法定货币的稳定币使用率和交易占比迅速增加，在加密货币市场以向下波动为主后区块链行业选择向传统金融业妥协，而传统金融业也将区块链作为增效赋能的工具，Facebook 发币将这一趋势推向一个新的高潮。但与此同时，区块链和加密货币在全球的可接受程度也得以提高，完全的去中心化和中心化都不是各方可以接受的方案，二者的折中更适合区块链的落地与推动。有的时候退一步是为了进两步，但退完一步之后难的是不忘初心。

接着我们回到了本文的核心命题——Libra 会成为全球的互联网央行吗？不管这个问题在一部分人看来多么令人期待，还是在另一部分人看来多么恐怖，我们都要讨论这个问题。首先，从当前来看，Libra 虽然是一种基于互联网和区块链的全球货币，但并不制定自己的货币政策，而是沿用篮子中抵押的金融资产所对应的中央银行政策。因此说 Libra 向哈耶克的“货币非国家化”迈进了一步，则是从较浅的层次理解这一问题。尽管发行的主体并不是国家，但抵押资产仍是在法币世界中流通的资产。如果 Libra 严格采用 1 ∶ 1 锚定，则本质上类似于小型开放经济体的货币局制度（香港金融管理局）和大型经济体的商业银行操作模式。比如我国央行近年来经常使用的非常规货币政策中的常备借贷便利（Standing Lending Facility）则以抵押方式发放，合格抵押品包括高信用评级的债券类资产及优质信贷资产等，商业银行向央行抵押合格抵押品则可获得相应的信贷。而同时，Libra 的白皮书里清楚地写道，Libra 用户不能进行反向兑付，这是一项非常重要的权力。而更早的经典的类似的金汇兑体系则是布雷顿森林体系，但在布雷顿森林体系中美元是可以反向兑换黄金，“特里芬难题”决定了美元持有者长期具有反向兑换美元的动机，这也是布雷顿森林体系崩溃的直接原因。Libra 里央行的位置被区块链取代，而 Facebook 作为商业银行则获得流动性。因此 Libra 还远远谈不上全球互联网央行，但假以时日，随着 B 端和 C 端客户量的增多以及强大的货币金融网络的形成，Libra 有没有可能“篡汉自立”目前非常难以说清楚。从美国的视角来看，这次可以看作硅谷精英对华尔街的一次重大挑战。过去无论硅谷精英们如何通过技术赌对历史发展趋势，都难以挑战华尔街的货币金融权力，而这次历史的天平终于向硅谷倾斜。

对于 Facebook 能将多少用户转化成 Libra 的用户，可能并不会存在太大障碍。当用户习惯于使用一个企业的商品时，对于接受其货币的概率就大大提高。同时，泛互联网时代基于信息技术的类货币产品本来就是畅销品，何况是 Facebook 的产品。不能说能实现 1 ∶ 1 转换，但可以预见的是转化率不会低，而且 Libra 本身还可以带来非常客观的流量。

让我们再回想一下罗斯柴尔德说过的“只要我能控制一个国家的货币发行，我不在乎谁制定法律”，那如果能影响甚至控制全球的货币发行呢？算了，不回想了，真的难以想象。

作者简介

吴桐　CECBC 区块链专委会副主任，数字资产研究院研究员。

区块链与金融基础设施
——兼论 Facebook Libra

邹传伟

摘 要

本文研究了区块链对金融基础设施的影响，并从这个角度分析了近期备受关注的 Facebook Libra。本文的结论是：金融基础设施分为账户范式和 Token 范式，前者以银行账户体系为代表，后者以区块链为代表。这两个范式有很大差异，但都可以用来承载金融资产和交易，在很多应用场景中呈现了非常复杂的替代和互补关系。Facebook Libra、金融机构间结算币和中央银行数字货币都是 Token 范式的代表。Facebook Libra 基于 Token 范式实现了某种意义上的超主权货币，但没有货币创造，远不是货币非国家化。本文还讨论了 Facebook Libra 可能产生的风险和面临的监管。

一、引言

本文尝试从金融基础设施角度分析以 Facebook Libra 为代表的、由区块链支撑的新经济金融活动。金融基础设施是金融系统的“管道”。这些“管道”位于不为大多数人所见的金融系统底层，却影响着资金如何流通，金融资源如何配置以及金融政策如何传导。这个角度有助于我们厘清关于 Facebook Libra、加密货币、区块链乃至分布式商业的各种纷繁复杂观点。正如要深入市政网络和海底光缆，我们才能全面理解日常生活中触手可及的水电煤气和互联网。

本文分五部分。第一部分是引言；第二部分介绍金融基础设施的账户范式和 Token 范式；第三部分比较账户范式和 Token 范式；第四部分讨论法定货币领域的 Token 范式，重点分析 Facebook Libra；第五部分总结全文。

需要说明的是，Token 一词在本文作为区块链的核心元素被使用，强调的是 Token 承载现实世界资产和交易的功能，Token 并不代表某一加密货币。

二、金融基础设施的账户范式和 Token 范式

（一）账户范式

账户范式的代表是二级银行账户体系（图 1–4）。个人和企业在商业银行开设存款账户，商业银行在中央银行开设存款准备金账户。法定货币存在于金融系统的负债方。高能货币是中央银行的负债。其中，现钞是中央银行对公众的负债，存款准备金是中央银行对商业银行的负债。存款是中央银行对个人和企业的负债。在现代经济体中，现钞只占货币供给的很小比例，广义货币供给的大部分是存款。存款准备金和存款等货币形态都已经电子化。

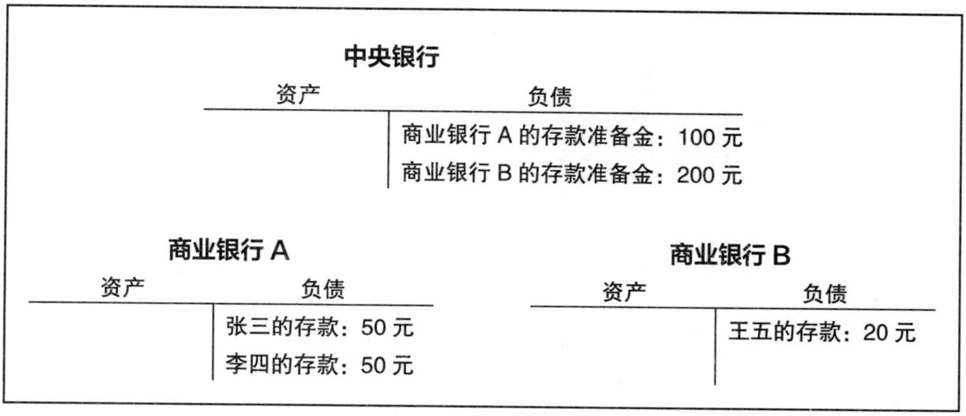

图 1–4　二级银行账户体系

在现钞交易中，交易双方只要确认现钞的真实性，就可以交割，无须第三方受信任机构。这一点与后文将介绍的 Token 交易是类似的。转账和汇款涉及银行账户操作。比如，同行转账要同步调整交易双方在同一开户银行的存款账户余额。跨行转账除了调整交易双方在各自开户银行的存款账户余额以外，还涉及两家开户银行之间的结算。商业银行之间的结算需调整它们在中央银行的存款准备金账户余额。图 1–5 是一个简单例子。

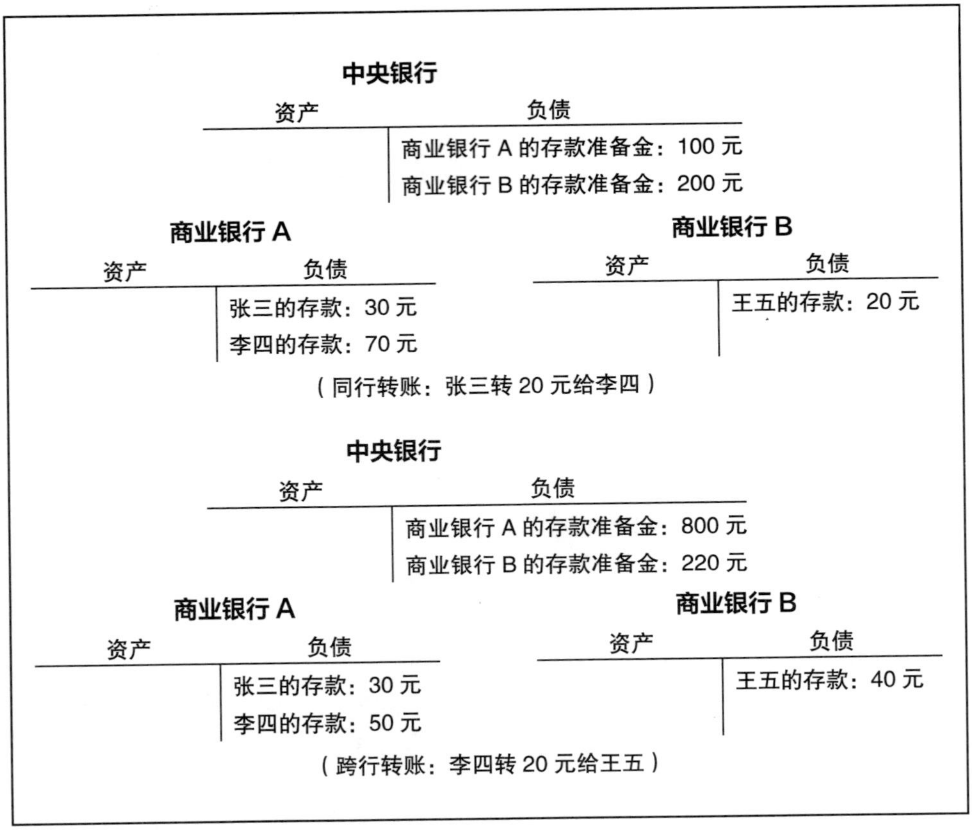

图 1–5　货币交易

跨境支付涉及的银行账户操作更复杂。具体可以参见加拿大银行、英格兰银行和新加坡金融监管局 2018 年研究报告《跨境银行间支付和结算》中的流程图（见图 1–6）[①]。

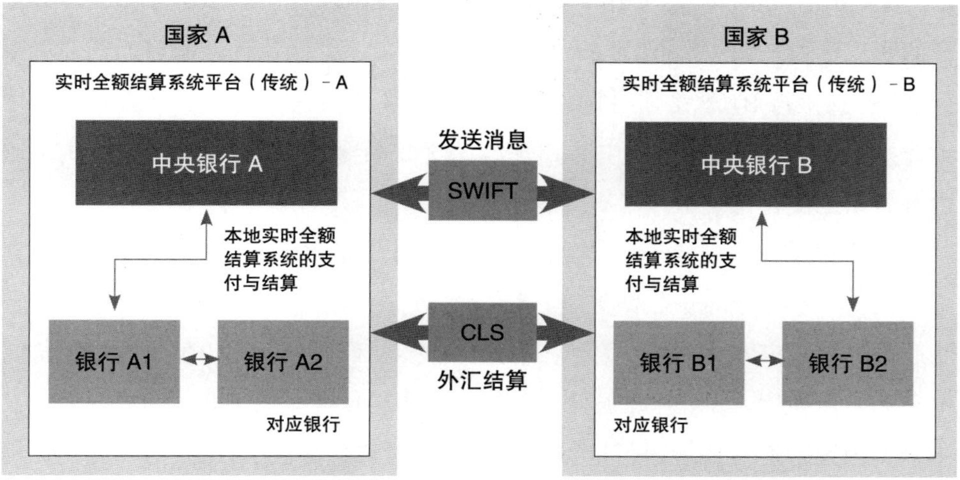

图 1–6　跨境支付

假设两个国家 A 国和 B 国，以及各自的货币——A 货币和 B 货币。两种货币都由各自中央银行建立了支付系统（图 1–6 中的 RTGS，即实时全额支付系统）。比如，人民币是大小额支付系统和跨境支付系统（CIPS），美元是联邦电子资金转账系统（Fedwire）和纽约清算所银行同业支付系统（CHIPS）。

假设 A 国居民 Alice 在 A 国的一家银行 A1 有 A 货币的存款。她要付款给 B 国居民 Bob，Bob 在 B 国的一家银行 B2 有 B 货币的存款账户。问题是，银行 A1 与银行 B2 之间并无直接业务关系。因此，需要引入代理银行（correspondent bank），即图 1–6 中的银行 A2 和银行 B1。代理银行在银行 A1 和银行 B2 之间起到了桥梁作用，但拉长跨境支付链条。

在代理银行模式下，跨境支付按如下步骤进行。首先，在 A 国，Alice 在银行 A1 的 A 货币存款被转到银行 A2（通过 A 货币的支付系统）。这个过程就是图 1–5 中的跨行转账。其次，资金从银行 A2 转到银行 B1。代理银行之间

① Bank of Canada, Bank of England, Monetary Authority of Singapore, "Cross-Border Interbank Payments and Settlements" 2018, P.28.

相互开设账户。比如，站在银行 A2 的角度，它在银行 B1 开设的账户称为往账（nostro account，用 B 货币），即存放国外同业账户。银行 B1 在银行 A2 开设的账户称为来账（vostro account，用 A 货币），即同业存款账户。资金从银行 A2 转到银行 B1 就是通过调整这些账户余额来实现。货币汇兑需要经过持续连接结算系统（即图 1–6 中的 CLS）。最后，资金从银行 B1 转到银行 B2（通过 B 货币的支付系统）。

需要说明两点：第一，与流行认识不同，环球同业银行金融电讯协会（SWIFT）是银行间报文系统，处理跨境支付中的信息流。跨境支付中的资金流通过银行账户体系进行。第二，一些区块链项目认为，SWIFT 是跨境支付成本高的主要原因。事实并非如此，麦肯锡公司 2016 年研究表明（详见图 1–7），一个美国银行通过代理银行进行一笔跨境支付的平均成本在 25—35 美元，是

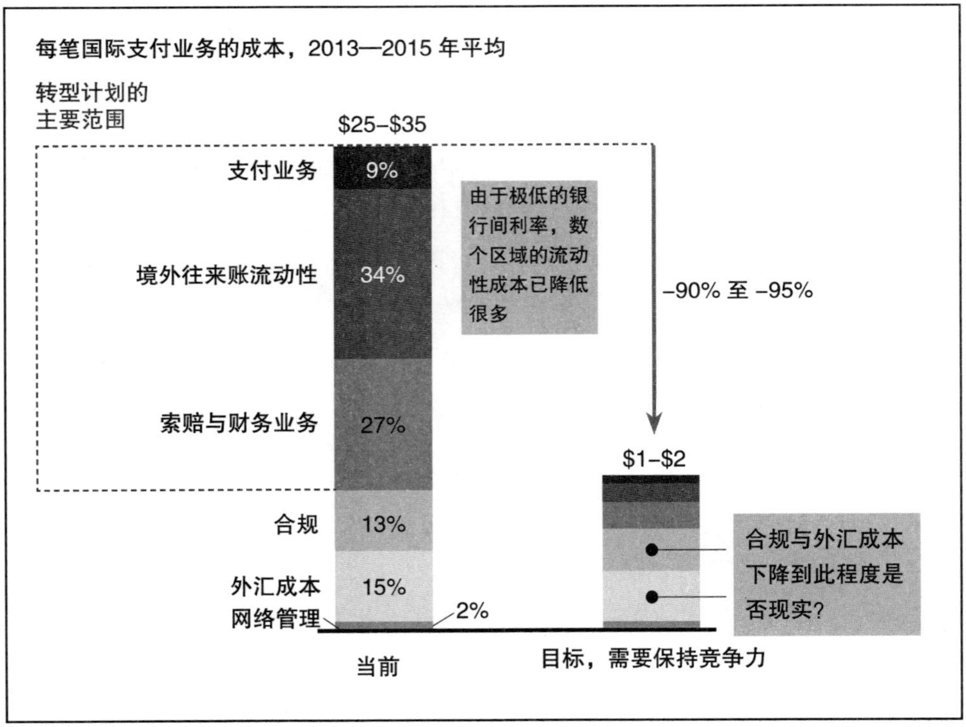

图 1–7　跨境支付的成本

一笔境内支付的平均成本的 10 倍以上。其中，34% 的成本来自被锁定在代理银行账户中的流动性（因为这些资金本可以用在收益更高的地方），27% 来自司库操作（treasury operations），15% 来自外汇操作，13% 来自合规成本。

以上简单介绍了账户范式如何承载货币及其交易。我们为可读性而牺牲了严谨性。比如，账户余额调整和资金流转不是严谨的学术用语，都可以表达为会计上一系列复杂的借记、贷记操作。

（二）Token 范式

徐忠和邹传伟概括了区块链的 Token 范式：Token、智能合约和共识算法都处于共识边界内，Token 与智能合约之间有密不可分的联系，共识算法确保了共识边界内的去信任环境（具体参见图 1–8）。

Token 及其交易的以下性质是区块链应用于金融基础设施的关键。第一，区块链内不同地址对应着不同用户，类似银行账户。密码学技术（主要是基于椭圆曲线的数字签名算法和哈希加密算法）保证了地址的匿名性，只有具备相应权限的用户才能操作地址，类似银行账户密码。

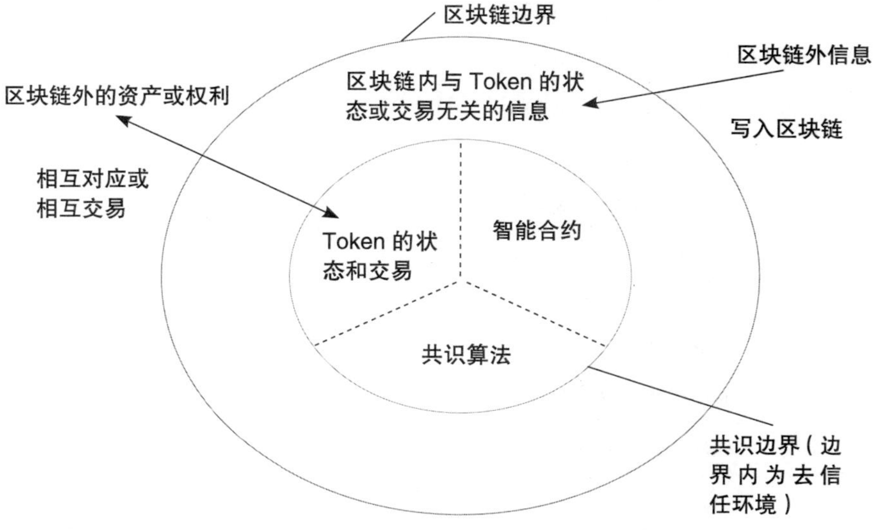

图 1–8 区块链的 Token 范式

第二，Token 本质上是区块链内按规则定义的状态变量。按同一规则定义的 Token 是同质的，可拆分成较小单位。不同地址内 Token 数量，类似银行存款账户余额。分布式账本记录区块链内每个地址内 Token 数量，类似银行账户报表。分布式账本由多个“矿工”或“验证节点”共同更新和存储，以确保一致。在金融交易后处理中，区块链被用于缩短托管链条、优化交易流程和简化对账工作等，就是基于分布式账本的这一特征。

第三，Token 可以在区块链内不同地址之间转移，类似银行转账。Token 转移过程中总量不变，甲地址之所得就是乙地址之所失。Token 交易确认与分布式账本更新同时完成，没有结算风险。分布式账本和已确认的 Token 交易是全网公开、不可篡改的。

第四，区块链共识算法（比如中本聪发明的共识机制）和不可篡改特点，使得在不依赖中心化受信任机构的情况下，可以保证 Token 不会被“双花”（double spending）。

第五，区块链运行在互联网上，Token 在区块链内不同地址之间的转移天然是跨国界的。这一特点就是区块链应用于跨境支付的基础。

Token 在存在形态上是一段计算机代码，没有任何内在价值。那么，Token 的价值来源是什么？ Token 在中文里一般翻译成记号或表示物。记号或表示物本身没有价值，价值来自所承载的资产。用 Token 承载现实世界的资产（所谓“资产上链”），实质是基于法律法规，用区块链外的经济机制，使 Token 和某类标的资产的价值挂钩。这个过程离不开中心化受信任机构（表 1–3）。

表 1–3　用 Token 承载资产

资产方	负债方
1 单位标的资产	1 单位 Token
1 单位标的资产	1 单位 Token
……	……
1 单位标的资产	1 单位 Token

用 Token 承载资产必须遵循三个规则。

一是发行规则。中心化受信任机构基于标的资产按 1 ： 1 关系发行 Token。

二是双向兑换规则。中心化受信任机构确保 Token 与标的资产之间的双向 1 ： 1 兑换。用户给中心化受信任机构 1 单位标的资产，中心化受信任机构就给用户发行 1 单位 Token。用户向中心化受信任机构退回 1 单位 Token，中心化受信任机构就向用户返还 1 单位标的资产。

三是可信规则。中心化受信任机构必须定期接受第三方审计并充分披露信息，确保作为 Token 发行储备的标的资产的真实性和充足性。

在这三个规则的约束下，1 单位 Token 代表了 1 单位标的资产的价值。在 Token 有二级市场交易时，Token 市场价格会偏离标的资产的价值，但市场套利机制会驱动价格向价值回归：如果 1 单位 Token 的价格低于 1 单位标的资产的价值，套利者就会按市场价格买入 1 单位 Token，再从中心化受信任机构换回 1 单位标的资产，以获取中间差价（差价 =1 单位标的资产的价值 –1 单位 Token 的价格）。套利活动会增加对 Token 的需求，驱动其价格上涨。反之，如果 1 单位 Token 的价格高于 1 单位标的资产的价值，套利者就会用 1 单位标的资产向中心化受信任机构换取 1 单位 Token，获取中间差价（差价 =1 单位 Token 的价格 –1 单位标的资产的价值）。套利活动增加 Token 供给，驱动其价格下跌。

一旦这三个规则没有被全部严格遵守，市场套利机制的效果就会减弱，Token 价格会与标的资产的价值脱钩（不一定完全脱钩）。

哪些资产适合用 Token 承载？这主要取决于资产能否满足双向兑换规则的要求，而这又取决于资产的存在形态、标准化或同质化水平、产权确认和登记制度以及交易流程。标准化、产权明晰和交易流程简捷的资产最适合用 Token 承载，主要包括货币和金融证券。

三、账户范式与 Token 范式的比较

（一）两种范式的对比

1. 在交易场景的表现

Token 在区块链内不同地址之间转移时，总量不会发生变化。Token 交易不依赖中心化受信任机构。交易确认和分布式账本更新同步完成，没有结算风险。但很多区块链因为分叉的可能性，只能在概率意义上保证结算最终性（settlement finality），尽管该概率随时间流逝可以趋向 100%。区块链受制于"三元悖论"：没有一个区块链能同时具有准确、去中心化和成本效率这三个特征。特别是，区块链的去中心化程度越高，效率越低，而效率集中体现为每秒钟能支持的 Token 交易笔数（transaction per second, TPS）。比如，比特币每秒钟最多支持 6 笔交易。

在账户范式下，交易可以只涉及资产方或负债方的内部调整，也可以涉及资产方和负债方的同步调整。比如，银行向企业放贷，银行在资产方多了一笔对企业的贷款，在负债方多了一笔企业存款。在存款准备金制度下，这个过程持续下去就是存款的多倍扩张机制。账户维护离不开中心化受信任机构（比如银行），信用风险（特别是交易对手风险）始终存在。结算风险也无法消除，但有结算最终性。账户范式下的交易效率可以非常高。比如，PayPal 每秒钟平均能支持 193 笔交易，Visa 每秒钟平均能支持 1667 笔交易。

2. 开放程度和隐私保护

区块链对用户高度开放。任何人只要根据数字签名算法生成一对公钥和私钥，就可以拥有区块链内的地址。地址有很好的匿名性。不通过聚类分析等技术手段，很难识别出地址所有者。但地址内有多少 Token 以及地址之间的 Token 交易，全网可见，不可篡改。用 Token 进行交易，像是蒙上了一层匿名面纱。尽管这有助于保护地址所有者的隐私，但也加大了 KYC（"了解你的客户"）、

AML（反洗钱）以及 CFT（反恐融资）等方面的监管难度。

开设账户一般需要审批，因此是高度选择性的。个人银行账户和支付账户尤其要满足严格的身份验证要求，感兴趣的读者可以参考《非银行支付机构网络支付业务管理办法》（中国人民银行公告〔2015〕第 43 号）和《关于落实个人银行账户分类管理制度的通知》（中国人民银行文件银发〔2016〕302 号）。金融类账户一般可以从账户名推测所有者，但账户里有多少资产，仅对具有相关权限的人可见。这也是账户范式与 Token 范式的一个关键不同。

如果把视野从金融类账户拓展到社交网络账户、电子商务账户以及各类应用程序账户等，就会发现：尽管不同账户的实名制有强弱之分，但账户总与身份识别相关联。账户记录其所有者在不同场景的行为，比如社交、购物和出行等。通过分析这些行为信息，可以对账户所有者进行画像（consumer profiling），并推断账户所有者的偏好、信用和收入等重要特征。这是互联网公司开展广告业务（至今仍是 Google 和 Facebook 的主要收入来源）和涉足金融业务（比如金融精准营销和网络贷款）的信息基础。万建华非常有预见性地提出了“得账户者得天下”概念。

但账户范式下对个人信息的收集和使用，容易演变成侵犯个人隐私。个人信息确权难、保护难，容易在未经合理授权的情况下被使用，或者从甲业务中收集到的数据被用于乙业务。持有个人信息的机构如果安全保障不足，可能造成个人信息被窃。Facebook 和英国政治顾问公司“剑桥分析”（Cambridge Analytica）的数据泄露丑闻就体现了这一点。账户范式面临的这些问题，在 Token 范式下都不存在。

数据管理和隐私保护已经越来越成为一个重要政策问题，可能显著影响未来互联网商业模式。2018 年 5 月，欧盟开始实施《通用数据保护条例》（GDPR）。今年 5 月，我国网信办发布《数据安全管理办法（征求意见稿）》。数据管理和隐私保护不完全是制度问题，也离不开密码学技术，比如可验证计算（verifiable computing）、同态加密（homomorphic encryption）和安全多方计算（secure multi-party computation）等。

（二）两种范式的替代和互补

首先，两种范式在一些场景中存在替代关系，比如稳定加密货币与第三方支付（图 1–9）。

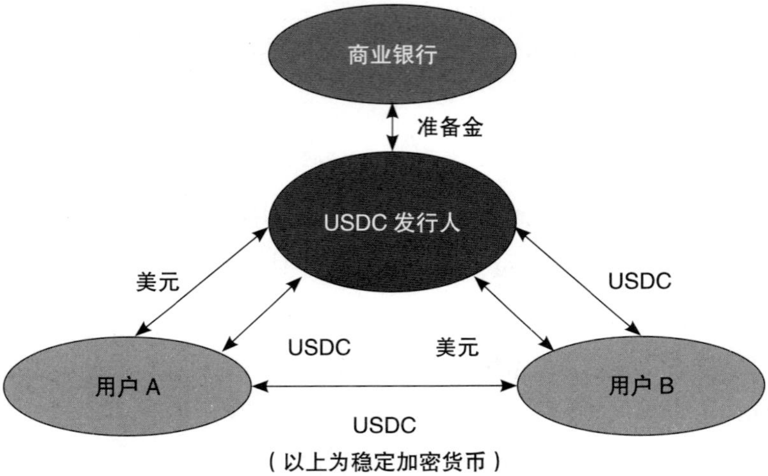

图 1–9　稳定加密货币与第三方支付的对比

2018 年 9 月，美国 Circle 公司基于以太坊推出 USDC。USDC 以美元准备金 1 ∶ 1 发行。任何机构只要遵循 USDC 协议并满足相关监管合规要求，就可以成为 USDC 发行人。USDC 遵循双向兑换规则。USDC 发行人在收到用户提供的美元准备金以后，会存放在受 FDIC 保护的银行中。用户之间的 USDC 交易就是区块链内的 Token 交易，不会影响在银行的准备金。USDC 用户赎回 USDC 时，USDC 发行人除了销毁收到的 USDC 以外，会从准备金中转出相应金额到用户的银行账户。

在第三方支付中，用户向支付机构充值后，支付机构会将收到的法定货币存入它在银行的备付金账户，并等额调增用户在支付机构的账户余额[①]。这个账户余额实质是 IOU（I owe you）。用户之间转账只影响他们在支付机构的账户余额（IOU 交易），不会影响在银行的备付金。用户提现时，支付机构扣减用户账户余额（注销 IOU），从备付金中转出相应金额到用户的个人银行账户。

因此，稳定加密货币与第三方支付在模式上同构，前者属于 Token 范式，后者属于账户范式。

其次，两种范式之间的互补关系，接着用 USDC 的例子（图 1–10）。目前，大部分 USDC 交易发生在加密货币交易所。用户将 USDC 转入加密货币交易所的区块链地址，加密货币交易所等额调增用户在交易所的账户余额（IOU）。加密货币交易所内的 USDC 交易实际上是 IOU 交易。出现这个情况的原因在于，区块链内的 USDC 交易受制于区块链的性能，IOU 交易效率则高得多。

图 1–10　两种范式之间的互补

① 这里描述的是“断直连”前的模式。“断直连”后，如果将网联与第三方支付合并起来看，仍适用此处的描述。

四、法定货币领域的 Token 范式以及对 Facebook Libra 的分析

表 1–4 按照两个维度对法定货币领域的 Token 范式进行了分类。第一个维度：发行主体是中央银行还是私人机构。第二个维度：目标用户是批发型（只面向机构）还是零售型（面向公众）。

表 1–4　Token 范式在法币领域的应用分类

		目标用户	
		批发型	零售型
发行主体	中央银行	批发型中央银行数字货币	一般目标型中央银行数字货币
	私人机构	金融机构间结算币，比如 JP Morgan Coin 和 U–W–CBDC	比如 USDC 和 Facebook Libra

因为存款准备金已经电子化，批发型中央银行数字货币的意义较小，所以我们只介绍表 1–4 中除批发型中央银行数字货币以外的类型。这样展开讨论有助于我们理解 Facebook Libra 的技术和经济脉络。

（一）中央银行数字货币（CBDC）

CBDC 属于法定货币的一种形态，是中央银行直接对公众发行的电子货币，也是中央银行的负债。CBDC 替代的是现钞。

CBDC 面临几个争议很大的问题。第一，在技术路径上，CBDC 可以采用 Token 范式，也可以采用账户范式。如何选择，尚无定论。第二，CBDC 是否付息。如果 CBDC 完全替代现钞并且付息，理论上是一个新的货币政策工具，特别在名义利率零下限（zero lower bound）时。第三，CBDC 对商业银行存款稳定性的影响。因为中央银行的信用高于商业银行，老百姓是否会大规模提取商

业银行存款并换成 CBDC？因为这些问题，目前还没有主要国家推出 CBDC。

以下 CBDC 原型系统设计来自姚前[①]。CBDC 原型系统共分三层（详见图 1-11）。第一层是 CBDC 在中央银行与商业银行之间的发行和回笼，以及在商业银行之间的转移。第二层是个人和企业用户从商业银行存取 CBDC。第三层是 CBDC 在个人和企业用户之间转移。

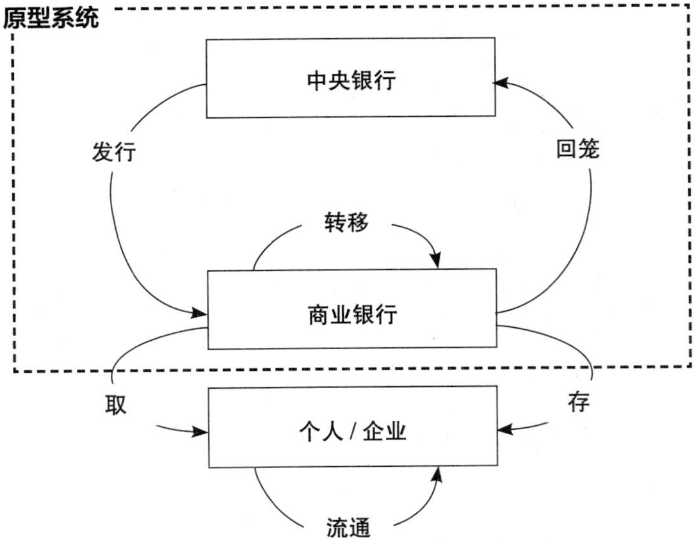

图 1-11 中央银行数字货币原型系统

CBDC 在商业银行之间，商业银行与个人和企业用户之间，以及个人和企业用户之间的转移，实质是区块链内的 Token 交易。图 1-12 是 CBDC 的转移过程。商业银行 A 向中央银行发出 CBDC 转移请求后，中央银行将来源币作废，按转移金额生成所有者为商业银行 B 的去向币。如果转移后还有余额，需生成所有者为商业银行 A 的去向币。这个转移过程与 UTXO（unspent transaction output，未使用交易输出）模式类似。

① 姚前：《中央银行数字货币原型系统实验研究》，载《软件学报》2018 年第 9 期。

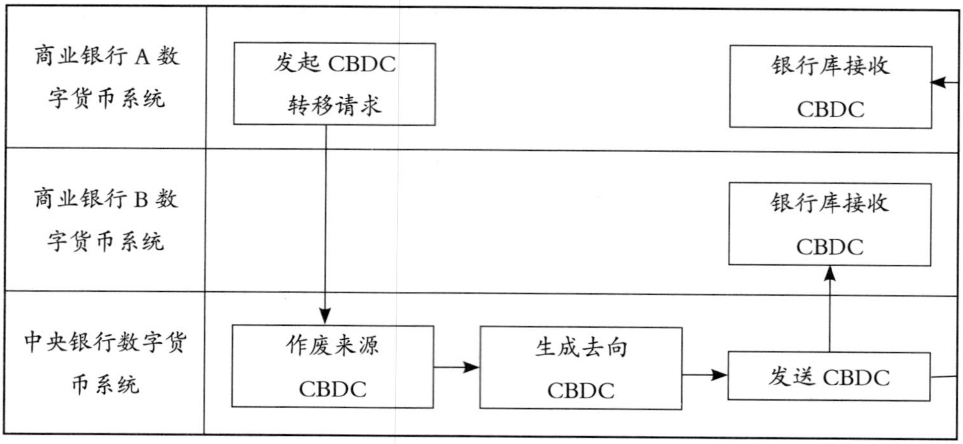

图 1-12　中央银行数字货币转移过程

CBDC 发行和回笼遵循双向兑换规则，需调整中央银行存款准备金账户。商业银行向中央银行申请发行 CBDC 后，中央银行先扣减该商业银行的存款准备金并等额增加数字货币发行基金，再生成所有者为该商业银行的 CBDC。商业银行向中央银行申请缴存 CBDC 后，中央银行先将缴存的 CBDC 销毁，再扣减数字货币发行基金并等额调增该商业银行的存款准备金。这样就确保在 CBDC 发行和回笼中，货币发行总量不变。

（二）金融机构间结算币

2019 年 2 月，摩根大通宣布，基于 Quorum 联盟链推出用于客户间交易即时结算的 JP Morgan Coin（见图 1-13）。JP Morgan Coin 代表存放在摩根大通指定账户的美元。客户将美元存入指定账户后，将收到等额的 JP Morgan Coin。JP Morgan Coin 在客户之间的转移发生在 Quorum 联盟链上。客户不一定在美国境内，这样就实现了跨境支付。客户退回 JP Morgan Coin 后，将收到从指定账户转出的等额美元。

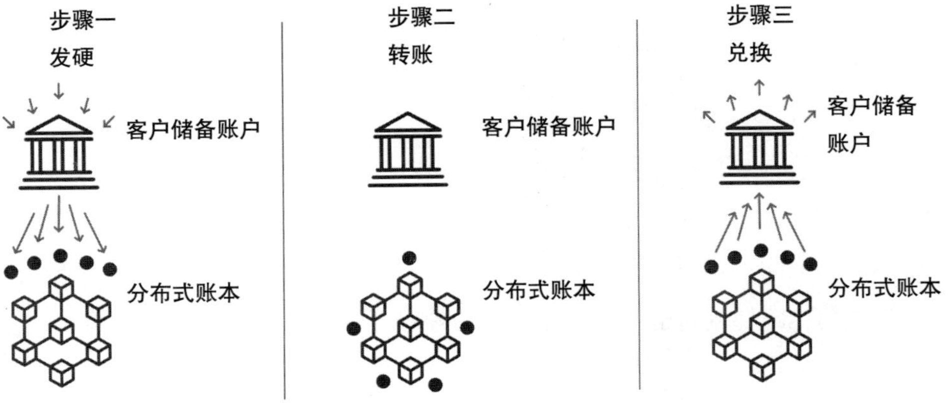

图 1-13　摩根大通币

U-W-CBDC 是加拿大银行、英格兰银行和新加坡金融监管局 2018 年研究报告《跨境银行间支付和结算》提出的一个跨境支付方案（Bank of Canada, Bank of England, and Monetary Authority of Singapore, 2018）。在 U-W-CBDC 中，U 指全球通用，W 指批发型，CBDC 指中央银行数字货币（但 U-W-CBDC 并非由中央银行发行）。U-W-CBDC 在很多方面与 Facebook Libra 类似（见图 1-14）。

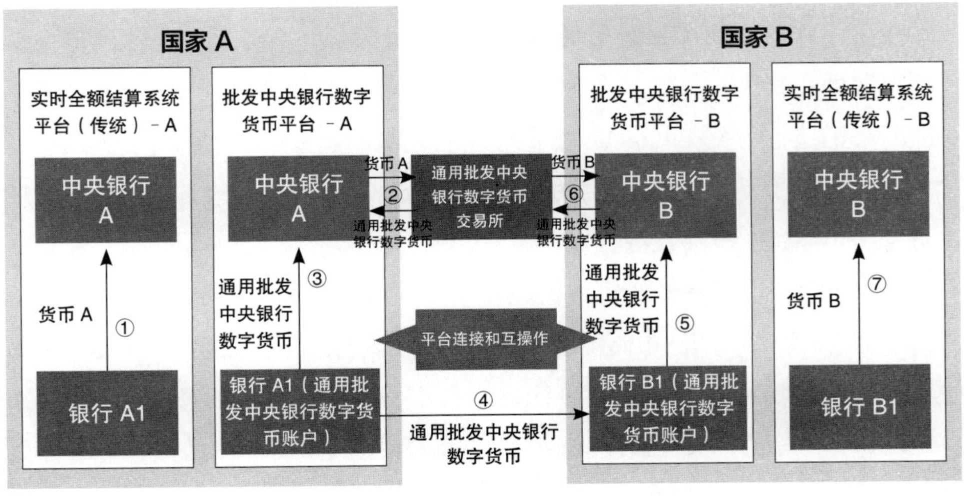

图 1-14　U-W-CBDC 应用于跨境支付

U-W-CBDC 由多个国家通过它们的中央银行或一个国际多边组织创建。U-W-CBDC 以一篮子货币作为储备。U-W-CBDC 通过一个交易所发行和回笼，参与 U-W-CBDC 的中央银行可以用自己的货币通过这个交易所来买卖 U-W-CBDC。各国商业银行再用本国货币向本国中央银行兑换 U-W-CBDC。

商业银行通过 U-W-CBDC 直接结算跨境交易。使用 U-W-CBDC 的商业银行不需要在同一国家，不需要相互开立往账和来账，也不需要经过代理银行。这样就能简化跨境支付链条，免除因在代理银行锁定流动性而产生的成本。

如果将 U-W-CBDC 的使用范围拓展到个人和企业用户（从批发型变成零售型），实际上就是 Facebook Libra 模式。

（三）Facebook Libra

1.Libra 运作机制

Libra 是基于一篮子货币的合成货币单位。Facebook 声称 Libra 将具有稳定性、低通胀率、全球普遍接受和可互换性（fungibility）。预计 Libra 的货币篮子将主要由美元、欧元、英镑和日元等组成。Libra 价格与这一篮子货币的加权平均汇率挂钩，尽管不锚定任何单一货币，仍将体现出较低波动性。

Libra 发行基于 100% 法币储备。这些法币储备将由分布在全球各地且具有投资级的托管机构持有，并投资于银行存款和短期政府债券（也就是参照中央银行外汇储备的投资风格）。法币储备的投资收益将用于覆盖系统运行成本、确保交易手续费低廉和向早期投资者（即“Libra 联盟”）分红等。Libra 用户不分享法币储备的投资收益。

Libra 联盟将选择一定数量的授权经销商（主要是合规的银行和支付机构）。授权经销商可以直接与法币储备池交易。Libra 联盟、授权经销商和法币储备池通过 Libra 与法币之间的双向兑换，使 Libra 的价格与一篮子货币的加权平均汇率挂钩。

Libra 区块链属于联盟链。Libra 计划初期招募 100 个验证节点，每秒钟支持 1000 笔交易，以应付常态支付场景。100 个验证节点组成 Libra 联盟，以非营利组织形式注册在瑞士日内瓦。目前，Libra 已招募到 28 个验证节点，包括分布在不同地理区域的各类企业、非营利组织、多边组织和学术机构等。Libra 联盟的管理机构是理事会，由成员代表组成。Libra 联盟的所有决策都将通过理事会做出，重大政策或技术性决策需要 2/3 以上成员表决。

2. 对 Libra 的分析

（1）从货币角度看 Libra

Libra 作为基于一篮子货币的合成货币单位，与 IMF 特别提款权一样，属于超主权货币。中国人民银行原行长周小川对超主权货币有深刻阐述。因为代表一篮子已经存在的货币，Libra 没有货币创造功能。Libra 的发行 100% 基于法币储备池，不会产生铸币税。Libra 没有真正意义上的货币政策。因此，Libra 远不是货币非国家化。

如果 Libra 广泛流通，并且出现了基于 Libra 的存贷款活动，是否有货币创造？答案是否定的，基于 Libra 的存贷款活动不会创造新的 Libra（见图 1–15）。原因其实很简单：首先，Token 在区块链不同地址之间转移过程中总量不变，Libra 也不例外；其次，扩大 Libra 发行的唯一办法是增加法币储备。

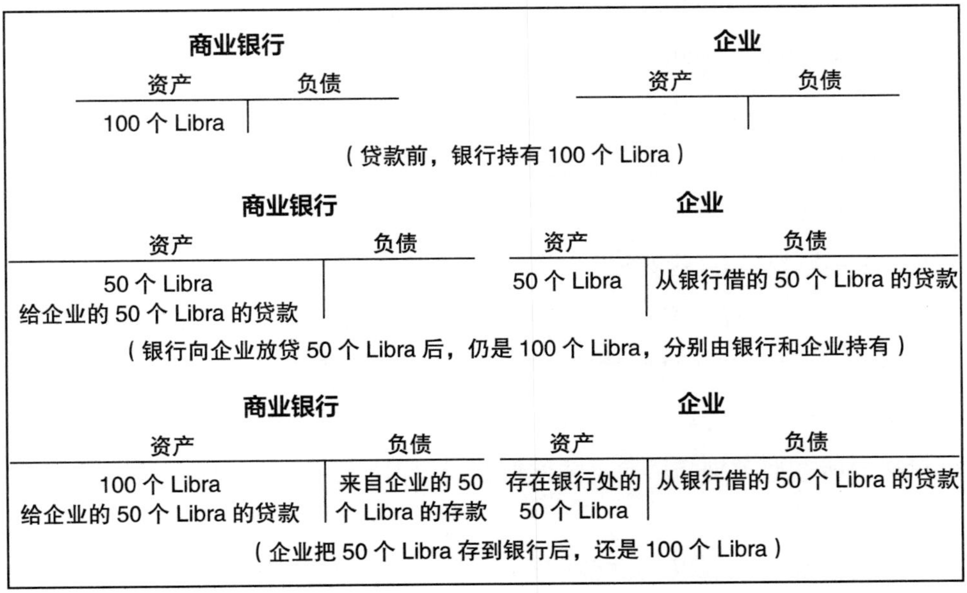

图 1–15　基于 Libra 的存贷款活动

Libra 有价值储藏功能。但因为货币网络效应以及现实中尚无以 Libra 计价的商品或服务，Libra 的交易媒介和计价单位功能在 Libra 发展前期将受限制。比如，消费者用 Libra 在一个国家购物，在支付环节可能不得不将 Libra 兑换成本地货币。这会影响支付效率和体验。

Libra 能推动金融普惠。用户只要在手机上装一个 CaLibra 数字钱包，就具备拥有和使用 Libra 的物理条件。Libra 的交易手续费低廉。Libra 联盟成员有丰富行业背景，对用户需求有更深了解，有助于将 Libra 灵活嵌入用户生活的多个方面，提高用户使用 Libra 的便利性。

现在，已经出现了很多类似 Libra 的稳定加密货币（比如 USDC）。这些稳定加密货币主要用在加密货币交易所内，没有真正进入老百姓日常生活。Libra 能否成为真正的支付工具，仍有待市场检验。一个不能忽视的限制条件是 Libra 联盟链的性能。每秒钟 1000 笔交易肯定无法支持上亿人的日常支付需求。Libra 联盟链有转成公链的计划。公链的开放性更好，但性能上更受限制。Libra 是否会结合账户范式来绕开区块链的性能限制？

最后，有两个值得关注的问题：第一，在政治经济不稳定和货币政策失败（比如通胀高企）的国家，Libra 是否可以替代该国货币，从而实现类似“美元化”的效果？这会引起货币主权方面的复杂问题。二是随着时间推移，以 Libra 计价的经济活动是否可以达到一个小经济体的体量，从而成为某种意义上的最优货币区？

（2）从风险角度看 Libra

Libra 协会没有披露 Libra 货币篮子的再平衡机制、法币储备池管理机制以及 Libra 与成分货币之间的双向兑换机制，因此很难准确分析 Libra 面临的市场风险、流动风险和跨境资本波动风险。一旦相关信息有详细披露，我们就可以分析这些类别的风险，并评估相应审慎监管要求。目前比较肯定的是以下两点。

第一，如果 Libra 法币储备池为追求投资收益而实施激进投资策略（比如高比例投资于高风险、长期限或低流动性的资产），当 Libra 面临集中、大额赎回时，法币储备池可能没有足够的高流动性资产来应对。Libra 联盟可能不得不“火线出售”法币储备资产。这可能使资产价格承压，恶化 Libra 系统的流动性状况甚至清偿能力。Libra 没有中央银行的最后贷款人支持，如果 Libra 规模足够大，Libra 挤兑将可能引发系统性金融风险。因此，Libra 的法币储备将受到审慎监管，体现为债券类型、信用评级、期限、流动性和集中度等方面要求。

第二，Libra 天然具备跨境支付功能，Libra 的使用将是跨国境、跨货币和跨金融机构的。Libra 将对跨境资本流动产生复杂影响，也将因为这方面的风险而受到审慎监管。

（3）从合规角度看 Libra

Libra 涉及多国、多货币，要满足相关国家的合规要求。比如，在美国和欧元区发行稳定加密货币已有监管框架，这些监管将适用于 Libra。比如，USDC 至少要满足以下合规要求：第一，美国财政部下设 FinCEN 的虚拟货币经营牌照；第二，经营涉及州的货币转移牌照；第三，美元准备金要存放在受 FDIC 保护的银行；第四，美元准备金的真实性和充足性要定期接受第三方审计并披露；第五，KYC、AML 和 CFT 等方面的规定。特别是，在 AML 和 CFT 方面，金融行动特别工作组（FATF，系国际政府间组织）6 月 21 日发布了《虚拟资产和虚拟服务提供商：对基于风险的方法的指引》。

五、总结

本文研究了区块链在金融基础设施中的应用（“Token 范式”），比较了 Token 范式与账户范式在承载金融资产和交易上的异同。我们发现，这两种范式在很多应用场景已呈现出复杂的替代和互补关系。鉴于 Token 范式的固有优点，其应用于金融基础设施是不可阻挡的趋势，但在大规模应用前，需要克服 Token 范式的一些固有缺点（比如，性能不高，匿名特征为 KYC、AML 和 CFT 等造成的困难）。

Token 范式提供了一个理解 Facebook Libra、稳定加密货币、金融机构间结算币以及中央银行数字货币的视角。这个视角帮助我们穿透技术问题，聚焦区块链应用于法定货币领域的核心经济学和监管问题。Facebook Libra 基于 Token 范式实现了某种意义上的超主权货币，但没有货币创造，远不是货币非国家化。Facebook Libra 在法定储备管理和跨境资本流动上将面临审慎监管。Facebook Libra 将因涉及多国、多货币而需满足复杂的合规要求。

我们认为，对 Facebook Libra 这类创新，一方面不要将其视为“洪水猛兽”，要看到背后的技术趋势和经济逻辑；另一方面也没必要将其神化，应实事求是分析可能造成的风险并引入相应监管。

最后需要说明的是，账户范式和 Token 账户可以承载证券及相关交易。本文因篇幅所限而聚焦于货币领域。

作者简介

邹传伟　清华大学五道口金融学院经济学博士，万向区块链首席经济学家。

关于数字货币的四个误区
——兼析 Facebook 发行的数字货币 Libra

周子衡

摘 要

货币从何而来？简言之，它是需求的产物，供给则是次要的。技术能够改变货币样貌，完善供给，但创造不出需求来，因此，它通常是更为次要的。货币经济的核心是需求，往外走，才是供给，更向外，才是不可或缺的技术。货币的统一，在形式上，往往是外部强力下的嵌入，事实上，它依然是由需求所决定的。Facebook 发行的数字货币 Libra，体现了其立场选择，在这些问题上，也给出了一定的答案，这有助于使数字货币的思考更趋深入并具前瞻性。借此，本文集中研判关于数字货币的四个误区。

一、数字货币的四个误区

（一）第一个误区，数字社区决定数字货币需求

数字货币是数字经济的产物，是为满足数字经济需要而产生、发展的。这个看似简单的道理，在实践中却往往被扭曲成数字货币是数字网络社区的产物，为数字网络社区服务。如此，便将社区活动等同于经济活动，将数字社区等同于数字经济了；进而，社区不论大小，均可发行数字货币；没有社区的，

也可通过新设社区来发币。由此，人人皆可发币，社区币屡见不鲜，那些超级社区便着力谋求发行超级数字货币；进而，拥有27亿用户的Facebook通过发行命名为Libra的数字货币，似乎转瞬间就可以实现全球货币的数字化统一。

具体来看，数字社区的定位或有不同，有社交平台，也有购物平台，诸如此类，不一而足。但是，数字网络社区发展到今天，不仅没有出现无所不包的超级社区，也没有出现无所不包的超级经济社区。众所周知，Amazon是网购巨无霸，蚂蚁金服是数字支付巨无霸，滴滴是汽车出行巨无霸，当然还有票务巨无霸、远程教育巨无霸，但是，经济社会没出现，也不期待出现一个全行业的数字经济巨无霸。既然某一社区不能代表其他社区，该社区的数字币也不能自然而然地通行到其他社区，成为数字通货；即便该社区币实现了跨国流通，但是，跨社区流通依然是难以实现的。Libra安排了约一百个节点，众多网络社区或巨无霸加盟，那么，为什么Amazon没有发声，更没有加入？是不是Libra对Amazon也实现了所谓的降维打击呢？从技术上看，一个数字社区似乎可以无限大，但在现实中，它一定是有明确边界的。如果在逻辑上出现了失去边界的社区，那么它也该消逝了。

数字货币是“数字通货”，它不应受社区的局限，各种社区币的竞争合作，以及相互渗透，最终或形成一种压倒性的数字通货。但是，决定各社区币命运的一定是超出数字社区的力量。如果人们坚持认为，拥有27亿人的超级社区自身一定具备了神一般的力量，没有它压不碎的硬核，那么，不得不说，它远没有看上去那么大，更没有想象中那么硬。原因并不复杂，全球没有任何一个经济体系拥有27亿人口，也没有任何一种语言为27亿人所常用，更没有一个时区的人口达到27亿人，诸如此类，不胜枚举，所以，这个27亿纯粹是统计意义上的简单相加，它所成就的任一经济场景与阿里巴巴或腾讯的作为都不在一个数量级上。打个不恰当的比方，店家售出直径不一、加总为27寸的一叠比萨，远不能视同为售出一张直径27寸大的比萨。某一数字社区大到可以决定数字货币总趋势，这在逻辑上与事实上，都是一个十足的伪命题。

（二）第二个误区，数字技术决定数字货币供给

只要发币的数字技术足够“先进”，建社区、发货币，都是一蹴而就的。至于数字经济之有无、大小，成熟与否，都是次要的，甚至可以被忽略不计了。这种认识或立场，简言之，即数字技术决定数字货币；换言之，便是笃定没有数字技术不能解决的理论问题，更没有数字技术不能完成的实践任务；进而，其在实践中的主张便是：数字技术先行，以技术压倒一切、主宰一切。如此，只要数字技术到位了，数字经济便会开花结果，数字货币便会大行其道。于此，“技术第一”甚至碾压了“社区第一”，被塑造成主导乃至决定数字货币、数字经济的根本力量；这一技术信仰或技术膜拜发展开来，技术语言便开始替代货币语言，技术逻辑也开始无视货币逻辑。没有人去怀疑，运行超级网络数字社区所具备的技术能力或水平，如此，也就没有人去怀疑，Facebook 发行命名为 Libra 的数字货币，能够从根本上颠覆货币语言与货币逻辑。

技术决定论者不自觉地将经济社会视为一张白纸，可以描绘出最新、最美的货币图画，但是，经济社会从来不是一张白纸，货币也从来不是“最新、最美”就最好。数千年来，不论经济衰败还是繁盛，经济社会总是能够找到与其相适应的——哪怕千奇百怪的——通货形态及其制度性安排，这往往出自社会经济本身的现实需求；离开或超出现实需求的外部设计或刻意安排，不论其货币构想怎样宏大或其通货愿景如何虔诚，终归于失败。从来没有救世主，也没有神仙皇帝，更无所谓货币先知，不仅在货币形态上如此，在货币数量上也一样。在理论上，这被高度抽象为“货币供应是由货币需求所决定的内生变量”。货币史上的诸般变革所一再彰显的，正是这一铁律；数字经济需要数字货币，而数字货币也正是数字经济体系内在需求的产物。技术理性打不败需求理性，这里面没有得道成仙的可能，我们也不能将数字货币技术视为“炼丹术”。

简言之，需求是第一位的，供给是第二位的，而技术是服务于供给的。这也正是纸币晚于造纸术出现约略千年的原因所在。

（三）第三个误区，数字资产可混同于数字货币

社区币是社区性数字资产，进入跨社区的交易体系后，成为跨社区的数字资产。然而，可交易的数字资产，并不意味着就具备了数字货币的功能，更不得混同为数字货币。

首先，数字资产与数字货币需求往往并无交集。这同发行者的货币构想是否切中时弊无关，也同其货币愿景是否宏阔圆满无关，根本而言，这不是由发行者的意志所决定的，而是由数字货币的具体而现实的需求所决定的。这个“现实需求”是什么？简言之，就是在什么时间、空间范围，满足何种、何样的，具体而微的，数字货币的零售或批发需求？生拉硬套地做出保证或牵强附会地许愿，并不能与具体而微的货币需求形成真实的交集。

其次，数字资产的价量不稳定是常态。因此，数字货币就不能充当计价货币或记账货币，其流动性也大打折扣，更不能充作支付工具，甚至往往沦为风险资产，更有甚者堕落为“割韭菜”的工具或传销币。比特币——发行总量锁定，交易价格必须涵盖递增的生产成本（挖矿成本），然而，市场交投量和价格都无从管控调节，便出现剧烈波动；稳定币——实行交易价格稳定的目标管控，发行量及交易量便须相应调控，这些都是名义上的数字币，实际体现的价量关系是彻头彻尾的数字资产的基本性状。稳定乃至锁定数字资产的价量，就能够将数字资产升格为数字货币吗？

再次，数字资产发行方在财务流程和监管合规上，无法效仿央行，实现价量稳定。具体来看，其阻碍主要有三方面：（1）初始发行量的设定及其依据何在？这将决定初始价格是否具备标杆属性。（2）如何确定新增发行量的核定标准？它将是随机动态、相机抉择的，还是恒定规则的？（3）发行出售数字资产，获得银行法币收入后，发行方的会计流程和记账规则，是否能够做到灵活、全面而自主，不受有关监管方面的强力干预？比如，发行收入的所得税核缴，如按照出售数字资产而计的话，会计作业上就不可持续。即便发行者力图模仿乃至拷贝中央银行的会计流程作业，但是，这在法律上

是不被认可，也不被接受的。

最后，如果数字资产完全背离中央银行模式，而以去中心化的区块链技术来推行其数字货币形态，这就意味着，数字货币发行是单向的，发行完成，发行方即退出，货币回收机制也无从发生。不安排货币回收，发行者与使用者之间就谈不上货币共识。发行者退出货币共识，完全交托于使用者之间的货币共识，事实上就是一个资产的形态，已经脱离了货币形态。简言之，资产只需要售出者，货币需要回收者；只发行售出，不回收，这是资产，不是货币，两者不可混同。

（四）第四个误区：数字外汇意味着全球货币统一

以数字技术桥接各主权货币，实现国际汇兑，这在技术上日臻成熟，其风险主要有二：（1）监管合规。它所产生的法律风险及其延伸而来的财务风险是非常高的，特别是将各主权货币纳入一个统一的、非银行的数字化国际兑换体系后，局部合规风险所产生的结构性冲击也将是难以抵御的。考虑到国际汇兑监管基本上以银行监管为基本架构，对于数字化国际汇兑的监管包容将是十分有限的，而任一局部的监管政策调整，在时间轴上，或将频繁发生，这就使得国际数字化汇兑体系十分脆弱。（2）即便国际数字化汇兑体系十分坚挺与成功，这也将诱使大量银行汇兑活动转向数字汇兑体系，转嫁风险并攘夺收益，还将加剧数字汇兑与银行汇兑两大体系之间的摩擦与冲突。无疑，数字汇兑体系的风险压力将急剧加大，其风险管控能力面临严峻挑战。数字汇兑体系意图延缓或化解这一挑战，将迫使它选择并采取与银行汇兑相接近的策略，同质化策略削弱了其竞争力。即便如此，在遭遇共同风险时，数字汇兑体系面临的冲击与压力无疑将更大。

当前，国际货币汇兑体系数字化面临巨大机遇，同时，经济全球化正经受严峻挑战，面临重大调整，于此阶段，寻求货币大一统，建立全球单一数字货币体系，完全脱离现实。由此，以国际汇兑作为动力轮驱动数字外汇，推行国际货币的数字化大一统，不仅过于超前，且十分脆弱，更有根本失衡的风险。

二、Libra 可能出现“改版”

数字货币意味着个人自由。这个价值观或立场是非常正确与重要的，在这个问题上，没有什么可以多说的。个人货币自由本质上是个人货币选择的自由。货币选择自由的前提是货币多样化，即多样化的货币之间存在着事实上的竞争关系。所以，能够相互竞争的多元货币之间不会存在大的立场上的差异与纷争。简言之，关于数字货币及其技术在价值观或立场上的话语，或相关故事，不用讲太多，货币选择是满足货币需求而做出的现实选择，并不是所谓的立场选边站。

举例来说，比特币应作为一种数字资产还是作为一种数字货币？作为资产，投资者或持有者关注的是，它的银行货币或发币的价格；作为货币，它几乎无法现实地完成支付，更不用说充当记账货币或者计价货币了。这就出现了一个“奇特”的现象：部分人在货币价值观或立场上坚信比特币；而在现实的货币偏好上钟爱银行法币，这似乎是一种“分裂”的状况。究其原因，一方面，是因为比特币实质上是数字资产，所以决定性的力量在于关注它的资产价格，亦即法币价格；另一方面，是因为比特币代表着一种未来货币的形态或趋势，表征着充分的个人货币自由，所以在价值观或立场上不乏大量的拥趸。相较比特币而言，Libra 的出现异曲同工，在更大的范围内掀起了货币价值观与货币立场的宣誓，亦即将个人的货币自由现实地推广到全球，使之成为某种可以预见的趋势。在这个方面来说，Libra 是积极的、有效的。

在货币选择问题上，每个经济社会的成员都有发言权，也无所谓对与错，因为彼此要用脚投票。货币不是在理论上成立就可以的，也不是在故事上讲得通就在现实中行得通。货币史上，良好货币设计遭遇失败、良善货币意愿遭受挫败，都不乏其例。对现实而言，问题根本不在于所谓的货币价值观或货币立场的正误，而在于现实的“货币选择”。现实的货币选择，主要有三：（1）计价或记账货币的选择；（2）支付货币；（3）零售或批发。举例来说，一家设立在欧洲的炼油公司，从中东购买原油，以美元计价，以欧元记账，实际支付的可能是英镑；具体银行单证即财务会计流程要更复杂一些。这家公司将成品油销售给不同的批发商，情况就更复杂些；再具体到零售环节，就会涉及极为丰富的支付情形。这就是说，在不同的环节或范畴，货币选择是现实的、具体而各不相同的。

数字货币对银行货币是一种替代关系，这种替代是现实而具体的，这就是所谓的“需求”问题。当然，提供了数字货币 A，就有了现实货币选择的可能，问题是，结果 A 并不一定被选上。因此，这种替代关系正是一种现实的货币选择问题，也是一种现实的货币继承关系。新形态的数字货币替代旧形态的银行货币或主权货币，并不是一蹴而就的。稳定币的目标就是使这种继承或替代关系得以稳定，只有稳定，计价、支付，乃至记账才都有可能发生。稳定意味着银行币与数字币之间的转换通道本身是畅通的，甚至是无阻的。这个问题的重要性超出了数字币自身的一系列技术安排的重要性，也正是从这个意义上来说，创造了数以百万亿计的支付宝和微信支付是当前最佳的稳定币。

Libra 事实上是在比特币和支付宝之间的一个形态，所以，它两方面的形态特征都部分具有：它要使用加密技术，使用区块链技术等；它也要实现与银行发币稳定的比价关系，要有抵押锚定等价值考量，要有一篮子银行货币的设计。但是，并不能据此就认为，它已经实现了对两者的现实性的超越，虽然它以此为目标。所以，Libra 会做出调整，它有着改版的可能性。改版的 Libra，不会进一步放大，而是要相应地缩小。比如，它要接入的主权货币足够多，这本身就构成难以克服的监管风险；如果只接入一篮子货币，权重机构就是关键。因此，改版的 Libra，就可能暂时地缩减、改小一些。如此一来，Facebook 本身对于其 27 亿客户不好直接交代，它就有可能借助外力来实现改版或缩版。需要特别注意的是，Libra 首先实现与美元的稳定兑换后，再逐步扩版，就有可能实现其长远战略。另一方面，Libra 在个人自由、隐私与稳定的法币关系之间，需要有一个更为实际的发生机制，那就需要寻求更为基础、普遍与具体的货币需求。

当然，改版、缩版、扩版诸种可能性如果发生了，可能会引发 Libra 的一些支持者甚至反对者调整其立场，做出不同的选择。这些都是正常的。就当前而言，并不能认定 Libra 一成不变，小变而非大变。

总的来说，Facebook 将发行的 Libra，是数字社区币，其优势在跨国，但劣势在跨社区；它是技术先导下的数字货币供给，在满足数字货币的具体而现实的需求方面收得很窄，在数字外汇国际货币数字化统一方面放得很开；它初始为社区性数字资产，这将极大改变 Facebook 自身的营收结构，但在接下来的营收会计作业上，需要更具保障性的政策安排和更具弹性的合规策略；以数字外汇作为主要战略方向，所面临的风险压力和监管压力不会少于只会更多于银行竞争者，因此，需要更具战略性的合作伙伴，一同逐一跳出数字货币的误区或陷阱。

作者简介

周子衡 浙江现代数字金融科技研究院理事长。

Libra：要成为无国界全球币充满挑战

王永利

摘 要

本文追溯了链生币和信用货币的演化史，提出链生币如果脱离法币，难以成为真正的货币。Libra实质是法定货币的代币，通过选择与一篮子法币挂钩，旨在打造独立运行的无国界全球币。但是，Libra的资产储备机制、跨链收付机制、匿名性账户的清算机制等设计的内在矛盾性，造成潜在的流动性风险、汇率风险和金融监管问题，在商业模式上也具有挑战性。种种因素下，Libra即便成为全球加密货币，也不等于真正的全球货币，无法取代法币，更无法升级为超主权世界货币。在共同搭建超主权世界货币的局面出现之前，要纯粹依靠技术手段打造出超主权世界货币（全球币）并不现实。中国在网络移动支付领域具有领先性，对Libra的出现，应该高度重视、积极研究，但不能惊慌失措、自乱阵脚。

Facebook于6月18日发布其加密货币Libra白皮书。白皮书开宗明义，其使命是“建立一套简单的、无国界的货币和为数十亿人服务的金融基础设施”；声明Libra是由Facebook独立的子公司CaLibra发起的，由一篮子货币作为支撑（储备），由独立的基金会（注册在瑞士，成员将达到100家）而非Facebook独自管理，在区块链平台上运行的稳定币；计划在2020年正式推出，同时配备名为CaLibra的数字钱包，推出独立的App。

白皮书一经发布，其“无国界的货币”（GlobalCoin）、“为数十亿人服务”

的提法，立即在全世界产生了极大的冲击力，在中国更是引起轩然大波，很多人似乎认为这一愿景已经实现或者肯定能实现，并认为"Libra 基金会将成为数字经济社会的全球中央银行""Libra 将定义货币史新坐标""Libra 未来有望成为集央行与商业银行功能于一体的超级银行""Libra 将对传统主权货币体系，特别是发展中国家的货币产生颠覆性影响""Facebook 发的不是币，而是世界变革的信号弹，将增强美国数字货币的全球霸主地位""中国不赶紧行动，将失去人民币国际化的历史机遇和在数字经济时代应有的影响力"，等等，其中不乏望文生义、脱离实际、惊世骇俗之词，亟待甄别。

其中，一个突出的重点是，如何从"Libra 与链生币、法定货币关系，其挂钩的一篮子货币如何构成、如何管理"等多维视角，去看待无国界的全球币。

一、Libra 与链生币

显而易见，有储备资产支撑的 Libra 不同于比特币一类没有储备资产的链生币。

2007 年美国爆发次贷危机，并引发令人惊恐的全球性金融大危机后，现行的国家主权（法定）货币以及以一个国家的主权货币充当国际中心货币的体系为人诟病，很多人认为应当将货币的管理权从国家货币当局或政府手中"剥夺"，交给上帝或民众自主管理。于是，2009 年年初，有人推出了运用区块链分布式技术，按照系统设定的算法规则，非国家主导的网络链生加密数字币——比特币，之后又催生了以太币、莱特币等越来越多的缺乏法律保护、财富支持的链生币，一度让不少人认为，这将实现哈耶克"货币的非国家化"设想，形成超主权世界货币，将成为信任的机器（不认识的人就可以发生经济往来）、价值互联网，将再造社会组织和生产关系，颠覆或取代现行的国家主权（法定）货币体系，催生全新的数字经济（通证经济）与平等公正的美好世界。有人甚至将其上升到哲学、神学的高度狂热吹捧。

但十年来的现实，慢慢地让越来越多的人发现，比特币一类网络链生币，并没有真实的价值或资产作为支撑，其价格完全取决于供求关系，很容易大起大落，难以发挥货币作为价值尺度的本质定位，可能成为一种可以炒作的虚拟资产，但难以成为真正的流通货币。

于是，一种用法定货币作为支撑的网络加密币——稳定币开始出现。例如，先后出现的由网络公司发行的 USDT、GUSD，以及今年 2 月摩根大通银行发布的 JPMcoin 等，都是与美元 1 ∶ 1 等值挂钩的稳定币。所谓稳定，是指保持其与法定货币的比值稳定不变。

这种稳定币，并不是像比特币一类全新的货币体系，实际上只是挂钩法定货币的专用代币，就像在中国，法定货币是人民币，但仍有一些单位有食堂饭菜票（卡），一些商场有购物券（卡）一样。这种代币是在一定范围内流通使用，被赋予特殊权利义务的专用币，是不可以流出设定的业务范围的，否则，就会冲击法定货币的稳定，必定要受到货币当局的严密监管。

二、钩篮子货币①

与已有的只与单一法币等值挂钩的稳定币不同的是，Libra 被设计成与数种法定货币（一篮子货币）挂钩的稳定币。当然，目前尚未披露其货币篮子的构成和管理规则，但直观感觉，这可能类似 IMF 的 SDR。

实际上，在全球金融危机爆发后，在超主权货币研究上，就有人对改革 SDR，发展 eSDR，使其能够成为超主权世界货币进行研究或探索，但由于种种原因，特别是在难以得到世界最强国家支持的情况下，目前基本上没有取得实际性进展。

Libra 不是与单一法币等值挂钩，而是与一篮子货币挂钩，其难度大大超过只与单一货币等值挂钩的做法，之所以这样做，可能是认为，只与单一货币

---

① 编者注：钩篮子货币即与一篮子货币相挂钩的数字货币。

等值挂钩，就使得这种稳定币的代币性质非常明显，难以成为可以独立运行的无国界全球币，难以摆脱对单一货币的依赖和规避单一国家法律监管。同时，与一篮子货币挂钩，也可能更方便持有篮子内不同法定货币的人兑换稳定币。

但无论是只与单一法币挂钩，还是与多种法币挂钩，其本质上都是在各自网络社区或平台上运行的法定货币的代币。

作为法定货币的网络代币，稳定币从逻辑上就不可能颠覆或取代法定货币。

同时，这类与法定货币挂钩，而不是与链生币挂钩的稳定币不断推出，说明这些大型机构已经不再接受或信任比特币一类的链生币，从根本上说，这也不可能对比特币等链生币产生利好结果，如果 Libra 真能像宣传的那样成功流通，甚至可能给比特币一类链生币带来重大冲击！

三、撼动法定货币？

有人认为，货币一开始根本就不是政府主导的，只要人们信任和接受，任何物品都能成为货币，所以，比特币一类链生币，尽管不是现实的物品，一样也能成为货币。

也有人认为，就像纸币一开始也是以黄金等金属货币做支撑的（金属本位制），但在得到广泛认可后，就脱离金属本位，转变成为纯粹的信用货币一样，类似 Libra 这样的稳定币，一开始可能需要以法定货币做支撑，但到一定程度，完全可能脱离法定货币而独立运行，成为真正的超主权世界货币。

这听起来好像很有道理，实际上却并非如此！

货币在实物货币阶段，确实不是政府主导的，但现在货币已经彻底转化为信用货币了。货币从自然实物货币发展为规制化金属货币，再到金属本位下的纸币，进而到去金属本位制纯粹的国家信用货币，其演变是有深刻的规律和基本逻辑的，并不是像有人说的那样，是由国家暴力推动，或以国家税收作为支撑的。

其根本原因是，随着经济交往的发展，人们认识到，货币越来越重要，功能越来越丰富，但货币最根本的本质和职能还是价值尺度，而且必须保持货币币值的基本稳定。而要保持货币币值的基本稳定，就需要将货币从社会财富中独立出来，使其成为社会财富的价值表征物、对应物，即要努力使一国货币总量与该国主权范围内可以得到法律保护的可交换财富的规模相对应。其表现就是社会物价总指数的相对稳定。

由此，黄金等原来充当货币的贵金属，就必须退出货币舞台，回归其社会财富的本源。货币则更多地表现为社会财富的价值对应物或表征物。货币的投放，除了央行购买必要的货币储备物，如黄金、外汇等，以期确定货币币值（价值尺度）并赢得人们的信任外，更多的则是通过借贷负债的方式提供货币。而社会的货币借贷负债，则反映出人们对社会财富的预期。货币总量是可以调节的，不是事先确定或完全受制于自然物质的供应量，而是可以根据财富规模的变化灵活调节的。因而又产生了货币政策的概念和行为，并使货币政策与财政政策一道，成为当今社会宏观调控两大政策工具之一，发挥着越来越重要的作用。

信用货币不是建立在政府本身的信用上（即不是政府或央行的负债），而是建立在国家财富基础上，建立在政府率先使用和人们信任货币当局对货币总量的管控上。

正因为信用货币是建立在一国货币总量需要与该国主权范围内可以用法律保护的财富基础上，所以，信用货币也必然要与国家主权和法律密切相连，也被叫作主权货币或法定货币！

在这种情况下，要想推动实施货币的非国家化、超主权化，就会使货币的投放难以得到法律确定的财富的对应，就难以保持货币币值的基本稳定，就难以成为真正的信用货币！

所以，比特币一类网络链生币，不仅比照黄金的设计，总量和阶段性产量均由系统严格锁定，使货币供应量难以灵活调节，而且没有法定的财富与之相对应，这是其难以成为真正货币的根本原因。

同样，尽管法定货币确实是从金属本位制脱胎而来的，但不代表稳定币就能脱离法定货币单独运行。脱离法定货币，稳定币同样没有法定财富与之相对应，也就难以成为真正的货币！

四、Libra 面临的挑战

要清楚的是，Libra 是需要用篮子内的法定货币兑换产生的，是要有足额真实资产储备的。人们交出法币，形成 Libra 的货币储备（就像港币是用美元做储备一样），这时，纳入储备的法币就归基金会所有和管理，基金会会将其放在银行存款上，或购买流动性强的政府证券上，所获得的收入用于该体系日常运行以及核心节点的激励。

人们要换回法币，Libra 及基金会的货币储备就会相应减少。

所以，稳定币的投放和总量取决于需求方、持有者，管理方难以调控稳定币的总量，不存在货币政策和总量调节问题，基本上不需要动用 Facebook 自己的资产。但这也使 Libra 不存在货币政策调控的问题，其基金会（包括 Facebook）不可能成为数字经济社会的中央银行！除非基金会或其授权经销商可以用 Libra 进行放贷，派生出新的 Libra。但这就违反了其必须有等值法币储备的承诺！

基金会还面临一个极富挑战的问题，即在允许一篮子货币储备情况下，如果人们用一种货币兑换成 Libra，但又要把 Libra 兑换成另外一种货币（如集中兑换美元），就会带来币种错配的流动性风险和汇率风险，以及金融监管问题，除非规定其与法币的兑换只能是原币、原户兑进之后，原币、原户兑出。但这又与其用户匿名的追求相悖。

这就带出一个 Libra 储备资产的监管问题，即如何保证储备资产不被挪用或兑换过程中遏制非法的资金转换，以及控制好流动性风险和汇率风险？

进一步的问题是，人们持有 Libra 及其换回，是要做货币兑换，付出兑换费用并承担汇率风险的，但持有它却没有利息收入。那么，它对人们的吸引力在哪里？人们持有它能做什么用？ Libra 真能解决现实世界投资贸易等交易的货币清算吗？各国政府真的就能允许在本国的投资贸易等使用 Libra 结算吗？27 亿的 Facebook 用户真的就能自动转化为 Libra 用户吗？民间的货币真的就比国家货币有优势吗？

Libra 的设计是需要 100 家左右的核心节点进行账户变动验证与记录，而要成为核心节点，每个单位需要缴纳 1000 万美元率先购买 Libra，这对节点单位有何吸引力同样有待考证。

很多人坚定地认为，利用区块链可以实现点对点、零费用的跨境汇款和资金收付，但却并不知道，要做到这一点，条件是非常苛刻的：收付款双方必须都在同一个区块链体系或平台上注册；收付或汇划的只能是链上专用币。

如果收付双方不在同一个区块链体系或平台上，跨链收付就很难做到点对点。事实是，就像现实世界有不同的国家一样，网络世界也会存在规则和货币不同的网络社区或平台（类似于网络国家），存在着不同网络加密币的兑换与竞争。所以，网络加密币相对现实世界的国家而言，是无国界的，但从网络世界看，依然存在诸多不同网络国家的加密币，存在着互相之间的兑换与竞争。

同时，如果付款方持有的不是一个网络平台的专用币，那就需要首先将所持货币通过授权交易所转换为平台专用币才行。收款方收到专用币，如果需要转换成需要的其他货币，也需要通过交易所进行交易才能实现，而兑换都是需要成本和时间的。这样，从整体上看，难以做到点对点、零费用汇款，效率和成本并不如想象得那么好。

如果在区块链体系上过于强调用户匿名保护，交易双方难以对其专用币账户或钱包的情况进行查询，其使用专用币进行清算的交易范围就会受到极大约束，没有中介机构介入，加强交易保证金管理，交易也很难完成。实际上，如果收付双方都在同一家支付机构开户，现在的支付清算体系照样可以直接使用各种货币（原币清算）实现点对点、低费用汇划清算，而且更容易满足金融监管要求，整体效率和成本可能并不比使用专用币的区块链体系差！

现在的支付清算体系，在很大程度上需要满足法律监管要求，防止出现危害社会的问题，如洗钱、逃税、恐怖输送等，直观来看，好像效率不如比特币一类的区块链体系高，但比特币一类的区块链体系高度匿名，却难以满足法律监管要求，实际上是不可持续的！

即使 Libra 实际推出并开始运行，也还有一个监管对 CaLibra 钱包是否需要设定限额的问题。就像我国对第三方支付公司的账户，要求不能是一类户，而只能是绑定一类户的二类或三类户，且账户存款和每日支付有限额，就是防止出现大问题。CaLibra 钱包同样会面临这样的问题，如果在金额和开户上不加限制，有可能出现严重问题。央行和金融监管部门如果对此无动于衷，则恐将严重失职。

必须看到，货币收付清算并不只是技术上能不能做到的问题，更重要的是合规监管和商业模式是否可行的问题！

五、中国的对策

在美国不断有机构推出稳定币，特别是 Facebook 推出 Libra 的情况下，是否需要鼓励中国互联网公司发行类似的加密币？

有人认为中国应该大力支持互联网公司发行和运用与人民币挂钩的数字货币，以与美国公司的数字货币抗衡，保护人民币国际化能力以及中国数字货币的国际影响力。

但是，我国的互联网公司现在就是在用人民币进行支付清算，为何非要使用人民币的代币才可以促进人民币国际化？！

应该看到，到目前为止，全世界的网络移动支付方面，中国是相当领先的，在监管方面是有经验积累的。对 Libra 的出现，应该高度重视、积极研究，但不能惊慌失措、自乱阵脚。

至于互联网公司能否在全球用自己国家的货币进行收付清算，那并不是一厢情愿的，取决于用户的选择和各国监管的限制，即存在着各国货币的竞争，最根本的影响因素，是国家的综合国力和国际影响力！

互联网公司可能在技术上打造一个跨境的区块链支付清算体系并不难，但要吸引足够大的用户和业务量，充分满足法律监管要求，却是充满挑战的，要付出的成本极高，目前看，风险非常大，是否要做，需要非常审慎地考虑和决策，绝不可盲目跟风，也无须政府推动。

目前，无论是比特币一类区块链应用，还是稳定币一类区块链应用，都是依靠推出专用币，通过币的升值预期，或者以币募集资金的运作收益，增强对用户的吸引力。但这种做法存在诸多法律合规隐患，其商业可持续性存在很大问题，对此也要有充分认识！

综上所述，作为法定货币的代币，Libra 与一篮子法币挂钩的选择，难度和挑战远大于只与单一法币挂钩的做法，其落地运行的可能性和实际效果并不一定比单一法币的代币更好；全球加密币不等于真正的全球货币，无法取代法币，更无法升级为超主权世界货币；货币与清算，不只是技术问题，其更需要满足各国法律监管的要求以及商业模式上可行性；尽管目前的国家主权货币体系存在不少问题，但这却是经过长时间优胜劣汰不断演化的结果。在国家依然存在，实现世界大同或者至少实现世界多极化，世界最大的两国乃至多国相互制衡，达成共识，愿意放弃本国货币——共同搭建超主权世界货币的局面出现之前，要纯粹依靠技术手段打造出超主权世界货币（全球币）并不现实！

由此，有必要提醒人们，在对 Libra 充满期待和憧憬的时候，还需要保持足够的冷静和理智！

作者简介

王永利　经济学博士，曾任中国银行副行长、执行董事。

从货币金融体系的历史、现状和未来评价 Libra

龙白滔

摘 要

本文分两部分。第一部分介绍货币金融体系的历史、现状和未来。首先描述了货币金融体系的现状，以美元为例着重分析了贷款创造货币的原理以及铸币税的创造和分配机制；介绍了全球金融体系的关键政策制定机构和与 Libra 制度有关的央行；回顾了 2008 年全球金融危机爆发的原因和危机后，业界在理论、实践和治理方面的进展：概述了 G20/FSB 推动的全球银行监管框架的改进，着重介绍了全储备银行方案——芝加哥计划，概述了央行在区块链和 CBDCs（央行数字货币）领域的研究工作。第二部分对 Libra 项目进行了讨论。评价了 Libra 项目部分实现了芝加哥计划全储备银行的要素，讨论了 Libra 铸币税及其归属，评价了 Libra 金融稳定性的缺陷，讨论了 Libra 治理架构、民主性和开放性，分析了中国应对机制。

一、货币金融体系的历史、现状和未来

本部分简述货币创造机制、铸币税及其归属、金融危机原因分析、危机后货币改革运动等，使读者对货币金融体系的运转有一个基础认识。

（一）贷款创造货币的机制

法币主要的发行机制是货币发行主体（如央行）抵押一定的资产作为储备物来发行货币。观察央行的资产负债表，负债端是央行发行的货币，一般来说，资产端主要的储备物包含少量黄金，绝大部分是外汇、本币国债、各种主权债以及其他债券。外汇是其他主权国家的法币。因此，可以认为法币主要是基于国家信用发行的货币，国债是最主要的储备物。央行发行货币的形式包括硬币（硬币在美国是财政部而非美联储发行）、纸币和储备金。硬币和纸币是进入流通领域的货币，储备金并不进入流通，是各个商业银行（或其他有权利开设储备金账户的金融机构）在央行的存款。

一般流通货币，包括硬币、纸币还有商业银行的活期存款。央行为商业银行开设储备金账户，且通过银行间支付和清算体系，商业银行的活期存款实质上拥有了与硬币、纸币等同效力的购买力。对一个经济体而言，储蓄并不增加流通货币总量，而只涉及存量的货币在银行体系内部的流动。在央行大规模实施量化宽松的货币政策之前，新增活期存款主要来自商业银行发放的贷款。银行在发放贷款的时候，在自己资产负债表的资产端增加一项贷款的资产项（未来借款人按照约定的时间表归还利息和本金），同时在负债端新增一项同等额度的活期存款项（发放给借款人）。这个活期存款项里面的金额立刻拥有了与现金等价的购买力。当贷款被归还时，货币被销毁。所以银行并不需要事先已经存在的货币才能发放贷款，而是“在发放贷款的同时创造货币和在贷款归还时销毁货币”。除商业银行的活期存款之外，影子银行体系通过货币市场也可以创造出货币等价物（货币市场基金份额）。根据英格兰银行的统计，超过97% 的流通货币是商业银行通过贷款创造的，这个数字在美国是95%。

虽然银行业的真实运转状况是“通过贷款创造货币”，但几乎所有主流的货币金融教科书都把银行描述为“金融中介”，一方面吸收储蓄，另一方面发放贷款。这是所谓的银行“金融中介”理论。同时，商业银行把储户的资金，按照一定的百分比（所谓的存款准备金率）存入央行的储备金账户，剩余的资金可以继续放贷。被借出的钱通过新的储户又存入银行（可以是其他银行），银行继续按照一定的百分比存入央行储备金账户，剩余的资金继续放贷。因此，给定一定的初始资金，通过这种循环放贷的过程，在整个银行体系而言，可以创造出这个百分比倒数倍的货币来，这就是经典的货币乘数理论。在经典的货币理论中，央行通过储备金和存款准备金率等工具，来约束商业银行创造货币的规模。

实际上，英格兰银行、瑞士央行等已经取消储蓄准备金接近二十年了。储备金账户只用于银行间支付和清算，以及商业银行管理短期流动性的用途。即使保留存款准备金制度的央行，如美联储，也在不断减少对该工具的依赖。因此通过存款准备金要求来约束商业银行创造贷款或货币的规模，实际上并不有效（中国银行体系的存款准备金制度是有效的，本文不展开讨论）。

通过央行的储备金账户，商业银行还获得了访问央行资产负债表的权力。这意味着，商业银行在发生流动性危机的时候，可以向央行获得流动性支持。央行还作为商业银行的“最后贷款人”，在商业银行从银行间市场不能获得流动性支持的时候，以接近政策利率（政策利率，这里统一指央行针对商业银行的短期贷款利率。例如，在美国，就指联邦基金利率）为银行提供贷款。在商业银行资不抵债的情况下，如果央行评估该行的倒闭将带来严重的经济和社会后果，就会介入使用纳税人的资金对银行进行救助。

商业银行为什么可以绑架经济，做到“大而不倒”？因为商业银行创造了绝大部分流通的货币。在银行业市场集中度高的国家，例如英国大商业银行占据了近 90% 银行业总资产，美国前 5 大商业银行占据 54% 银行业总资产。在英国，如果一家大银行倒闭，意味着整个经济体立刻缺失接近 20% 的流动性，以及相关的大量公司和家庭不能进行日常的支付，这确实是一场无人敢承担后果的灾难。

（二）铸币税和铸币税的归属

铸币税本意指货币铸造当局铸造和流通货币的成本与货币所代表真实购买

力之间的差，为货币铸造的利润。在商品货币时代，货币铸造的成本主要是铸造货币所需的贵金属，如金或银。铸币税归货币铸造当局所拥有。进入信用货币时代之后，货币的形式主要是数字形式。因此更广义的铸币税定义是货币发行部门创造货币的利润。下面以美元为例说明。

美元硬币由美国财政部铸造发行，在财政部的资产负债表上，硬币被视为资产而非负债。铸币税是美元硬币代表的法定购买力与其铸造和流通成本的差。根据美国铸币厂年度报告，2016 年 1 美分硬币的铸造成本是 1.5 美分，1 美元硬币铸造成本在几美分左右。铸币税归属美国财政部。

美元纸币和储备金由美联储基于美国国债发行。美联储收益主要来自持有的国债利息收入，支出主要来自商业银行储备金存款利息的支出，因此美联储铸币税的收益大致等于持有国债利息收入减去商业银行储备金账户存款利息支出。美联储的净收益，除 6% 作为股息分配给股东，其余 94% 全部上缴给美国财政部。

在 2008 年全球金融危机前的五年里，美联储对财政部的年平均贡献为 230 亿美元。自 2010 年以来，美联储的年平均贡献为 860 亿美元。2008 年全球金融危机之后，美联储因为在危机当中购买了大量低价证券，危机过后全部售出，因此盈利颇丰。看起来美元铸币税大部分被分配给了美国政府，其实不然。在正常年景下，美联储支出的绝大部分是商业银行储备金利息，2017 年美联储向商业银行支付了近 260 亿美元的储备金存款利息。如果把美联储持有国债的利息收入视为铸币税，商业银行其实参与分配了铸币税的主体。

在美国，商业银行创造了 95% 的流通货币。商业银行创造货币的成本主要是获得资金的成本，银行的收益主要来自放贷获得利息收入，所以银行的铸币税其实就是银行的利差收入。

美国联邦储蓄保险公司数据显示，美国前 5 大商业银行 2018 年资产总规模 9.7 万亿美元，美国银行业资产总规模 17.9 万亿美元，占比 54%。2018 年年底美国银行业贷款余额 10.14 万亿美元，2018 年美国银行业平均息差水平 3.45%。因此净息差收入近 3500 亿美元。美联储联邦基金利率可以理解为银行从市场上获得资金的利率的上限，美联储2018年平均利率为2%，因此可以估算美国银行业2018年的利息支出近2000亿美元。这2000亿美元可以理解为商业银行为铸币付出的成本。这2000亿美元支付给了净储蓄者。据统计，60%的美国人不能支付计划外的1000美元的账单，只有富人才有更多的资产用于储蓄。

所以在不考虑影子银行体系前提下，在美国货币金融体系中，美联储创造了纸币现金和储备金，商业银行创造了近95%的流通货币，净储蓄者、美国政府和商业银行成为铸币税主要的受益者。2018年，净储蓄者、美国政府和商业银行分别被分配了近2000亿美元、800亿美元和3500亿美元的铸币税。美国前5大商业银行占据了银行业总资产规模的近54%，因此他们的股东和高管实质上是美元体系铸币税的最大受益者。净储蓄者与商业银行股东群体可能存在相当程度重叠，因此铸币税的分配可能趋向于更加集中。

（三）金融危机发生的根源

《魔鬼与债务》作者阿代尔·特纳勋爵指出，（信用）货币具有内生的不稳定性，这种不稳定性来自基于债务的货币创造机制。英格兰银行前行长默文·金勋爵在《金融炼金术的终结》一书中指出，2008年全球金融危机的根源来自基于国家信用的货币银行体系。

现代银行通过贷款创造了最大量的信用货币。基于贷款的货币创造过程是很迅速的，只要银行评估某项贷款有利可图且风险可控，只需要敲几下键盘，就可以通过计算机系统发放贷款，同时创造新的购买力。新增货币有三种用途：

第一种用途是进入生产性投资领域，即投资建设新厂房，或者研发新技术新工艺等，未来可以产生现金流偿还利息和本金，以及获得额外的收益。这种资金的用途对经济增长有实际的贡献。

第二种用途是用于消费。在一个经济体生产力没有得到改善之前，它在单位时间创造的产品和服务是有限的。因此新增货币用于消费有限的产品和服务，其结果是推高消费者价格指数（CPI），即通货膨胀。

第三种用途是用于购买已经存在的资产，特别是房地产资产和金融资产。资产购买只涉及所有权转移，而没有新产品和服务的创造，因此对经济增长没有贡献，这种货币用途称之为投机性投资。因为资产数量有限或者资产新增速度有限，新增的大量货币追逐有限的资产会推高资产价格。当资产价格推高之后，资产持有人对资产价格的持续升高持乐观态度，因此愿意以资产抵押向银行获得更多贷款并将之继续用于投机性投资。银行对用增值的资产作为抵押物发放贷款也持乐观情绪，乐意借出更多的抵押贷款。市场所有的参与者，包括资产投机者（亦为借款人）和银行都对资产持续增值持乐观预期，因此更多的贷款被发放，更多的新增货币进入资产投资。这是一个自我强化的过程（顺周期），资产价格被迅速推高，形成资产价格泡沫。市场整体的乐观情绪不可永远持续，在某一刻市场情绪发生逆转，要么是资产投机者发现他的收入或其资产增值部分不能支付其贷款利息（所谓的“明斯基时刻”）而违约，要么是银行感觉到风险将临而停止新增贷款或提前收回贷款，结果引发资产抛售。与资产价格繁荣的过程一样，资产的抛售也是一个自我强化的过程，引发资产价格的雪崩。这样就形成了资产价格的繁荣与破裂的资产价格周期。资产价格周期是金融危机发生的根源。借款人在资产价格泡沫阶段积累了大量的债务，这种债务不会随着资产价格的破裂而减少。金融危机发生之后，触发家庭和企业的去杠杆。家庭去杠杆意味着减少消费和增加储蓄，企业去杠杆意味着减少投资。因此家庭和企业的去杠杆，导致经济需求的减少，引发长时间经济衰退。所以金融危机引发经济危机，并带来长期的衰退。

特纳指出，货币的三种用途，超过 80% 的新增货币进入资产投资，少于 10% 的新增货币用于生产性投资。

银行业自然更喜欢第三种用途的贷款。这是因为从银行业角度来说，一般生产性投资的贷款借款人是新生企业，不仅投资项目有较高的风险，而且缺乏可用的抵押物，并且银行业也缺乏评估个别项目所需的能力。但抵押贷款就不一样了，首先是针对房地产资产或金融资产的风险评估相对标准化，银行很容易实现流水线操作。此外，抵押物的价值，尤其是持续增值的价值，使银行感到很安全，即使遭遇违约也可以取消抵押物的赎回权挽回银行损失。在金融危机之前的很长一段时间，房地产抵押贷款一直被银行业视为最安全的资产之一。

特纳等人指出，信贷创造和分配是一种巨大的特权，它能非常有效地影响经济局面。为避免或削弱金融危机的影响，需要对信贷总量和分配进行控制，鼓励信贷或货币流向生产性投资和抑制其流向投机性领域。特纳等人都不同程度赞扬了中国人民银行执行的“信贷窗口指导”（credit guidance）和与之配套的产业政策，这在中国过去几十年的经济奇迹中发挥了关键作用。

（四）金融危机后银行理论反思和探索

金融危机带来的惨痛后果，让很多具有真知灼见的人对银行治理的理论基础、货币创造、政府和私人控制货币创造、国际资本自由流动等课题进行了深刻反思。

索罗斯在新经济思想学会（Institute for New Economy Thinking, INET）2016年年会上指出有效市场假说和理性预期假说是经典经济学的两个“根本性错误（fundamentally flawed）”。INET主席特纳指出，现代宏观经济学很大程度上忽略了金融体系的运行，尤其是银行扮演的角色，并批评经典金融教科书有关银行“金融中介”的理论是错误的，全球银行业的实质是银行通过贷款创造货币。

IMF研究部前副主管、现任英格兰银行研究部主管迈克尔·昆霍夫（Michael Kumhof）批评其他支持金融中介理论的经济学家时说，“他们不知道自己在谈论什么……我可以用更刺耳的字眼。”他与曾经IMF的同事佐尔坦·雅加布（Zoltan Jakab）写的论文中提出了一个基于“商业银行通过贷款创造货币”理论的银行建模框架，该框架的DSGE（动态随机一般均衡模型，目前央行研究宏观和货币政策的主要工具）仿真结果准确匹配了真实金融周期数据，并且已经被IMF和中国央行等多家货币政策机构采用。

在谈及政府或私人控制货币时，特纳明确指出，“货币是一种社会公共基础设施，它不同于酒店、旅游等服务可以完全交给市场经济来运行。货币不能交给以追逐利润为主要目的的私营机构。”特纳和昆霍夫同时提到，“20世纪 30 年代经历大萧条之后，芝加哥学派的经济学家们是自由放任市场经济学说的开山鼻祖，但都无一例外地一致同意把货币铸造的权力交给政府。”中国人民银行前行长周小川 2018 年年底表示，“私营部门可以参与数字货币体系，但需具备公共精神。”可以看到，在过去和现代主流经济学家和监管者当中，货币是一种重要的公共基础设施，这点已经具有广泛共识。

在谈及国际资本自由流动时，特纳给出了看起来“反市场化”的建议。BIS 全球金融体系委员会 2009 年《资本流动和新兴市场经济体》指出，“尽管世界各国对资本项目自由化的影响做了大量跨国分析，但支持自由化能促进经济增长的证据似乎非常有限。”资本在极短时期内大规模流进流出，将使新兴市场经济体的货币政策实施和流动性管理更趋复杂。特纳认为全球资本市场如果过度自由，也可能创造出太多错误的资本流动。全球债务资本流动可能破坏新兴市场经济体的金融稳定。所以特纳建议“应该对国际资本自由流动设置一些障碍，全球金融体系一定程度的分割也是好事”。

（五）重提芝加哥计划和其他民间货币改革运动

20 世纪 30 年代经历大萧条后，包括亨利·西蒙斯（Henry Simons）在内的多位后来成为芝加哥经济学派创始人的经济学家，在深刻反思商业银行创造过量货币引发金融危机的教训之后，提出了废除部分准备金制度的全储备银行计划，称之为芝加哥计划。后来，包括欧文·费雪（Irving Fisher）和米尔顿·费里德曼（Milton Friedman）在内的多位经济学家也为该计划背书。遗憾的是，当时该计划过于激进，遭遇银行业强烈反对，因此最终未能实施。金融危机之后，多种力量都在重新考虑全储备银行的可能性，其中时任 IMF 研究部副主管的昆霍夫提出的《重提芝加哥计划》最完整，因此本文着重介绍。

全储备银行的初衷是分离银行的货币和信贷功能，要求银行为储户的所有存款提供 100% 由政府发行的（非债务基础的）货币的支持。昆霍夫使用高超的 DSGE 建模工具对芝加哥计划进行建模，仿真结果验证了费雷声称的芝加哥计划的四项优点：

第一，通过避免银行在信贷繁荣阶段创造货币和在后续的紧缩阶段销毁货币（意即取消商业银行创造货币的能力），央行可以更好地控制信贷周期；

第二，完全消除银行挤兑；

第三，允许政府直接以零利率发行货币，而不是向银行借入货币并支付利息。这不仅减少了政府融资的利率负担，也显著减少政府的净负债，因为政府发行的货币代表了政府的资产而非债务；

第四，因为货币创造不再需要同时在银行资产负债表上创造（私人）债务，整个经济体将看到显著的公共债务和私人债务的减少。

芝加哥计划中，政府发行的非债务（debt-free）的货币称为 treasury credit，被视为政府的权益资产而非债务（equity rather than debt）。

芝加哥计划实施后，商业银行将不能再绑架经济。在芝加哥计划当中，储户的存款被政府发行的非债务货币 100% 支持，因此是绝对安全的；货币的创造和供给更加稳定，不受商业银行破产的影响。因此，商业银行的破产不会影响经济的稳定，芝加哥计划的确能够解决现代银行业根本性的系统风险。传统银行体系的存款保护计划和政府救助计划等可以取消，进一步降低银行业社会总体成本。

芝加哥计划的实施能够极大简化银行业监管。大部分与杠杆比率、流动性比率、资本充足率相关的宏观审慎策略可以取消或者显著简化，央行将监管重点放在欺诈和消费者保护等微观审慎策略上面。

（六）央行对区块链和数字货币的兴趣

全球货币政策和治理机构对 CBDCs 感兴趣的重点领域：

- 发行 CBDCs，实质上是让央行从商业银行手中“重新夺回”货币发行的权力；
- 央行发行 CBDCs，使货币的创造和供给更加稳定，货币政策传导机制更加有效，更容易实现包括负利率在内的非常规货币政策；
- 基于区块链技术的支付和清算体系更加有效，降低市场基础设施的成本；

- 区块链技术提供给央行针对货币体系更强的管控，包括KYC、反洗钱、反恐融资等。

政策机构感兴趣的区块链技术主要是联盟链而非公链，根本原因在于货币金融体系治理架构与公链的去中心机制不匹配。

二、Libra 项目评估

Libra 项目确实是天才设计，它将一个宏大的稳定加密货币金融体系构筑于传统货币金融体系的脆弱基石之上，不仅 100% 保护了传统商业银行的利益，也满足了央行针对稳定加密货币的监管诉求，还成功在区块链和加密货币的新世界激发了广泛热情和共鸣。在 Libra 货币体系中，代币持有者独享整个 Libra 经济体全部或主要的货币收益，约占 Libra 经济体总量的 3%，而储备物则全部来自用户。Libra 项目架构者熟练地通过治理架构设立，满足形式上去中心，也保证了对项目的绝对掌控。Libra 金融稳定性存在较多缺陷，其开放性、民主性亦不尽如人意，中国的应对措施应该是学习和超越。

（一）Libra 发行机制

根据白皮书，Libra 的发行“采用一系列低波动性资产，如稳定且信誉良好的中央银行提供的现金和政府债券进行抵押”。所以很明确 Libra 是采用了基于资产抵押发行稳定币的机制，且抵押物是现金和政府债券。根据白皮书，Libra 公链上每个用户可以拥有多个匿名账户，账户之间可以直接转账、支付和清算。

根据前面有关芝加哥计划的描述，如果把 Libra 协会看作是稳定加密货币的央行，那么 Libra 属于全储备银行，其储备物是法币或政府债券，Libra 亦向全社会开放了储备金账户。这意味着：在 Libra 货币金融体系当中，Libra 是唯一的“铸币”机构，其他机构都没有了铸币权。传统的金融服务，如支付或存贷等业务都面临根本性的变化。因为用户在 Libra 公链地址即可视为央行储备金账户，用户账户支付和清算即时在公链完成，支付服务商将不再有创造资金池的机会，也无法控制用户的账户，无法创造金融杠杆。这迫使服务商更专注为用户提供账户管理服务并发展其他类型的盈利业务。存贷机构（Libra 银行）将无法再创造货币，只能贷出已经存在的存款，存款可以是 Libra 银行的股本、累积未分红利润和借入的其他资金。协会作为央行，将不再为 Libra 银行提供存款保护计划和救助计划。Libra 银行破产将导致储户自己的损失。

芝加哥计划强调储备物必须是非债务类型的货币，Libra 储备物虽然是基于债务的法币或政府债券，他们在一定程度上可被视为零风险的信用资产，但他们不能被视为无杠杆。法币体系的商业银行或影子银行能够携杠杆资金进入 Libra 体系进行套利，Libra 储备物也可通过货币市场基金进入影子银行体系，这是 Libra 最大的系统漏洞。

Facebook 作为社交媒体巨头拥有的庞大用户群和社交行为数据，结合 Libra 项目的金融行为数据，将可能形成最完整、最海量的用户行为数据，并且所有金融行为数据在 Libra 区块链上可追踪、审计和不可篡改。这完全符合央行钟情于区块链的全部理由，提供给了央行前所未有的控制力，特别是客户身份验证、反洗钱和反恐融资等。

Libra 作为数币世界的全储备银行，垄断了货币创造的权力，一方面不会为法币体系带来额外的系统风险，另一方面极大简化了针对加密货币体系的监管。在加密货币势不可挡的历史潮流面前，Libra 项目为央行提供了如此多的便利，我实在找不到央行阻碍其发展的理由。

（二）Libra 货币体系的铸币税和铸币税归属

Libra 的发行基于 100% 的法币和政府债券储备，因此 Libra 货币体系中每发行一个 Libra 就必然对应到一组法币现金和政府债券的储备物。从法币金融体系角度来观察，使用一组法币储备物，货币使用方就需要对货币创造者支付成本，意即铸币税。

结合第一部分有关信用货币铸币税的描述，我们来看 Libra 体系铸币税的产生和分配。为简化讨论，我们先假设 Libra 的储备物为 1 ∶ 1 美元货币，假设美元政策利率为 2%（即商业银行创造美元货币的成本），商业银行息差水平为 3%（即商业银行创造美元货币的利润率 / 铸币税），则全社会使用美元的平均成本为 5%（2%+3%）。

协会每发行一枚 Libra，需要使用一美元作为储备物（储备物的意思是要保留下来而不是一次性使用），因此会对现实货币金融体系新增一美元货币的使用需求。现实货币金融体系为 Libra 用户创造一美元货币，使用这一美元兑换 Libra 的用户承担了这 5 美分的资金使用成本（这 5 美分是用户机会成本的损失）。这 5 美分的资金使用成本，其中 3 美分作为商业银行创造货币的利润保留，剩余 2 美分作为商业银行创造货币的成本支付给净储蓄者。谁是净储蓄者？ Libra 用户使用一美元兑换了 Libra 协会生产的一枚 Libra，Libra 协会现在"拥有"了这一美元并且把它委托给有资质的托管机构生息。这个过程可以理解为协会无成本地获得了一美元货币，把这一美元转移到商业银行储蓄体系中，因此协会可以被视为商业银行的净储蓄者，它最终获得了这 2 美分的铸币税。

授权分销商的角色是什么？是从协会"批发"Libra 然后增加一定价格差后"零售"给 Libra 用户。因为 Libra 定位为法币等价物，Libra 用户承受的货币使用成本不应该超过法币体系（即使超过也必须是极小幅度）。用户在使用法币兑换 Libra 时，已经承担了"足额"的法币体系货币使用成本（即 5% 部分），因此授权分销商的价格差必须是"窄幅"的，要么由协会从自己的铸币税额度中"让利"，要么由授权分销商施加于用户。

把上面的例子做略微改动，现在 Libra 的储备池为美元（短期）国债。假设用户已经根据即时价格将法币兑换为等值国债，这个兑换过程不涉及铸币税的产生，手续费也可以忽略不计。短期国债收益率约等于政策利率，设定为 2%。现在协会无成本地获得了一美元等值债券，并且把它委托给有资质的机构生息，到期后协会收到 2 美分债券利息，这视为协会收获铸币税的一部分。这一美元债券利息收入其实是用户持有一美元债券的机会成本，因此视为用户承担的货币使用成本。

看起来用户将承担更小成本，但这将在法币体系与 Libra 体系中间形成套利机会。Libra 是法币等价物，如果两个等价的货币体系最终资金使用成本有差距，必将存在市场参与者进行套利，以驱使两个体系的资金成本趋向相等。在 Libra 经济体容量没有大到能够影响传统经济领域之前，最终处于均衡状态的资金成本将是 5%。因此，即使在选择政府债券做储备物的情形下，用户最终的资金成本仍将回归到 5%。我们已知，其中 2% 归属 Libra 协会，多余出来的 3% 将由协会和授权分销商分享。在与授权分销商分利过程中，协会可能会强势攫取更多的份额，也可能让利于授权分销商。争利还是让利，这由协会酌情决定。这 3% 的铸币税在协会和授权分销商之间分配比例将是动态的。

把上面的例子继续扩展到一篮子法币和政府债券的组合，可以得到类似的结论。

从上面的分析可以得出如下重要结论：

- Libra 系统创造 Libra（货币等价物）的过程伴随铸币税的产生，所有铸币税都由 Libra 用户承担；这个成本等价于法币体系中全社会平均货币使用成本；
- 如果创造 Libra 所需储备物是法币组合，则铸币税可以分解为两部分，一部分是商业银行创造货币的收益，与银行的息差水平相关；另一部分是商业银行为创造货币支付的成本，与央行政策利率有关，协会因为无成本获得法币储备物而成为净储蓄者收获这部分收益；
- 如果创造 Libra 所需储备物是政府债券组合，则协会将享有大部分铸币税，并分享少部分给授权分销商；
- 授权分销商收益来自分销 Libra 的窄幅价格差，价格差可以来自协会的让利，或者转嫁给用户；在储备物是债券组合的情形下，协会享有更大的空间分利于授权分销商。

与法币体系（主要指商业银行）的关系主要由储备池的组成决定，法币还是债券。两个极端，全部选择法币将 100% 保护商业银行既有利益，后者甚至无须显式参与联盟，Libra 经济体的货币收益也可无一遗漏被转移；如全部选择债券，Libra 体系实际上等价于法币的平行体系，自然就没有商业银行什么事情了，商业银行那一部分铸币税收益实质上被分配给了协会，商业银行在 Libra 货币体系中一口汤都喝不到。所以储备池中债券的比例，取决于 Libra 协会的诉求，需要商业银行配合还是与之争利。

可以预期，在初期，储备池选择将以法币为主，待 Libra 翅膀硬了会逐渐更多选择债券做储备物。无论选择法币或政府债券作为储备物，协会都是“空手套白狼”，从 Libra 用户处获得了储备物，因此获得了储备物的利息收益（作为自己的铸币税），不同的是在选择债券的情形下，之前分配给商业银行的铸币税被转移给了协会。

（三）Libra 储备池管理

Libra 白皮书提到，会“投资于一些低风险和高流动性的银行存款和政府债券”。从目前美国加密货币合规要求来看，美国财政部要求稳定加密货币将美元储备金置于美国联邦储蓄保险公司保护的银行。如果依规执行，Libra 美元储备物在银行只能获得 0.01% 的利息收入，即使第一批 100 个创始人节点成功募资 10 亿美元，银行年利息收入只有 10 万美元，不可能支撑 Libra 项目的财务计划。因此推测 Libra 可能会把美元储备金投入货币市场基金。随着近一年美国宏观经济转好和加息预期，我谨慎乐观预期协会能够获得 1.5%—2% 的年化收益，这将给 Libra 项目提供充足财务支持。如果储备金进入货币市场，将不再受美国联邦储蓄保险公司保护。在黑天鹅来临之时，货币市场基金可能就是首当其冲的受害者（2008 年金融危机最早就是因为货币市场基金流动性枯竭所触发的）。

（四）Libra 项目金融稳定性有缺陷

虽然发行 Libra 基于 100% 法币储备物，但对比香港金管局的货币局制度，Libra 存在明显差距。港金局支持货币基础的是高达 4500 亿美元的外汇储备，是其流通货币总量的七倍以上。此外，为维持 Libra 与挂钩一篮子法币的稳定，

Libra 需要维持在一定范围内与储备货币的兑换承诺，这种兑换承诺一定成为投机者的套利工具；Libra 还需要经常在市场中逆向操作，因此也带来额外的财务成本。所以 Libra 可能缺乏足够的财力资源来应对即使是正常的市场操作。

Libra 项目声称“能够抵御通胀，维持价值的稳定”，这体现了 Libra 项目团队对挑战缺乏敬畏心。货币金融理论和实践发展到现在，尚未有一篮子挂钩的货币方案，或者货币局制度，被证明能够抗通胀。香港金管局在职能描述时，也只是把“维持货币稳定”列为自己的主要职能之一，而不涉及有关通胀、价格稳定的目标。货币金融体系是一个极其重要的社会公共基础设施，Libra 项目团队表现出来的轻慢和无知，让人怀疑项目的前景。如果连问题都看不清，就不要指望能够解决问题了。

Libra 的“货币稳定采用被动政策，货币兑换、赎回由分销商的需求驱动”，这种完全被动的汇率自动化跟踪机制过于草率，难以达到 Libra 与挂钩一篮子法币相对稳定的目标。市场针对 Libra 的需求可能存在短期投机需求，加密货币市场投机更为严重。对比港金局自近三十年的货币实践中，发展出多种工具，来主动积极维持汇率稳定，包括强方兑换保证、弱方兑换保证和通过回购为银行提供紧急流动性等技术手段，来主动积极维持汇率稳定。包括 1997 至 1998 年亚洲金融风暴期间，港金局采取非常规措施停止港元自动浮动来抵御金融风暴的冲击。Libra 缺乏类似的制度安排，引发怀疑 Libra 项目团队对货币金融和政策的专业度。

如果为追求投资收益，Libra 项目实施激进投资策略（如更多高风险，长期限或低流动性资产），当 Libra 面临大量赎回或“挤兑”时，可能缺乏足够高流动性资产来应对。因此，Libra 协会可能需要折价“火线出售”储备资产，这将恶化 Libra 体系的流动性风险甚至清偿能力。传统央行有“最后贷款人”机制来提供紧急流动性，港金局的货币局制度也有超过流通货币 7 倍的外汇储备资产来临时创造所需流动性，但 Libra 项目缺乏类似的安排。一个可能的方案是通过增加股本、积累 Libra 未分红利润或借入资本等，增强 Libra 项目吸收损失的能力。

Libra 实质上强化了国际金融一体化，在 Libra 受支持的经济体内放开了资本管制并允许全球资本自由流动。特纳在《债务与魔鬼》中已经指出，“国际金融一体化并非好处无限……某些类型的资本流动一旦过量，将产生经济危害。”全球资本市场如果过度自由，可能创造出太多错误资本流动。全球债务资本流动可能破坏新兴市场经济体的金融稳定。资本在极短时期内大规模流进流出，将使新兴市场经济体的货币政策实施和流动性管理更趋复杂。即使是美英欧等发达经济体内部，资本流动所支持的也可能是不可持续的消费、铺张浪费的投资以及已有资产投资，因此增加了不可持续的债务创造规模，加剧了后危机时期的债务积压。

从 Libra 货币体系内部来观察（即不考虑与法币体系的关联），Libra 实现了全储备银行，取消了 Libra 生态所有参与者获得金融杠杆的能力。但法币体系中，商业银行和影子银行拥有金融杠杆的特权，他们有动力进入 Libra 体系参与 Libra 铸造。协会的储备池（无论法币或债券）也有动力通过货币市场进入影子银行体系获得杠杆。与商业银行比较，影子银行目前尚未得到有效监管。负责二十国集团（G20）成员国的财政监管机构金融稳定委员会（FSB）工作报告就影子银行的核心机制——融券和回购，概述了市场和金融稳定问题。所以虽然 Libra 本身不会增加已有金融系统的风险，但它将会是现有金融系统问题的一部分。

（五）Libra 治理机制

Libra 项目实际是一家股权制企业，Libra 代币持有人拥有企业的分红权和决策权。首先来理解 Libra 体系铸币税及其归属。为便于理解，以美元体系作为对比来说明。

美国货币金融体系中，美联储创造了纸币现金和储备金，商业银行创造了近 95% 的流通货币，净储蓄者、美国政府和商业银行成为铸币税主要的受益者。2018 年，净储蓄者、美国政府和商业银行分别被分配了近 2000 亿美元、800 亿美元和 3500 亿美元的铸币税。

作为对照，在Libra体系中，Libra协会垄断了铸造权。如果储备物全是政府债券，那么假设Libra经济体与美国对等，则Libra协会将会获得净储蓄者和商业银行的全部铸币税，2000亿美元+3500亿美元=5500亿美元，占整个GDP的2.75%，商业银行获得0；如果储备物全是法币，那么Libra协会将会获得净储蓄者的铸币税2000亿美元，占整个GDP的1%，商业银行仍将获得3500亿美元。虽然在两种情况下，Libra协会都获得了净储蓄者对等的铸币税，但与法币世界不同的是，法币世界的净储蓄者是真正拥有自己的货币，而Libra经济体中，协会储蓄来源于Libra经济体的全体用户。

所以Libra协会创造了一个基于Libra的稳定加密货币金融体系，Libra代币持有者能够独享整个Libra经济体的全部或主要的货币收益，约占Libra经济体总量的3%，Libra体系的储备物来自Libra全体用户。

作为金融资本主义的头号强国，美国在公司治理方面已经非常发达。一个机构可以很熟练地设计公司治理结构，使其满足表面的民主化而实际上权力集中。每个人对开放与封闭、民主与集权、影响与游说、领导与操控的理解都不一样，所以去评价一个治理体系的好坏缺乏实际意义，也超出本文的范围。所以本文更多的是给出一些启发性的例子和说明，供读者进一步分析参考。

Libra白皮书声明Facebook将于2019年年底放弃Libra项目的领导地位，而实际上Libra的白皮书明确规定了协会执行团队负责人“常务董事任期3年”的条款。白皮书声明，Libra协会理事会将阻止相关实体以两个不同创始人的身份投资，以免他们规避上述措施。这是世界性的难题，如果Libra能真的实现，他们确实值得收获全世界的“膝盖”。白皮书声明，协会理事会也把1/3的总投票权分配给SIP和研究机构，而成为此类机构的门槛，或者是全美前100的慈善、非营利机构或其年度预算超过5000万美金。这意味着什么？

出版四十多年再版7次的著作《谁统治美国》，以社会科学视角分析了美国的权力组成，作者是美国著名精英研究领域的领军学者、加州大学圣克鲁兹分校心理学和社会学教授威廉·多姆霍夫。

驾驭全美经济的几千家大公司、银行以及其他金融公司可看作某种形式的共同体，由所有通过重叠董事连接到某一单一网络的营利性组织组成公司共同体。公司共同体中的所有者和高管即公司富豪。公司富豪资助并掌握着多种多样的非营利组织，如免税基金会、智库、政策研讨团体，用来帮助他们制定符合自身利益的政策选择。这些组织属于政策规划网络的一部分，通过共同的捐赠人、理事以及专家顾问联系在一起。政策规划网络中级别最高的员工，即各种组织的理事会成员，与公司共同体的领袖以及上层阶级共同组成了公司富豪的领袖团队。这些领袖被统称为权力精英，他们通过有公司富豪控制的公司和非营利组织的董事会效力而获得权力。

公司共同体因此成为《财富》500 强公司以及与这些公司相关的私营公司和金融公司的领导核心。但是，《财富》500 强公司以及六大商业团体完整数据库中的 5044 名董事才是总的领导团体。2010 年，处于公司共同体核心的那几千名《财富》500 强公司董事大多是公司经理、商业银行家、投资银行家和公司法律师，但也有少数是高校行政人员、基金会主席。

我建议读者进一步分析目前成为 Libra 协会创始人首批组织（包括非营利机构）的董事会成员组成，看看 Libra 背后真实的影响力。

我有理由相信，Libra 核心团队能够设计好表面上足够民主化的治理架构，但同时保证他们对项目长远的影响力和绝对控制。

（六）Libra 的民主性和开放性并不尽如人意

Libra 没有公平、公正地对待所有参与者的贡献。Libra 体系是全体用户贡献储备物用于铸币，但铸币税收益被全部分配给 Libra 代币持有人。虽然要承认并奖励 Libra 代币持有人对项目早期财务投资和其他方面的贡献，但拿整个体系全部铸币税去奖励显然有失公平。储备物赋予了稳定加密货币具有真实、长久和稳定的价值，储备物的贡献并不比参与早期 Libra 基建更少。Libra 用户使用 Libra 也让其拥有了更广泛的接受度，对提升 Libra 体系的价值也有贡献，完全剥夺 Libra 普通用户参与铸币税分享的权利有失公正。

成为 Libra 代币持有人也有很高的门槛。已知成为协会的首批创始人都是大型成功企业、知名多边组织和非营利机构。Libra 协会也限制了 100 个创始成员的数量。在区块链世界已经发展出基于广泛参与人群的代币融资模式的前提下，还刻意抬高门槛把 Libra 体系长尾用户排斥在外，这与区块链普遍倡导的广泛和民主格格不入。Libra 的代币投资不代表区块链的民主精神，只是用于传统股权投资的一个工具。

Libra 体系的设计也刻意地将参与者做了区分，通过制度化安排形成了阶级并保护传统金融机构的既得利益者。授权分销商被授予了赚取窄幅价格差的特权，而普通 Libra 用户被安排为该体系缴纳全部铸币税。这种分级分销机制设计并没有合理的技术理由，与目前倡导的开放金融理念背道而驰，更多的是为照顾传统金融机构的既得利益。Libra 体系的全储备银行设计，取消了 Libra 生态中除协会以外所有参与者创造货币和获得金融杠杆的能力。但商业银行和影子银行在法币体系拥有合法的杠杆能力，有机会进入 Libra 体系进行套利，他们或者成为 Libra 代币持有者，或承担授权分销商角色。所以 Libra 制度化地维护了法币货币体系中商业银行和影子银行体系使用金融杠杆的特权。

不可以过度解读 Libra 所宣称的“开放性”。协会垄断了 Libra 经济体中货币铸造的权力，并且把 Libra 货币体系的权力和利益分配集中到很小的一个群体——Libra 代币持有者。虽然其他金融服务，包括支付、存贷等，都开放给所有 Libra 用户，但铸币权是这个经济体最重要的权力。更广泛的铸币权是这个星球上最重要的权力，它超越了所有政府和军事的力量。美国一个银行家曾经说过，我才不管谁统治这个世界，我只要铸币权！

Libra 公链转向无许可网络的计划没有意义。因为 Libra 生态是与法币体系紧密耦合的，英格兰银行行长卡尼表示“Libra 将面临最高标准的监管”。因此所有 Libra 生态的参与者，包括协会、用户、授权分销商以及未来基于 Libra 开发的各种金融服务（如支付、存贷、保险等）都不可避免受各个主权国家行政、法律、监管和合规的约束。

（七）对 Libra 的应对机制

Libra 体系设计，很好保护了传统商业银行的既得利益，也同时满足了央行针对加密数字货币监管的预期，所以可以预期 Libra 在美英欧等国不会遭遇到重大监管障碍。

从超主权角度来看，美元、英镑和欧元各自都有极强全球化诉求，他们内部确实会存在一定利益冲突（美元和欧元冲突最大），但他们价值观趋同，并在更大格局上（应对人民币的崛起和将本币影响力延伸至更广泛的发展中和欠发达国家或地区，以及应对加密货币的挑战等）有一致的根本利益，因此他们能够形成现实妥协，IMF 特别提款权就是明证。所以只要 Libra 在超主权方面不突破 IMF 已有格局，在美英欧体系内部就不会遭遇超主权方面的障碍。

对于中国来说，参与 Libra 有比较多的障碍。第一，人民币仍属于外汇管制不能自由兑换，如允许境内用户参与 Libra 将对目前中国货币金融体系造成巨大冲击。相当于一夜之间实现资本项目自由化和国内金融市场自由化等，全球金融体系和中国金融体系不稳定双向传导可能给全球金融体系带来不可预知的风险。第二，中国不可能在 Libra 协会内部取得有影响力的地位，取得有影响力的地位的标志是常务董事、董事会席位、理事会投票权、Libra 代币规模、一篮子储备中的人民币资产的比例等。中国 2018 年 GDP 规模已接近美国的 70%，从美英欧角度来看，不可能给予中国在 Libra 体系这种影响力。第三，基于 Facebook 的应用生态体系和用户群基本不在国内，当然这属于细枝末节了。

中国的策略应该是学习 Libra 并且针对其不足之处进行改进，包括：

改进 Libra 铸币税分配机制，从少数群体垄断扩展到更广泛的群体，如 Libra 用户可参与分配铸币税，激发更广泛的人群使用和推广 Libra 的积极性。

提升 Libra 体系参与度，允许更广泛的主权政府、机构、人群参与 Libra 基建（即 Libra 代币持有更加分散和偏长尾）。

储备池以债券为主，减少法币，这样可以减少用户资金使用成本，把真正的利益让渡给大众，但存在法币体系与 Libra 体系的资金套利风险（不过考虑到中国政府对外汇和货币管理的有效性，这种风险是可以控制的，这是美英欧不具备的优势）。

增加非债务资产进储备池，如黄金和比特币（我视比特币与黄金为等价非债务资产，不过本文不展开讨论），减少 Libra 主权国家主导的色彩。

加强 Libra 储备池风险管理机制，例如限制商业银行、影子银行杠杆资金进入 Libra 体系套利，更具体一些，如果储备池都是债券，限制 Libra 协会仅从债券利息中收益（不允许其进入影子银行体系），这样的结果就是 Libra 变成真正的独立央行和更稳定的类全储备银行（储备物是限制了杠杆的债而不是非债资产），能够有效降低金融系统风险。

限制 Libra 体系中国际资本自由流动，维持 Libra 生态内不同经济体之间金融体系一定程度的分割（这符合中国现有人民币和外汇管理政策）。减轻 Libra 带来的国际资本自由流动便利破坏相关经济体金融稳定性，保证已有货币政策实施和流动性管理的有效性，防止不可持续的债务创造。

作者简介

龙白滔　清华计算机博士，FinTech 开放金融创业者，货币金融理论研究员。

Libra：前途未卜的密码货币创新

刘昌用

摘 要

Libra是继比特币、竞争币、Token、稳定币之后，密码货币发展的又一项重大创新。Libra的本质是私人信用货币，由非银行商业联盟发起、锚定一篮子货币、抵押一篮子资产使它具有很强的信用基础，能够挑战传统银行货币体系，但也带来很大的复杂性，短期面临的主要风险来自主权监管，长期内部复杂的利益博弈是重大考验，前途尚未可知。不管怎样，Libra都会推动密码货币的进化，迫使传统法币体系做出相应变革。

Facebook发行新型密码货币Libra，引起全球强烈关注，来自传统金融领域、区块链领域、科技领域等不同角度的评论褒贬不一。从区块链技术的角度看，Libra跟最近吸引眼球的Cosmos、Polkadot、Nervos、Difinity、Conflux、Algorand等公链跨链项目相比，并无亮点。然而，从社会经济变革的密码革命角度看，Libra是密码货币发展中的一项重大创新，主要不是技术创新，而是经济层面的制度创新。

一、Libra是密码货币进化的成果

从比特币到竞争币，到Token，到USDT，再到Libra，这是利益驱动的自发过程，提供了满足不同市场需求的密码货币种类。总体来看，是广义密码货

币的进化。

习惯上，我们把“Cryptocurrency”译为“加密货币”，这是错误的。“crypto”译为“密码的”或“密码学的”，“encrypto”才是“加密”的意思，对应“decrypto”，即解密。并且比特币等密码货币并不使用密码学的信息加密与解密功能，而是使用其“签名”和“验证”功能，跟“加密”毫无关系。因此，“Cryptocurrency”应称为“密码货币”而非“加密货币”。

现在有观点认为 Facebook 的 Libra 根本就不是密码货币。这是一种概念的误解，把“密码货币”等同于“去中心密码货币”。实际上，只要是用非对称密码技术来建立账户系统进行交易的电子货币都应该归入“密码货币”。不过，这种误解也情有可原，因为第一个密码货币是比特币，它是去中心的，长期代表了密码货币。

不过，在去中心密码货币的基础上，各种中心化的密码货币相继出现，并开始流行。比如以太坊 ERC20 标准发行的各种 Token，以 Token 形式发行的 USDT 等稳定币，这些都是密码货币。它们虽然是中心化的，是项目方信用背书的私人信用货币，但都用到了密码技术，都属于广义的“密码货币”。

在 USDT 之后，又出现了各种合规的稳定币，接着出现了摩根的 JPcoin，这标志着超级跨国公司进军密码货币，但 JPcoin 主要应用于自身商业生态内部。而 Facebook 的 Libra 则定位于服务全球开放金融，这是在之前密码货币探索经验基础上的又一次重大突破，是密码货币历史的一部分。

总体看，从比特币、竞争币、Token、USDT、JPcoin 到 Libra，这是市场推动产生的一系列密码货币。Libra 是密码货币实践创新的成果。认同 Libra 是一种密码货币，有助于我们理解 Libra 的本质，也有助于适应密码货币实践的发展，理清密码货币相关概念的边界和分类。

二、Libra 相对稳定币有重要创新

一般观点将 Libra 归为稳定币，但是稳定币已经被用来指代专门锚定一种

法币的 Token。Libra 则不同，首先它并不是基于其他密码共识平台发行的一种 Token，它有自己的密码共识平台，即通过自建联盟链发行密码货币。当然，这也不是创新，Libra 相对于稳定币的真正创新主要在于：

（1）锚定一篮子货币而非美元。目前的稳定币大多数是锚定美元的，从而可以看作美元货币供给的一部分，借助于密码货币系统和交易所网络形成的全球流通体系，打破传统金融监管对美元设置的障碍，实现美元更大范围的流通。

（2）抵押低风险的一篮子资产而非美元。目前的稳定币大多抵押美元，许多还强调 100% 准备金，这为稳定币带来简单强健的信用支撑，但也浪费了流动性，限制了运营方的盈利空间。Libra 抵押一篮子低风险资产，且不限于美元资产，使其能够规避单一美元资产带来的风险，更具开放金融特征，也有更大的盈利空间，其代价是很大的金融风险，并且要求更高的资产管理能力。

（3）邀请优质企业组建联盟。Libra 的基本架构是联盟链，创始成员中包括万事达卡、PayPal 这样的商业巨头，建成后目标是引入 100 个联盟成员构建节点，资金门槛是 1000 万美元。这跟稳定币的单一项目方完全不同。这种联盟方式增强了系统的稳健性，并利用联盟成员的影响力获得极大的初始市场用户和扩张前景，如果建立起来，其影响力是一般的稳定币无法望其项背的。

因此，Libra 不同于稳定币，不是美元供给的延伸，它的信用基础更加综合，运行机制更加复杂，经济影响也更大，是密码货币的重要创新，只是不确定 Facebook 是否有能力驾驭。

三、Libra 的本质是私人信用货币

Libra 本质上仍然是信用货币，其信用首先来自 Facebook，其次来自其联盟成员，最终通过锚定法币和抵押法币计价资产强化其信用。因此，Libra 是获得法币信用支撑的私人信用。从这一点上看，Libra 跟传统商业银行有重大差别，银行不发行货币，只是以其私人信用通过信贷实现法币供给的扩张，而

Libra 发行自己的货币，借助于法币资产提高其信用。

不过，Libra 的信用基础在其生命周期内是会发生变化的。在 Libra 建立的最初阶段，Facebook 及其联盟成员都缺乏足够的信用支撑一个全球的货币体系，因此需要抵押法币以及法币计价资产，建立起基础信用。因此，在 Libra 的早期，其信用来源主要是法币，可以看作是法币供给的扩张。

随着 Libra 的广泛采用，其信用基础会不断增强，抵押资产比例或准备金率可以不断下降，其自身和联盟成员信用越来越成为货币基础。此时，Libra 的私人信用货币性质将更加明显。

按照扎克伯格和 Libra 白皮书的愿景，Facebook 希望 Libra 能够最终成为完全的开放货币。我的理解是从私人信用货币转向去中心货币。理论上，当这种货币应用规模越来越大，自身信用积累越来越强，联盟成员数量越来越多，从而准备金率越来越低，最终可以成为无抵押、无锚定的类似比特币的去中心化密码货币。

不过，从私人信用支撑的货币到去中心密码货币需要克服的技术、路径依赖、经济利益冲突等问题会很多，目前还没有成功的先例。虽然有些 Token 或预挖分叉币的项目方成功将项目交还给了社区，实现了去中心化。但实际情况是，项目方不愿意用代币销售得到的资金继续支撑项目，通俗地说，就是“跑路”了。

总体上，Libra 是 Facebook 创立的私人信用货币，只是信用基础及其动态演化会更加复杂，有法币信用特征，也有转向去中心密码货币的可能，尽管难度很大。

四、Libra 动了传统银行体系的蛋糕

如果说稳定币还只是想加入银行货币扩张系统，从货币扩张利益中分一杯羹，那么 Libra 则试图联合非银行经济体系重新制定规则，抢走银行货币体系的大块蛋糕：铸币税和通胀税。

现有银行体系除了提供专业中介服务获得收益之外，很大一部分收入来自参与货币扩张带来的通胀税——通胀的情况下银行作为储户的债务人和货币增发的上游获得巨大的利益。Libra 在银行体系之外建立联盟，不借助银行体系扩大货币供给，由此获得的利益无论在 Facebook、联盟成员、用户之间如何分配，都切走了传统银行体系的一大块蛋糕。

随着 Libra 信用的逐渐建立，准备金率的逐渐降低，它逐渐脱离对法币的依赖，Libra 自身将成为基础货币，从而侵蚀货币当局发行基础货币所享有的铸币税。对于货币体系严格管制，高度依赖铸币税的小国而言，会产生很大冲击。相对而言，民主国家铸币税本身受到民主监督和权力制衡，影响相对较小。

Libra 对传统银行的挑战很大程度上适应了经济潮流，因为尽管互联网经济已经十分强大，实现了商业信息的自由流通，但货币体系未能充分融入开放的互联网，只是传统银行体系通过一些接口为互联网经济提供货币工具，不仅成本高、效率低，还将互联网分割成一个个法币经济岛。Libra 基于内生于互联网的密码共识机制，成为一种互联网内生货币，它以世界货币为方向，将会有很强的市场支撑。如果成功，对传统银行体系的威胁是真实而强烈的。

简单说，Libra 动了政府和银行的货币垄断蛋糕，这可能也是 Libra 没有邀请传统银行参与的原因之一。Libra 对法币体系的冲击如此之大，这也为其前景带来很大悬念。

五、Libra 短期面临的最大困难是监管问题

历史上私人信用货币没能长期存在的原因不是缺乏技术，而是制度原因。早期银行是私人的，帮助客户保管和运输金银收取费用。信贷产生后，银行能够放贷收息，才开始给存款者付息，但同时也开始了部分准备金和货币的信用扩张。

金银本位制下，私人银行难以应对信用货币扩张与收缩产生的巨大金融风险，才导致中央银行的诞生。中央银行的信用背书最终导致金本位的终结，货

币进入央行垄断货币发行的完全信用货币时代，制度上废除了私人货币的发行流通。

离开金银本位的信用货币扩张收缩波动更大，私人信用难以应对，并且存在很强的道德风险，更难回到私人货币时代。哈耶克的《货币非国家化》强调私人货币的竞争最终仍然能够产生最优的货币，这种抽象的逻辑忽略了竞争过程中私人信用破产带来的损害，实践上缺乏可行性，因而这种理论一直未能实践。

经过上百年的演变，以央行为核心的法币体系已经形成了复杂的制度体系来保障其权威，严格地限制了私人信用货币的建立和运行。Libra 作为一种私人信用货币，在任何国家几乎都会与法币相关制度体系相冲突。由此带来一系列难以化解的监管问题。

相信制度环境和监管问题是 Facebook 规划 Libra 时所考虑的主要问题。对制度障碍应该已经有充分的考虑，比如建立强大的商业联盟提高应对监管的经济实力。另外，也还存在一个重要的机会：Libra 所借助的密码技术、网络技术带来的技术创新，以及密码货币全球交易市场等，是现行货币制度未曾遇到的，短期内会存在某些方面的制度空隙，Libra 找到这些空隙并加以利用，有可能获得避开监管的窗口期，率先做到“大而不能倒”，从而让货币制度去适应它。

六、Libra 长期面临的最大困难是内部利益的博弈

如果 Libra 短期成功建立庞大市场，并与法币制度体系达成某种妥协或融合，那么所要面临的另一个重大困难就是内部利益的博弈。

货币是市场经济中最重要的商品或业务。货币的规模和流通范围越大，所涉及的经济利益就越大。经济利益越大，所产生的斗争或博弈也就越激烈，比如货币政策的决策、系统收益的分配等。这种激烈程度必须借助非常强大的权力系统才能协调。随着系统的扩张，协调的难度会越来越大。

试想如果 Libra 成为一种世界货币，它的一举一动，比如它一篮子货币的成分构成、一篮子抵押资产的选择和处置等等，将会影响不同国家的货币稳定、国际收支、国民收入等，甚至还会涉及种族、宗教、恐怖主义等复杂的社会问题。Libra 作为一个联盟体，在这种复杂的社会环境中，博弈和斗争将变得异常激烈，以至于其货币难以稳定持续运行。

想想联合国的运作，以及为什么联合国没有推出一种世界货币，可能有助于理解 Libra 长期将要面对的困难。

七、Libra 不能取代去中心密码货币

中本聪为比特币所设计的去中心化框架，尤其是简洁、无关个人偏好的 pow 机制，极大地抽象掉了可能影响货币运行的各种社会关系，使得比特币避免如 Libra 一般将要面对的政治经济博弈，为胜任世界货币奠定了坚实的基础。[①] 这个框架也为弱小时期的比特币提供了强韧的生命力。

Libra 作为借助法币系统提高信用的私人信用货币，根植了中心化货币的问题，跟去中心密码货币有本质的不同。比如，Facebook 和扎克伯格本人对 Libra 的影响非常大，他们也将面临各种力量的影响，因此中心风险很大；Libra 锚定和抵押法币和法币资产，就会受到法币通胀、法币汇率波动、法币间冲突的影响等等。

总之，去中心化密码货币生来就是为了消除信用货币，尤其是法币体系根本性问题的，Libra 内生的信用本质及其与法币的紧密关系使它无法取代去中心密码货币。至于，Libra 成功后是否会转变为去中心密码货币，这是一个太过遥远的问题。

---

① 为了节约能源、提高性能而开创的从 PoS 到 DPoS 等带有投票选举性质的共识机制把政治重新引入密码货币，实际上并非创新，而是倒退。

八、去中心密码货币的主要风险来自自身

比特币作为第一个去中心密码货币，在法币的压力下，从2009年生存至今，不断发展壮大。无论法币还是私人信用货币都难以消除其自下而上的生命力。它所面临的真正风险不在外界，而在自身。

自 2015 年比特币扩容之争以来，开发中心化、算力中心化、公共决策效率低等问题不断暴露。由于开发中心化，漫长而复杂的扩容之争以区块扩容失败告终。2016 年 7 月开始，比特币出现拥堵，交易费上涨十倍以上，支付体验越来越差，进而逐渐放弃了货币支付功能，转向结算网络和价值储存，越来越成为华尔街热衷的大宗投资品。

尽管 2017 年 8 月比特币现金（BCH）分叉成功，保留了坚持世界货币方向的比特币系统，但由于失去了比特币（BTC）的品牌，市场份额只有比特币的 1/20，并且面临去中心化生态决策效率低、抗社会攻击能力弱的问题。在 2018 年 8 月至 11 月 Craig S. Wright 和 Calvin Ayre 等人发起的系列攻击中，虽胜利保住系统，但社区生态损失惨重。

中本聪设计的去中心密码货币框架，在近十年社会实验中总体来说是成功的。但是，进入主流社会复杂环境后，开发者激励缺失、对开发者技术依赖导致的开发中心化、去中心化社区的公共治理等问题日益尖锐，而这些在中本聪框架中并未解决。能否找到有效的解决方案才是去中心密码货币面临的主要风险。

比特币放弃货币支付功能，强调价值存储功能，自诩数字黄金释放了一个危险的信号。比特币现在要想解决这些问题，把中本聪革新世界货币的梦想再向前推进一步，还需要更多的努力，目前看来还存在不确定性。

九、Libra 会推动密码货币的普及

作为广义密码货币的一种形式，Libra 在理念、概念、逻辑、技术、基础设施等方面跟其他密码货币是相通的，Libra 如果将数十亿潜在用户引入密码货币领域，对整个密码货币将是巨大的推动。

密码货币思想可以追溯到 Timothy May、Eric Hughes、David Chaum 等人利用非对称密码技术实现个人自由的梦想和尝试，其根源是崇尚自由的精神。在这个层面上，Libra 所实现的自由小于中本聪框架，但仍是从法币体系向中本聪理想发展的中间形态，是向自由的迈进。Libra 白皮书也明确以这种自由精神为价值基础。所以，Libra 的推广有助于密码货币背后自由精神的扩散。

Libra 在技术上也借鉴其他区块链系统，采用非对称密码技术构建，其推广使用将引导 Facebook 及其他联盟成员的数十亿用户体验密码货币，学习密码货币知识，并建设密码货币基础设施，为整个密码货币带来大量用户、从业者、创业者、投资人。这是对密码货币和密码经济的巨大推动。

十、法币体系必须正视密码货币的冲击

Libra 之所以现在出现，根本原因在于中本聪的比特币利用非对称密码技术打开了“潘多拉魔盒”，从根本上提供了更加自由的人类经济交往方式，货币和经济都会更加自由。

由于比特币等密码货币体量太小，价值不稳，无法撼动法币体系，面对去中心密码货币带来的麻烦，包括美国政府在内的多国政府都曾经对比特币展开遏制甚至封禁，造成巨大的市场波动，但终未扼杀，反而不断衍生出一个日趋多样、规模庞大的密码货币生态。

从比特币、竞争币，到 Token、USDT、GUSD、JPcoin 等，扩张的密码货币不断以新的方式冲击基于法币的传统金融体系。在比特币用于匿名交易和跨

国汇款之后，ERC20 代币带来低成本、高流动性的证券发行流通系统，挑战了现有证券体制。而 USDT 的出现则打破了界限分明的法币主权边界，将美元供给更深地渗透到实行外汇管制的国家。

Libra 作为最新的密码货币形态，其生态一旦建成，将携社交、支付、汇兑、互联网等现代经济前沿领域的庞大商业体系，对传统货币银行体系带来重大冲击。

在比特币出现之后的相当长时间内，货币当局、银行高层、政府部门、经济学家等普遍轻视密码货币。Libra 带来的冲击将迫使他们正视密码货币的发展，做出更加积极的应对。进一步重视非对称密码技术民用化，对人类社会经济自由的深远意义，更加主动地适应密码革命，支持全球密码经济发展。

作者简介

刘昌用　重庆工商大学区块链经济研究中心主任，知密大学发起人。

如何理解Facebook货币Libra“非比寻常的特权”？

胡一天

摘 要

Facebook数字货币Libra企图通过认许联盟区块链的模式，创造一间私营的央行。Libra与一篮子货币挂钩就好比“特别提款权”（SDR），也隐含将其设在日内瓦的Libra基金会比作“国际货币基金组织”（IMF）。因为其用户体量及影响力，私营的互联网企业Facebook，其实等于管理上高度中央集权的“非国家行为体”（non-state actor）。

Facebook寻求持续扩大其垄断性商业利益，显然不是以议会民主宪政的逻辑在运营。以欧盟为首，各类针对Facebook、谷歌等互联网企业的裁罚以及隐私保护的立法，正是在反垄断大气候下的具体作为。由开源社群、消费者保护主义分子、对跨国企业疑惧的政客所推动的一场整改全球互联网产业的运动，是一种关于“权利”“义务”与“责任”的“再平衡”。因此，Libra未来的发展限制，在政治不在技术。

美国身为战胜国盟主与最大金主，其强大的工商实力与大量的美元援助是欧洲复兴的关键。当时西欧对美国有极为庞大的贸易逆差，处于总体需求大、生产力不足、美元高度短缺的失衡状态。西欧诸国既要维系本国货币钉美元、美元钉黄金的固定汇率，又要维持国内的复员就业率，又必须持续向美国进口民生物资与工业设备，要防止资本流出，推行高利率紧缩政策在政治上又不可能，势必得在本币贬值与自由汇兑之间做出抉择。维持这个局面，需要高超的外交手腕、务实的金融操作与明智的政治妥协，但这并非刚成立的IMF的能力所及。

身处大英帝国体系核心的英国，亦面临极为严峻的失衡。为了抵抗纳粹德国，英国于第二次世界大战中不断向英帝体系成员国与殖民地发行英镑公债筹措军费，并不断消耗美元外汇储备向美国购买武器设备。布雷顿森林体系创立之时，英国的境外资产大幅下降，外债高达 35 亿英镑，境内美元与黄金储备余额却仅约 5 亿英镑，实已处在国际收支危机（balance of payment crisis）的边缘。1946 年，美国向英国提供了一笔 37.5 亿美元的贷款，附加条件是在 1947 年恢复经常账下按 1 英镑兑 4.03 美元的官价自由汇兑，苦无选择的英国依约如期开放，没想到在 6 周之内，美元外汇就几乎被提清，只好重新进行资本管控。本来打算在自由汇兑的账本下一举打破大英帝国贸易体系、扩大全球市占率的美国，只好接受必须对西欧纾困的事实。美苏冷战在 1947 年展开，美国通过马歇尔计划金援西欧自由阵营就成为政治、经济以及维护国家安全的必要举措，从而让美元源源不断地流往境外，加上共产主义国家为避免资产被美国冻结，纷纷将美元资产转存伦敦，意外催生了欧洲美元（Eurodollar）市场，让伦敦在英帝余晖中延续了全球金融中心的地位。

另一方面，20 世纪 50 至 60 年代的法国亦面临内外交困的政经失衡。深陷阿尔及利亚独立战争泥淖的法国，请出第二次世界大战英雄戴高乐将军主持国政，军费开销让法国央行被迫为财政赤字融资，耗尽 2/3 的储备仍难挽狂澜，币值一贬再贬，仅能勉强维持国际收支平衡。时任戴高乐政府财政部部长，后被誉为“欧盟宪法之父”的吉斯卡尔・德斯坦（Valéry Giscard d’Estaing），看到美国因美元作为世界储备货币而无须担忧国际收支失衡，曾将这份独特优势讥评为“非比寻常的特权”（exorbitant privilege）。这份特权所理应附带的责任，就是美国必须通过 IMF 提供足够的黄金与美元储备资产，供各国融通周转。但在政治上，这却可能被解释成给欧洲的一张空白支票，而无法得到美国国会的无条件支持。然而，美国也非常清楚，美元头寸可以伸缩，但黄金供应弹性不足，当美元作为国际储备货币在境外流通扩张时，也埋下了未来汇价必须与黄金脱钩的种子。此 1 美元“既强且弱”的特质，是布雷顿森林体系内在失衡的症结，也是 SDR 作为体系中起补充作用的储备资产，必须被创造的理由。

尽管如此，SDR 自问世以来，一直没有太多实质表现，一个潜在原因是美国不希望出现美元的竞争对手。根据 IMF 数据显示，目前 SDR 总额不过 2000 多亿美元，而根据美联储统计，在外流通的美元总量却高达 1.7 万亿美元。SDR 本质上是 IMF 会员国相互拆借的筹码与记账工具，是一种或有债权，无法在私部门流通。会员国可用 SDR 向 IMF 指定的其他会员国换取外汇，以偿付国际收支逆差或偿还基金组织贷款，还可与黄金一样充作储备基础。但 SDR 只是记账单位，使用时必须先换成其他货币，不能直接用于贸易或非贸易的支付。SDR 汇价目前与美元、欧元、日元、英镑、人民币挂钩，市值浮动。这种理论上跨国界，在 IMF 范围内有近乎无限法偿地位的筹码，事实上也是以数字形式存在于金融体系之中的。如将 SDR 视为一种在 IMF 封闭系统中流通的数字货币，Libra 则可视为向全球开放的数字货币，且其价值可与 SDR 挂钩。事实上，币值钩住 SDR 的稳定币 Terra 已经问世了，它后面的主要支持者正是币安、火币等数字资产交易所。

拿 Libra 类比 SDR，隐含着将 Facebook 设立在瑞士日内瓦的 Libra 基金会比作 IMF。因为其用户体量及影响力，私营的互联网企业 Facebook，其实等于管理上高度中央集权的“非国家行为体”（non-state actor）。

一个私营企业企图创造超主权货币，在当今金融体系是否可行？

一、数字货币已在真实世界创造财富效应

从央行的监管角度来看，纸币、硬币等传统形态的外部货币（outside money），因为其物理特性难以监控，而票券、存单等内生货币（inside money），则相对容易调控。两者对货币总量、价格水平与通胀预期的影响不同：外部货币的存在可能会造成财富效应，不见得会造成信用扩张与杠杆效应。但如果某个经济体内的外部货币不断变成内生货币时，只要该经济体内的正规金融体系允许部分准备制，或是其影子金融体系的流动性可以维持外部货币与内生货币的市面，信用扩张与系统性风险的概率将远大于零。

从传统金融体系观之，私营机构发行的数字货币，只要由法币，或央行认可的担保品或货币储备支持，则不论采取何种技术平台，都应算是内生货币，因此存在信用扩张的可能。

比特币、莱特币（Litecoin）与以太币的横空出世，类似人类发现新元素，或是像电影《黑豹》一样，天外飞来陨石中蕴藏超稀有金属，对经济体而言相当于外部货币，但缺乏政府背书，法律上或许尚未被承认，事实上已经创造财富效应，交易市场也达到政府须考虑税收的规模。可以想象，某种市场与政府愿意认可且稳定的内生货币，被一群可信赖的机构在区块链上创造出来，是迟早的事。Facebook 数字货币 Libra 正是企图通过认可联盟区块链的模式，创造这样一间私营的央行。

若 IMF 与 SDR 的存在是为了调节国际贸易与金融的不平衡，却受限于各种结构性因素而未尽全功，当今世界存在的各种失衡现象，是否也需要某种新的调节工具？Libra 又是否堪当重任？Libra 私营央行是否应该纳管？

国际清算银行已在 2019 年 6 月 23 日表示，全球监管机构可能需要“修改”规则，以便应对“关键数字平台”的新进入者即将带来的结构性变化。在此之前，法国央行表示不排除监管 Libra，英国央行行长马克·卡尼（Mark Carney）亦曾表示，未来将允许非银金融机构在央行开户存款，甚至还可能允许央行直接对其放款。这至少意味着，私营央行若获得某国政府特许牌照，利用分布式账本技术将既有货币总量当中的一部分“数字化”，则货币总量无增减，只是流通渠道与速度改变。这个形态的数字货币仍是经济体中流通的私部门负债，只是信用创造机制有区块链或其他分布式账本技术加持；若私营央行增发有无限法偿效力的新数字货币，等于外部货币总量增加，只要政府监管机制妥善，私营央行的商业模式其实大有可为——关键就在应用场景。

二、Libra 的未来在应用场景

一个可能的场景，就是让 Libra 基金会积极参与短期资金市场与银行间拆借市场管理其储备资产，成为可靠的流动性提供者。银行间拆借市场的一个重大发展，就是数万亿的金融衍生品所依靠的定价基准利率“伦敦银行同业隔夜拆款利率（LIBOR）”，即将退出历史舞台。由于LIBOR为无担保利率，在次贷危机之后又曾出现受大银行操纵的丑闻，美联储已经宣布，将逐步推广有美国公债担保的拆款利率“SOFR”成为未来的基准利率，在此推广过程中，需要通过真实交易建立起SOFR的中长期利率期限结构。Libra基金会若通过协助SOFR市场发展来建立其主要储备资产——美国公债，其实是在配合美国国策，有利于其与政府及央行沟通。

Libra白皮书中亦提到要向全球数以十亿计的“unbanked”用户提供普惠金融的愿景，这也是一个很好的范例。据知名独立调研机构Fundstrat推估，Facebook利用Libra推广新服务的平均每用户营收（ARPU）一年约为25美元，但全球银行业在相关业务上的ARPU高达800—1000美元，即使考虑到用户体验与场景的不同，30多倍的营收差距似乎仍显示银行业赚太多。但这还不是最值得投资人关切的失衡现象。

更值得关注的是，可资利用的大数据以及优质新创企业投资机会在全球范围的分布失衡，以及如何利用区块链技术创造全球公共品融资平台。

人们通过Facebook平台进行社交、阅听新闻与娱乐讯息，是消费，但也是获得心灵上满足的收入，用户产生的各种虚拟空间轨迹，给了Facebook赚取广告收入的场景与机会，也让Facebook在资本市场得到相对高的估值。但用户其实是Facebook向广告主贩卖的产品，也是用以提炼大数据进行深度学习的原料，用户通过Facebook得到的免费服务究竟价值几何，一直不透明。用户在Facebook流连忘返将会得到心灵满足，甚至还会上瘾。事实上，用户大数据的二手交易市场一直存在，但一般用户很难参与，也无法掌握定价权。Facebook通过投资自有平台或收购有威胁的新兴平台（如WhatsApp、Instagram）来获取用户，相关研发成本与收购现金是花掉了，但用户并未从参与Facebook中得到金钱利益，除非在Facebook上市后购买FB股票。当然，获利远低于在Facebook草创期就下注的新创投资人。

如果将 Facebook 视为一个准主权国等级的经济体，Libra 视为其“境内”货币，则 Facebook 最有竞争力的“出口”品项，就是其通过社群图谱与用户行为积累的海量数据。如果 Facebook 能将大数据的定价权还给用户，让 Facebook 生态系统内外的企业必须通过支付 Libra 方能合理使用数据来谋利——因为 Libra 需要以美元或其他法币购买方能释出流通——一种跨境数据贸易的新形态，就成为可能。

大数据是 21 世纪的“原油”，基于先进密码工程的区块链底层，是数码超空间中的“输油管”，那么 Libra 就有机会成为 21 世纪的数据“油元”。若再引入所谓的“通证经济”（token economics）——基于博弈论的多中心化网络中的诱因机制，让用户本身也是基础建设密不可分的关键组成，则 Facebook 生态系统中的用户不仅可以作为大数据生产者，还能成为协助深度学习算法优化的大数据验证者，这种“人机协同”的新形态，或许是人工智能发展的新契机。

三、为全球公共品融资提供可能

Facebook 若能与全球领先的投资机构协同打造一个面向全球的群众募资平台，让优质新创企业能够通过 Libra 降低融资成本，甚至让 Libra 成为替全球公共品（global public goods）融资的主要货币，这样不仅能为全球低利率环境中追求高回报的投资人创造新机会，还可能进而解决人类文明的问题。

完全可以想象，无国界医生通过 Facebook 募得为医治贫苦病童所需的经费，Libra 基金会出面支持一千种治疗癌症新药的融资专案，或是为缓解气候变迁打造碳排放交易的区块链金融市场，利用 Libra 为经济后进国的大型公共工程项目筹资（如建立 5G 电信基础建设），甚至为建设防御陨石撞击地球造成人类灭绝的早期预警及轨道防御机制这类科幻项目融资，都有机会实现。目前，Libra 创始节点中已经包括如 a16z[①] 这样的知名风投，显然 Facebook 有此考虑，

① 安德森·霍洛维茨基金（Andreessen Horowitz，简称 a16z）位于硅谷，是顶级风险投资机构，也是区块链和加密货币领域最活跃的投资机构之一。

循此思路推演，Facebook 或许应该邀请 IMF 加入 Libra 基金会成为创始节点，一同分享泛美元体系的“非比寻常的特权”。

正如美国哥伦比亚大学教授斯科特·巴雷特（Scott Barrett）在《合作的动力：为何提供全球公共产品》一书中指出的，某些重要的全球公共品的持续供给需要的不一定是融资，而是相互制约与协调。通常最强大的国家具有提供全球公共品的强烈动机，虽然这些强国的领导才能常常不足，但参与是必须的。当不存在国际制度帮助生产不同社会所需的全球公共品，并缺乏有效的超主权世界政府时，全球公共品的提供只能仰赖自愿。唯一可行的做法，就是在全球范围内促进有组织的志愿工作与国际合作。这正是互联网技术开源社群的价值与初衷。

区块链技术的高速发展得到互联网巨头的支持，以及 IMF 总裁克里斯蒂娜·拉加德（Christine Lagarde）曾经发表的对区块链与数字货币的正面讲话，再次证明了，这个愿景有机会在全球范围内实践。基于最先进密码技术的数字货币与分布式账簿，是人类通过金融体系组织社会调动资源的范式转移。如果人类无法有效进化出化解投机冲动的自我防御机制，或应考虑不只是让混业经营的金融机构分拆，不再大到不能倒，而是应该在既有金融体系以外组建一个平行的价值交换网络，让金融回归促进实业的本质。这正是 Facebook Libra 以及各种区块链项目有机会为互联网一代创造的积极效益。

作者简介

胡一天　源铂资本（Kyber Capital）的创办人暨执行长。

第二篇

Libra 和监管合规

Libra: Regulation and Compliance

Libra的阿喀琉斯之踵：跨境监管

胡捷　元道

摘　要

Libra项目在推进的路上，横亘着一个巨大的障碍：一个全球通用的货币，如何落地在众多经济主权独立的国家和地区。任何一个政府对其辖区内的任何一种货币，都将施行监管，因为这涉及金融消费者保护、金融系统风险、货币政策、政府税收，甚至国家安全等根本性问题。Libra要跨越这个障碍，远非易事。

元道是中国第一代互联网基础设施专家，见证了互联网给全社会带来的革命性影响。他相信区块链的意义远超互联网，不仅会提升传统金融业的效率、降低其运营成本、改善其服务体验，而且随着区块链的深入应用，一种全新的金融业态、商业生态，乃至文明形态会应运而生。

胡捷来自传统的金融业，曾以高级经济学家的身份，在美国联邦储备银行从事金融市场和货币政策的研究工作和实务工作，戏称自己是传统金融体系里正宗的“发币”专家。他也相信区块链将极大地改善传统金融业的运营效率，甚至改变金融业的部分运营模式。但对于区块链能否动摇金融业底层的一些核心基石，譬如国家货币主权、金融用户实名制、政府强制获取税收相关信息的特权等，他持开放但谨慎的观点。

对于Libra项目，二人都积极支持，但也持一定的保留态度。

他们认为，Libra项目在推进的路上，横亘着一个巨大的障碍：一个全球通用的货币，如何落地在众多主权独立的国家和地区。任何一个政府对其辖区内的任何一种货币，都将施行监管，因为这涉及金融消费者保护、金融系统风险、货币政策、政府税收，甚至国家安全等根本性问题。Libra 要跨越这个障碍，远非易事。

但对于出路何在，二人看法不尽相同。

元道认为，Libra 是基于传统金融理论设计的，无法彻底摆脱传统金融世界里老规矩的掣肘。即便白皮书提出的全球通用货币越过千难万阻得以实现，仍不过是传统金融框架内的全球通用货币，非常有意义，但想象力无法突破固有的天花板。基于中本聪论文的初心和比特币背后的技术、经济学逻辑和政治哲学思想，未来在 Libra 成功运营的基础上，进一步超越，打造一个全新的货币和相应的金融世界，是可以想象的。在这个新世界里，也许用户身份从基于生物属性认定转为基于社交属性认定，加密数字货币发行从政府主导转为政府引导，进而充分发挥民间智慧和互联网世界的力量（对比：Libra 锚定的是一篮子政府主导的法币），金融行业治理与监管从自上而下的中心化模式转为自下而上的社区治理模式（类似于著名的互联网任务工作组 IETF：Internet Engineering Task Force）等等。他猜测 Facebook 的扎克伯格（或者其他人）未来更上一层楼，在 Libra 项目之外，可能会再推出一个基于上述理念的新一代加密数字货币，其共识机制甚至连 Sophia 这样的机器人节点都可参与。

胡捷认为，Libra 落地各个主权国家或地区，固然有很多障碍和困难，但假以时日，不是没有可能。区块链技术提供了一种全新的算法型账本，为 Libra 实现其目标提供了一个相对平等、相对包容的平台，有助于减少推广中面临的监管阻力。未来的金融世界长什么样，或未可知，甚至与现在迥然不同。但基于传统金融体系来设计 Libra，不仅是合理的选择，更是现实的选择。可以想象，Libra 等项目，从已有的金融世界出发，先迈出一步，取得部分成功，再逐渐演进到未来世界，也是一条可能的路径。因此，如果 Libra 能够依照其路线图，全部或者部分达成全球通用货币的使命，将是人类货币史上一个了不起的成就。

二人对话的共识部分，形成如下文章，重点探讨 Libra 将会面临的监管落地难题。

一、阳光下无新事

犹太人说：“阳光下无新事。”这来自圣经旧约《传道书》：“岂有一件事人能指着说这是新的？哪知，在我们眼前的时代，早已有了。”

众人议论纷纷的Libra，在一个金融人眼里，并无货币逻辑的创新。这样直言不讳，似乎有点扫兴，旨在让大家回归冷静，透过舆论泡沫看穿支撑Libra的货币学原理。这些原理早已为金融人熟知，并应用于实践。

当然，这并不是说Libra没有值得一提的特点。其特点有二：（1）支撑其发行和流转的账本是新潮的算法型账本；（2）其主要发起者Facebook在全球拥有27亿用户，为Libra的应用推广提供了丰厚的土壤。

Libra的发行逻辑虽然没有跳出传统货币学的框架，但上述两个技术层面的特点，仍可能导致值得关注的市场结果。未来某一天，如果Libra真的在商品市场上（而不仅仅是在虚拟币交易所）占据了可观份额，货币史可能会赋予Libra里程碑的意义，因为它会是第一个由新潮的算法型账本支撑的成功货币。

当然，这种乐观的结果是否会发生，目前尚难预测。

本文首先阐述支撑Libra的传统货币原理，进而梳理其算法型账本的技术特点，最后结合Facebook的市场优势，探讨一些大家关心的问题，特别是跨境监管的问题。

二、Libra没有脱离传统货币发行逻辑

据其白皮书，Libra的使命是为全世界数十亿人提供：（1）一种全球通用的货币；（2）及其相应的金融基础设施。其核心是一种全球通用的货币。

支撑Libra发行的逻辑并无创新，仍在传统金融框架之中。我们先来梳理货币发行的传统逻辑。

一个经济体中，任何能够充当交换媒介的对象都可称为货币。一种货币的

发行有两种操作方式，一种称作基础发行，一种称作派生发行。前者发出的货币称作基础货币，后者称作派生货币。

基础货币的发行有两种方式：（1）无中生有；（2）锚定发行。

无中生有，是指基础货币的发行者在自己资产负债表的资产栏和负债栏上，依据自由意志凭空填写同一个数字，资产一侧称作基础货币，负债一侧称作永续无息债券。然后将基础货币注入经济体，注入的方式有两种：（1）购买资产；（2）借给他人。注入后，发行者资产栏由基础货币变成了购买得来的资产和放贷形成的债权。这种方案得以成功实施的基础之一是立法。如：美国的联邦储备法案（1913）和中国的人民银行法（1995）。这样的发行者通常称为中央银行。如何填写这个数字，受其维护物价稳定的使命约束，是专门的学问。而币值相对于商品的稳定，则支撑了经济体中机构和个体接纳这种货币的信心。法律与信心，两者共营此类货币的成功。

锚定发行看上去无须如此武断。这种方案的要点，是发行者将自己拥有的某种资产托管给具备公信力的第三方，然后基于托管凭证、按照约定比例为自己生成基础货币，即将自己资产负债表的某种资产依此机制转换成基础货币。以港币为例，三家拥有发币特权的商业银行（中国银行、汇丰银行、渣打银行）将自己持有的美元托管给财政司下属的金管局之外汇基金，然后基于托管凭证以 1 美元兑 7.80 港元的固定比例发行港币。规则约定，任何商业银行可以随时从外汇基金用港币按照同一汇率换回美元。

一种货币是否支持派生发行有两种约定的情形：（1）支持；（2）不支持。

支持派生货币的情形，经济体中有一类特许机构，通常称作商业银行，可以按照不完全储备的方式放贷。即，当商业银行持有一定数量 X 的基础货币时，它可以向他人放贷的上限是 αX，其中 α 是一个大于 1 的数字。以中国为例，α 通常在 4 附近。借款人将所得贷款存回商业银行形成存款，而存款就是一种交易媒介，其支付功能形同基础货币，故称为派生货币。规则约定，存款持有人可以将存款提现或者转走。因此当一个商业银行的所有存款人同时提现或转走时，银行需要提供数量最多可达 αX 的基础货币。然而它所持有的基础货币数量只有 X，这时就会形成不敷支应的状态，称为挤兑。这是不完全储备的方式放贷的结构性风险。

不支持派生货币的情形，派生货币不存在。当然也就不存在挤兑的风险（当不支持派生货币时，就不必区分基础货币与派生货币，笼统称货币即可）。

如前所述，货币的总量 = 基础货币 + 派生货币。二者可以简单相加，是因为不论基础货币或派生货币，它们在经济体中行使交换媒介的支付功能时，毫无二致。

世界上货币形形色色，有政府主导发行的，如美元、人民币、港币；有民间自主发行的，如饭票、购物卡、充值卡、比特币。任举其一，所用的发行方式不外乎是：基础货币两种发行方式与派生货币两种发行约定的交叉组合。

一般经济体发行的核心货币都支持派生货币，例如：

美元与人民币：（1）基础货币依央行主观意志无中生有；（2）支持派生货币。

港币：（1）基础货币由发钞行锚定美元发行；（2）支持派生货币。

而经济体中的一些补充型货币，通常是：（1）锚定特定资产发行；（2）不支持派生货币。举一个例子：支付宝余额。

支付宝余额：这个对象大家应该很熟悉，但作为货币看待，是从货币原理上确认的，非金融专业人一般不曾深究。这个货币全名不妨叫"支付宝余额"，发行者是任何个人或机构。发行的过程如下：发行者将数量为 Y 的人民币充值到持牌的第三方支付平台支付宝中，本质上是托管在那里，然后发行者会按 1 ∶ 1 的固定比例获得数量为 Y 的新货币，称作支付宝余额。它不支持派生货币，因为任何支付宝余额的借贷，都必须基于完全储备，即任何个人或实体在技术上无法借出超过自己实际拥有的支付宝余额。大家可以想到，微信钱包里的零钱，或者其他第三方支付服务系统里的充值余额，都是同一类型的货币。

至此，我们列举了三类不同发行方式的货币例子。那么有没有第四种类型呢？即：（1）基础货币无中生有；（2）不支持派生货币。在 20 个世纪三四十年代、21 世纪 2008 年金融危机后，发行这种货币的优劣势及可能性被反复地、认真地探讨（例如：《金融炼金术的终结》，2015年，作者为默文·金，英国经济学家，英国央行前行长），但现实中未曾落地推行。

2008年出现了一个僵硬的、基于区块链技术的发币系统，在某些特征上接近上述第四类型。这就是著名的比特币。

比特币：（1）基础货币无中生有；（2）不支持派生货币。需要说明一点，比特币系统的无中生有机制与传统中央银行的无中生有机制，有一个重要的差异。在比特币体系中，无中生有不是依据发行者的自由意志，而是依据某种独立于发行者意志的随机规则。发行者（也是拥有记账节点软件的人或机构，俗称矿工）的资产负债表的资产栏和负债栏，依据一定算法，会随机出现同一个数字，资产一侧称为比特币，负债一侧称为权益。这就是比特币无中生有的过程。比特币系统不支持派生货币，因为任何比特币的借贷，都必须基于完全储备，即任何个人或实体在技术上无法借出超过自己实际拥有的比特币。多说一句：如果大家对于比特币的期望是一个成功的货币，那么一定会失望，原因在于其发行量逐步递减，很难匹配经济体不断增加的交易需求。相对于商品，其币值会呈通缩趋势。事实上，比特币的价值不在于提供了一个成功的货币，而在于：（1）成为一个限量版的数字文物；（2）示范了一种新型账本，称作算法型账本。

以上是我们对于传统货币发行理论的阐述。在这个理论框架下，我们看看Libra的发行方式。

Libra：其发行特点与支付宝余额类似：（1）基础货币锚定一篮子法币（含存款和货币市场工具，都是法币统计指标M2的成分）；（2）不支持派生货币。具体发行过程：被授权的Libra转售商，将自有的、约定的一篮子法币通过天秤基金托管给授权的托管商，然后基于托管凭证在Libra账本系统中获得相应数量的Libra。转售商可以在交易所出售和购买Libra，出售和购买时的对手货币可以是世界主流货币之一，具体是哪种对手货币可能取决于具体是哪个交易所。

那么，Libra与支付宝余额就没有值得探讨的差别了吗？有的。最引人入胜的差别在于支撑 Libra 发行和流转的账本是全新的算法型账本，而不是传统的商誉型账本。

三、Libra 新潮的算法型账本

货币的发行与流转，操作层面所依赖的基础设施，就是账本。发行不过是账本中某个账户上多出了一个数字，流转不过是数字在账户间增减。

绝大部分传统货币，如美元、人民币、港币、支付宝余额等，其账本称为商誉型账本。其核心特征为：（1）记账在本质上可受人工干预，即受账本控制人的干预；（2）账本内容的真实性依赖于账本控制者的可信度，即一般意义上的商誉。

支撑 Libra 的账本，与支撑比特币的账本为同一类型，称为算法型账本。其核心特征为：（1）记账由多个平等节点上同样的计算机程序独立地、自动地完成，人工无法干预；（2）少量（譬如少于 1/3）记账节点的损坏不影响记账的真实性。

两类账本体系的比较如下：

（1）账本的真实：传统的商誉型账本的真实性，依赖于账本控制人的可信度，包括对于账本控制人的法律约束等；而新潮的算法型账本，其真实性依赖于确认每一笔交易的算法逻辑，这种逻辑已经内置于记账节点软件，其基础在于区块链数据结构、加密理论、概率论、博弈论等巧妙的组合应用。这就让账本的真实性摆脱了对于人的依赖。

（2）账本的集合：传统的商誉型账本实际上是由许多机构的独立子账本组合而成的体系，内含央行、商业银行、支付服务机构、其他金融机构以及清结算机构等各自的子账本。它们相互之间需要满足准确的勾稽关系，通常逻辑上呈金字塔结构。其维护有赖于复杂的管理、精密的协作和严谨的督查。而新潮的算法型账本，通常只包含一个单一的子账本，即所有的利益攸关方共享一个账本。这就省去了子账本之间勾稽关系带来的麻烦。

（3）账本的维护： 传统的商誉型账本中每一个子账本，都需要有一个机构（或个人）来控制和维护，这就构成了一个庞大的记账机构群。由于子账本之间的勾稽关系，各机构之间的责任、权力不尽相同。以人民币为例，央行以无中生有的方式发行基础货币，商业银行基于基础货币以不完全储备方式发行派生货币，因而央行的子账本处于勾稽关系金字塔的顶端，这使得央行在逻辑上拥有对体系内所有子账本的正确性、合规性予以督查、认可或否定的终极权力。然而新潮的算法型账本，所有的记账节点的逻辑地位完全平等，它们各自独立地对每一笔交易进行验证和记录，各自拥有同一套完整的账本。纯粹从技术上看，每一个记账节点可以随时地、自由地加入或离开记账节点群体，而不会对账本的真实性和完整性造成损害。这导致了新潮的算法型账本在管理方面的去中心化。

（4）账本的开户： 在传统的商誉型账本体系中，用户开户只能选择面向一个具体的子账本，因而受制于是否有一个子账本的维护者愿意为他提供这样的服务。在新潮的算法型账本体系中，用户开户一步到位，直接面向全局唯一的大账本。且从操作层面上看，面向算法型账本的开户仅仅是一个下载、安装钱包软件、设置连接参数的过程，无须取得任何一个账本控制人的认可。这就大大降低了开户的门槛。

综上所述，相对于传统的商誉型账本，新潮的算法型账本的特点可以归纳为：账本归一化、真实性算法化、记账节点去中心化、开户自主化。

可见，尽管支付宝余额和 Libra 在货币发行逻辑上如同孪生兄弟，但各自的账本体系天差地别。因此 Libra 的应用特点值得探讨。

特别地，由于 Libra 的发起者和主导者 Facebook 拥有 27 亿海量用户，且其用户横跨国界、遍布全球，Libra 的应用特点可能会被戏剧性地放大和突显。

接下来，我们通过回答一系列问题来展开探讨。

四、Libra 的全球化使命与优势

Libra 与支付宝余额虽然在货币发行模式上同属一类，但二者诞生的时代、定位的使命、应用的场景，都不尽相同，这导致了它们在细节上的差异。将二者对照起来点评，便于读者理解 Libra 的新特点，并无贬低支付宝的意思。

简单地说，它们二者的主要差异，是由应用导向决定的：Libra 面向全球用户，支付宝余额面向中国用户。

海量客户全球化：支付宝余额的用户数有 10 亿，而 Libra 大可借力 Facebook 已有的 27 亿用户。将来 Libra 在用户转换方面的效率，主要取决于其应用场景是否吸引人。考虑到 Facebook 本身付费应用的丰富性，业界对此多持正面的期许。Libra 的用户有一个特点，就是全球化。Facebook 在美国的用户不到 2 亿，仅占其全球用户的 7%。而支付宝余额的用户，应该绝大部分都是中国人或者在中国境内银行开户的人。

Libra 自由兑换：按照白皮书的构思，Libra 将进入世界各地的交易所，实现与其他货币的自由兑换。这有助于其渗透到全球各地的用户群。由于支付宝余额不能自由兑换其他货币（其锚定的人民币也不能），一个欧元区的居民不能向支付宝充入欧元，获取支付宝余额。这对于支付宝余额的国际化是非常本质的障碍。

货币治理去中心化：Libra 的账本由 100 个平等的记账节点共同维护（理论上，节点数可以随时增减，其白皮书甚至提到了五年后将节点完全开放的可能性）。对于记账节点的资质要求是公开的，全世界任何机构都可以申请。其治理委员会由这 100 个节点一人一票构成，Facebook 也只是其中之一。这就让 Libra 呈现了面向全球的开放性和包容性。支付宝余额是一个私人公司控制发行的货币，而 Libra 更像是一个全球化的共同体发行的货币。这个特点也反映在 Libra 这个名字当中：公平。

锚定的资产国际化：Libra 推出前，大家对于其锚定的资产到底是美元还

是一篮子法币，有过很多猜测。它最终选择一篮子法币，我们认为有助于实现“提供一个全球通用货币”的目标。反之，如果Libra锚定的是美元（或者任何单一货币），都会使其成为所锚定货币的影子货币，对于其落地全球可能会有不利影响。相比之下，支付宝余额锚定的是单一的人民币，它的角色将被锁定为人民币的马甲。

（一）Libra能实现其全球通用的使命吗？

有一定优势，但挑战也很大。

优势主要在于用户的基础。如前所述，如果在Facebook的27亿App终端内置Libra钱包，其开户推广速度应该非常惊人。同时，算法型账本的开户是自主的。操作上讲，任何一个人下载一个Libra的钱包软件、安装、自主设置好与任何一个或多个记账节点的连接参数，即算成功开户，即具备了接收、持有、支付Libra的能力。

但是，挑战来自Libra落地一个经济体时，如何取得该经济体监管当局的认可。使用任何一种货币的用户，身份上和物理上都属于一个国家或独立行政区。其能否、如何使用一种货币，将不可避免地受制于当地的法律和监管规定。

（二）Libra如何影响一个经济体的金融监管？

对于监管者，仅当开户者和货币的运营方满足了进一步的要求，才算完成了监管意义上的开户。这些要求包括：

（1）KYC：Know Your Customer（了解你的客户）。

（2）AML：Anti-Money Laundering（反洗钱）。

（3）CFT：Combating the Financing of Terrorism（对抗恐袭相关金融活动）。

（4）货币的流转细节必须接受税务当局认为必要的稽查，以保障经济体的税收。

除此之外，很多国家可能还有额外的管制规定，包括：

是否允许跨境支付，即支付和接收Libra的用户各自拥有什么身份、是否分处在边境的两侧等，这涉及资金出入境、交易关税等问题；

境内居民（本地身份或者外来身份），可以用何种货币在交易所买卖 Libra，这涉及外汇管制的问题。

针对以上要求，Libra 协会需要与相关监管当局协商，并落地实现。但这并不是一件容易的事。如果当局出于任何原因，不让 Libra 落地，简单的技术手段（如阻断对记账节点的访问请求）即可助其达成目的，且不说还可动用法律的威慑。

最后，就是如果一个经济体允许 Libra 落地，当局还需要考虑对其货币政策的影响。

（三）Libra 如何影响一个经济体的货币政策?

（1）由于 Libra 是锚定发行，我们先看看被锚定的法币受到什么影响。

为了便于讨论，假定 100 个 Libra 锚定 40 美元 +30 欧元 +10 英镑 +10 日元 +10 元人民币。每发行 100 个 Libra，就有 40 美元进入 Libra 的储备基金，不再进入流通领域。那么，对于美联储而言，考察美元发行量对于其经济体中交易的影响时，就需要假定被锚定的美元“消失”了。

上面说的是硬币的正面，硬币的反面是：美元经济体中的相当一部分交易，将会以 Libra 作为交换媒介，也就是说，经济体中交易活动对于美元的需求也会降低。

综上两点，发行多少美元才能匹配经济体的需求，就需要重新考量了。

上面说的是实际影响。对于货币统计而言，进入储备基金的 40 美元（存款或者货币市场工具），仍然被 M2 涵盖，故统计上美元的 M2 不会因为 Libra 的发行而减少。

（2）再看看允许 Libra 落地的经济体受到什么影响?

这里并不需要假设这个经济体自己的法币进入了 Libra 锚定的一篮子法币。

允许 Libra 落地一个经济体，就相当于允许两种货币竞争，一个是原本已有的法币，另一个是 Libra。二者此消彼长，对原来的法币需求量肯定要减少。

在极端情况下，可以想象该经济体完全由 Libra 主导，即“天秤币化”。

（3）由上面两点论述可知，考虑 Libra 如何影响一个经济体的货币政策时，需要看两点：一、其法币是否进入了 Libra 的一篮子货币；二、该经济体是否允许 Libra 落地，其所占交易量有多大。

（四）Libra 可以提升跨境清结算效率吗？

如果一个货币在跨境汇款有便捷和低成本的优势，当然也会助力其为全球用户接受。

（1）由于 Libra 使用新潮的算法型账本，只含单一账本，免去了子账本之间勾稽关系的管理，清结算效率应该能够大幅提高。这一点在跨境汇款方面尤为明显。

（2）当然，多个记账节点共同维护单一账本时，对每一笔交易达成记账共识也需要耗费额外的资源和时间。当全世界所有的交易全部无差别涌向单一账本时，该账本能够吞吐的交易量可能成为效率的瓶颈。由于 Libra 只有 100 个记账节点，通过节点上的硬件增强和算法改善，让处理效率跟上实际交易需求，未来应该不是太大的障碍。

五、附录：一些坊间常见的问题

以下讨论一些坊间常见问题，我们遇到后记录下来，汇集于此。

Q：Libra 的发行体系中，有人获得铸币税吗？

如果货币发行者通过发行货币，获得了超过其所付成本的价值，则超出部分称作铸币税。纵览前述货币发行逻辑，仅当可以无中生有发行基础货币时，基础货币的发行者才有可能获得超出其铸币成本的资产，也就是铸币税。

Libra 是锚定发行，发行者必须放弃一篮子货币，才可获得预定数量的 Libra。在这种情形下，没有人获得铸币税。

同理，中国银行、汇丰银行、渣打银行等发行港币也没有铸币税。

有人更加宽泛地定义铸币税，即不仅包含铸币换来的资产，而且包含这项资产后续产生的收益。如此，则基础货币换来的资产产生的利息、派生货币产生的存贷利差等都属铸币税。在此定义下，Libra 的储备基金获得的利息收入可算为铸币税。但我不倾向于使用这个定义，因为资产的获得与其后续经营所得分开比较清晰。

Q：Libra 相对于美元会有汇率波动吗?

锚定某种单一法币发行的货币，如果没有派生货币，相对于所锚定的法币，其汇率不会波动。

Libra 锚定的资产是一篮子法币，而不是某种单一货币，故其相对于某种单一货币的汇率仍可能浮动。

再看港币，它锚定了美元这个单一货币，但由于其允许派生货币，故其相对于美元的汇率也是浮动的。只是由于香港金管局的精心管理，汇率波动不大;由此称为联系汇率。

Q：Libra 担心被挤兑吗?

不担心。Libra 锚定的是一篮子法币，含法币的存款和货币市场工具（都是法币 M2 的组成部分）。这一篮子法币将会由高信誉度的托管商管理，不再转换成其他资产。因此，当有人要求用 Libra 换回约定的一篮子法币时，没有任何风险。

Q：Libra 协会能否成功治理?

待观察。金融业的多边国际组织有先例，如 BIS，SWIFT，VISA，MASTER 等，其运作、治理模式可以借鉴。

Q：传统商业银行的业务会被取代吗?

传统商业银行的业务为存、贷、付。

可以想见，如果法币被 Libra 体系吸走、托管，其存、贷、付业务都会受到影响。其中，Libra 的支付业务将与传统商业银行直接竞争。

至于吸走多少，取决于未来 Libra 的发展。

Q：Libra 会碾压支付宝、微信钱包吗?

如果中国允许 Libra 落地中国，其业务当然会与支付宝余额、微信钱包直接竞争。

但我们很难想象这个“如果”短期内变成现实。

目前，Libra 对于主权货币的冲击尚未得到准确评估，很多国家对于让 Libra 落地都会持谨慎态度。

Q：Libra 会不会衍生更多金融服务？

可以想象，譬如直接贷款，特别是跨境贷款。

Q：Libra 会让金融服务更加普惠吗？

一个人有账户，是享受金融服务的第一步。撇开监管的因素不谈，Libra 的开户在操作上更容易。

另外，Libra 转账付款费用更低，特别是跨境支付时。据麦肯锡《2016 全球支付》报告，当前一个美国银行通过代理行跨境支付美元的成本为 25—35 美元一笔。可以想见 Libra 的跨境支付可以将成本降低 1—2 个数量级以上。

Q：Libra 如果用于国际汇款，那么需要在目标国（比如印度）的银行放多少印度卢比？

Libra 协会不必操心此事，因为这可由生态中的交易所解决。

Libra 的白皮书所构思的生态如下：

1. 100 个记账节点；其控制人一节点一票组成百人管理委员会。

2. 一个储备基金，由百人管理委员会管理。

3. 均衡分布于全球的资产托管商，接受储备基金托管的资产。

4. 支持 Libra 交易的交易所。

5. 众多的授权转售商：他们交给储备基金一篮子法币资产，换取 Libra，然后在交易所中出售。他们也有权利随时将 Libra 出售给储备基金。

6. Libra 的普通用户。

Q：如果 Facebook 建立自己的商业生态，假设 Libra 是 100 亿美元锚定，那么在 Facebook 商业闭环中，货币的流通速度是如何预估？会比线下经济的货币流速增加很多吗？

（1）货币是交换媒介。一种货币的流通速度，主要取决于它所涉及的商业活动（以钱换物）、金融活动（以钱换钱）的频次。货币转账的操作效率对货币流通的速度有影响，但不是根本性的。

（2）对于 Libra 流通速度的估算，逻辑上与传统货币一样，即需要依据底层的商业交易、金融交易特征而定。在此基础上再考虑 Libra 转账效率产生的修正。如果脱离其未来的应用场景去预估其周转速度，逻辑上就跳跃了。

（3）可以想见，Libra 的操作便捷性（相对于银行账户）、很高的人口渗透度、跨国交易的便利性等，有助于提升其周转速度。

Q：Libra 对于强化美元地位是否有正面意义？如果有，是通过哪些路径？

1. 所谓货币地位强弱，指的是其被经济实体的参与者（自然人和机构）接受的程度。具体来说，一个是在流通中的占比，即以其作为交易媒介的交易量；一个是在储备中的占比，即多少货币被自然人、机构作为存款保留。决定一个货币地位强弱的因素：首先是其价值的稳定，即能够兑换为实物或服务的稳定性；其次是其接受的范围；再次是其使用的便捷。

2. 如果 Libra 是 1 ∶ 1 锚定美元，那么它算是美元的另一种表达。这种表达可以改善上面三个因素的后面两个，对于强化美元的地位是有正面意义的。

但事实是，Libra 并非 1 ∶ 1 锚定美元，因而它对于美元地位的影响，仍有待观察。

作者简介

胡捷　现任上海高级金融学院实践教授，曾任美联储高级经济学家。

元道　BitTribe Lab（香港）的首席布道师，中关村区块链产业联盟理事长。

Libra 稳定币的监管与合规问题研究

杨锦炎

摘 要

Libra 稳定币的出现，使得研究中心化的非主权货币如何合规地落地到不同主权国家与地区的问题变得迫切。Libra 采用链外资产抵押的发币模式与法币的锚定发行制度相契合。基于 Libra 的技术特点而构建起来的区块链金融生态会给金融监管秩序带来挑战。区块链金融的竞争不仅是市场竞争更是制度竞争，推出有利于行业发展的政策是区块链金融监管的当务之急。

2019 年 6 月 18 日，Facebook 发布了 Libra 稳定币项目的白皮书，引发全球广泛关注和讨论。其中，其监管与合规问题也是人们关注的一个焦点，甚至有观点认为 Libra 可能因为监管的原因而搁浅。

一、问题的提出

Libra 的出现，给业界提出了一个值得研究的课题——一个中心化的非主权货币如何合规地落地到不同主权国家和地区去？无论 Libra 成功与否，这都是横亘在虚拟货币发展道路上必须解决的问题。Facebook 拥有全球 27 亿用户，其推出的 Libra 项目应当是目前全球规模最大的稳定币项目，必然会引起各国监管机构的密切关注。Libra 白皮书一经发出，就有美国、瑞士、法国、英国、俄罗斯等多个国家的央行公开发表了关切。这些表态里，既有支持或宽容的，也有谨慎或担忧的，折射出不同国家或地区监管层对 Libra 不同的态度，也反映出 Libra 在全球监管与合规事务上面临的复杂局面。Libra 白皮书也高度重视项目的监管与合规问题，它说：“一些项目还试图破坏现有体系并绕过监管，而不是在合规和监管方面进行创新，以提高反洗钱举措的效力。我们相信，携手金融部门（包括各个行业的监管机构和专家）进行合作和创新，是确保为这一新体系建立可持续、安全和可信的支撑框架的唯一途径。”Libra 作为虚拟货币领域的一个新生代表，其对全球监管与合规问题的探索与解决，对虚拟货币行业乃至整个区块链行业的发展来说都有重大借鉴意义。

监管与合规道路上的探索者，Libra 显然不是第一个。比特币作为第一个虚拟货币，早就面临监管与合规问题。但因为它的去中心化与社区推动的特征，十年来并未遭遇太大的监管障碍，虽然在有些国家比特币尚未被合法化，但大部分国家与地区并未禁止持有和买卖比特币。也就是说，一个去中心化虚拟货币的全球合规落地问题基本已经解决，但中心化非主权货币的全球合规问题才刚刚开始。

目前，流通量最大的中心化非主权稳定币是 USDT，但其发展的五年来并未面临较强的监管。一方面，是因为 USDT 自发行以来就带有“野蛮生长”的意味，未在合规层面作太多努力；另一方面，可能也与其自身体量较小尚未引起监管关注有关。前不久，美国纽约州检察机关对 USDT 提出了监管行动。这也反映出 USDT 同样面临怎么合规地在各个主权国家和地区落地的问题。但 USDT 显然没有 Libra 那么具有代表性。Libra 不但影响大，而且项目方也高度重视监管与合规问题，因此通过 Libra 项目探讨与研究虚拟货币的全球合规落地问题具有代表意义和理论价值。

将这个问题换一个角度表述，就是全球各监管机构如何有效监管中心化非主权货币以使得既控制其风险又保护创新？这就需要回答为什么 Libra 是个中心化的非主权货币？它与传统货币、支付宝余额等有什么区别？它的发行与流通在底层金融逻辑与技术逻辑上有何特点？它的发行方式与流通方式会有哪些新特征？这些新特征对传统金融监管秩序会带来哪些挑战？这些新特征是会被传统金融秩序所兼容，还是会引发新的金融监管秩序？本文就试着回答上述问题。

二、Libra 的发币逻辑与发行监管

Libra 白皮书第一句就开宗明义："Libra 的使命是建立一套简单的、无国界的货币……"十年前比特币的白皮书也曾有过如此雄心，明确要打造一个点对点的现金支付系统。但比特币价格的剧烈波动及其转账速度等问题，限制了其在支付领域作用的发挥。与比特币不同，Libra 是个稳定币。为了保证币值的稳定和真实价值支撑，Libra 在发行方式上采用了"抵押发行"，即每发行一个 Libra 代币都会在相关托管机构里存入与该代币等值的资产作为价值支撑。Libra 白皮书上很明确，这些被锚定的资产不会是黄金，"但它将采用一系列低波动性资产（比如，由稳定且信誉良好的中央银行提供的现金和政府证券）进行抵押"。

我们知道，当前稳定币的发行有三种主要模式：链上数字资产抵押模式、链外资产抵押模式、算法央行模式。链上数字资产抵押模式的典型代表是 MakerDAO 的稳定币 DAI。"DAI 的生成方式是用户将自己的一些链上资产放进智能合约里面，然后锁起来。用户可以根据数字货币的价值去生成一部分的稳定币，以 1 美元的成本去生成 1 个 DAI。""当以太坊与 DAI 的比例跌到 150% 的时候，系统会启动一种自动清算。因为以太坊无须准入，任何人都可以帮助他清算这样的一个债务，你通过还掉他人的 100 个 DAI，就可以买到价值 103 美元的 ETH。通过帮他人偿还债务，清除掉有风险的仓位。"通过这种方式激励市场所有的参与者，他们可以在清算当中获得无风险的套利，同时也保障了系统的可偿付性与 DAI 的稳定性，这是一种非常精妙的设计。算法央行则是"通过算法自动调节市场上代币的供求关系，进而将代币的价格稳定在和法币的固定比例上"。这种模式目前还不是很成功，在此不赘述。

Libra 是链外资产抵押模式的稳定币。这种稳定币通常是发币机构用法币或者黄金等资产存入到一个第三方机构作为抵押，再对外发行与该真实资产相对应的稳定币。因为这些抵押的资产不是原生于区块链上，链上账本与链外资产是分离的。链上账本自身并不能证明支撑其代币的链外资产是否真实存在。这就需要发行主体、托管机构的信用及抵押资产的真实性为代币的价值作支撑。链上代币与链外资产的锚定关系不得不借助区块链之外的一整套金融担保与法律制度来保障。

Libra 的“抵押发行”与传统货币中的“锚定发行”是一致的。例如，港币的发行就是这样一种逻辑。有港币发行权的三个商业银行（中国银行、汇丰银行、渣打银行）把手中的美元存入香港金管局而获得托管凭证，然后根据托管凭证按照 1 ∶ 7.80 的比例对外发行港币。Libra 并不是第一种采用锚定发行模式的稳定币。这一谱系里的先行者是 USDT，这一稳定币由 Tether 公司发行于 2014 年，目前占有 70% 以上的稳定币市场份额。USDT 的弊端在于它未获得任何监管机构的许可，而且其抵押资产的情况并不公开透明，有虚发的信用风险。2017—2018 年美国监管机构批准了 USDC、GUSD 等四个稳定币，开启了受监管的稳定币发行时代。

若对稳定币作泛化解释，中国的支付宝虽在法律上被界定为支付工具，但某种意义上也是一种稳定币。用户将 1000 元人民币从银行卡存入支付宝，支付宝的中心化账本给用户的支付宝账户上显示为 1000 元。这 1000 元的支付宝余额是以用户存入的 1000 元法币作为担保的。支付宝通过其自身信用以及法币抵押模式保证了支付宝余额稳定地与人民币保持 1 ∶ 1 的关系。支付宝余额与 Libra 的区别不在于发币机制，而在于是否采用了新型算法技术（下文有述）。

从白皮书的表述看，Libra 无疑是致力于发行受监管的、合规的稳定币的，这跟 USDT 不受监管的发行截然不同。链外资产抵押模式的稳定币，最大的特点就是强监管。或者说它的发行环节高度依赖监管，因为原子世界的链外资产与比特世界的链上账本极可能不是一一对应的，账本无法“锚定”资产，就会导致代币的信用问题。为了保障账本与资产的锚定，就必须依赖链外的一套信用安排以及具有强制执行力的法律制度予以保障。这包括发币机构的资质、资产实力、所抵押资产价值的评估、资产托管机构的资质与信用、资产的审计等法律制度。最近美国纽约州检察院对 USDT 提出监管，其核心就是质疑 Tether 公司资产抵押情况不公开可能存在虚发代币等问题。Libra 采用资产抵押模式发行稳定币，跟传统金融监管制度的契合度是较高的，有利于在代币发行环节获得更为畅通的合规安排。

稳定币的发行环节，监管主要关注的是市场准入和资产真实性问题。美国纽约州的稳定币发行政策较为明确，以该州已发行的 PAX 稳定币为例，发行方需要持有该州的特许信托拍照，并且应当提供资产抵押的审计证明。在新加坡，《首次代币发行指南》将稳定币界定为债券，发行方应当获得资本市场牌照。瑞士也存在较为明确的稳定币政策。Libra 项目选择在瑞士设立协会发行稳定币，应该是看好该国较为宽松的虚拟货币政策。白皮书宣布后，瑞士政府也表明了对 Libra 欢迎的态度，即使瑞士或其他国家对稳定币发行持不欢迎态度，Libra 仍然可以选择政策更明确、更友好的国家将稳定币发行，然后再将稳定币流通到不同国家。因此，不应过于夸大 Libra 顺利发行的法律障碍。

Libra 在发行模式上似乎是十分传统的，但也并非没有半点创新。Libra 的发币主体是 Libra 协会，但协会采取了会员决策制，做到了相对分权。同时，它的储备资产是分散的，采取了分布式资产抵押的模式，确保了储备资产的安全性。这应该说是 Libra 首创的模式。它的白皮书描述道："Libra 储备中的资产将由分布在全球各地且具有投资级信用评价的托管机构持有，以确保资产的安全性和分散性。"白皮书还说："Libra 协会还是一个负责管理 Libra 储备的实体，因此掌控着 Libra 经济的稳定和成长。只有 Libra 协会能够制造（mint）和销毁（burn）Libra。只有当授权经销商投入法定资产从协会买入 Libra 币以完全支持新币时，Libra 币才会被制造。只有当授权经销商向协会卖出 Libra 币以换取抵押资产时，Libra 币才会被销毁。由于授权经销商始终能够将 Libra 币以等于篮子价值的价格卖给储备，因此Libra储备承担着‘最后的买家’的角色。Libra协会的这些活动受储备管理政策的监管和约束，该政策只能在绝对多数协会成员同意的情况下进行更改。”这在治理架构上出现了分权。Libra协会的会员是规则制定者，相当于立法机构，负责Libra治理规则的制定与修改。Libra协会则是规则的执行者，具体执行Libra的铸币、出售、回购与销毁，并负责储备资产的分散托管与维护。

可以看出，Libra的发币逻辑是中心化的，与比特币不同。这也是说Libra是一个中心化非主权货币的原因。比特币的发币逻辑是完全去中心化的，POW算法的随机性使得去中心化得到保障。比特币的铸币是通过“矿工”的挖矿完成的。单位时间内全网的哪些“矿工”可以挖出比特币，完全是靠POW算法随机分配的。也就是说，下一个比特币是由谁生产出来的，根本是无法预测的。而矿工参与系统的机会是开放的，任何一个人只要拥有设备就可以参与比特币挖矿，成为“矿工”，成为比特币的生产者。因此，比特币的铸币过程是难以监管的。任何监管机构都难以监管和规范一个高度不确定的主体。但Libra的发币模式是中心化的。发币机构、资产托管机构、协会会员高度确定，可以落实监管责任。有人反驳说，Libra的会员有一百多个，这是一个去中心的体系。如果这种观点成立，有上百位股东的任何一家公司都应该是去中心化的体系。显然这是荒谬的。Libra协会、会员以及特许经销商是发币环节十分重要的主体，各国监管政策在发币环节的事务将会围绕这三个主体提出各类监管要求。

但是，这一治理架构有足够大的弹性。随着实践的逐渐成熟，Libra协会的角色甚至可以退隐到只输出治理规则、维护治理规则，而把铸币权都让渡出来。当前，Libra的做法是特许经销商将Libra的对价支付给协会之后，协会制造Libra并交付给经销商，协会再将储备资产交给托管机构保管。这里有储备资产的所有权从经销商转移到协会的过程。将来如果托管机制和运作机制足够成熟，完全可以演变为更加分布式的模式。经销商的资产只要交付给托管机构，就可以向Libra协会申请Libra新币，协会通过严格审核经销商资质、资产真实性、托管机制、反洗钱等系列条件，就可以向经销商发放Libra。当经销商申请交回 Libra 时，协会收回 Libra 并无条件指令托管机构解锁托管的资产。这个过程中经销商所抵押资产的所有权并不转移给协会，而只是交给托管机构就可以完成。Libra 协会不是抵押资产的所有人，而只是资产真实性的监管人而已。经销商其实就不再是经销商，他成了依据 Libra 治理规则和技术平台发行资产对应数量 Libra 币的发币机构。愿意接受这套治理规则并真实抵押资产的任何机构，都可以到 Libra 平台上依规则发行相应数量的 Libra 稳定币。当这种机制成熟时，Libra 发币方的数量将会迅速增加，Libra 的规模也会得到极大扩张。Libra 协会及其技术平台就彻底退居为新金融世界中的底层基础设施。它实际上是向世界输出了一套标准化的资产锚定、资产上链并转变为稳定币的机制和平台。

三、Libra 的技术逻辑与监管挑战

与其发币逻辑上的传统性不同，Libra 的技术逻辑是新颖的。它建立在区块链技术之上，是一种算法型账本，区别于传统的银行卡，也区别于支付宝等中心化记账系统。当前的货币要么是现金，要么是账本。无论是银行卡、支付宝还是食堂的饭卡，其背后都是账本。增发一个货币，就是在账本上增加一个数字；转移一个货币就是在账本上从一个账户减少一个数字再给另一个账户增加一个数字。不同的是，银行卡、支付宝的账本是中心化的账本，而区块链上的算法账本是分布式的。中心化账本有中心化的管理员，管理员可以通过后台程序管理和修改账本。账本自身并不能证明其真实性，而需要依赖管理员的信用。如果管理员不讲诚信，他就可以在账本上虚增价值，所以中心化账本本质上是信誉型账本，极大地依赖账本提供机构的信用。而区块链的算法账本是分布式的，全网只有一个账本，通过全网的计算机节点记账，没有管理员、没有后门、不可篡改、透明可查询。账本自身就可以证明真实性，不需要任何中心化机构的信用予以背书。

更为重要的一点是，分布式的记账节点由全网的各种计算机构成，使得代

币可以脱离中心化系统而存在和流通。中心化系统的代币则无法做到这一点。腾讯的 Q 币只能在 QQ 系统的账户中相互转账，你并不能把 Q 币提到你手机的数字钱包里来，也不能将 Q 币脱离 QQ 系统而独立流通，因为 Q 币依存于 QQ 的中心化系统。但你可以把比特币提到你手机的数字钱包里，因为它背后的账本是分布式的，全网只要还剩下一台计算机，这个账本就可以存在，这个币就依然不会灭失。因此，Libra 稳定币一旦被发行出来，就可以在区块链上流通，不需借助任何中心化系统。Facebook 可以在其 App 系统里使用 Libra 支付，用户也可以把 Libra 从 Facebook 系统里提出来，放到自己独立的数字钱包里，或者转到别的虚拟货币交易所去。

这一特征的法律意义不容忽略。用户获得的是 Libra 完全意义上的所有权。而用户对银行卡、支付宝等中心化账本上的钱款只拥有名义上的所有权。用户将现金存放在银行，银行将该现金的数额记在用户的账户上，这本质上是一个合同关系。用户将现金存入银行，换得了银行的一个承诺，当用户发出取款或用款请求时银行无条件付款或转款，这是个债权债务关系。用户银行卡上的数额，是用户对银行要求履行债务的请求权份额。银行与客户之间的账本、银行与银行之间的账本，本质上就是一堆合同，一揽子的债权债务关系。用户持有现金与持有银行卡在所有权意义上是不一样的。用户对现金拥有完全意义上的所有权，他对现金这个实物是实际占有的，并且可以自由地使用、获益和处分。用户可以用现金购物，也可以将现金借给他人收取利息，甚至还可以将现金丢弃。但用户持有银行卡则不一样，用户并不实际占有银行卡余额所代表的钱款，该钱款存放在银行里，用户对银行卡余额的使用、转移，都需要银行的中心化账本予以配合。区块链分布式账本上的代币则不同，账本记账的数额外化为代币，代币本身就代表着资产。用户一旦获得代币，就可以自由处分。除了用户本人之外，没有任何第三方有权占有、使用或处分这些代币，这种持有、使用、处分也不需要任何第三方协助。用户对代币拥有完全意义上的所有权。这就跟持有和使用现金一样。从这个意义上说，Libra 就是新型的现金。围绕着这样一种新型现金，将会衍生出全新的金融生态。代币的托管、代币的资产管理、代币借贷、代币的投融资将会衍生出数字货币世界的托管公司、资产管理公司、虚拟银行和投融资机构。这些机构通过网站、App 和 DApp 就可以在全球范围内开展业务。Libra 这类稳定币及其依存的区块链系统就会下沉为新金融的基础设施。由此构建起来的新金融生态存在于传统金融产业链之外，围绕传统银行、证券公司等金融机构和金融行为构建起来的传统金融制度将会面临新金融业态的挑战。

分布式账本的另外一个特点是可编程性。代币的产生、账户的开设、资金的流通都是通过可编程的代码完成的。也正是如此，这种账本的可扩展性也很强，如果有必要，它完全可以兼容其他虚拟资产，将数字资产抵押模式的稳定币、算法央行模式的稳定币都吸纳为 Libra 的底层资产。另外，基于它的可编程性，相关监管规则也可以被转化成系统中的代码得以执行，从而实现监管上链。例如，将 KYC、反洗钱等监管规则转化为系统内的代码，从而形成区块链上的 KYC 与反洗钱规则。可编程性是监管机构进行监管可以凭借的重要手段。

分布式账本使得 Libra 这类稳定币可以去中心化地成为独立的“虚拟物”，既不依赖银行系统也不依赖任何一个 App 而独立存在。这使得 Libra 可以跨平台、跨国境流通。Libra 借助 Facebook 的 App 可以触达 27 亿用户。而即使要求 Facebook 关闭其 App 上的 Libra 支付功能，或者直接屏蔽 Facebook，Libra 仍然可以通过其他数字钱包、App 或者交易系统在全球流通。因此，任何一个国家，想要在流通领域阻止 Libra 在该国境内使用都是难以办到的，即使办到，其成本也是巨大的。当一国用户持有 Libra 的比例足够大时，可能会影响该国的货币政策及金融稳定。

分布式账本并不存在任何中心化的管理员，因而没有中心化管理员代为履行部分监管职责的情况。传统金融监管模式中通过监管银行、证券公司等金融机构，就可以基本干预金融秩序的做法，在区块链新金融领域基本上行不通。在区块链新金融里，需要将这一领域中底层技术提供方、创造应用场景的 App 经营者、负责代币存储及流转的数字钱包、虚拟代币交易所等主体均纳入监管范围，才能建立新的监管秩序。在大多数国家，这些主体原本并不是在金融监管的范围之内，因此可能需要有新的立法或者将原有立法做扩大解释。

Libra这类稳定币的另一个特点是给消费者赋权。消费者获得代币完全意义上的所有权，这与持有银行卡余额需受制于银行的情形大不一样。消费者的权利得到了扩张。而Libra只需用户在手机上下载一个软件即可低门槛开户、零成本接入，提高了用户对金融服务的可获得性。而资金转账的安全与快捷以及无国界，大大打破了时间、空间与安全的屏障，方便了资金的流动，提高了用户的使用效率。消费者的权利得到扩张的同时，行使权利的成本也大大降低。这提升了用户的体验，增加了用户的福祉，为社会创造了价值。在更好地服务用户、更多地创造社会价值的层面上，无论是监管机构、传统金融机构还是区块链新金融服务商，目标都是一致的。这是新金融秩序建立的重要前提。然而，分布式账本用户接入的低门槛、代币流通的无国界以及匿名性可能带来KYC、反洗钱、反恐怖等方面的困难，容易成为洗钱、恐怖融资、偷税漏税和欺诈等犯罪的工具。而且，消费者行使权利的能力各不相同，分布式账本转账不可逆、技术的安全性以及行业存在的欺诈等问题，都会伤害到消费者，因此需要有一套更为完备的新金融消费者保护规则及金融健全性规则。

四、代币的分类监管与虚拟货币监管的未来

比特币诞生以来的这十年，各类代币如雨后春笋一般涌现。全球各国的监管机构对代币的监管体系，逐渐呈现出了分类监管的特点。代币就像任人打扮的小姑娘，在不同国家、不同法律部门眼里，被定义成不同的法律属性。代币的法律属性确定后，以该法律属性为依据，确定对该代币适用的具体法律。例如，在美国，具有分红机制的代币，将会被界定为证券型代币，该代币的发行应当遵守证券法的相关规定。

2013年美国财政部下设的金融犯罪执法网络（FinCEN）颁布的《金融

犯罪执法网络法规在个人管理、交换或使用虚拟货币中的应用》认定可转换虚拟货币为货币。从事可转换虚拟货币传递业务的虚拟货币交易所及虚拟货币管理者，都受《银行安全法》管辖，应履行 KYC、反洗钱等一系列金融监管义务。美国证券交易委员会（SEC）则将比特币视为货币或资金，募集比特币的投资行为被认定为证券行为。SEC 还将代币区分为证券型代币（Security Token）和实用型代币（Utility Token），要求发行证券型代币的项目方必须遵守 IPO 或豁免条款的规定。美国国税局（IRS）在计算美国联邦税时将比特币认定为“财产”而非货币，因此买卖比特币的收益应当缴税。而美国商品与期货交易委员会（CFTC）则将比特币等虚拟货币认定为大宗商品。各监管机构都将虚拟货币界定为最有利于其监管的类型，并纳入其监管范围内。

新加坡也沿用了证券型代币、实用型代币的分类路线。但把稳定币认定为电子货币和债券。新加坡金融管理局（MAS）于 2018 年 11 月 19 日发布的对《〈支付服务法案〉（草案）公众反馈意见的回复》中表明 MAS 将修改现有的“电子货币”的定义，把锚定法币的稳定币定义为电子货币。发行方应获得支付牌照。而 2018 年 11 月 30 日修订的《数字代币发行指南》则以案例的形式将稳定币认定为债券，发行方需拥有资本市场服务许可证（可依法被豁免的除外），并符合反洗钱、反恐融资的规定。

日本 2017 年 4 月修订生效的《资金结算法》将虚拟货币认定为支付工具，并规定反洗钱等方面的要求，随后对虚拟货币交易机构（日本法上称为“虚拟货币交换业者”）颁发专门的牌照。这一法律安排的目的有两个：一是防范虚拟货币被用作恐怖组织资金或者被用于洗钱等违法行为；二是保护虚拟货币使用者的权益。根据《资金结算法》对虚拟货币的定义，稳定币毫无疑问属于虚拟货币。但日本监管的重点放到了虚拟货币交易机构，并未对包括稳定币在内的代币发行问题作出法律规定，因此如何规制稳定币发行，在日本仍是一个法律上尚未解决的问题。

瑞士 FINMA 于 2018 年 2 月颁布的《关于首次代币发行监管框架的查询指南》同样沿用主流的证券与非证券分类法，将代币分为三类：支付型代币（Payment Token）、实用型代币（Utility Token）、资产型代币（Asset Token）。其中，资产型代币其实就是美国的证券型代币。瑞士对支付型代币并不视为证券，因此支付型代币的发行，只需遵守相关反洗钱法规，而不需要遵守证券发行的规则。

目前为止，有两起对稳定币的监管行动，均发生在美国。一个针对 Basis 项目，另一个针对 USDT。以算法央行模式发行的稳定币项目 Basis，设置了稳定币、债券币和股权币以保障其稳定币的币值稳定。但因其债券币和股权币具有明显的证券属型，被美国 SEC 于 2018 年 12 月监管叫停。这可能是第一个被监管的稳定币。2019 年 4 月 25 日，纽约州总检察长办公室对 USDT 提出了监管，将 Tether 及其母公司 iFinex Inc. 告上法庭，并冻结了相关公司 8.5 亿美元的资产。该监管行动关注的核心焦点是 Tether 可能涉嫌挪用 9 亿美元的 USDT 准备金，以便帮 Bitfinex 补足亏空。

上文列举的几个主要国家监管政策及监管行动的共同特点是它们直面虚拟货币所带来的机遇与挑战，将虚拟货币的监管纳入金融监管秩序当中去，既要适当处置风险又不能扼杀创新。虽然这些国家都不承认虚拟货币（即使是以法币抵押的 1 ∶ 1 价格对应的稳定币）属于法定货币。但大多数国家都认可虚拟货币是一种资产，甚至是一种资金，某种意义上替代了法币的支付功能。稳定币作为最接近法币功能的虚拟货币，越来越可能被定性为资金或准资金的法律属性，其发行与流通将越来越受到各国金融法的约束。稳定币的发展历程中，必然会面对牌照准入、资产审计、KYC、反恐反洗钱、技术安全、数据保护、税务征收、消费者权益保护乃至外汇管制等一系列的监管要求。

虚拟货币市场的竞争，逐渐演变为制度的竞争。美国的监管体系展现了强大的制度优势。无论是稳定币的发行、流通还是具体的反洗钱、KYC，都有一套完整的制度可以实施。而其回应式的监管体系，有利于行业的创新探索。美联储主席回应 Libra 项目时就说道，这个项目在启动过程中就与美联储有沟通和协商。在对稳定币的监管中，美国在发币环节更多关注的是抵押资产的真实性。发达的信托制度为稳定币发行者的市场准入、资产审计等提供了较为齐全的制度准备。而在代币的流通环节，则有反洗钱、反恐等各项制度予以保障。在这样的制度环境下，Facebook 得以推出 Libra 项目将互联网经济竞争的维度提升到一个更高的层面。如果将来 Facebook 利用区块链技术将个人数据确权给用户，Facebook 上的个人数据将成为用户的资产，并以代币的形式发放给用户，那将会是一次全新的降维打击，颠覆当前的互联网经济格局。

在区块链新金融的制度竞争里，国家之间的博弈几乎达到了白热化的程度。美国、瑞士、新加坡等国家都出台了系列虚拟货币监管政策，争夺区块链金融新高地。阿联酋的阿布扎比甚至专门聘请外国专家牵头起草该国虚拟货币的系列政策。美国与新加坡的政策就颇有点针锋相对。美国证券交易委员会主席杰伊·克莱顿（Jay Clayton）曾在 2018 年 2 月 6 日在美国参议院听证会上表示："我相信我所看到的每一个 ICO 项目都应被归类于证券。"新加坡金融服务管理局（MAS）技术基础设施部门主管 Damien Pang 在 2018 年 9 月 19 日的一次大会上则表示："新加坡监管机构还没有看到应该被视为新加坡证券的代币。"2018 年 11 月 16 日，美国证监会发布了《关于数字资产证券发行和交易的声明》，阐明虚拟货币的发行与交易的相关监管政策。十几天后，11 月 30 日，新加坡金管局即发布了新修订的《首次代币发行指南》，继续保持对虚拟货币、ICO 的友好政策，并强调对代币是否属于证券的问题上，新加坡坚持遵循其《证券与期货法》做独立判断。这种针锋相对可能是某种巧合，但也侧面展现出制度竞争的情况。新加坡友好的虚拟货币政策吸引了一大批区块链企业入驻，使得新加坡成为亚太地区重要的区块链金融中心。

当然，也存在对稳定币以及虚拟货币采取消极禁止的监管政策。例如，禁止虚拟货币的发行、禁止交易所、阻断虚拟货币与法币之间的支付通道等。但虚拟货币跨平台、跨国境流通的特点使得传统金融法律体系阻断虚拟货币流入的屏障作用越来越小。当 Libra 在瑞士或美国以合规方式发行时，采取禁止态度的国家尚未有管辖理由去监管该代币的发行行为。而当 Libra 流入到禁止国被该国公民使用时，管辖的理由才可能充分成立。禁止国可以根据其国家法律要求 Libra 协会采取有效措施屏蔽禁止国公民使用 Libra 代币，也可以要求 Facebook 在其 App 中对禁止国的公民关闭 Libra 支付功能。但是，Libra 可以通过其他数字钱包或者 App 流入，甚至有更去中心化的软件被用户用于流通和交易 Libra 从而逃避监管。Libra 是偏中心化的虚拟货币，也是相对容易监管的虚拟货币。数字资产抵押模式的稳定币以及算法央行模式的稳定币，具有分布式、无发行主体、强流通性的特点，对监管的挑战将会更加严峻。当法律上的隔离屏障不足以抵挡时，不同稳定币之间的竞争将演变为应用场景的竞争。谁获得更多的用户、谁拥有更丰富的应用场景，谁就会获得更多的机会。因此，禁止国应当考虑放弃消极禁止的政策，进而完善监管政策，注重本国数字法币或者稳定币的出台，并高度重视培育数字法币或稳定币的使用场景与生态，以建立竞争壁垒，从而争取其在区块链新金融领域的竞争优势。

作者简介

杨锦炎　法学博士，火币 Labs 总经理。

中国区块链监管困境与未来之路
——兼论 Libra 的风险与监管问题

邓建鹏

摘 要

区块链技术快速发展的同时，也带来诸多风险。对此，中国的规范监管，一方面有效控制了部分风险，另一方面也存在诸多不足。这些不足包括“无币区块链”含义存在矛盾，虚拟货币法律定性存在欠缺，监管政策与现行法律之间不和谐，“证券”概念与监管的局限，法规对一些重要概念未做明确界定。故而，仅以一刀切式的监管政策无法长期有效应对区块链领域的风险。特别是近期 Facebook 计划发布 Libra 项目，未来很可能冲击主权国家的货币政策，影响深远。为此，针对区块链领域，在参照国际经验的基础上，中国监管机构应以谨慎监管为原则进行适度放开，同时提升监管手段的有效性和灵活性。

一、区块链与 Libra 的合规问题与监管争论

区块链是具有去信任（无须第三方可信机构即可执行）、价值可编程（可以设置智能合约）和去中心化特色的技术，其潜在价值难以估量[①]。我在此前研究中即指出，作为信息技术领域出现的伟大创新，区块链将推动信息互联网向价值互联网转型，可能影响诸多产业领域，甚至挑战一些现行商业模式和制

① Trevor I. Kiviat, “Beyond Bitcoin: Issues in Regulating Blockchain Transactions”, Duke Law Journal, Vol. 65, No．3（Dec 2015）, p574.

度。其近年来得到诸多国家、机构和个人重视[①]。不过，和互联网与信息技术不同，比特币及其所依托的底层技术区块链在产生伊始，即自带金融风险，其自身并非完全技术中立或价值中立，或者说，区块链技术存在较为典型的价值观偏向。2009 年年初，化名为中本聪的网络匿名人士（或机构）在比特币白皮书中提出，“我们需要一个基于密码学验证而不是基于信任的电子支付系统，可以允许任意双方直接进行交易而不需要借助可信的第三方。”[②]

比特币与区块链技术的出现，部分与哈耶克货币私人发行思想契合，同时表达了部分计算机极客对主权国家多年来超发货币或金融危机的厌恶。有研究者认为，区块链的出现，实际上是民间对于金融危机提出的一种解决方案。从经济角度而言，区块链技术与金融业具有互为补充的逻辑[③]。因此，区块链在银行、支付、票据、证券、保险和会计审计等金融相关领域开展非常广泛的运用[④]。自 2009 年以来，区块链技术尤其在虚拟货币、虚拟货币交易所和首次代币发行（ICO）领域，孕育着巨大金融风险。仅在比特币领域，研究者认为，其带来的风险就包括便利黑色市场交易、避税、洗钱以及恐怖主义融资等[⑤]。

在 2019 年 6 月 18 日，美国互联网社交巨头 Facebook 发布 Libra 白皮书，引起业界震动！据其发布的白皮书可知，Libra 的使命是“建立一套简单的、无国界的货币和为数十亿人服务的金融基础设施”。Libra 以一篮子货币作为资产储备，以 Facebook 已有的 27 亿个用户移动终端为基础。因此，它的每一个移动 App 都有可能成为 Libra 支付网络的一个节点。但是，Libra 存在诸多合规问题，给未来监管带来巨大挑战。

其一，Libra 的正常发展，将面临牌照（也即业务合法性）的问题。比如

---

① 邓建鹏：《区块链的安全风险与国际监管趋势》，载《中国信息安全》2018 年第 12 期。

② 张健：《区块链：定义未来金融与经济新格局》，机械工业出版社 2016 年版，第 200—201 页。

③ 吴桐、李家骐：《区块链和金融的融合发展研究》，载《金融监管研究》2018 年第 12 期。

④ 深圳前海瀚德互联网金融研究院（主编）：《区块链金融》，中信出版社 2016 年第 1 版。

⑤ Trevor I. Kiviat, “Beyond Bitcoin: Issues in Regulating Blockchain Transactions”, Duke Law Journal, Vol. 65, No. 3（Dec 2015）, p589.

在美国，要传输和转移货币，应在各州申请货币服务业务牌照。全世界各国牌照监管政策存在很大差异，这意味着未来它的合规成本比较高。

其二，Libra 系统运行及其业务发展涉及重大信息披露问题。如它的合作支付处理信息、资金损失的信息、关联方利益冲突的信息、资金转移的信息等等，它在这个领域的合规必须做足准备。

其三，资金管理不善存在的风险。据白皮书所知，Libra 系统未来投资政府债券等标的，如果投资失败，致使资金产生重大亏损，可能会对 Libra 系统产生巨大冲击。

其四，Libra 将来如果发展为一家独大，则可能违背竞争法，或者因其垄断地位，而违背反垄断法的要求。Facebook 背后的股东和它的合作方实力非常雄厚，如果运转顺利，将有可能成为全球最大的超主权货币，很可能触及一些国家反垄断相关法律。

其五，抗审查的风险。从白皮书可知，Libra 注重保护用户的隐私，其将与用户真实身份没有完全挂钩。因此，它与各个国家对银行金融机构的基本要求，比如 KYC、AML 等原则相冲突。这种抗审查的模式可能在不同国家违背相关监管与法律。

其六，一些国家，比如中国有明确的跨境支付、跨境资产流动以及外汇管制政策。由于区块链点对点的技术，使得像空气一般的 Libra 系统可以在不同国家间自由地随时随地流动。因此，民众将可以便利地购买 Libra，这实质上是变相购买外汇。这种交易模式突破了限制购买外汇的政策。与此相关，还可能带来包括突破跨境资产转移及跨境外汇管制等。

有学者认为，对区块链系统相关的监管争论已经产生。广义而言，争论主要围绕以下三点展开：不合法性、分类以及法律效力。[①] 实质上，如上所述，区块链技术涉及的金融风险最为典型和集中。主流研究者认为，在区块链领域，需要纳入监管的业务活动主要有三类：一是以虚拟货币为基础资产的衍生品交

---

① ［美］凯文·沃巴赫：《信任，但需要验证：论区块链为何需要法律》，林少伟译，载《东方法学》2018 年第 4 期。

易，如美国商品期货交易委员会监管下的比特币期货交易等。二是为虚拟货币交易提供的支付服务，如使用法定货币为比特币买卖提供资金划转服务的行为均属于支付业务，需持有支付服务机构牌照。三是私人虚拟货币交易平台。[①]此外，还包括ICO融资模式。因其巨大风险，这个行业受到中国中央金融监管机构重视，自2013年以来，监管机构发布了系列重要行政规范性文件（以2017年9月4日中国人民银行、中央网信办等七部委发布联合公告《关于防范代币发行融资风险的公告》为代表，下文简称“94《公告》”），实施对区块链的规范监管。

为此，本文首先梳理近两年区块链监管的主要内容；其次，评估监管内涵存在的重要问题；最后，针对Libra等行业新现象，反思监管政策，并提出一些建议。

二、监管政策的内容、困境和反思

94《公告》指出，代币发行融资本质上是一种未经批准非法公开融资的行为。ICO未经监管机构批准，即以自己发行的加密代币面向公众发行，以募集投资者的比特币或以太币。[②] 94《公告》向社会警示相关风险，包括代币发行融资与交易中可能存在的虚假资产风险、经营失败风险、投资炒作风险。在监管机构发布94《公告》之后，所有境内ICO均被禁止。

94《公告》还要求，代币融资交易平台不得从事法定货币与代币、虚拟货币相互之间的兑换业务，不得买卖或作为中央对手方买卖代币或虚拟货币，不得为代币或虚拟货币提供定价、信息中介等服务。监管者叫停三种平台的相关业务，分别是融资平台、代币交易平台以及同时从事融资与代币交易的平台。其相关交易行为包括法定货币与代币之间的兑换，以及虚拟货币相互间的兑换

---

① 李文红、蒋则沈：《分布式账户、区块链和数字货币的发展与监管研究》，载《金融监管研究》2018年第6期。

② 邓建鹏、孙朋磊：《区块链国际监管与合规应对》，机械工业出版社2019年版，第118—126页。

业务（即“币币交易”）。①

自 94《公告》等系列规范性文件与行业自律章程出台后，市场上反应极其强烈。先前热闹纷呈的各类 ICO 路演活动，在接下来的一年多时间里，如明日黄花。大量 ICO 众筹平台停止相关业务，多数项目发起人响应公告指令，主动撤下交易平台上的代币交易，并做好向投资人按持有代币比例退还比特币等虚拟货币的准备工作。②中国金融监管机构预先连续多次发布风险警示，意图提高民众风险意识，远离被骗的旋涡，有助于中国居民事先防止权益受到侵害。

但是，上述监管政策也存在一定局限性，比如此类政策并非专预设为规制诸如 Libra 这样的稳定币，因此，稳定币在当前中国监管政策中尚一片空白。以我一孔之见，中国区块链监管政策存在的重要困境。

（一）“无币区块链”的困境

近年来，一方面中国中央政府与地方政府大力鼓励区块链产业的发展。2016 年 10 月工业和信息化部发布《中国区块链技术和应用发展白皮书（2016）》，2016 年 12 月区块链首次被作为战略性前沿技术、颠覆性技术写入国务院发布的《国务院关于印发“十三五”国家信息化规划的通知》。另据《中国区块链技术和应用发展研究报告（2018）》不完全统计，2017 年全国有 9 个省市出台了扶持区块链产业发展的相关政策措施；2018 年以来，全国又有 30 余个省市两级政府颁布了 40 余项政策措施，重点扶持区块链应用，以带动地方区块链相关产业发展。党中央、国务院和各级政府的重视，为区块链技术和产业发展营造了良好的政策环境。不少地方政府纷纷开设区块链产业园区，或者投入巨额政府引导基金，推动区块链行业发展。但另一方面，监管机构禁止境内开设虚拟货币交易所和面向中国居民进行 ICO 的代币融资。两方面的法律政策

---

① 邓建鹏、孙朋磊：《区块链国际监管与合规应对》，机械工业出版社 2019 年版，第 118—126 页。

② 邓建鹏、孙朋磊：《区块链国际监管与合规应对》，机械工业出版社 2019 年版，第 118—126 页。

合力，实质上是在推动“无币区块链”发展态势，即监管机构鼓励企业不发行代币（又称为通证）前提下，发展区块链技术和应用。

然而，“无币区块链”的内涵本身存在一定矛盾。通常，币是区块链系统的激励手段。如果区块链是公有链，作为面向大众的应用，往往需要发币。币作为激励载体，能吸引尽可能多的开发者、用户甚至投资者。众人被吸引到这个系统中，对它的应用发展很有帮助。诸如联盟链，数家银行之间搭建的区块链，其节点需经过许可，方可加入，不需要另行吸引开发者、用户甚至投资者加入，这样的业务场景不需要币。因此，“无币区块链”的概念在联盟链中存在践行可能。但诸如早期比特币区块链系统和后来的以太坊区块链系统等公有区块链，如果没有币作为激励机制，就不可能有后来的发展壮大。因此，“无币区块链”在有限范围内客观存在，但若有“币”作为激励机制，围绕公有区块链（如比特币区块链）上下游，将成长出完整的产业链条。

（二）虚拟货币法律定性的欠缺

以比特币为代表的虚拟货币属于近十年来的新生事物，包括中国在内的大部分国家，对虚拟货币法律定性存在欠缺或空白。根据中国人民银行等五部委在2013年发布的《关于防范比特币风险的通知》，比特币属于虚拟商品，个人可以合法持有和买卖。[①]《民法总则》第127条以模糊方式作出网络虚拟财产应受法律保护的规定，确定网络虚拟财产概念及网络虚拟财产应受法律保护的原则。然而，《民法总则》没有明确规定如何保护网络虚拟财产，尚有进一步研究和立法的空间。

时至今日，中国人民银行等五部委在2013年发布的《关于防范比特币风险的通知》存在较大局限。一方面，虚拟货币种类成千上万，难以统计，其中市场上可交易的亦高达两千余种，并仍在快速增长和演化中，2013年的规范性文件仅限对比特币作出规定，显然不足；另一方面，虚拟货币等虽具有虚拟

① 邓建鹏、黄震：《互联网金融法律与风险控制》，机械工业出版社2017年第2版，第260页；邓建鹏、孙朋磊：《区块链国际监管与合规应对》，机械工业出版社2019年版，第118—126页。

财产或虚拟商品特质，但诸如比特币、以太坊等主流虚拟货币越来越呈现类数字货币性质以及金融属性，这也是中央金融监管机构介入的重要原因。总之，若仅视虚拟货币为虚拟商品，将影响未来监管和立法，比如，由中国人民银行（而非市场和商业监管机构）介入大宗虚拟商品交易监管，是否合适？

另外，与比特币等缺乏实际价值支撑的虚拟货币不同，诸如 USDT 以及计划在 2020 年发行的 Libra 等，虽然也是基于区块链技术与网络系统发行，但是这种稳定币均锚定法定货币或者部分实物资产，并非纯粹的虚拟货币，这些稳定币有着真实稳定的市场价格，其本质上类似银行存托凭证、外汇还是等同于法币？其在中国的合法持有者权益，法律上是否给予保护？当前我国的法律与监管方面同样是一片空白。

我们认为，当前针对比特币等虚拟货币，立法者急需明确其法律地位，切实保护虚拟货币持有者合法权益，进而统一司法上的认识和判定。美国有研究者认为，全球范围内出现大量虚拟货币盗窃事件，给持有者造成巨额损失。黑客在全球范围盗窃虚拟货币，严重影响个人或机构权益。在保护持有者权益时，存在区块链技术创新性、跨境追捕以及缺乏直接对应的法律等困境。为起诉黑客，可以通过适用《2016 年商业秘密保护法》（*the Defend Trade Secrets Act of 2016*）有效应对新问题。这些见解，值得中国监管者与立法者参考。

（三）监管滞后性与区块链技术飞速发展的矛盾

围绕区块链的立法与监管政策的出台，均需要立法者和监管者耗费大量时间进行前期调研、征求公众意见等基础性工作。但是，正如“币圈”俗语所说，“人间一天，币圈一年！”区块链领域的技术、业态发展极其迅速，往往远超立法者与监管者的预期设想。特别是前述美国互联网社交巨头 Facebook 近年积极进军区块链领域，对全球整个行业带来巨大影响，超出国内外立法与监管者的设想。Libra 有望成为世界上第一个，也是现阶段规模最大的跨境、超主权数字货币支付网络。在这种情况下，政府监管支付网络、控制私人资产跨境自由流动的有效性将被削弱。在 Facebook 之后，还将出现新的跨国、超主权的数字货币或稳定币，这对现有中国甚至世界各国法定货币垄断的局面将形成冲击。

Libra 这种超主权货币未来可能对一些主权货币会产生挑战，尤其是一些法定货币信用很差、经济体量很小的国家，这种超主权货币运行上线，可能很快就把这种法币淘汰。上述趋势将从小国家蔓延到更多的国家，同时这一超主权货币系统会像“照妖镜”一样，限制主权国家继续超发货币的行为，并把超发货币行为更加突现出来，这样，更多民众会双脚投票，选择内在价值更稳定的超主权货币。这种数字货币体系像空气一样弥散，没有国界、没有边疆，传统的监管模式与立法有效应对这种货币非常困难。

未来，类似 Libra 这样的货币系统可能会渗透到所有国家。法律制度不完备目前已经成为新常态，尤其是面对飞速发展的区块链技术，法律、监管政策和监管措施只能远远地跟在业态发展的背后,法律与监管很难实现预期的目标。

当前，我国涉及区块链的规范监管均通过监管机构发布行政规范性文件得以实现。总体而言，这些规范性文件一方面为控制区块链领域的风险起到一定效果，另一方面，当前仅仅由规范性文件实施监管，从此前的监管空白跳跃到全面禁止模式，监管政策呈极端化特征，存在较大负面作用。

其次，近年针对区块链风险的规范监管以行政规范性文件为基础，这些规范性文件往往紧紧尾随着区块链领域风险的阶段性暴发而出台，而非监管者在事先对该行业做通盘考虑之后，出台全面的监管政策。包括区块链在内的整个金融科技、互联网金融领域需要常态化、持续性的长效监管，而非每次在极端风险暴发后简单粗暴式的政策回应。

最后，近年涉及区块链风险的规范性文件几乎无一例外以“一刀切”式禁令模式为特征。虽然虚拟代币可能引发炒作与投机风险，但是一些功能型、消耗型代币的发售，本质上与普通商品近似，其是否必须同等施予“一刀切”式禁令？这是否与政府鼓励区块链创新的初衷背离？我认为值得再思考。

这些规范性文件在监管中将对金融安全第一的重视，转化为实质上追求金融安全唯一，这种极度的风险厌恶情结容易对行业发展产生负面影响。如果在监管中过度追求金融安全唯一，势必扼杀创新的动力。因此，严格把握技术创新与风险控制的平衡，是近年来监管机构在金融科技领域持续存在的挑战，也是不得不直面的重大问题。

三、国际监管现状与中国监管的未来之路

（一）国际监管现状

“一刀切”式的禁令模式长期而言有欠妥之处。[①] 针对区块链领域的风险，中国金融监管机构未来应该把握平衡金融创新和风险防范。国际货币基金组织（IMF）的官员在讨论虚拟货币时提出，为避免过度监管而扼杀创新，任何对虚拟货币的政策反应都需要在强力处置风险和滥用之间取得适当均衡。最初的关注点应放在与有关虚拟货币最紧迫的问题上，包括金融健全、消费者与投资者保护和偷税漏税等，而把间接风险（例如金融稳定和货币政策）留到后续阶段。[②]

ICO 一方面是极其便利的区块链创业融资工具，同时，此种融资模式属于高风险，从监管原则和法理上而言，本应置于有限范围（比如私募）。ICO 的欺诈等风险多为人为原因，并非不可规制的客观因素，可采用严监管方式，谨慎开放，替代“一刀切”的固有办法。我们认为，ICO 融资高效的便利优势，兼具有全球化特征，长期全面禁止难以实现。监管者在暂时叫停 ICO、虚拟货币交易所的同时，不妨思考一些长效之策。

如我此前研究指出，经由全球的区块链监管政策和实践可知，整个区块链产业的监管事实上有着很强的国际竞争。从全球范围来看，越来越多的国家以合规经营而非绝对禁止的姿态应对这个领域的风险管控。一些金融发达国家的

① 瑞士、德国对代币发行的类型化监管与对 ICO 融资项目的个案审查工作，同中国监管模式形成巨大反差。邓建鹏、孙朋磊：《区块链国际监管与合规应对》，机械工业出版社 2019 年版，第 199—210、219—220 页。

② 何东、卡尔·哈伯梅尔、罗斯·莱科：《虚拟货币及其扩展：初步思考》，载《金融监管研究》2016 年第 4 期。

区块链监管政策在极为相近的时间节点上，与中国的政策与监管精神背道而驰，与其说是巧合，不如说此中或许有着他们自己的深思。比如瑞士监管当局对资产代币的定义比较宽泛，并且强调资产代币都会被当作证券进行监管。此外，泰国在 2018 年 5 月发布法律监管政策，要求虚拟货币交易平台执行第三方托管客户资产。结合区块链的诸多应用场景与广泛的想象空间，我们研判全球趋势可知，区块链相关领域必将获得越来越多的生存空间。禁令模式在不久的将来和产业趋势并不相宜。①

（二）中国区块链监管的未来之路

包括区块链在内的金融科技发展至今，正在部分重构金融法律制度的基础框架。由于区块链具有点对点、无国界、无主权及无特定法律责任承担主体等特征，目前涌现出上万家交易所。禁令模式的政策对于诸如封堵境外虚拟货币交易所网站，可能收效有限。单纯依靠一国以此种禁令模式监管将非常困难。为此，我们首先建议监管机构加强国际协作，强化国际监管。特别是与美国、西欧、日本及韩国等虚拟货币市场发达的地区开展合作。

其二，开展区块链监管沙盒园试点，降低区块链的金融风险。监管者可鼓励一些有条件的地方政府开展监管沙盒园，通过地方相关专业机构备案、审核及沙盒测试。在未来具体监管方针上，我们建议由央行顶层设计，规划基本监管框架，由证监会牵头出台具体规则及监管业务运行，地方金融监管机构负责打击该领域非法集资等违法犯罪行为。②

当前 ICO 在国内尚属于监管政策禁止领域。但对于从事境外投资的人或机构而言，对于这种高风险项目，加强投资者自身风险教育尤为重要。大部分 ICO 项目技术性较强，具有很高专业门槛。这意味着，合理评估上述项目风险的能力往往超出了大量普通投资者的水准。投资者需要提高风险防范意识与专

① 邓建鹏、孙朋磊：《区块链国际监管与合规应对》，机械工业出版社 2019 年版，第 181—197 页。

② 邓建鹏、孙朋磊：《区块链国际监管与合规应对》，机械工业出版社 2019 年版，第 118—126 页。

业知识，增加对项目的辨别能力。[1]

其三，明确虚拟货币法律界定，根据分类具体定性。当前，虚拟货币的法律定位模糊，对监管政策产生了负面影响。有前央行官员认为，虽然比特币名义上叫“币”，实质上只是一种非货币虚拟货币。[2]该观点将比特币定位为非货币虚拟货币，类似于资产类代币，但忽略了比特币在全球范围内的支付功能和应用场景，特别是在日本作为支付工具已经合法化。[3]在区块链的世界里，只有从国际视野观之，方能更深刻地理解其内涵与问题所在。对于ICO发行的代币的法律界定，中国未来可以参考瑞士监管机构FINMA及新加坡金融监管局MAS根据代币经济功能所作分类。

把比特币等虚拟货币仅限定为虚拟商品，存在弊端。若能根据分类分别定性，则更适合有针对性的监管或司法认定上的处理。例如，对具有支付性质的代币，为维护人民币的法定地位，可以禁止或限制此类代币发售。对于应用类代币的发行，其本质类似于服务、商品或某种使用权的预售，法律风险比较低，可放开监管。对资产类、证券性代币，此类代币发行可能涉嫌非法发行证券行为，可以考虑将其中一些创业项目与科创板试点注册制结合，同时对符合证券特征的代币进行类证券化监管。此三种类别的代币基本囊括市场上出现的绝大部分代币。不过，一种代币也可能会符合两种甚至三种代币的特征，即存在某种混合类代币。对于该种代币可以要求其符合多种法律规定的要求。例如，如果一种代币既符合支付类代币的特征又属于资产类代币，则可以要求其既要符合关于支付的法律规定，同时要符合关于资产的合规要求。对此，国际上相应法律监管经验可资参考。另外，对于USDT或即将落地的Libra等这种稳定币，是否视同为法币、商圈币还是外汇，未来的立法与监管均应回应。

其四，未来证券领域考虑增加募集资金小额豁免制度，同时在立法上扩大

---

① 邓建鹏：《ICO的风险与监管路径》，载《中国金融》2017年第18期。

② 姚前：《数字货币的发展与监管》，载《中国金融》2017年第14期。

③ 邓建鹏、孙朋磊：《区块链国际监管与合规应对》，机械工业出版社2019年版，第60—74页。

“证券”的概念内涵，以适应时代变化。在证券法中，募集资金的小额豁免一直是学者提倡的证券法修改方向。为规范 ICO 融资活动，可将 ICO 发行的部分代币纳入证券法监管范围，同时扩大法律上关于“证券”的范围和概念。有研究者此前曾谓，我国证券法的“证券”概念主要以股票和债券等为原型，其适用范围并不足以应对金融创新的发展。证券法应借鉴美日等国“投资合同”的概念与立法经验，以之作为判断证券属性的标准，以扩张证券适用范围。[①] 有人亦提出，扩张证券的概念，扩大证券法的调整范围，有利于提高法律的科学性，消除监管漏洞，更好地保护投资者的合法权益，促进多层次资本市场的发展及促进我国经济的转型升级。证券概念的扩张符合“让市场在资源配置中起决定性作用”的市场经济基本要求。证券市场出现欺诈，多由市场来纠错和消化成本。证券化即意味着投资者责任自负。责任自负的前提是证券市场上有健全的信息披露制度。[②] 不过，近万种已经上市流通的虚拟货币，有的本质不具有证券性质，有的则具有典型的证券本质。同时，虚拟货币交易所的交易模式与传统证券交易模式类似，潜在的违法犯罪类型（比如内幕交易和市场操纵）亦与证券市场类似，甚至更为严重。正因为如此，泰国于 2018 年 5 月生效的《数字资产运营皇家法令》，基本上套用了传统的证券法以及证券犯罪的内容。[③] 因此，我国证券法及刑法相关的证券犯罪在未来应适度扩张和调整，适应新型技术潮流。

其五，监管者应调整思维。近年来，受一些极端风险事件的冲击，针对金融市场，监管机构发布大量规范性文件，其中一些文件和监管措施反映了监管者运动式执法的典型思维。依靠规范性文件治理区块链领域的风险，具有随意性、临时性、部门化和零碎化特征，甚至容易体现监管机构负责人的个人倾向和意志，其制定过程及部分内容同现代法治理念相违背，对市场主体对法治的稳定预期产生了负面影响。“放——管——抓”的政策高度波动，大大增加企

① 姚海放：《论证券概念的扩大及对金融监管的意义》，载《政治与法律》2012 年第 8 期。

② 邢会强：《我国〈证券法〉上证券概念的扩大及其边界》，载《中国法学》2019 年第 1 期。

③ 邓建鹏、孙朋磊：《区块链国际监管与合规应对》，机械工业出版社 2019 年版，第 181—198 页。

业经营成本。因此，金融市场特别需要监管者基于对未来技术发展的长远判定，进行谨慎顶层设计和民意参与立法相结合。

以我臆断，人类社会或正经历着从“历史的终结”到“奇点临近”。不久的未来，人类社会将面临远超历史的变革。如果这种判断成立，技术突飞猛进的速度正超越以往任何时代，其对人类社会（包括金融市场）的影响和冲击将前所未有。区块链则是这个变动不居进程中的一个重要篇章。这需要监管者调整固有思维，以谦卑姿态，学习、探索和包容技术变革，适度容忍风险，提升监管技术，改进监管方式，以适应金融科技领域的变革。

区块链对立法与监管带来的挑战，需要监管者和立法者转变固有思维。如有研究者指出，借助区块链技术和智能合约，法律和合同条款可以转化为简单而确定的基于代码的规则，这些规则将由底层区块链网络自动执行。技术规则将越来越多地承担和法律规则相同的作用和功能。政府可借助代码，确保人们遵守法律。通过将部分法律转换成技术规则，法律条文可由底层技术框架执行，减少监督和持续执行的需要。政府将区块链技术作为监管技术，对监管机构及整个社会都有好处——降低合规和执法成本，法律自动执行，减少法律文本固有的不确定性。如果这些系统获得主流应用和政府支持，将促成建立一个新的监管框架。[①] 在简单的禁令式监管之外，这一思路为中国提供了极为有益的启示。区块链上可以部署不受第三方干预的代码，如果监管者鼓励区块链项目方将部分法律转换为代码，推动区块链领域的软件自治，就可以协调非特定主体的正当利益诉求。当前，区块链技术距成熟尚有很大距离，监管者可以通过不同形式，确立新规范，影响代码规则，最后通过软件实现区块链的部分内部治理，节约监管资源。

具体到 Libra 而言，该项目虽然已经在推进的路上，但是，其仍然面临着巨大的挑战，比如这种全球化的货币如何落地在众多独立的国家或地区？货币发行涉及金融消费者权益保护、金融系统性风险、政府税收和国家金融

① ［法］普里马韦拉·德·菲利皮、［美］亚伦·赖特：《监管区块链：代码之治》，卫东亮译，中信出版社 2019 年版，第 214、222 页。

安全等重大问题，任何独立政府或地区对其辖区内的货币都必将施加监管。Libra 要跨越这么多的挑战，必将有漫长的道路要走。据悉，处理 Libra 交易的 Facebook 子公司 CaLibra 已在美国金融犯罪与执法网络（FinCEN）注册为货币服务业务（MSB）。该公司还向纽约州金融服务局申请了在纽约经营加密货币业务所需的许可证。整体上而言，该项目最终将需要来自全球数百个不同监管机构的数百个甚至数千个许可证。因此，对于中国监管者和企业而言，既不必因为巨头计划“发币”而惊慌失措、匆忙应对；但同时绝不可掉以轻心，而应沉着冷静，仔细研判行业发展趋势，并授权一些企业做好充分的准备。虽然“罗马非一日建成”，但是，“罗马”一旦建成，其对包括中国在内的整个世界，必将发挥无与伦比的影响力。

其六，监管者在把握鼓励金融科技创新与风险控制平衡点的前提下，推动区块链技术与监管技术的融合。此外，相关监管手段既包括柔性约束，也包括硬法规制。关于前者，比方监管机构进驻区块链项目所在地调研，发布虚拟货币交易的相关调查报告[①]，提出投资者风险警示，列举高风险交易平台、区块链融资项目或发起人名单等等。此外，监管机构还应进一步推动行业协会的自律章程建设及行业自律实践。[②]当前，区块链的规范监管主要以行政规范性文件为基础。此类规范性文件自身固有一些欠缺，因此，在硬法规制方面，监管机构应寻求上位法的支持，即经由对区块链产业和风险的全面考虑，在国家层面推动相关立法，直接出台系统的长效监管规则。

最后，监管原则和立法趋势应顺应历史潮流。一些金融监管部门与主流媒体对比特币为代表的虚拟货币表达了相当的忧虑和排斥心态，这种状况深受传统思维影响。受利益诱使，历史上国家发行货币，往往通过短斤缺两（如两汉时期的铜钱逐渐减少含铜量）形式变相超发货币，或者直接滥发纸币（宋朝以后因滥发纸币，导致市场上无人使用纸币，明王朝只好诉诸白银和铜钱）等形

① 美国纽约州总检察长办公室（OAG）发布的《虚拟市场诚信倡议》，参见邓建鹏、孙朋磊：《区块链国际监管与合规应对》，机械工业出版社 2019 年版，第 108—112 页。

② 邓建鹏：《ICO 的风险与监管路径》，载《中国金融》2017 年第 18 期。

式，掠夺民众财富。从中国以及国外几千年货币史来看，一旦国家垄断货币发行权，几乎无一例外出现纸币超发和通货膨胀现象。有趣的是，在西汉初至汉武帝登基之际，中国存在一段罕见的货币自由竞争史。在这几十年间，官方只规定货币重量，政府铸钱、诸侯铸钱和私人铸钱模式并行于市场。最初，民间铸币质量良莠不齐，绝大部分不足值。经过一段时间后，自由市场混乱消失，优良币种脱颖而出。吴王刘濞和大夫邓通发行的货币成为竞争的胜出者。两家铸的钱币质量好、有信用，钱币通行天下，助推汉初经济的恢复。①

私人通过自由竞争发行货币，其结果并不必然比国家垄断货币发行权更差。私人货币自由竞争，甚至可能引发“良币驱逐劣币”。与之类似，当前以比特币为代表的各种虚拟货币正处“万币齐发”阶段。目前，成千上万种私人发行的“货币”自由竞争，与汉初类似。我们认为，过度忧虑与排斥或是当前形成监管政策困境的重要因素之一。历史的教训以铁一样的事实告诉我们，站在监管者的角度，也许对法定纸币抱有感情，但是，如果站在民众角度，我们必须注意到，法定纸币也存在缺点。我们应对法定纸币诉诸更多的理智与反思。

特别值得注意的是，自改革开放以来，中国有着四十余年“试点”机制的成熟经验与政治智慧。区块链的发展早已不可逆转，面对国外企业巨头发行超主权数字货币，中国完全可以结合国外的监管沙盒与中国已有“试点”机制，由中央金融监管机构授权某一地方政府或某一区块链技术公司，在小范围内试行数字货币系统。这一方面风险可控，另一方面可以在接近真实市场场景的环境下，评估其风险与价值。在运行成熟后，快速推向市场，捍卫国家利益，占据中国在区块链以及数字货币领域的制高点。

作者简介

邓建鹏　中央财经大学法学院教授、博士生导师，北京大学法学博士。

① 郭建龙：《中央帝国的财政密码》，鹭江出版社 2017 年版，第 73—74 页。

开启数字货币新纪元
——Libra的法律性质与监管思考

樊晓娟　印磊　洪嘉宾

摘　要

Libra的提出，大约算是继比特币后，区块链世界的又一重大历史性突破。其对现有的全球金融体系、货币流通方式以及金融资产属性、所有权和价值判定的潜在颠覆性影响，将远超我们的理解和想象。数字经济的发展进程不可阻挡，各法域监管机构已经对Facebook和Libra给予了高度关注。对于这种将对社会进程产生重大影响的新兴事物，必然有许多与之相关的法律问题值得探讨和思考。本文结合Libra白皮书，从通证的类型、数字货币的法律定性等法律角度分析Libra的性质，也从各法域对于数字货币的监管态度、货币发行、支付牌照、外汇监管等方面深入思考和探讨Libra可能会面对的政府监管问题。

一、Libra的法律性质分析

根据白皮书的介绍，Libra是稳定币，由Libra协会发行，以一篮子稳定资产作为储备，可与法币双向兑换。从前述介绍看来，Libra与比特币、USDT或市面上其他Token都有相似之处，但又具有独特的特性，不能简单归类或类比到市面上某一既有的Token类别。

（一）通证的分类和数字货币的法律定性

1. 通证的常见分类

在区块链世界，通证有很多名称，例如代币（Coin）、数字货币、加密货币、虚拟币、Token 等（以下合称“通证”），它们通常被分为两大类：实用型通证（Utility Token，以下简称“UT”）和证券型通证（Security Token，以下简称“ST”），分别介绍如下。

实用型通证，从字面意思上来说，即具有实用功能的通证，例如作为享受优惠或换取产品（或服务）的凭证，类似于传统的优惠券或代金券。大家对于 UT 有着类似的理解，但由于 UT 的应用五花八门，并没有统一的定义。比特币和以太坊通常被认为是 UT。证券型通证，从字面意思上就是指具有证券性质的通证。通常来说，证券包括股票、债券、资产集合计划等等。对于 UT，各监管机构一般持较为宽松的态度，UT 的发行和流通相对较为自由；对于 ST，由于各法域通常会设置专门的证券监管机构对证券进行严格监管，并且配之以一系列的核准、登记、备案、报告等制度，要求参与证券发行和流通的主体予以遵守，因此 ST 的发行和流通也需要服从相应的证券监管。

2019 年 4 月 3 日，美国证监会（SEC）发布 Framework for “Investment Contract” Analysis of Digital Assets（以下简称《数字资产框架》）。《数字资产框架》厘清了 Howey Test 在通证分类方面的应用。

如果根据 Howey Test，某一通证具有投资合同的特点则倾向于认为该通证属于 ST，这些特点包括：

（1）以金钱投资。

（2）向一家普通企业投资。

（3）对投资利润有合理期待，且利润产生基于他人的努力。

而如果某一通证兼具以下特点，则倾向于不符合投资合同的特点属于 UT：

（1）分布记账网络和数字资产已研发完毕并且可以运行。

（2）持有者可以立即使用数字资产兑换线上功能，并且被鼓励如此行事。

（3）数字资产的创设和结构的设计与实施旨在为满足用户需求而非满足用户在数字资产增值方面的投机。

（4）数字资产价值有限，只会维持原值或减值，不会随着时间增值。

（5）数字资产可以直接使用，无须事先兑换为其他币种。数字资产如果是一种虚拟币，则其应当是如同一种储值且在晚些时候可以被使用。

（6）如果某数字资产系货物或服务凭证，则其应当可被退回或使用。

（7）如果某数字资产衍生出本身功能性目的之外的经济利益，应属偶然事件。

（8）数字资产的营销方式应强调其实用功能而非增值潜力。

（9）潜在买方有能力通过互联网使用数字资产本身的功能。

（10）数字资产的转让限制应与资产的使用并存且不会助长投机市场。

（11）如果创设二级市场，则数字资产的转让仅可在用户之间的平台上进行。

2. 数字货币的法律定性

现有主流数字货币中，最典型的当属比特币，监管机构对于比特币的观点，也可代表其对于数字货币的观点。从各法域现行的法律框架来看，对比特币的法律定性的主流观点可大致分为两种，一种是虚拟商品，一种是支付结算工具。

（1）虚拟商品

第一种观点认为，数字货币并非某一主权国家的货币当局集中发行，也不具有法币的强制性和法偿性；然而实践中，其经济价值在一定程度上被得到共识，有经济主体愿意有偿取得、使用和交换，因而把数字货币定性为虚拟商品。

以中国内地为例，《中国人民银行、工业和信息化部、中国银行业监督管理委员会、中国证券监督管理委员会、中国保险监督管理委员会关于防范比特币风险的通知（银发〔2013〕289号）》明确指出：“一、正确认识比特币的属性。

比特币具有没有集中发行方、总量有限、使用不受地域限制和匿名性等四个主要特点。虽然比特币被称为‘货币’，但由于其不是由货币当局发行，不具有法偿性与强制性等货币属性，并不是真正意义的货币。从性质上看，比特币应当是一种特定的虚拟商品，不具有与货币等同的法律地位，不能且不应作为货币在市场上流通使用。”

（2）支付结算工具

第二种观点认为，由于数字货币本身不具有使用价值，其经济价值在于人们可以以数字货币兑换法币、商品和服务，包括实物也包括其他虚拟资产，因而认可数字货币的支付结算功能，把其定性为支付结算工具。

以日本为例，日本于 2016 年 5 月 25 日修订了《支付服务法》，于 2017 年 4 月 1 日实施。本次修订的主要内容是《支付服务法》增加了“数字货币”一章，正式承认其为合法支付手段并纳入法律体系内，为数字货币交易所提供法律保障。作为配套规定，日本政府还分别于 2017 年 3 月 24 日公布《资金结算法施行令》，对资金转移和清算作了详尽规定。

（二）Libra 的法律性质分析

结合上述观点，我认为 Libra 的法律性质暂无法简单归类于某一现有类别，但却确实具有某一类别更多的特征。

1.UT 属性

根据白皮书的描述，项目完成后的 Libra 具有以下特征。首先，Libra 将建立在安全、可扩展和可靠的区块链基础上，采用拜占庭容错共识机制，符合分布式网络的特点。其次，基于多种稳定资产储备，Libra 价值相对稳定，不以增值潜力为卖点，不鼓励投机。再次，Libra 可以用于换取真实资产，具有实用机制。最后，购买 Libra 并非为向某一企业投资，也不宜期待投资利润。

因此，从 UT 的概念和特征来看，结合 SEC《数字资产框架》的分析方法，较 ST 而言，Libra 更接近于 UT。

2. 可能的 ST 属性

现阶段，Facebook 在白皮书中将 Libra 设计为锚定真实资产的稳定币，尽力降低其价值波动性。然而今后也存在另一种可能性，即 Libra 被大众广泛接受和认可后，人们通过数字交易所对 Libra 进行炒作和投机，以赚取超过 Libra 所锚定资产实际价值的价差。在此情况下，Libra 的实际价值与交易价格相分离，成为投机标的，从而兼具部分 ST 的属性。如果届时 Libra 确实兼具了 ST 属性，则对于 Libra 的定性可能需要重新探讨，各监管机构应如何对待 Libra 也有待进一步思考。

3. 支付结算工具属性

Libra 本身不具有使用价值，其价值在于向大众提供安全、高效和低成本支付服务。一方面，Libra 可以与法币双向兑换。另一方面，如被大众认可，Libra 与实体经济将高度融合，可以换取真实资产，包括黄金等，具有一般等价物的功能。

因此，Libra 也具有支付结算工具属性。

二、Libra 可能需要面对的政府监管

作为可能会对全球金融体系重大影响的 Libra，需要面对来自不同法域政府的监管。值得思考的要点列举如下。

（一）各法域对于数字货币的监管态度

1. 合法、允许类

（1）美国

鉴于美国对全球金融的巨大影响，其对数字货币的态度和监管都受到全世界的密切关注。美国虽然没有关于数字货币的统一监管法规，但美国金融犯罪执法网络（FinCEN）、美国国税局（IRS）、美国证监会（SEC）、美国商品期货交易委员会（CFTC）、美国金融消费者保护局（CFBP）、美国司法部（DOJ）

等都对数字货币的界定、应用以及犯罪预防、投资者或消费者权益保护等发布过相关报告和指引。此外，美国作为联邦制国家，每个州亦有独立的权限来决定本州对数字货币的监管态度。例如，纽约州金融服务局（NYSDFS）就率先对数字货币的业务监管建立了规范框架，有单独针对数字货币交易的相关牌照许可制度。

（2）日本

日本对包括比特币在内的数字货币持有相当开放和鼓励的姿态。如前文所述，日本承认比特币是一种合法的支付方式，并为交易所制定了一系列标准和规则。日本金融厅（FSA）自2017年9月29日起开始向数字货币交易所发放牌照，据报道，截至2019年1月，FSA已发放17张牌照。日本央行行长黑田东彦表示，对于数字货币来说，需要考虑到对消费者的保护。数字货币需要一些监管，但是同时也需要避免阻碍创新，数字货币可以成为金融系统的一个优势。

2. 有争议、限制类

中国对数字货币持谨慎态度，并出台了很多监管法规和政策。就比特币这一数字货币的定性问题，如前文所述，中国内地把比特币定性为一种特定的虚拟商品，并不禁止私人持有并交易比特币。但是，2017年9月，中国人民银行等六部委联合发布了《关于防范代币发行融资风险的公告》，全面禁止非法代币融资活动，关停代币融资交易平台。

3. 禁止类

仍有许多法域对数字货币持否定和禁止的态度，例如巴基斯坦国家银行在2018年4月宣布在巴基斯坦禁止使用比特币或其他虚拟货币和代币，并针对机构和组织发布了禁令，对个人持有虽然未禁止，但也表示个人需承担持有数字货币的风险。

值得注意的是，随着数字货币和其他通证或代币的发展，许多曾经对数字货币严令禁止的国家和地区开始逐渐意识到，禁令不可能阻挡这种新兴事物发展和普及的必然规律，正确引导和合理监管才是应有的态度。例如，俄罗斯在2014年禁止在俄罗斯境内使用比特币，并将数字货币的交易行为认定为违法行为，但在2016年又解除了数字货币的禁令。2017年，俄罗斯央行还正式批准了俄罗斯第一家合法的数字货币交易所Voskhod。

由上述分析可知，不同的法域对于数字货币秉持着不同的态度。因此，Libra虽然试图打造一种无国界的全球范围内流通的数字货币，但其在不同的法域可能会受到不同的对待，接受不同程度的监管。

（二）货币发行

从政治角度而言，货币流通基于国家强制力的保证，因此货币发行通常是一国主权的维护；从经济角度而言，货币发行总量必须与该国家或地区的经济总量相适应，如果任意发行货币则会导致通货膨胀、冲击金融秩序，从而引发系统性风险。为此，每个法域对于货币发行都持较为严厉的监管态度。近现代的货币发行权均被掌握在货币当局手中，由货币当局发行的货币才能被称为法币。货币当局通常为某一国家或地区的央行或履行央行职能的机构。

以中国内地为例，《中国人民银行法》第18条规定："人民币由中国人民银行统一印制、发行。"第20条规定："任何单位和个人不得印制、发售代币票券，以代替人民币在市场上流通。"

就Libra而言，由于其以一篮子法币和其他稳定资产储备作为创设基础，授权经销商需要投入相应法币资产从Libra协会买入Libra新币时，Libra新币才会被制造；而当授权经销商向Libra协会换回相应法币资产时，Libra就会被销毁。Libra的铸币熔币过程是授权经销商与Libra协会等价交换的过程，并不改变发行在外的法币流通总量。因此，Libra的发行不是传统意义的货币发行，不涉及对货币发行权的冲击。所以，我理解，Libra不适用货币发行方面的监管。

（三）支付牌照

根据Libra的白皮书介绍，Libra将在全球范围内被用来进行支付和结算。货币支付和结算是金融的核心业务，通常受到各法域的严格监管。通常而言，从事货币支付结算业务，都需要取得相关的金融许可牌照。针对数字货币的支付、结算以及与法币之间的兑换，不同法域亦有不同的监管措施。

在美国，从事货币服务的主体，都需要依据《银行保密法》到美国财政部下属的金融犯罪执法局（FinCEN）完成注册，获得 MSB 牌照。据我查询，CaLibra 已于 2019 年 2 月 8 日在 FinCEN 完成了初始注册，可在美国全境内从事相关服务。

瑞士金融市场监督管理局（FINMA）认为从事数字货币兑换业务的主体须视情况向 FINMA 申请获取 SRO（self-regulatory organizations）注册或 DSFIs（Financial intermediaries directly subordinate to FINMA）注册，受到 FINMA 的监管。

新加坡《支付服务法案》于 2019 年经新加坡国会二读后通过。在这一法案下，"指定制度"和"牌照制度"两条监管框架并行。受监管业务包括开户服务、境内和跨境转账服务、商业采购服务、电子支付服务、支付型代币相关服务及货币兑换服务。在"牌照业务"中，分别发放"货币兑换""标准支付机构""大型支付机构"牌照。判定服务提供商适用于哪类许可证主要取决于持有的电子货币量和交易量的大小。

虽然各个法域对数字货币支付业务采取了不同的监管措施，但主要关注的风险点都大同小异，重点集中在反洗钱及恐怖主义融资、防范科技及网络风险、投资者识别及消费者权益保护等方面。

由于 Libra 的支付结算业务不局限于某一个法域，因此单单拿到美国联邦层面的 MSB 牌照还远不足以使其在支付结算业务上实现全球合规性。未来 Libra 可能要与不同法域的金融监管机构保持持续沟通，视不同法域的具体情况来申请相应的支付牌照，以确保其运作和开展相关业务的合规性。

（四）外汇监管

部分法域对于外汇采取管制措施，禁止或限制本币与外币的自由兑换。这些管制措施通常包括限制兑换额度、设置兑换条件、审批登记或备案管理、指定兑换机构（如银行）等。

中国内地就是施行外汇管制的法域之一，《外汇管理条例》第 4 条规定："境内机构、境内个人的外汇收支或者外汇经营活动，以及境外机构、境外个人在境内的外汇收支或者外汇经营活动，适用本条例。"《结汇、售汇及付汇管理规定》第 4 条规定："境内机构、居民个人、驻华机构及来华人员应当按照本规定办理结汇、购汇、开立外汇账户及对外支付。"《刑法》把非法从事资金支付结算业务和违规倒买倒卖外汇或者变相买卖外汇情节严重的行为纳入犯罪范畴。2019 年 2 月 1 日起施行的《最高人民法院、最高人民检察院关于办理非法从事资金支付结算业务、非法买卖外汇刑事案件适用若干问题的解释》第 2 条规定："违反国家规定，实施倒买倒卖外汇或者变相买卖外汇等非法买卖外汇行为，扰乱金融市场秩序，情节严重的，依照刑法第 225 条第 4 项的规定，以非法经营罪定罪处罚。"就 Libra 而言，根据白皮书的设想，Libra 将为用户提供便利的跨境支付并且可以与法币实现双向兑换，打通不同法域之间法币流通的障碍，这必然会涉及外汇问题。在外汇可自由兑换的法域，Libra 的前述功能并不违反外汇方面的监管规则。但是，在实施外汇管制的法域，Libra 的前述功能很有可能受到严厉监管甚至被禁止。例如，某人使用美元购买了 Libra，再用 Libra 向另一授权经销商换取人民币的话，相当于实现了人民币与美元的自由兑换，这一做法在中国内地或许会被外汇监管部门认为是变相买卖外汇而受到调查和处罚。当然，由于目前 Libra 尚处于白皮书阶段，其具体会如何操作还在设计阶段，所以实践中不同法域的外汇监管部门对于 Libra 的兑换业务将如何监管还有待观望，尚无法下结论。

三、结语

Facebook 作为全球最活跃的社交媒体，依托其庞大的用户数量，高调推出了 Libra 的概念和初步设计，展现了其在区块链时代的巨大野心。当然，Facebook 既非某一法域的政府机构，也非传统金融机构，其对金融基础设施的挑战必然会引起各法域监管机构的高度关注。无论如何，数字货币的新纪元已经到来，身处时代变革之中的我们应向 Facebook 的前瞻性和决心致敬，对数字货币的未来拭目以待。

作者简介

樊晓娟 中伦律师事务所合伙人。

印磊 中伦律师事务所资深律师。

洪嘉宾 中伦律师事务所律师。

第三篇

Libra 和国际竞争

Libra: International Competition

Facebook稳定币带来的意义：新型银行结构和货币竞争

蔡维德

摘　要

Facebook发稳定币的意义比许多人想象的大得多，但Facebook不可能成为世界央行，其稳定币也不可能取代强法币，例如美元。Facebook稳定币只能是美元的工具，因为当Facebook币成为世界流通货币的时候，后面的美元会更加强大，Facebook币只是美元的先锋和助手。以这种思维，法币将不再只是传统法币，而是传统法币和相关的稳定币。这次Facebook带来的不只是通用“货币”，也带来了新型世界货币竞争，而这种新型货币竞争不同于传统货币竞争，是以协议制定、流通性、速度、政策的执行力来决定货币强弱，例如强国制定协议而其他国家跟随。这样新经济思想又带来新的央行、银行结构和新型监管，例如英国央行宣布建立新央行结构，使央行可以直接处理第三方支付系统，把已经丢失的监管权拿回。

一、Facebook稳定币带来一个新时代

Facebook 2019年6月18日发布稳定币Libra白皮书，立刻引起世界的关注，美国、欧洲、中东、非洲、亚洲都在热议，而在中国，热议是最近几年最大的一次。而且这次热议不只是在区块链界，在传统金融界和政府也是如此，例如

美国政府、美联储、欧洲政府和央行（例如法国政府和英国央行）、商业银行、金融公司等。

这次热议的原因在于Facebook使用者多，这个软件在许多国家都可以使用，而且产生的经济力量惊人，超过以前的数字代币例如比特币，甚至有可能比一些法币还要强劲。

有人认为，这次发币会使Facebook成为世界央行，而这种观点在白皮书还没有发表前已经被多人认同。这种观点的基础是Facebook稳定币有可能会是世界流通性最好的货币，如果是，Libra可能取代的不但是数字货币（例如比特币或是以太坊），甚至有可能取代一些法币（例如美元）成为世界流通货币。

也有人认为，这次Facebook将会大大获利，而且在几个月前许多分析师已经对此进行了预测，这个观点我在以前的文章中表示过同意。但是我认为：

（1）Facebook不可能成为世界央行，不可能取代现在强货币例如美元，但一些弱法币可能会被取代。

（2）Facebook稳定币还可以是美元的工具，因为当Facebook币成为世界流通货币的时候，后面的美元会更加强大，每笔Facebook币交易的时候，事实上都是代表后面美元在交易（还有在Facebook后面的其他法币）。

（3）以这思维，法币将不再只是传统法币（M0，M1等），而是传统法币+相关的稳定币，这些相关的稳定币就是法币的先锋，可以到达法币不能到达的地方。

（4）如果法币不再只是传统法币，而是传统法币+相关稳定币，Facebook带来的不只是一个新的通用“货币”，也是一个新型世界货币竞争。而这新型货币竞争以协议制定、流通性、速度、政策的执行力来决定，不同于传统货币竞争，传统货币以利息和汇率为重要考量。

（5）这个新时代，除了带来新的货币形态（数字货币），也可能带来新的央行和银行结构。英国央行，经常是世界思想领先者，是世界第一个决定重构业务和服务对象、改变英国银行结构的央行。如果这是趋势，世界金融结构必定改变。

（6）英国央行改变银行结构，因为需要监管新型支付系统。这代表新型监管技术需要出现，而现在金融系统和结构因为这些新型监管方式而改变。

这些都是现在进行式，许多想法还有进步改变的空间，但世界已变，只能往前走。

二、稳定币的历史

（一）假稳定币

我认为现在的稳定币分两种：（1）真稳定币。有政府监管单位在后面支持，例如 IBM 的稳定币；（2）假稳定币。没有政府支持，也没有监管。在过去几年，国外媒体报道一些稳定币后面的资金很可能是假的（因为项目方没有提供证据证实这些资金存在），而且稳定币价格不稳定。

另外，许多分析师认为，2018 年数字代币暴涨就是因为这些假稳定币故意多发，制造购买数字代币的资金，而又没有实际美元在后面。当时有分析师认为稳定币暴跌的背后原因，就是项目方自己套现出场，使稳定币持有者受害。如果是这种情况，意味着项目方和投资方有利益冲突。但是当时司法单位没有介入此事，现在美国司法单位开始调查类似事件，并认为有欺诈的可能。

稳定币是世界金融重要创新，但是这必须是真稳定币，不是假稳定币。假稳定币必然会被历史淘汰。一个“信任机器”产生的稳定币是不能被用来欺诈的，这是对“信任机器”的侮辱，因为信任机器是用来维持公平的。区块链社区应该自律，不容许此类事件再次发生。

（二）真稳定币

2018 年 7 月，IBM 公司推出稳定币计划，得到美国联邦存款保险公司（FDIC）支持，意味着区块链的金融革命正式来临。在这以前没有国家支持的稳定币发行，而且 IBM 在 2018 年 8 月就直接表明他们发行的是“数字法币”（CBDC）

或是“数字美元”。2019 年 2 月，摩根大通银行也发行稳定币。巧合的是，IBM 和摩根大通两家公司都做跨境支付业务。其后不久，Facebook 开始推出 Libra，并且也做跨境支付业务。分析师预测 Facebook 市值会大增，虽然其社交网站没有进入中国市场，但其支付系统已经预备进入。2019 年 6 月 5 日，瑞士、加拿大、美国、英国、日本、西班牙等 14 家银行联合推出稳定币用于结算（Utility Settlement Coins, USC）。VISA 也推出了 VISA Connect——一个以区块链为基础的跨境支付系统。表 3–1 说明的是各种真稳定币的意义。

表 3–1　各种稳定币的意义

	名称	意义
1	Facebook 稳定币 Libra	Libra 将成为全球流通最多、最广的货币之一。如果得到广泛采用，它对全球金融体系的影响极为深远。
2	IBM 稳定币	世界第一家由美国政府支持的稳定币，挑战 SWIFT 跨境支付市场。
3	摩根大通银行稳定币	世界第一家银行发行稳定币，并且和 170 家国际银行合作，摩根大通银行是美国最重要的商业银行，挑战 SWIFT 跨境支付市场。
4	14 家银行联合发稳定币	世界多国（美国、欧洲、日本、加拿大）大银行联合成为区块链帝国，发行数字美元、数字欧元、数字英镑、数字日元、数字加拿大币，在跨境支付市场联合作战。
5	VISA 区块链跨境支付系统	世界最重要的信用卡系统使用区块链，挑战 SWIFT 跨境支付市场。

众所周知，这些都是世界著名的公司。例如摩根大通是美国最大的银行，Facebook 是世界上最著名的社交媒体，VISA 是世界上最大的信用卡系统。当他们都采用区块链技术的时候，难道这些不是惊人的事实？世界银行

（World Bank）以及国际货币基金组织（IMF）最早推出了“学习币”（Learning Coin），但这不是数字代币，只是学习、研究、尝试相关技术，并且公开表示这事实上是数字法币的前身。这表明两个金融机构都开始认真思考数字法币。2017 年 9 月 30 日，IMF 执行总裁拉加德在英国央行的演讲是惊人的，在那次演讲中，IMF 改变了他们对于区块链技术以及数字代币的看法，认为区块链技术以及数字法币是未来发展趋势。2019 年 5 月国际货币基金组织也发布报告，认为这些稳定币就是数字法币（CBDC），等于认同 IBM 在 2018 年 8 月宣告他们的稳定币项目就是数字美元。

国际货币基金组织也列举数字法币的优势。这些优势英国央行也列举过，而且英国央行还认为数字法币是国家货币政策的一个新工具，是监管利器。因此这些稳定币的出现，不能只是当作新的金融产品的出现，它们还带来了市场结构性的变化。这些稳定币不是各国政府不喜欢的数字代币，而是国外政府支持和鼓励的合法合规的金融产品。例如 IBM 发行的稳定币由美国政府 FDIC 担保支持，同时美国监管部门一直在限制没有合法的数字货币。如果国际货币基金组织观点正确，14 家银行联合发行稳定币是不是代表世界将很快会有数字加元、数字日元、数字欧元、数字美元、数字英镑？

现在国外数字货币已经如洪水一般涌来。事实上，这并不是现在才出现的情况。早在 2018 年 7 月就已开始了，只是现在速度加快了而已。最近有知情人透露，这是一次巨大的商业竞争，国外的区块链项目由财团支持，预备在将来世界金融产业上居领导地位。

稳定币是世界货币历史上的重要创举，可惜刚开始出现的稳定币是假的，当真的出现时就是数字法币。2018 年 7 月是世界货币历史上的重要里程碑，我多次在演讲和写作中都提过这点。2018 年 7 月美国政府支持 IBM 公司发行数字美元，是世界第一次发行数字法币，开创了世界货币历史。

三、Libra 的讨论

2019 年 6 月 18 日，Facebook 发布 Libra 白皮书。这一举动，引发了世界各国的热议，从政府部门到街头巷尾，有支持的，也有反对的。这里，我们将就欧美主要国家的观点进行讨论。

首先，法国财政部长说 Facebook 发行的 Libra 不具备成为主权货币的能力。但是，Facebook 从来没有说过这是法币，它的 Libra 没有任何央行支持，也没有任何政府担保，不像 IBM 公司发行的稳定币有美国政府担保。既然没有任何政府支持，怎么可能会具备成为主权货币的能力？法国部长真正想表达的看法是什么？

其次，英国央行表示，Facebook Libra 将面临七国集团严格监管和审查。当英国巴克莱银行与其他 13 家银行要一同发行稳定币，包括数字英镑、数字美元、数字日元、数字欧元、数字加拿大币。为什么当时英国央行不要求对数字英镑采取严格监管和审查？英国央行是不是也应该要对这些数字英镑、数字日元、数字美元、数字欧元采取同样严格的 G7 监管和审查？

最后，欧洲数据保护主管则认为，Facebook 可能会泄露用户的隐私，令人担忧。该观点很有道理，但这一问题不只存在于 Facebook 发行的 Libra，其他数字稳定币，还有所有股票、现金、信用卡都存在同样的问题，同样令人担忧。

以上都是对 Facebook 发行的 Libra 表现出不欣赏甚至是敌对的态度。接下来，我们一起看看其他的观点。

美国联邦存款保险公司（FDIC）对 Facebook 的 Libra 用途表示担忧，认为 Libra 白皮书上的解释有点模糊。其实岂止是模糊，而是根本就没有提及用途！每个个体的消费行为都是隐私的，包括使用 Facebook 的 Libra。为什么 FDIC 要表达这样的观点？仔细阅读就会明白，他们只是需要监管 Libra 的使用。这代表着 FDIC 认为 Libra 就是钱，花钱（稳定币）就需要被监管。事实上，这是 FDIC 对 Libra 的正面回应！代表美国政府支持 Libra。

当比特币大涨之时，摩根大通银行总裁一直在强调比特币没有价值。然而整个过程中美国政府没有站出来表明比特币有任何价值。现在，Facebook 的 Libra 还没有正式发行，美国政府就站出来表明这是“钱”，有价值。这难道不意味着美国政府在背后大力支持？

美联储主席表示，在安全、稳健、监管方面对 Libra 有很高的期望，承认 Facebook 早已与他们联系，讨论各种监管问题。这说明美联储也支持 Facebook 的 Libra。

可以说，各国已经看到 Libra 将会极大改变金融市场的秩序，它们对此非常不满意，只好利用一些监管借口来进行攻击，而事实上，美国政府是支持的，但因为反对的声音太大，只好找一些借口来进行质疑。

Facebook 公司对此应该早有预料，所以他们的做法很聪明，明明是美国产品，却把公司注册在瑞士，所以 Libra 实际上是瑞士籍，而瑞士对数字货币的态度友善。也因为是瑞士籍，欧洲一些国家对 Libra 存在很大意见，认为作为一家美国公司，Facebook 却享受了欧盟的优惠。所以，从法律意义上讲，Libra 属于欧盟管辖，欧盟在法律上是允许的，可是在情感上却不喜欢这个改变整个金融市场并对他们经济可能产生巨大影响的项目。

关于 Facebook 监管的讨论，还将持续一段时间。各国态度已经非常明朗化，基本上是其他国家在反对，美国政府看似反对，实际上是大力支持，帮助 Facebook 来进行推动。这也正如我以前谈的这些稳定币不可能也不会取代法币，反而会成为法币的工具，帮助推行法币。Libra 必定支持美元，也是美元的辅助工具，既然是美元的工具，美国政府和美联储当然都会支持。

可能有些人认为，这只是一个美国公司发行的稳定币，又不是法币，而且该公司也不能在中国营业，因此 Libra “不重要”。真是这样？现在美国政府和美联储都开始表明态度，欧洲央行和政府也公开反对了，这已经是国家层面的公开辩论。难道这会“不重要”？如果这项目不重要，美国政府或是美联储需要说话吗？欧洲政府和央行需要攻击吗？这些问题的出现，都代表着此事非常重大，导致大西洋两岸政府和央行公开隔空对话。

Facebook 的稳定币攻防说明，Facebook 的稳定币是美元的工具，所以美国政府支持，又因为侵犯欧洲的利益，所以欧洲人反感，这就是新型的货币竞争。

四、Facebook 不会成为世界央行

一些分析师认为，Facebook 会成为世界央行，对此，我不认同。Libra 不可能是世界央行的货币，Facebook 也不可能是世界央行，不仅美联储反对，包括英国央行在内的其他国家央行不会同意，世界银行和国际货币基金会亦不会同意。事实上，英国央行要 Libra 通过英国央行实时金额支付系统（Real Time Gross Settlement）的监管，英国央行的红衣大炮（RTGS）已经出现，Facebook 愿意接受其监管吗？如果当真接受了，以后在 Facebook 上的每笔交易，英国央行都可以看到！

Libra 不会取代法币，例如美联储主席鲍威尔近日否认美元会被取代，他说："如果这事会发生，这会是在非常远的将来。数字货币还在婴儿阶段，我不会觉得这些数字货币或是加密货币会使美联储不能实施任何美国货币政策。"

他说这话非常有意思，大家可以想象一下。比特币以前的规模会比 Facebook 以后的规模小得多，但是过去美联储一直在抨击比特币，认为这会影响到美国金融的稳定，有一定的风险。对于小小的比特币，美联储已经如此攻击了，而比此大得多的 Libra，他却说不用担心？美联储还说 Libra 还是婴孩，不会影响美国国家货币政策。

他把所有加密货币都算是婴孩，那为什么比特币这婴孩一直被看成敌人攻击，而 Libra 这婴孩却被看作宝贝照顾，这应该如何解释？除非 Libra 是美元工具，不然无法解释。

Libra 使用的人越多，美元在后面越流通。美元到不了的地方，Libra 代为效劳。

鲍威尔还认为，美联储没有"完全的权力"（plenary authority）管理 Libra。注意一下，他不是说美联储没有权力管理 Libra，他是说没有"完全"

的权力，例如美联储在支付系统上保护消费者上有管理责任。这代表到了那一天，Facebook 自己认为可以取代美元的时候，美联储可以用“保护消费者”的理由将 Libra 下市。

到底谁是老板（who is the boss）现在还看不出来吗？美联储是美国央行，美元是美国货币，谁都不可以挑战这些，包括 Facebook。

五、法币和数字法币

什么是法币？许多人认为央行发行的货币就是法币，不是央行发行的就不是。那为什么 IBM 公司认为他们发的稳定币就是数字法币（法币以数字形态出现）？而后来国际货币基金组织也同意这种做法。

到底这些数字稳定币是不是法币？这可以讨论。首先要了解为什么 IBM 公司认为它的稳定币就是数字法币？明明不是美联储（美国央行）发行的。美国历史上有很长的时间，法币不是政府发行的。现在的美联储就是私人公司，但美联储发行货币需要得到美国政府认定才能成为法币。今天，IBM 公司发的数字稳定币是由美国政府担保，可以一对一兑换美元。因此，IBM 公司就认为其发行的稳定币就是数字法币。从 IBM 公司经验，我们可得出结论，稳定币如果是由国家或是央行担保的，就是数字法币。这种观点也被国际货币基金组织支持，其在 2019 年 5 月发文进行呼应。

有人认为，数字法币只是数字现金。但英国央行早在 2016 年就表示数字法币是国家货币政策的工具，也是国家主权和监管权的利器。英国央行发布报告认为，使用数字法币可以提高国家的 GDP。英国央行还有一个创新的思想，即一个国家法币可以有两种形态出现，而且可以有不同的货币政策，相比以前的一种货币和一个货币政策，更加灵活。英国央行的这些观点得到了加拿大央行赞同。加拿大央行是世界第一个发布区块链实验报告的央行。

英国央行提出数字法币是国家货币政策的一个工具，而且数字英镑和英镑的货币政策可以不同，如英镑涉及零利率下限，可以有非常少但必须是正的利息，但数字英镑可以有负利率，这样对经济刺激作用会更大。数字法币能使交易活动更加高效，而且成本更低，能见度更高。央行发行数字法币可以给市场灌注信心，并对其进行有效监管。

2016 年，英国央行甚至发布了由伦敦大学学院（UCL）所提出的数字法币模型 RSCoin。虽然后来英国央行宣布放弃了数字法币，但只是放弃了伦敦大学学院提的数字法币模型，并没有放弃整个数字法币计划。

法币以数字法币出现的时候就比以前灵活。这产生一个新概念，就是国家货币不再只是传统法币，而是“传统法币 + 辅助的稳定币”。

六、新货币竞争的方式

新型货币竞争时代已经到来！这是人类历史上第一次与数字货币相关的货币竞争，且数字货币不和法币对抗，而是成为法币的助手。美国政府和美联储护航 Libra，认定它有价值，强调可监管性，并且对其有很高的期待；而欧洲国家一直在批评其安全性和隐私性,并且强调要以最严格的方式来审查其系统。

这场货币竞争事实上在 2016 年时就已开始酝酿，我在英国央行讨论数字法币的时候，加拿大央行和欧洲央行都积极参与，加拿大央行 2017 年的实验报告是现在区块链研究的经典。2018 年美国国会开会，会后美国的一连串行动明显是部署周密的国家级行动，我曾从三个方面来进行来做解释。

过去，货币战争是各国通过法币来获取利益，通常的做法是通过贬值法币来刺激出口而从汇率上获取利益。当各国都开始竞争性贬值本国法币时，全球货币战、汇率战就会全面爆发，这是旧式货币竞争，主要关注汇率和利息。

而新式货币战争是还能使用稳定币进入他国市场，可以及时控制交易买卖信息。新货币竞争的特点在于：流通快，24 × 7，没有 SWIFT，但可用区块链来监管。一方面，稳定币可以通过利息（正或负利息）刺激经济、保护财产，在经济危机时，资金会流向数字法币或是有支持的稳定币；另一方面，不用利息，也可以利用稳定币（例如大买或大卖稳定币）影响经济活动。例如某国使用某些稳定币，其他法币或是稳定币可能会被打压。这种新型货币竞争以协议制定、流通性、速度、政策执行力来决定力量：

- 协议制定：谁制定稳定币规则谁就是老大；
- 流通性：稳定币可以在多少地方流通决定谁是老大；
- 速度：哪家的稳定币流通快哪家就是老大；
- 政策执行力：稳定币能不能执行国家的政策决定稳定币的力量。

这次货币竞争的主角是“法币 + 辅助的稳定币”，两者并肩作战，而不是只有法币。前文中已提到“五只数字老虎”：IBM 的稳定币、摩根大通银行稳定币、Facebook 发行的 Libra、14 家银行联合发行的稳定币、VISA 区块链跨境支付系统。其中三只“老虎”是单纯的“美元老虎”，只是数字美元；另两只“老虎”除了数字美元外，还有其他数字法币。这次美元的霸权逻辑如下：美元法币是老大，带着 5 个数字美元“小弟”，数字美元替美元开路，谁想找美元麻烦，先过了数字美元这关再说!

对市场非常敏感的区块链创新应用实践者戴文浦对“五只数字老虎”有一段有趣的评语，“数字金融如同当年的热兵器火枪火炮，已经兵临城下了还浑然不觉，固守大刀、长矛和弓箭冷兵器，殊不知数字经济历史的车轮正滚滚而来！”在新型货币战争中，放弃区块链技术就好比八国联军入侵时只使用大刀、长矛和弓箭之类的旧武器，而放弃枪炮和坦克等新型武器。区块链技术就是可以使用的新型武器，其用于监管和控制比 SWIFT 更加方便。

七、新监管策略引进新央行模型

2019 年 6 月 20 日，英国央行行长卡尼在即将辞职之际发表演说，主题为《促进、增强、确保：服务于新经济的新金融》（Enable, Empower, Ensure: A New Finance for the New Economy）。他的演说语调平和，没有一点火药味，颇有英国绅士风度。但实际上，这却是英国央行对不受欢迎的系统正式宣战。为了这次宣战，英国央行已准备许久，虽然中间出了一些问题，但很明显它一直在学习和进步。我从 2016 年开始注意英国央行的决策和行为，了解整个过程，更明白英国央行的这一决定是很难做出的，但英国央行已经决定开战，目的是为了保护英国国家利益。

在这次演说中，卡尼提出了一个新思想——“新经济需要有不同的央行”，其中一项新措施就是央行准备开放 RTGS 等基础设施给第三方支付系统。

他认为，到现在金融科技最重要的突破是在支付系统。他没有指明哪些支付系统是创新的，支付宝、微信、比特币和以太坊等都属于新支付系统，但都不在英国央行的系统里。所以早在 2016 年，英国央行就提出要发行数字法币，2016 年 9 月 8 日在英国伦敦举行了 2016 P2PFSY（2nd International Workshop on P2P Financial Systems 2016）大会，英国央行出纳总管（Chief Cashier）Victoria Cleland 在会上做主题演讲，她谈到目前金融科技正在大大改变英国金融市场，第三方支付的崛起、P2P 交易的增长、众筹模式的兴起等经济活动给英国经济带来了巨大的变化，迫使英国央行改变其货币政策和运行流程，大力推进数字法币发行。

英国央行虽然说明要发行数字法币的理由（如要建立货币政策的新工具），但是最关键的原因是要把支付监管权拿回自己手中：

- 在英国第三方支付越来越重要，英国大部分金融活动都不在英国央行的监管之下，这是英国央行不容许的，但是又没有办法解决。
- 这问题来自两方面：（1）合法的第三方支付，例如微信支付；（2）不合法的比特币支付系统。前者还可以用法律或是行政来处理，比特币逃避监管，英国央行不知道如何管理。更严重的问题，英国央行不了解相关技术。

传统上英国银行与银行之间的交易都由英国央行来保证，英国央行决定对第三方支付等其他类似的金融机构给予同样的保证，这实际是用来对付合法的第三方支付机构的，因为央行可以担保，但第三方支付不能提供和央行一样的担保。

而通过发行数字法币，英国央行可以和数字代币直接交战，把数字代币放进金融系统直接监管，同时保护交易双方。因为数字法币有央行担保，如果进行跨境支付，一定赢过没有央行担保的比特币。

英国央行以央行的地位，直接和第三方支付和数字代币竞争，表示英国央行对此事非常看重。要知道，第三方支付只是民间公司，而大部分数字代币还没有合法化，但这些新科技公司却使英国央行吃了多年苦头。这说明科技迫使英国央行最后放下架子，拿出最后的“镇海神针”来监管这些不受欢迎的系统。

不要忘了，英国央行 2015 年还不明白什么是区块链，但还是谦虚地向数字代币学习，而他们学习的方式就是开始沙盒监管计划。到 2017 年，英国央行发表沙盒报告承认区块链技术的确有创新点。当英国央行了解区块链技术后，才真正开始部署应对数字代币的方法。

为了拿回监管权，英国央行决定向第三方支付开放央行的 RTGS 系统，这在 2017 年左右就已宣布，可是直到现在还没有开放，这次卡尼在演说中就提及此事，并强调英国央行已经准备好了，准备开放给第三方支付。

英国央行带来的信息就是，世界因为新支付技术，需要新型监管方式，而新型监管带来新型央行—银行结构。

与世界上许多央行一样，英国央行只跟银行来往，不与非银行机构来往，商家必须经过银行才能访问英国央行。可是当把英国央行里面的系统开放给第三方支付系统，甚至开放给其他公司或者是个人，英国央行事实上便取代了商业银行部分的角色，所以有学者称其为“大央行主义”，这也是英国央行所提出来的构想，该构想在 2016 年间谈得很多，可是直到现在都还没有实现，表明实践起来还是有困难的。

2018 年，英国央行宣布放弃数字法币计划。但事实上，英国央行并没有放弃这个计划，而是学习了美国 IBM 公司的做法。利用非央行机构来发行数字法币，但由政府或是央行担保，开始在小区域的试行，然后再扩大范围。IBM 的数字美元是美国政府担保，英国巴克莱银行发的数字英镑是英国央行担保。

这样数字法币发行和管理方式会成为新的潮流，这也是卡尼此次演说所传递出的重要信息。

另外，我们还应该思考，英国央行支持数字英镑到底是为什么？除了要和第三方支付系统和数字代币竞争外，还有其他目的吗？数字法币最大的用途是什么？是金融危机发生时大家立刻可以把资金转到数字法币上？这也没错，但是金融危机大概十年才会出现一次，大型金融危机许多年才会发生一次。英国央行的数字英镑显然不是为这个准备的。

英国巴克莱银行要发行数字法币，也是英国央行支持的，这就是一种数字资产，所以我们得出结论：英国接受了数字资产！

数字资产从数字法币开始，以后还会有数字股票、数字房地产等等，这将开启人类历史上数字资产新时代。世界两大科技大国美国和英国都同时接受以区块链为主的数字经济，应该是多年来金融领域最大的改革之一。

英国央行做出这一决定非常之不易，主要原因包括：

- 英国央行需要扩大系统，这样的系统工程难度很大；
- 英国央行会取代一部分商业银行的业务，改变英国银行体系，触动很多人的既得利益。

英国央行明白数字法币不是终点，而是起点，以后会有更大的数字资产。在这方面，英国央行展现出强大的学习能力和改革的勇气：

- 开启沙盒计划，谦卑学习新科技，不因为自己是政府机构就随意行事；
- 学习美国，不是立刻建立一个大型系统来解决问题，但现在就开始着手解决，从解决部分问题开始，逐步推进。由非央行（商业银行）发行数字法币，由英国央行担保，就是英国央行的做法，而且和其他六国一起做，循序渐进，逐渐拓展。

卡尼还表示，英国央行对 Libra 持开放态度，而不是敞开大门，并强调：Libra 这样的创新必须在发布之前规定好标准和法规；必须达到最高审慎监管和消费者保护标准；必须解决反洗钱问题；必须是一个有竞争力的开放平台。事实上，我们可以看出英国央行对 Libra 是持反对态度的，但说得比较婉转。

数字法币是法币的护城河，在前面的文章中我们说过，货币战争的主角是

“法币 + 辅助的稳定币”，两者并肩作战，而不是只有法币孤军奋战。Libra必定会支持美元，也是美元的辅助工具，既然是美元的工具，英国央行当然会反对。每个国家只会支持自己国家发行的稳定币！

作者简介

蔡维德 国家特聘专家，中国亚洲经济发展协会区块链产业专委会会长。

Libra 来袭，中国应该怎么出牌？

曹辉宁

摘 要

无论在何种层面上，Libra 的意义都是里程碑式的。要知道全球还有 17 亿享受不到银行服务的人群，而 Libra 在支付通道上一夜之间就可以替代信用卡等传统支付工具。对于微信和支付宝，虽然它们在中国已经有相当成熟的经验，但是 Libra 不需要通过任何中心，可以直接实现点对点的价值传输。相对传统的金融体系来说，Libra 更安全透明、便宜高效。它的交易数据不经过任何公司，因而保护了用户的隐私。

6 月 18 日，在中国电商年中大促的喧嚣声中，美国社交媒体巨头 Facebook 发布了 Libra 白皮书，宣称一种叫“Libra”的数字货币将在一年之内问世。因为基于区块链技术，它将让跨境汇款变得像发短信一样简单。它的支付成本几乎为零，所以用户不需要缴纳手续费，它的交易速度以秒计算，因而也没有延迟。它与法币挂钩，因而避免了投机引发的价格剧烈波动，而这正是数字货币中最流行的比特币遭人诟病的地方。

无论在何种层面上，Libra 的意义都是里程碑式的。要知道全球还有 17 亿享受不到银行服务的人群，而 Libra 在支付通道上一夜之间就可以替代信用卡等传统支付工具。对于微信和支付宝，虽然它们在中国已经有相当成熟的经验，但是 Libra 不需要通过任何中心，可以直接实现点对点的价值传输。相对传统的金融体系来说，Libra 更安全、透明、便宜、高效。它的交易数据不经过任何公司，因而保护了用户的隐私。

作为全球数字货币，Facebook 有着得天独厚的优势：全世界约 27 亿 Facebook 用户和 Facebook 平台上的 9000 万家企业已经为 Libra 的落地铺平了道路。相信在 Facebook 之后，谷歌和亚马逊等巨头都会在数字货币领域有所行动。

Libra 对全球的金融体系没有太大的冲击和影响。如果有的话，可以说是现有货币体系的一种补充。比如，现在国际转账最便宜也至少要收 4%—5% 的手续费，但是 Libra 基本上不需要手续费。Libra 最天然的优势就是它庞大的全球用户基数，而 Facebook 本身就拥有一定的信用，作为一个又便宜又便捷的支付工具，Libra 很有可能成为一种浩浩荡荡的潮流，成为最后的银行。

作为一种稳定币，Libra 是以法币比如美元或者短期债券作为抵押物，这意味着将来会有很多公司帮它做汇兑，使之成为一个全球性的数字货币。Facebook 公布的第一批 28 个创始成员，就是做全球汇兑和验证的超级节点，未来超级节点会扩展到 100 个。中国的阿里和腾讯应该尽快考虑申请成为 Libra 的超级节点。成为超级节点，一个硬性指标是向 Libra 协会缴纳 1000 万美元的会费。这对阿里和腾讯这样的规模的公司来说，不是太大的顾虑。

Libra 协会的创始成员包括 MasterCard、Visa、PayPal 这些支付巨头，也包括 Booking、eBay、Lyft、Uber 这些与人们日常生活息息相关的支付场景公司。Facebook 这样做其实是吸取了比特币的前车之鉴。比特币从一开始就完全是去中心化的，而 Facebook 则更加谨慎，它选择的路径是从分散的 100 个节点开始运营，但最终会过渡到完全的去中心化。这样做的好处是，这 100 个节点本身是值得信赖的实体，他们在受监管的环境中运行，并具备确保网络基础设施稳定运行的专业知识，可以给 Libra 的成长提供充沛的营养。据《纽约时报》披露，这份名单上没有金融公司的身影，部分原因是加密货币的监管问题。

未来如果 Libra 失败了，它一定不是因为技术上的困难，也不是因为运营上的稳定性问题，而是败给政策。中国央行对数字货币一直是完全禁止的态度，但是对 Libra，监管当局应该用一种包容审慎的态度来考量，把海外人民币放到 Libra 的抵押货币当中，甚至可以将其视为支撑“一带一路”金融战略的一部分。

如果现在不争取，将来势必会有更多的交易通过 Libra 完成，很大程度上就是通过美元，区块链跨境支付成为别人的市场，到时候恐怕追悔莫及。现在无非就是用 1000 万美元买一张船票，更何况这 1000 万美元并不是打水漂。因此，中国的监管机构和企业应该尽快拿出一个方案，让中国公司和一群全世界最聪明的伙伴来共同创造，测试新想法，激活新的金融业务，给全世界、全社会都带来益处。

阿里和腾讯都是海外上市公司，在监管上应该有适度的灵活性。监管层最担心的就是金融稳定性和洗钱，但其实这些都是可以监管的。美联储主席鲍威尔在 Libra 发布之后迅速表态声援 Libra 称："我并不太担心美国央行会因数字货币或加密货币而无法再执行货币政策。同时，美联储不会将监管 Facebook 的 Libra 项目纳入议程，因为美联储不具备此类权力。"鲍威尔很明确地表示："只有当它涉及消费者保护和洗钱时，才会进入我们的管辖。"

各国央行对 Libra 态度不一，但不能因为它是数字货币就把它一棒子打死。而是要看到，Facebook 推出的数字货币对全社会是有用处的。当中国已经成为全球第二大经济体，并且是全球最大的智能手机市场、全球最活跃的电商市场，为什么不让中国公司参与到这个权力的游戏中来，主动抢占一杯羹。

现在没有谁敢板上钉钉地说 Libra 一定会成功，未来还会有很多变数，但是在不影响金融稳定的情况之下，应该允许中国公司在海外探讨和研究数字货币技术，允许中国公司成为 Libra 的人民币节点，跟他们一起成长。这样人民币又多了一个活跃的海外渠道，为人民币国际化铺平道路。成为 Libra 的节点在技术上并没有难以逾越的障碍，关键是要有一定的影响力。对 Facebook 来说，如果有一两家有影响力的中国公司成为它的节点，也是一件锦上添花的好事。如果一年之后全世界都开始使用 Libra，中国也不太可能始终远离潮流或者逆潮流而动。与其到时候再临渊羡鱼，不如现在网开一面，让中国公司在暴风雨中接受考验，而不是等暴风雨过去。

一个新东西到来了，我们无法挡住它的脚步。它就像一颗种子一样有旺盛的生命力。你在这个地方把它堵住了，它会在别的地方又长出来。比特币在这些年里经历了多次的打压，但每次打压之后它都会反弹，说明社会对它的价值是有真实需求的。

国内媒体普遍把 Libra 翻译成“天秤座”，但其实 Facebook 发布这个新货币计划“Libra”，名字源于古罗马的重量单位。在拉丁语中，Libra 是“磅”的意思。如果一定要翻译，可以翻译成“数字磅”。从“天秤座”到“数字磅”，对一个英文单词的翻译就可以谬以千里。可见，对于一个新生事物，如果我们不懂装懂，很可能会错失良机。如果一时看不明白，不妨多给它一些时间让它尝试，多给它一些空间让它摸索。

四十年前，小岗村一份按着红手印的土地承包责任书拉开了中国改革开放的序幕。曾经有人问过安徽省委的领导当年是怎么做的，得到的回答是：“睁一只眼闭一只眼。”这句话道出了监管的精髓。在数字货币的大潮中，在对待 Libra 这个新生事物上，“睁一只眼闭一只眼”的态度是最具智慧、最有胆略的监管。

作者简介

曹辉宁　长江商学院金融系主任。

中美博弈的货币之维：Libra与人民币国际化

邵宇　陈达飞

摘　要

数字货币的核心困惑仍旧在于“它是一种货币还是资产”。从历史来看，传统的货币寄托于特定生产关系成为资本再成为资产，现在的数字货币则似乎主要是资产，去掉流动性溢价后，逐渐成为货币，数量也需要动态增加。互联网的特性使得它超越主权和汇率成为真正的世界货币，当然可以跟SDR或者主流货币挂钩或者妥协，唯一的问题是Libra可能仍旧是中心化的，并且再度强化现有的货币霸权。

判断一国货币的国际地位，可从其在交易、结算、储备、定价等维度进行评估。最近十年中，人民币国际化一直是一个被广泛探讨的话题，虽然人民币国际化进程在有序推进，也取得了诸多成就，如2015年12月1日，IMF宣布将人民币加入SDR，且权重仅次于美元和欧元，超过日元和英镑。但迄今为止，人民币的国际化水平仍然较低。

从最新数据来看，美元在全球跨境支付中的占比为41%（SWIFT），在全球外汇交易中的占比达到43%（BIS），在全球储备资产中的占比达到62%（IMF）。综合来看，金融危机之后，美元的国际地位不降反升，人民币的国际地位虽有加强，但仍然处在一个与中国综合经济实力不相匹配的低水平。这说明，即使是金融危机也未撼动美元的霸权地位。

由史观之，美元之所以能够在较短时期内取代英镑成为最重要的国际货币，重要原因是英国在货币制度选择上犯了大错，致使英镑失去了“锚”的属性。

19 世纪末，美国工业总产值已超过英国，但美元依然弱势。第一次世界大战和第二次世界大战冲击了欧洲，美国是两次世界大战唯一的赢家。第一次世界大战后，美元迅速取代英镑，成为最主要的国际货币。按照艾肯格林（Eichengreen）的说法，从 1914 年美联储诞生算起，美元的国际地位在 1925 年就超过了英镑。艾肯格林特别强调美联储的“助推”作用，但若没有两次世界大战，以及英国在金本位上犯的错误，美联储的助推作用或许不会那么明显。

第二次世界大战后确立的布雷顿森林体系强化了美元的权威地位，最终确立了美元霸权。1971 年，尼克松关闭黄金窗口。1973 年，布雷顿森林体系彻底瓦解，美元霸权反而再次得到强化。

国家货币在于供给，国际货币在于需求。美元国际化的经验显示，一个国家的货币能否成为重要的国际货币，重要的不是其做对了什么，而是别人做错了什么。在人民币的国际化重要事项排序中，中国做对了什么是相对最不重要的，最重要的是美国和欧洲做错了什么，居中的是中国自身做错了什么。

人民币国际化的速度取决于这三个方面的组合，其中最快的组合是：美国和欧洲犯大错，中国少犯错，再加上中国还要做些正确的事。所以，人民币国际化，也讲究天时、地利、人和。

无论是在一国内部流通，还是在国家之间流通，好的货币的基本属性大同小异，最重要的一点就是币值的稳定。美元汇率虽有波动，但并未呈现出单边贬值的趋势，而且美元本身在金融市场波动时，往往会成为投资者争相购买的避险品种，足见其优势。

美元的强势，既有美国经济硬实力的背书，也有其制度文化软实力的支撑，再加上其在位优势，美元化产生的网络外部性使交易成本大大降低，任何一种新货币想要切分蛋糕都变得困难。即使是欧元，其创生的初衷也更多的是为了防守，而非与美元正面对抗。欧债危机以来，欧元面临的难题仍然未得到解决，欧元的国际地位也因此有所削弱。

江湖戏言，伊拉克战争的起因是萨达姆曾说过伊拉克的石油可以用欧元定价和结算。民间还盛传，美国之所以对中国这么强硬，一个重要原因是中国推出了人民币定价的石油期货，这威胁到了美元和美国的霸权。这些说法都带有浓厚的“阴谋论”色彩。实际上，货币权力的争夺和形成，已是大国博弈的常态，不宜故弄玄虚。

没有货币自主，勿妄言中美脱钩。全球化背景下，没有货币自主的脱钩无异于闭关锁国。美元仍然是国际通用的交换媒介、价值尺度和贮藏手段，人民币国际化任重道远。在人民币国际化的过程中，我们自身所能做的最重要的事情，首先是少犯错，其次是做正确的事情（此二者并不等价）。

少犯错的第一个体现就是人民币汇率问题。有观点认为，为应对美国加征的关税，中国可放任人民币贬值，冲销关税的负面影响，美国加 10% 的关税，人民币就贬 10%，加 25%，就贬 25%，如此，出口就不会受到影响。这是典型的自以为是的说法，首先是没有考虑到操作上的难度，其次是忽视了大幅贬值的负面影响，它不仅会引起资本外流，还会引起竞争性贬值，除此之外还有包括美国在内的国际社会的政治压力。放任人民币贬值，或者是将人民币汇率当武器，都会使得过去十多年来人民币在国际化战略中所取得的成绩烟消云散，因为国际货币更需要信用来背书，首要的就是要稳定。汇率不应成为应对中美贸易摩擦的武器，应主要交给市场来定价，辅之以央行适度干预，以防投机性行为带来的大起大落。

中美贸易纠纷爆发以来，人民币汇率随着贸易摩擦的强度和市场对中美贸易协议达成的前景的变化而变化。在“破 7”预期之下，央行采用了逆周期调节因子、风险准备金和海外发行人民币票据等方式防止人民币出现大幅、快速贬值。

少犯错的第二个方面与数字货币相关，Facebook 近日宣布于 2020 年发行加密数字货币 Libra，锚定一篮子主权货币，以维持币值稳定。据统计，Facebook 在全球范围内覆盖的用户数量为 27 亿左右，其所选用的货币锚也将给这种货币赋能，增强其国际货币地位。

对于加密货币 Libra 的前景，我将其概括为“主权数字货币非核心功能的商业化”，它是主权数字货币的补充，而非替代。这会是一种多赢的局面。从其官方发布的宣传片就可以看出，其首先要解决的问题就是要素流通、商品和服务流通与货币流通之间的不对称。利用网络的便利性提高货币跨境流通的效率，降低货币交易成本，这是对现有的金融体系结算、清算和交换效率的挑战。比特币曾经扮演过类似职能，但由于其币值不稳定，再加上其覆盖面小等原因，不成气候。Libra 问世后，比特币将仅限于“法外之地”。比特币的“数字黄金”属性，也多为参与者后天植入的概念。与 Libra 相比，由于有 Facebook27 亿用户的流量支持，比特币的去中心化属性，未必是优点。

自 2017 年国内监管机构叫停 ICO 以来，国内对比特币等虚拟币的监管一直较为严格，再加上过去几年的金融去杠杆，互联网金融的发展也陷入停滞状态。所以，国内互联网企业开展金融业务的深度和广度一直不够，支付、代销和消费金融是主要形式，任何形式的“货币”都是禁区，人们对虚拟币的印象好像还停留在“Q 币”阶段。

对于 ICO 和比特币投机乱象的监管整顿，我持支持态度，但有效的监管从来都是遵循短板原理的，即所谓的“一刀切”，而且是从严处理。这是一种监管成本最低，但机会成本最大的监管方式。2017 年强监管之后，ICO 和比特币投机乱象得以肃清，大量参与者转移阵地至国外，使国内在商用“数字货币”领域的发展变得迟缓。虽然中国人民银行在数字货币的研究方面成果斐然，但其研究的立场和动机决定了其应用的领域大多局限于货币政策和宏观调控。

Libra 的诞生，一定区别于比特币，也区别于 PayPal 和 Alipay，因为它创造了一个新的中心。从而也成为中美货币博弈的“新战场”。Libra 将会通过挂钩主权数字货币的方式维护其币值的稳定，而美元一定会在货币篮子中占据最核心的地位，如此，Libra 也将会给美元赋能，强化其国际货币的地位。

货币产生于分工，分工的演化要求货币内部分工与之相适应。过去的经济分工既带来了货币在形态上的不断演化，也使得主权货币内部呈现出越来越多的层次，从而使得货币的概念越来越模糊，不同层次货币的边界也越来越难以界定，但货币的分工仍然局限于主权货币内部。

随着货币制度进一步演化到数字货币阶段，伴随着金融科技的成熟和商业机构的发展壮大，非主权数字货币（或加密货币）的诞生似乎已势不可挡。货币分工的下一步，将是主权数字货币与非主权数字货币的分工。如前所述，基于政治上的考虑，我认为，非主权数字货币将主要用于“主权数字货币非核心功能的商业化”领域，是主权数字货币的延伸，而非替代。博弈的均衡，将是一个动态变化的路径，既有内在演化的自发秩序逻辑，又与人的主观建构密不可分。

作者简介

邵宇　东方证券总裁助理、首席经济学家。

陈达飞　东方证券宏观分析师，首席经济学家助理。

第四篇

Libra 和技术实现

Libra: Technological Realisation

Move 语言：我眼中的 Libra 最大亮点

郭宇

摘 要

Facebook 闪电推出了加密数字货币项目 Libra，立即吸引了全世界的目光。Libra 采用了全新的技术架构，其中，Move 智能合约语言架构最为亮眼。Move 语言是 Facebook 针对数字资产管理专门设计的新型智能合约语言，它吸收了以太坊智能合约的优势，同时又解决了以太坊因为最初设计上考虑不周而造成的各种安全问题。Move 语言的创新总结起来包含三点：首先是完全类型化的智能合约语言架构，从合约虚拟机，包括中间表示，直到再上层的金融领域特定语言，都通过静态类型系统提高了智能合约代码的可靠性；其次是语言层面引入了资源的概念，通过线性逻辑来正确表示数字资产；最后是通过现代的模块系统，使智能合约能以一种可靠的方式来搭建大型的去中心化金融应用。

Facebook 发起的加密数字货币项目 Libra 于 2019 年 6 月 18 日正式公开亮相。Facebook 同步发布了 Libra 多语言官网和白皮书，定位为面向数十亿人的全球货币和金融服务基础设施。Libra 还发布了多个技术白皮书，详细介绍了其新开发的编程语言 Move 和共识协议 LibraBFT。Libra 源码已在 GitHub 开源，测试网络也已上线。目前设计为许可链（联盟链），还声称当前非许可链（公链）不存在成熟的解决方案来支撑数十亿人的使用需求，并表明将在发布五年内开始转向非许可链的过渡工作。

Libra 的一系列发布中，新的编程语言 Move 尤为吸人眼球。第一时间看了

Move 的白皮书后，我认为这也许才是未来智能合约语言该有的样子。

一位来自柏林的开发者 Lefteris Karapetsas 在社交平台上提出了自己的观点：

> Their design goals seem to overlap, or even aim to replace Ethereum?
>
> 他们的设计目标似乎有些重叠，或者甚至旨在代替以太坊？

PuzzleToLife.com 的创始人 CryptoPuzzleDream 认为：

> I think "Move" programming language released by FB could be more interesting than Libra.
>
> 我认为 Facebook 发布的"Move"编程语言可能比 Libra 更有趣。

James Clark 是一名标准极客，他说：

> I'm usually pretty skeptical of anything related to cryptocurrency, but here's one piece of Libra that looks potentially interesting: a bytecode programming language called Move with semantics inspired by linear logic.
>
> 我通常对与加密货币相关的任何东西都表示怀疑，但是 Libra 中有一部分看起来相当有趣：一个被称为 Move 的字节码编程语言，其语义受线性逻辑的启发。

而我脑子里闪过这样一句话：

Move 是为"数字资产"而生的智能合约平台型语言。

Move 语言的三大用处：

- 发行数字货币、Token 和数字资产
- 灵活处理区块链交易
- 验证器（Validator）管理

一、自底向上的静态类型系统

Move 采用的是静态类型系统，类型系统本质上是一种逻辑约束，相比以太坊的智能合约语言来说要更加严格。现代的编程语言如 Rust、Golang、Typescript、Haskell、Scala 和 OCaml 都不约而同地采用了静态类型系统。它的优点是，很多编程的低级错误都可以在编译的时候被发现，而不是拖到运行期才爆出 bug。

"Well-typed programs never get stuck." 这是程序语言（PL）领域的一句黑话：一个类型无误的代码永远不会跑飞。意思是，如果一段合约代码经过了类型检查，那么可靠性会相当高。

Move 也没有设计成一个 100% 静态类型检查的语言，那样会降低实用性。Move 提到了尽量让类型检查在编译的时刻进行，而不是等部署到链上之后。当然，有些类型检查不得不放到运行期来做，但是仍然可以保证类型安全。

Move 有个非常好的设计思路是，从虚拟机开始就是静态类型化的，然后往上是一个有一定易读性的中间语言层，IR 层（Intermediate Representation），也是类型化的。未来，Move 上层将会提供更多的面向各种金融应用的高级语言，那些语言自然也是静态类型，保证智能合约不会再发生非常低级的错误。

二、First-class Resources 理念

First-class Resources 这个词相当学术，翻译成中文为"资源是一等公民"，这究竟是什么意思呢？所谓编程语言的一等公民，就是编程语言在编程的时候首要考虑的被编程对象。

那么资源（Resources）又是什么呢？这也是一个很学术的词。Resources 是和 Value 相对应的概念。Value 是可以随意拷贝的，而 Resources 只能被消耗，不能被拷贝。Resources 就像可乐，喝了一瓶就少了一瓶；而 Value，就像写在

本子上的英文单词，每天早上都可以念一遍，念完它不会消失，如果你记住了，那就相当于在脑子里拷贝了一份。不仅你可以念，我也可以念，你可以背，我也可以背。

传统的编程语言，包括以太坊智能合约语言中，对于数字资产的记账是采用 Value 的方式，这会导致一个问题：记账是有可能记错的。事实上记错账的智能合约相当多，比如：张三向李四转账，李四的账户多了 10 元钱，但是张三的账户余额却没改。在过去两年里，各种智能合约记账漏洞甚至一度让大家对智能合约的未来丧失了信心。

Move 合约吸收了传统理论“线性逻辑”的思想，提出了一种类型，叫作“资源类型”（Resources Types）。数字资产可以用“资源类型”来定义，这样一来，数字资产就像资源一样，满足线性逻辑的一些特性：①数字资产不能被复制；②数字资产不能凭空消失。

First-class Resources 的真正含义是“数字资产是一等公民”。这句话可以引申出，Move 是为操作数字资产而生的智能合约语言。从技术角度讲，数字资产可以作为合约的变量，数字资产可以存储，可以赋值，可以作为函数 / 过程的参数，也可以作为函数 / 过程的返回值。而 Move 的静态类型系统使得智能合约代码能够在编译期，也就是部署前就可以通过编译器检查出绝大多数的资源使用错误，从而保证智能合约不再像以前那样脆弱不堪。

摘用白皮书摘要中的一句话：

> First-class resources are a very general concept that programmers can use not only to implement safe digital assets but also to write correct business logic for wrapping assets and enforcing access control policies.
>
> 作为一等公民的资源是一种非常普遍的概念，程序员不仅可以用它实现安全的数字资产，同时也可以编写正确的业务逻辑，实现正确的访问控制策略。

三、合约安全性设计

Move 合约在设计时，充分考虑了安全性。首先，Move 完全不支持动态指派（Dynamic Dispatch）。Dynamic Dispatch，通俗地说，这是一种非常灵活的语言机制。在程序里面可以写很多的函数、过程、子程序，然后一个主程序可以调用这些函数、过程、子程序，来分别完成不同的功能。如果程序在运行之前，我们就能知道它到底都调用了哪个函数，或者以某种顺序调用很多函数，那么这些函数调用是"静态指派"的；如果在运行之前，我们不清楚某一步的函数究竟是调用了哪一个函数，直到程序运行的时候，通过观察，我们才能知道的话，那么这个函数调用就是"动态指派"的。"动态指派"显然要比"静态指派"灵活得多。

但是灵活也意味着更容易出问题。很多现代编程语言都或多或少支持动态指派，也就是从语言层面直接支持，如面向对象语言中的"继承"导致的"动态绑定"。动态特性是不利于程序的推理，更不利于形式化验证（Formal verification），也更容易出安全问题。在以太坊智能合约设计中就存在许多"动态特性"，如支持函数指针做参数，合约做参数，delegatecall 等。除此之外，还有"高阶函数指针""回调函数""异常处理函数"等都属于"动态指派"。而 Move 语言则剔除了任何形式的"动态指派"或者"动态特性"，即所有的合约执行路径都能在编译的时候确定，然后可以进行非常充分的分析、验证。

Move 合约在运行前都会经过一个字节码验证器（Bytecode verifier）进行校验，这个验证器可以检查出各种类型错误，同时也进行充分的静态分析。另外，字节码在解释执行的时候，仍然是带着类型，一边运行，一边检查。

Move 语言对合约中的"可修改变量"进行了非常严格的限制，并且从 Rust 语言那边偷学了一些设计理念。从而保证任何时刻只能由一个指针对可修改变量进行修改，这样可以避免造成混乱。在以太坊 Solidity 里面，可以定义很多的指针指向同一个变量，如果程序员没考虑清楚代码逻辑，就很容易出现各种奇葩问题。

与以太坊 EVM 平台相比，Move 模块系统不再支持循环递归依赖，完美地解决了合约重入一类的漏洞（Re-entrancy）。

四、强悍的模块系统

Move 模块系统采用的是一种函数式编程语言（OCaml、Coq、SML）风格的设计，按照白皮书的说法：

Move modules are similar to smart contracts in other blockchain languages... However, modules enforce strong data abstraction—a type is transparent inside its declaring module and opaque outside of it.

模块系统可以很好地将数字资产的概念打包封装，对于数字资产的操作比如通过模块的公开接口，并且在这个接口上可以做灵活的权限控制。在写以太坊智能合约的时候，以太坊上的 ERC20 Token 是作为一个合约而存在的，而在 Move 语言中，一个 Token 可以被想象成一个箱子，被随意地像资源一样传递，但是不会暴露箱子内部细节。同时，模块系统的抽象也完全基于它的静态类型系统，并且类型安全性完全可以由智能合约虚拟机来检查保证。

Move 的模块系统为智能合约的形式化验证提供了非常好的基础，在模块内部可以定义“不变式”。所谓的不变式，是指对数字资产内部状态的一个严格约束，这个约束可以为形式化验证的自动化提供非常有价值的信息。而且，模块系统的“不透明抽象”可以使形式化验证工作变得模块化，成本更低。在 Move 模块系统上编写程序分析器，符号执行器也会简单很多，因为经过抽象可以把合约逻辑变得非常简单、易推理。当然，对于普通智能合约开发者而言，利用好模块系统，可以让合约代码变得异常清晰。

五、面向未来的 Move 智能合约

虽然 Move 看起来还略显粗糙和稚嫩，但是这个方向仍然让人激动，从 Move 语言层面可以看到 Facebook 的野心是想做一个庞大的数字资产平台。这个角色本来应该属于以太坊。

我为什么有点喜欢 Move，大概有下面三个原因：

1. 汲取了 PL（程序语言）领域研究成果，同时也吸收了 EVM 智能合约语言的经验教训。

2. 从设计上无比重视智能合约安全性和正确性。

3. 没有墨守成规，即没有在 Web Aaaembly 虚拟机（WASM）、低级虚拟机（LLVM）、以太坊虚拟机（EVM）上直接修改，而是积极创新，是设计构思真正适合金融应用的智能合约语言。

在区块链领域里，凡是套用传统方法的方案，无一胜出，唯有创新才有未来。

作者简介

郭宇 安比实验室创始人，曾任中国科学技术大学副教授。

LibraBFT 共识协议：三难问题平衡术

邹均

摘 要

LibraBFT 是基于 HotStuff 的一个变种，叫链式 HotStuff（Chained HotStuff）。HotStuff 在原先诸多的 BFT 共识协议中提升了效率，降低了复杂度。为了让大家更好地理解 HotStuff 如何提升效率和复杂性，我们有必要对 BFT 的基础共识协议 PBFT 做一个回顾。LibraBFT 继承了 HotStuff，使得它的共识协议具有正确性（Safety），在半同步网络下的活性（Liveness）、最终性（Finality），同时具有通信线性复杂度（Linearity）和响应性（Responsiveness）。Libra 的实现也展示了简易性（Simplicity）和模块化（Modularity）。

Libra 区块链的设计是基于许可的联盟链。目前的设计中包括了奖惩机制，同时他们也考虑未来使用可验证随机函数（Verifiable Random Function）来随机选择主节点，并隐蔽主节点以免受黑客的攻击。未来它可以逐渐增加共识节点，走向 PoS 机制，逐渐向非许可的公链过渡，真正实现公平、普惠的天秤链。

一、介绍（Introduction）

2019 年 6 月 18 日，Facebook 公布了发行稳定币 Libra 的计划和相应的技术白皮书。用天秤座取名，不言而喻，意在公平、和谐、普惠。古罗马诗人，《地理学》作者马尼利乌斯（Manilius）曾说，天秤座的季节是平衡的，白天的时间和晚上的时间一样多，而罗马的法官都必须是天秤座的。

Libra 平台的技术核心点有两个，一个是智能合约编程语言 Move，另一个是共识算法 LibraBFT。本文将对 LibraBFT 作一个详细的评述。

LibraBFT 共识协议的基本设计思想是一个许可链（Permissioned Chain），最初会由 Libra 基金会授权的成员节点参与共识流程。LibraBFT 协议是基于一个改进的 BFT 协议 HotStuff。HotStuff 是一个有 Leader 的在半同步网络假设下的拜占庭容错协议。HotStuff 有两个重要的特点，一个是 Linearity，指的是通信的复杂程度和节点数呈线性关系；另一个是 Responsiveness，指的是当网络通信成为同步的时候，HotStuff 能产生正确的 Leader 来推动协议在网络延迟的实际值内而非最大值达到共识。基于这种特性，HotStuff 适于构建大规模的状态复制服务。因此，不难看出，Libra 从众多的区块链共识算法中挑选了 HotStuff，看中的是 HotStuff 的效率、线性的扩展性，以及拜占庭容错的安全性。这也体现了天秤座的平衡术——在去中心、安全、扩展性这个棘手的区块链三难问题上，巧妙地选择了一个平衡点。

在 LibraBFT 的技术白皮书中，作者们强调 LibraBFT 对 HotStuff 的改进在于引进明确的活性（Liveness）机制，同时提供一个更实际的延迟分析。白皮书的作者们总结 LibraBFT 共识算法，认为它具有以下属性：

- Safety（正确性）：LibraBFT 在诚实的验证节点之间保持一致性，即使不超过 1/3 的验证节点是作恶节点。
- Asynchrony（异步）：一致性能在异步网络（异步的定义是没有限制的延迟或网络故障）中仍能保持一致。作者认为构建大规模共识网络，如果依赖于同步网络，那么将会非常复杂，还有易受拒绝服务攻击的硬伤。
- Finality（最终性）：LibraBFT 支持最终性的概念，也就是交易不可逆的被确认。
- Linearity and Responsiveness（线性和响应性）：LibraBFT 有两个在 HotStuff 协议之前所有的 BFT 共识协议没有的属性。这两个概念和 Leaders 关联，这是在部分同步网络中推进共识的重要方法。非正式地说，线性保证即使在 Leader 轮换的时候交易确认的复杂度也与共识节点数呈线性关系。响应性意味着 Leader 没有内部延迟步骤，当它收集到其他验证节点的响应时会马上进入下一步。

- Simplicity（简易性）和 Modularity（模块化）：LibraBFT 核心逻辑允许简单和扎实的实现。

单从字面语义来分析，我认为 LibraBFT 白皮书中提到的 Asynchrony（异步）属性的说法不正确。首先，根据 FLP 定律，不可能存在一个确定性的共识算法，在异步通信并存在至少一个故障进程的情况下，网络在保证活性的同时还能保证正确性。其次，LibraBFT 所基于的 HotStuff，也只是在半同步通信环境中才能保证达成共识。当然，也许作者可以说在不考虑活性（Liveness）的情况下，LibraBFT 具有 Asynchrony 属性，但实际上，而后的 LibraBFT 协议技术细节全是讨论如何在半同步环境中同时保证活性（Liveness）和正确性（Safety）。

有鉴于此，我们不能对 Libra 白皮书的结论照单全收，有必要对 LibraBFT 的技术白皮书以及 HotStuff 相关文献进行一个全面的分析，最后来看哪些结论是正确的、哪些有待商榷。

严格来说，LibraBFT 是基于 HotStuff 的一个变种，叫链式 HotStuff（Chained HotStuff）。链式 HotStuff 是在基本 HotStuff（Basic HotStuff）上引入流水线概念，进一步提升效率的一个改进共识协议。HotStuff 在原先诸多的 BFT 共识协议中提升了效率，降低了复杂度。

为了让大家更好地理解 HotStuff 如何提升效率和复杂性，我们有必要对 BFT 的基础共识协议 PBFT 做一个回顾。因此，本文接下来将介绍 PBFT、HotStuff 和 LibraBFT，最后是分析结论。

二、PBFT 共识协议回顾

原始的拜占庭容错系统由于需要展示其理论上的可行性而缺乏实用性，另外需要额外的时钟同步机制支持，算法的复杂度也随节点增加而指数级增加。1999 年，Castro 和 Liskov 提出实用拜占庭容错系统（Practical Byzantine Fault Tolerance, PBFT），降低了拜占庭协议的运行复杂度，从指数级别降低到多项式级别（Polynomial），使拜占庭协议在分布式系统中应用成为可能。

PBFT 是一类状态机拜占庭系统，要求整个系统共同维护一个状态，所有节点采取的行动一致。为此，需要运行三类基本协议，包括一致性协议、检查点协议和视图转换协议。

（一）PBFT 一致性协议

一致性协议要求来自客户端的请求在每个服务节点上都按照一个确定的顺序执行。这个协议把服务器节点分为两类：主节点和从节点，其中，主节点仅一个。在协议中，主节点负责将客户端的请求排序，从节点按照主节点提供的顺序执行请求。每个服务器节点在同样的配置信息下工作，该配置信息被称为视图（View），主节点更换，视图也随之变化。

一致性协议至少包含五个阶段：请求（Request）、序号分配（Pre-Prepare）、交互（Prepare）、序号确认（Commit）和响应（Response）等阶段。

PBFT 的一致性协议正常流程如图 4-1 所示。PBFT 系统通常假定故障节点数有 f 个，而整个服务节点数为 3f+1 个。每一个客户端的请求需要经过五个阶段，通过采用两次两两交互的方式在服务器达成一致之后再执行客户端的请求。由于客户端不能从服务器端获得任何服务器运行状态的信息，PBFT 中主节点是否发生错误只能由服务器监测。如果服务器在一段时间内都不能完成客户端的请求，则会触发视图更换协议。

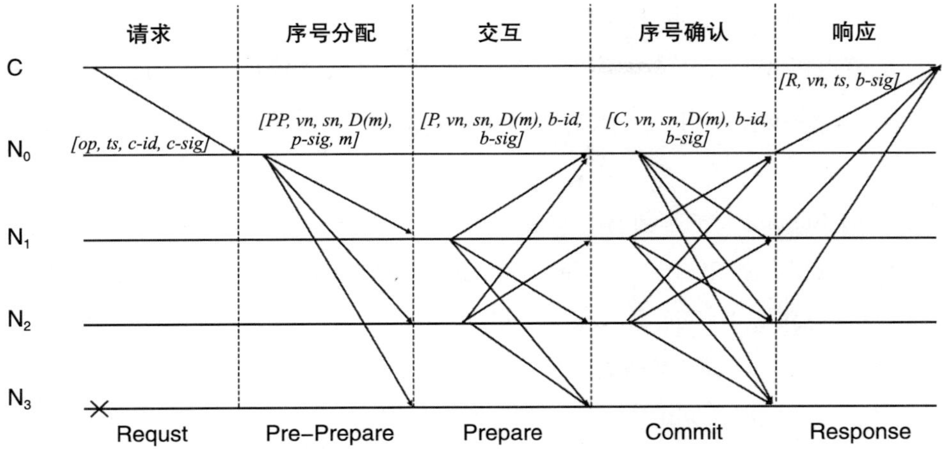

图 4-1 PBFT 一致性协议正常流程图

PBFT 协议正常模式

图 4-1 显示了一个简化的 PBFT 的协议通信模式，其中 C 为客户端，N_0—N_3 表示服务节点，N_0 为主节点，“×”表示 N_3 为故障节点。虚线是各阶段边界，箭头表示消息从消息源节点发送到接收节点。整个协议的基本过程如下：

（1）Request（请求）阶段

客户端发送请求给主节点，请求消息 m=[op, ts, c–id, c–sig]，其中包含需要执行的操作 op，时间戳 ts, c–id 是客户端 ID，以及客户端签名 c–sig。时间戳是为了保证命令只被执行一次，客户端的签名是为了客户认证和权限控制。

（2）Pre–Prepare（序号分配）阶段

当主节点接收请求后，主节点给请求赋值一个序列号 sn，广播序号分配消息和客户端的请求消息 m，并将构造 Pre–Prepare 消息 [PP, vn, sn, D(m), p–sig, m] 给各从节点，其中，PP 表示 Pre–Prepare 消息，vn 是视图号，D(m) 是客户消息的摘要（哈希值），p–sig 是主节点的签名，m 是客户消息。序列号是为了保证命令执行的顺序，视图号让从节点记录当前视图。主节点签名是为了让从节点认证主节点身份。消息摘要保证消息没有被篡改。

（3）Prepare（交互）阶段

从节点接收 Pre-Prepare 消息，向其他服务节点广播 Prepare 消息 [P, vn, sn, D(m), b-id, b-sig]，其中，P 表示 Prepare 消息，b-id 是从节点 id，b-sig 是从节点签名。

（4）Commit（序号确认）阶段

从节点在收到 2f+1 个 Prepare 消息后，对视图内的请求和次序进行验证，广播 Commit 消息 [C, vn, sn, D(m), b-id, b-sig]，其中，C 表示 Commit 消息。执行收到的客户端的请求并给客户端以响应。

（5）Response（响应）阶段

当各节点收到 2f+1 个 Commit 消息后，它将执行操作并提交，同时把回复返回给客户端。回复消息是 [R, vn, ts, b-sig]，其中，R 表示回复消息。

客户端等待来自不同节点的响应，若有 f+1 个响应相同，则该响应即为运算的结果。

PBFT 能在异步环境下，容忍不足 1/3 的总数节点是拜占庭节点，并能够达成共识。表面看起来这和 FLP 定理的不可能共识结论相违背，但其实如果我们检查其假设条件，可以看到 PBFT 的异步通信环境假设和 FLP 的异步通信假设不一样。PBFT 中有超时机制，而 FLP 中假设没有超时机制。在超时机制下，PBFT 能够保证 Safety 和 Liveness。另外，在 PBFT 中，消息的发送者是经过认证的，发送消息的身份可以被确定，节点有没有发消息也可以验证。

（二）检查点协议

PBFT 依赖每个节点在日志中保持每一条消息，只有当它确认请求被 f+1 个节点执行并收到证据后，它才能删除与请求相关的消息。这也就是如何确定命令执行的最终性（Finality）。如果在每个命令执行后来提供证据，开销会很高而且效率会很低。因此，PBFT 提供一个检查点协议（Checkpoint），在请求序号能被某个常数（如 100）整除的时候设立检查点，交易的最终状态在该点被确认。

当一个节点产生检查点，它把〈CheckPoint, n, d, i〉消息加上签名广播给其他节点，其中，n 是状态序号，d 是状态的哈希，i 是节点号。当每个节点收到 2f+1 个相同状态序号的 Checkpoint 消息后，该状态将被最终确认。每个节点都可以把 CheckPoint 前的消息从日志中删掉。检查点协议也用来推进低水位标志和高水位标志，低水位和高水位用来限制哪些消息能被接收。低水位标志等于最后的稳定的检查点序号，高水位标志可定一个合适数字，例如，如果每一百个请求做 Checkpoint，那么高水位可以定在 200。

（三）视图转换协议

视图转换协议保证共识协议的活性（Liveness）。当主节点出故障时能保证共识继续进行。每个备份节点收到一个请求时都会开始一个定时器。如果在一个视图内，时钟超时，该备份节点会发起一个视图转换的消息。它将广播一个〈View-Change, v+1, n, C, P, i〉加上签名的消息给各节点。其中，n 是当前节点 i 所知道的上个稳定检查点状态 s 的序号，C 是一个集合，里面有 2f+1 个检查点证明 s 是正确消息，P 是一个 Pm 的集合，Pm 里面有每个 i 节点中大于 n 的请求消息 m 的 Pre-Prepare，和 2f 个匹配的被各节点签名的 Prepare 消息。

当 v+1 视图的主节点收到其他 2f 个节点的正确的 View-Change 消息后，它将广播〈New-View, v+1, V, O〉加上签名的消息给所有节点。其中，V 是主节点收到的 View-Change 消息，加上它自己发的 View-Change 消息，O 是一个 Pre-Prepare 的消息集合。O 是为每个在低水位标志到高水位标志之间序号 n 建立的新的 Pre-Prepare 消息。这样新的主节点可以继续推进共识。

在这里，我们可以看到，PBFT 的视图转换协议是非常复杂的，涉及很多消息的重传。HotStuff 最重要的改进，主要是针对视图更换的协议。

三、HotStuff 共识协议介绍

HotStuff 的基本假设是系统有固定的节点数 n=3f+1，其中，f 是系统能容忍的最大拜占庭节点数。系统通信是点对点的认证和可靠通信。网络通信的假

设是半同步，也就是说，网络有一个知道的延迟 Δ，以及一个不知道的全网稳定时间（Global Stabilization Time，简称 GST）。当 GST 过后，任意两个节点之间的通信都将在 Δ 时间内完成。HotStuff 总能保证正确性（Safety），在 GST 后的消息时延在一定限度（Δ）内能保证活性（Liveness）。

HotStuff 采用门限签名机制，门限设置是（k, n）。n 个节点中所有的节点共用一个公钥，但每一个节点有自己的私钥。每个节点用自己的私钥签名消息 m，叫部分签名消息，多个节点的部分签名消息可以用来生成一个联合签名消息，当至少有 k=2f+1 个节点提供部分签名消息时，其他任何一个节点都能用公钥验证该联合签名消息。其中，f 是系统能容忍的拜占庭节点总数，n=3f+1。

HotStuff 论文中提出了一个“认证复杂度”的概念。简单来说，认证复杂度就是统计协议交互时通信的认证消息数，也就是部分签名或联合签名消息的个数。从这个角度出发，HotStuff 作者们对一些 BFT 协议作了分析，把主要 BFT 协议的通信认证复杂度列出来，见表 4–1：

Protocol	Authenticator complexity			Responsiveness
	Correct leader	*Leader failure (View-Change)*	*f leader failures*	
DLS [23]	$O(n^4)$	$O(n^4)$	$O(n^4)$	
PBFT [19]	$O(n^2)$	$O(n^3)$	$O(fn^3)$	√
SBFT [28]	$O(n)$	$O(n^2)$	$O(fn^2)$	√
Tendermint [14] / Casper [15]	$O(n^2)$	$O(n^2)$	$O(fn^2)$	
Tendermint★ / Casper★	$O(n)$	$O(n)$	$O(fn)$	
HotStuff	$O(n)$	$O(n)$	$O(fn)$	√

★ Signatures can be combined using threshold signatures, though this optimization is not mentioned in their original works.

表 4–1　BFT 协议认证复杂度对比

从表 4–1 可看出，在正常情况下，PBFT 的认证复杂度是 $O(n^2)$，在视图更换时是 $O(n^3)$，当视图更换时出现最坏情况，也就是连续 f 个 Leader 都出故障时，PBFT 的认证复杂度是 $O(n^4)$。而 HotStuff 则是 O(n) 线性复杂度。即使有 f 个 leader 出故障，仍能保持 O(fn) 的线性认证复杂度。

在 HotStuff 中，每个视图都有一个所有共识节点都知道的唯一的 Leader，视图的序号是递增的。每个共识节点保存有一个树形结构，该树形结构里的每一个 Node（简称图节点），保存有该共识节点接收到的命令请求，以及相应的元数据，还有指向父图节点的哈希指针。HotStuff 协议的进程就是不断确认树形结构里的分支。Leader 在提议分支时，必须收到（n–f）个节点的投票才能确认该分支。这个（n–f）的投票叫法定节点数证书（Quorum Certificate，简称 QC）。QC 与特定图节点以及视图序号相关联。

HotStuff 协议分为基本 HotStuff（Basic HotStuff）和链式 HotStuff（Chained HotStuff）协议。下面分别介绍这两种协议。

（一）基本 HotStuff（Basic HotStuff）协议

我们先来看基本 HotStuff 的共识流程。图 4–2 是 HotStuff 的一个正常情况的流程。流程分为四个阶段：Prepare、Pre–Commit、Commit 和 Decide 阶段。

Prepare 阶段

首先，一个新的 Leader 需要收集（n–f）个共识节点发出的 New–View 消息。共识节点在转到新的视图时，会发 New–View 消息，包含该节点所有的最高 PrepareQC。Leader 处理这些收到的消息，在其中选择最高视图的 PrepareQC，称为 HighQC，它可以断定没有比这个更高的视图能达到确认状态。因此，在 HighQC 图节点所在的分支状态是正确的（Safe）。这个时候，Leader 用 CreateLeaf 方法在 HighQC.node 的尾部延伸分支，建立一个新的图子节点，并嵌入指向父图子节点的哈希指针。然后向各节点发出 Prepare 消息，包含 HighQC，作为正确性的证明。

当其他共识节点收到 Prepare 消息后，每个共识节点用 SafeNode 判断方法来判断是否接受它。在每个共识节点的本地树形结构中，有自己的一个锁定图节点（LockedNode）。它首先判断接收到的新的图子节点是否是从锁定图节点后延伸的，还要判断接收到的视图号码是否比锁定图节点的视图号码要高。如果两者都满足，该共识节点将接受提议，返回给主节点一个投票，并用自己的私钥给投票消息签名。

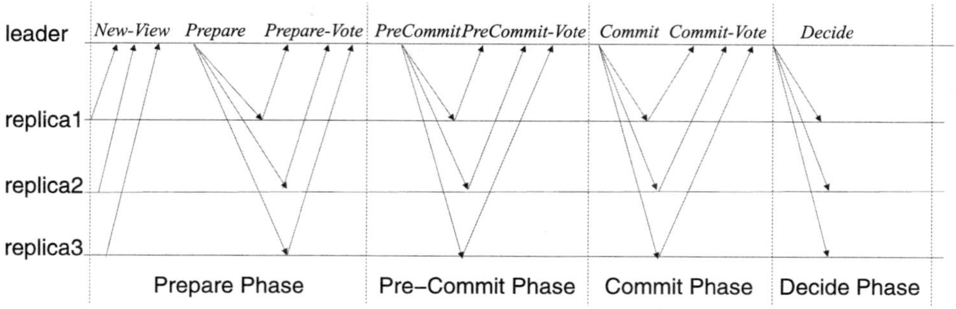

图 4-2　HotStuff 基本流程

Pre-commit 阶段

当 Leader 接收到（n-f）个 Prepare Vote 投票消息后，它会把投票放进 PrepareQC，然后 Leader 会广播包含 PrepareQC 的 Pre-Commit 消息。副本会回复对 Pre-Commit 的投票消息 Pre-Commit Vote，并给消息的摘要上签名。

Commit 阶段

该阶段和 Pre-Commit 阶段类似，当 Leader 接收到（n-f）Pre-Commit Vote 投票消息后，它会将消息放进 PrecommitQC，然后 Leader 连同 Commit Message 广播给所有副本。特别重要的是，副本在收到 PrecommitQC 时把它的 LockedQC 置为 PrecommitQC。这个对保证正确性至关重要。副本节点会返回 Commit Vote 签名消息给 Leader。

Decide 阶段

当 Leader 收到（n-f）个共识节点的 Commit Vote 消息后，它将这些消息联合起来放在 CommitQC 中，然后广播给所有共识副本节点。副本节点收到

CommitQC 后，会认定在 CommitQC 中的命令进入确认状态，并开始执行确认分支中的命令。最后递增 ViewNumber，并开始下一个视图。

在以上阶段中，副本节点会有一个定时器，如果在一个视图中超时，将递增 ViewNumber，开启一个新的视图更换。

对比 PBFT，可以看到，HotStuff 的通信是由 Leader 主节点广播，副本节点之间并不广播消息，而是由副本节点直接回复给主节点，主节点利用门限签名把各副本节点的签名信息联合成一个签名信息，再在下个阶段作为证据发给所有副本节点。因此，HotStuff 在消息往返里避免了副本之间的广播消息，在 Leader 不出故障的情况下，把复杂度从 PBFT 的 $O(n^2)$ 降低到 $O(n)$。而最为重要的是，HotStuff 将视图转换融入正常流程，大大简化了视图转换的复杂度。在 PBFT 中，视图转换需要把检查点以后的所有消息集合重传，认证消息复杂度升到 $O(n^3)$，特别是在最坏情况下（f 个 Leader 连续出故障），复杂度升到 $O(n^4)$。而 HotStuff 即使在最坏情况下，也能始终保持线性复杂度。

（二）链式 HotStuff（Chained HotStuff）

在基本 HotStuff 中，Leader 主节点需要三个阶段来确认一个请求提交。这些阶段都非常相似，除了收集其他副本节点的投票外，大部分没有做多少实际工作。

链式 HotStuff 提升基本 HotStuff 的效用同时大大简化其流程。方法是在每个 Prepare 阶段，都主动地转换视图。具体来说，在链式 HotStuff，对 Prepare 阶段的投票，由下一个在 PrepareQC 的视图的 Leader 来收集。同样，依此类推，Pre-Commit 和 Commit 阶段的投票也由与之相应的下一个视图的 Leader 来收集。这样，新 Leader 在视图 v+1 的 Prepare 提议阶段，同时作为视图 v 的 Pre-Commit 阶段。而新的 Leader 在视图 v+2 的 Prepare 提议阶段，同时可以作为视图 v+1 的 Pre-Commit 阶段，以及视图 v 的 Commit 阶段。因为所有阶段的数据结构都一样，因此可以用流水线的方式来提升共识的效率。图 4-3 展示了链式 HotStuff 基于 Basic HotStuff 的流水线形式。

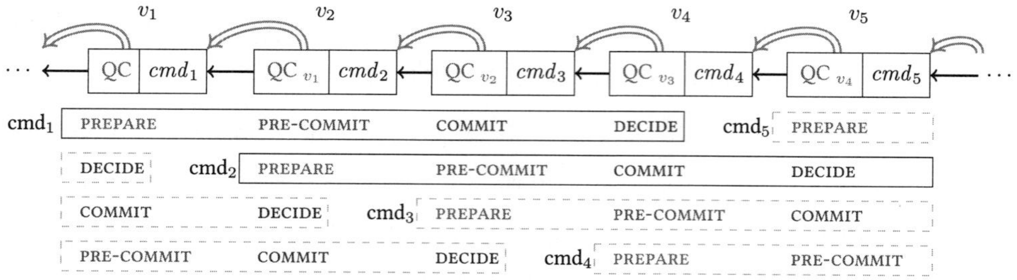

图 4-3　链式 HotStuff：基于 Basic HotStuff 的流水线形式

视图 v_1、v_2、v_3 作为 v_1 提交的命令 cmd_1 的 Prepare、Pre-Commit 和 Commit 阶段。cmd_1 命令在 v_4 里确认。视图 v_2、v_3、v_4 作为 v_2 提交的 cmd_2 的三个基础 HotStuff 的阶段，cmd_2 在 v_5 里得到确认。依此类推。

因此，链式 HotStuff 中，只有两种类型的消息，一种是 New-View，一种是 Generic-Phase 的 Generic 消息。GenericQC 实现所有不同阶段的功能。

链式 HotStuff 中，如果图节点 b' 中的 QC 直接对应父图节点 b，这样形成了 One-Chain；如果在 One-Chain 的基础上，下一个图节点 b'' 中的 QC 直接对应 b'，这样就形成了 Two-Chain，在这个基础上，下一个图节点 b* 中的 QC 直接对应 b''，这样就形成了 Three-Chain。图 4-4 显示视图 v_4、v_5、v_6 形成了一个 Three-Chain。

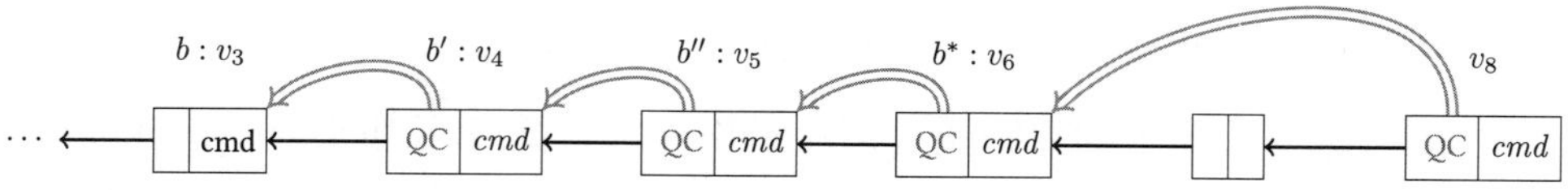

图 4-4　Three-Chain 示意图

如果图节点 b* 形成 Three-Chain，那么图节点 b 的确认已完成。

（三）PaceMaker

在 HotStuff 中，Pacemaker 用来保证共识流程的活性。Pacemaker 通过两方面来实现。一方面是“同步”，也就是在一个足够长的时间内，把所有正确的副本节点和主节点的本地树结构更新到一致的高度。主节点的选择一般是从一个预先制定的表中轮流选出主节点。另一方面是主节点需要能选择让正确的副本节点接受的提议。HotStuff 的 New-View 消息正是让主节点能选择正确的提议的方法。

四、LibraBFT 共识协议

（一）基本介绍

LibraBFT 基本上基于链式 HotStuff，其本身的创新点不多。LibraBFT 最初会选择一些在不同地理上分布的创始成员做共识节点，之后，共识节点会逐渐地对外开放，并基于 Libra 稳定币的多少来选择共识节点，也就是转变成 PoS 机制。

LibraBFT 的共识流程分为不同轮次（Rounds），每一轮中一个 Leader 主节点被选出。主节点会提议一个区块，里面包括交易。该区块将广播给其他共识节点。其他共识节点会验证区块里的交易，并对其投票。主节点收到大多数（超过 2f+1，f 是系统中能容忍的拜占庭节点数）节点的投票后，把确认消息发给所有共识节点确认。如果主节点没收到大多数投票，或者主节点出现故障，副本共识节点的定时将超时，副本节点会发起新的一轮提议。

LibraBFT 在 HotStuff 基础上的改进主要在于提供一个详细的参与同步轮次的 Pacemaker 设计和实现，并提供对实际交易确认的活性分析。LibraBFT 提供对共识节点投票权力的重配置机制。同时，它给出了对提议节点和投票节点激励的机制。白皮书给出了如何检测投票节点破坏正确性的行为，为今后在协议中加入惩罚机制打下基础。同时，白皮书也详细讨论如何做同步，使得投票节点能同步它们的状态。LibraBFT 白皮书采用 Rust 语言来描述协议。

LibraBFT 采用一个 Epoch 的概念。每个命令执行状态包含一个 Epoch_ID，新的命令将有一个新的 Epoch。

（二）共识协议和 Libra 区块链的集成

图 4–5 展示的是 Libra 共识协议和 Libra 区块链的集成。

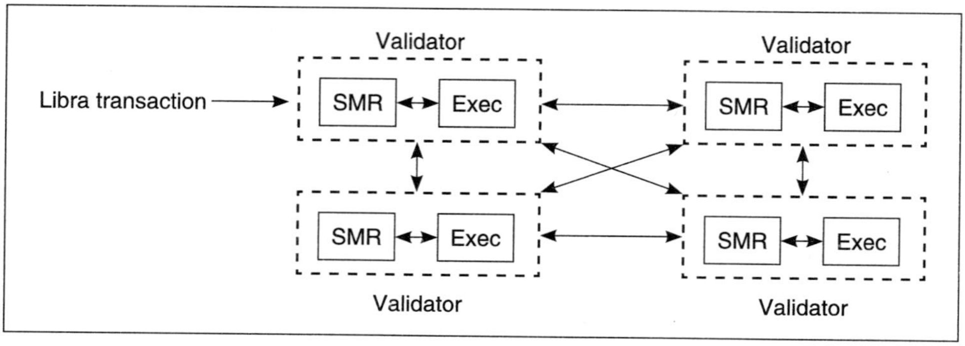

图 4–5　Libra 共识协议和 Libra 区块链的集成

其中，SMR 是 Libra 的共识模块。命令发到 SMR 模块进行共识排序，最后的执行由 Exec 模块完成。Exec 模块通过基于 Move 的智能合约引擎完成执行。每个给到智能合约引擎的命令都有一个执行时间，Libra 保证该时间在所有的执行同一命令的 SMR 节点上一致。

（三）Libra 客户端

客户端发的交易首先通过 Mempool（交易池）协议给共识节点共享。共识节点通过签名的确认证书来确认命令的执行状态。客户端需要知道共识节点的公钥来验证共识节点的确认证书。未来，Libra 将提供一个安全的协议来让 Libra 客户端获得共识节点的公钥。

（四）Libra 区块链结构

LibraBFT 节点的核心状态由一组记录组成。LibraBFT 有四种数据结构记录：

①区块（Blocks）：由主节点 Leader 提议的区块，包括一个轮次序号和需要执行的命令。

②投票（Votes）：副本节点对区块和执行状态的投票。

③法人节点数证书（Quorum Certificates, QCs）：对区块和执行状态具有大多数（2f+1）节点的投票证书。

④超时（Timeouts）：节点用来验证本轮是否超时的值。

图 4-6 展示的是 Libra 区块链的结构。每个区块后都有一个 QC，记录了所有的正确副本节点的投票，QC 中包含被投票区块的哈希，每个区块中也有指向前个 QC 的哈希。如果是第一个区块，则会指向一个固定的初始哈希 hinit。

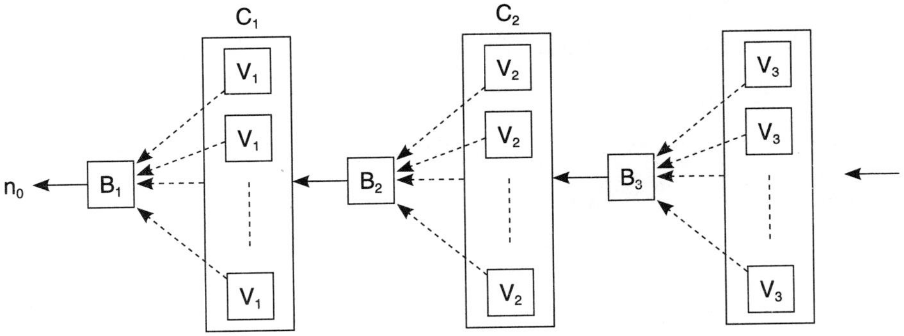

图 4–6　Libra 的链式记录

（五）Libra 点对点通信

Libra 区块链在共识节点中构建一个点对点的 Overlay 协议，主要有两个功能，一个是针对某个节点定向发送消息（Send），一个是在所有节点中进行广播（Broadcast）。Libra 白皮书没有详细描述其实现，估计和 LibP2P 协议类似。

（六）LibraBFT 共识协议

LibraBFT 共识协议和链式 HotStuff 类似。每个共识节点 α 在本地保持一个树形记录结构 Record_Store(α)。树根是个初始化的作为 QC 的哈希值 h_{init}。每个分支是一串记录，由区块 B_i 和 QC C_i 间隔链接。这个链接记录可以正式地表示成：$h_{init} \leftarrow B_1 \leftarrow C_1 \leftarrow ...B_n \leftarrow C_n$。

图 4-7 展示了 Libra 的共识流程。当一个节点作为主节点 Leader，它必须提议一个新的区块 Bn+1，一般是在一个最长的链的 QC 尾部延伸。假设 Bn+1 被成功地广播，诚实的副本节点将验证区块里的命令，执行命令并发回一个投票给主节点。在没有执行错误的情况下，诚实的副本节点将对认同 Bn+1 执行后的状态。当收到足够（2f+1）的投票后，主节点将为该区块建立一个 QC，并广播给所有的副本节点。这时链条将延伸到：$h_{init} \leftarrow B_1 \leftarrow C_1 \leftarrow ...B_n \leftarrow C_{n+1}$。在这个时候，主节点完成了本轮提议，下一轮提议将由一个新的主节点提交。

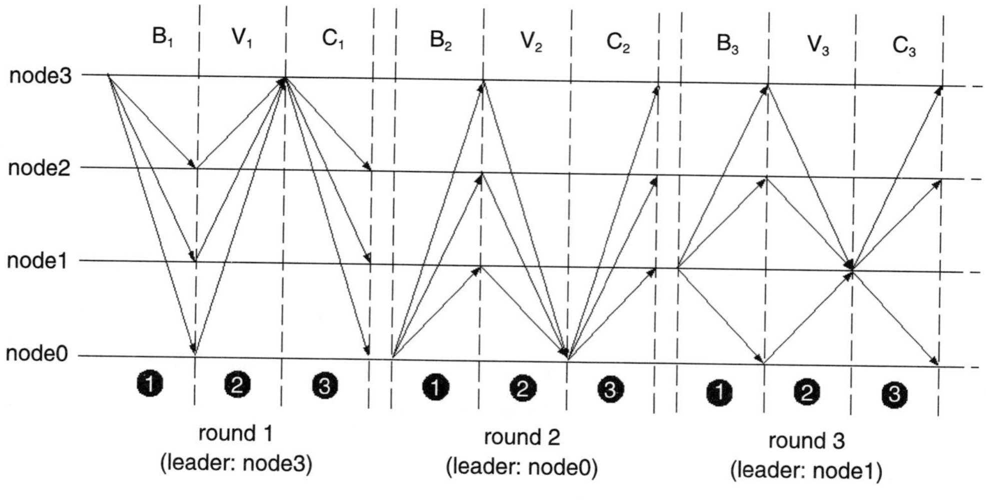

图 4-7　Libra 共识协议流程

（七）LibraBFT 的确认规则

LibraBFT 的交易确认规则遵从链式 HotStuff 的 Three–Chain 规则。也就是说，对区块 B_1 的确认，必须满足 B_1 是一个连续轮次的 Three–Chain 的头，也就是说，需要有 C_1，B_2，C_2，B_3，C_3 存在，使得 $B_1 \leftarrow C_1 \leftarrow B_2 \leftarrow C_2 \leftarrow B_3 \leftarrow C_3$，并且

Round（B_3）=Round（B_2）+1=Round（B_1）+2

当节点 α 看到这个情况时，区块 B_1 以及之前的区块都将被确认。

五、结论

我们在上面首先回顾了 PBFT 共识协议，然后详细介绍了 HotStuff 协议，HotStuff 协议主要是在通信复杂度上比传统 BFT 协议有很大程度的降低，特别是在视图转换方面，提供了线性复杂度。这是其最大的卖点 Linearity 属性。另外，HotStuff 的协议设计是无论是否出现主节点故障情况，每轮都会更换主节点，而且主节点不用等待，只要收到超过 2f+1 的投票，就可以立即广播 QC 并进入下一轮，因此也提供 Responsiveness 属性。这是有别于其他 BFT 共识协议的两大优势。基本 HotStuff 的改进版链式 HotStuff 引入流水线概念，把基本 HotStuff 的三阶段抽象成一个通用的阶段 Generic，进一步简化共识流程，提升共识效率。HotStuff 的线性复杂度，为设计高扩展性的区块链提供了基础，同时也由于提供拜占庭容错机制，在安全方面也有一定保障。

LibraBFT 基于链式 HotStuff，其确认规则遵从 Three–Chain 的确认规则。虽然 LibraBFT 在 HotStuff 上没有多少创新，但选择比努力重要，能在众多的共识协议中选择 HotStuff，显示了 Libra 团队的眼光，以及在区块链三难问题上巧妙的平衡术。LibraBFT 继承了 HotStuff，使得它的共识协议具有正确性（Safety），在半同步网络下的活性（Liveness），最终性（Finality），同时具有通信线性复杂度（Linearity）和响应性（Responsiveness）。Libra 的实现也展示了简易性（Simplicity）和模块化（Modularity），同时也体现了 Sustainability（可持续性），

不需要工作量证明以降低能耗。

Libra 区块链的设计是基于许可的联盟链。目前的设计中包括了奖惩机制，同时，他们也考虑未来使用可验证随机函数（Verifiable Random Function）来随机选择主节点，并隐蔽主节点以免受黑客的攻击。未来，它可以逐渐增加共识节点，走向 PoS 机制，逐渐向非许可的公链过渡，真正实现公平、普惠的天秤链。

作者简介

邹均 运通链 CEO，数字资产研究院学术与技术委员，中关村区块链产业联盟副秘书长。

技术视角下的Libra项目与Move语言

刘春明

摘 要

本文从技术层面深入解读Facebook发布的Move语言白皮书，并将Libra项目与比特币、以太坊等区块链项目进行对比分析，希望能够帮助读者理解Libra项目的设计目标、技术路线及方案选型的内在逻辑。

比特币的目标是“可编程货币”，以太坊的目标是“可编程（去中心化）应用”，而Libra选择了介于二者之间的“可编程资源”。它们之间的区别主要体现在“对什么编程”和“如何编程”。

Libra通过将资产类的实体抽象为“资源”对象，采用“顶级资源”的账本组织结构，在Move语言中引入了针对资源变量的“move”语义，通过严格的静态和动态检查，降低了开发者犯错误的可能，从而提高了区块链资产的安全性。

一、可编程货币、可编程应用与可编程资源

让我们从最简单的地方开始。仅仅从白皮书的标题，就可以大概感受到，比特币、以太坊和Libra三个项目在设计目标上的差异。

比特币的目标是可编程货币（Programmable Money），所以其白皮书标题是“Bitcoin: A peer-to-peer electronic cash system”。

以太坊的目标是可编程的去中心化应用（Programmable DApps），在货

币的基础上，扩展到更通用的领域。所以其白皮书标题是“Ethereum: A Next-Generation Smart Contract and Decentralized Application Platform”，其黄皮书标题是“Ethereum: A Secure Cecentralized Generalized Transaction Ledger”。

而 Libra 的设计目标恰好介于二者中间，是可编程资源（Programmable Resources），也可以称为“可编程资产”。所以它的白皮书标题是：“Move: A Language With Programmable Resources”。

Facebook 选择的技术路线比较务实，没有尝试更具颠覆性的创新，而是把目光聚焦在“货币”和“通用应用”之间的“资产”层面，围绕着解决实际问题、有利于工程实现而展开。从这点来看，Libra 既不是“区块链 3.0”也不是“区块链 4.0”，而是“区块链 1.5”。

但这并不意味着 Libra 的目标没有挑战，事实上，实现一个既可以保证资产安全性，又能够提供足够灵活性的系统，比臆想出一个能够解决“不可能三角”的“永动机”还要困难。

那么，“可编程货币”“可编程应用”“可编程资源”，这三者到底有什么不同呢？

它们的主要区别有两点：

- 对什么编程。
- 如何编程。

（一）对什么编程

对什么编程，是指系统所描述的或者抽象的到底对应现实世界中的什么东西。

比特币系统抽象的是“货币”，或者说是“账本”的概念。货币可以用一个数字来描述，也就是某一个账户的“余额”。用户可以通过“交易”，把一部分钱转给别人。当比特币网络接收到一笔交易时，每个节点都会检查交易是否合法，比如，你花的是不是自己的钱，有没有足够的余额（比特币不允许透支）。当这些检查都完成后，节点会做一个简单的加减计算：在你的账户中扣减转账的数额，并在对方账户中加上同样的数量。因此，比特币唯一的功能就是记账，保证在账户彼此转账的过程中，货币的总量不会莫名其妙地增加或减少（不考虑挖矿奖励和黑洞地址等特例）。

以太坊系统抽象的是“应用”，应用的种类包罗万象，如游戏、借贷系统、电商系统、交易所等，这些都是应用。理论上讲，任何传统的计算机程序都可以移植到以太坊上。因此，以太坊中记录的是各种应用的内部数据（即“合约状态”），如一个电商系统的库存、订单、结算信息等。这些信息无法用一个简单的数字来描述，必须允许用户定义非常复杂的数据结构，并且允许用户通过代码（智能合约）来对这些数据进行任意所需的操作。当然，这些应用也包含了“货币账本”。事实上，目前在以太坊上应用最广泛的正是此类应用（称为“ERC20 智能合约”）。由于以太坊把这类应用看作平台所能支持的多种应用中的一种，与其他类型的应用相比，并没有什么特别之处，所以也就没有针对此类应用提供更多的安全保护，只提供了类似 ERC20 这样的接口规范。一个在以太坊上新发行的“货币”，其转账逻辑的正确性完全由开发者负责。

在以太坊的存储结构中，ERC20 代币的账本是“二级对象”，和 ETH 原生代币余额存储在不同的地方。如图 4-8 所示，0×0、0×1 和 0×2 是三个以太坊地址，其中，0×0 和 0×2 是普通账户地址（External accounts），而 0×1 是一个合约地址（Contract accounts）。可以看到，每个账户都存储了一个 ETH 的余额，这个数据是顶级对象（First-Class Object）。在合约地址 0×1 中，还存储了一个智能合约代码 MyCoin，它是一个 ERC20 代币应用。而 MyCoin 这个代币的整个账本都存储在 0×1 的空间中，怎么修改都由 0×1 中的合约代码说了算。

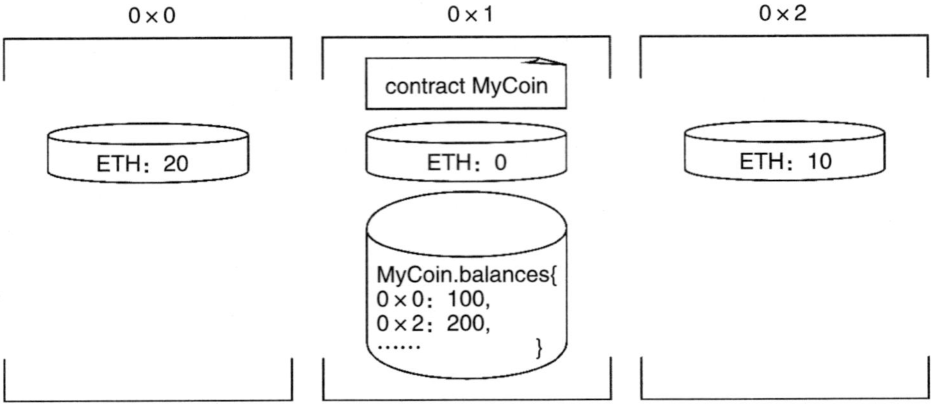

图 4–8　以太坊世界状态的存储结构

无论是有意还是无意，ERC20 代币非常容易出现安全漏洞。也就是说，在以太坊系统中，原生代币 ETH 和用户发行的代币并不享有同样的安全级别。

那么，能否不那么走极端，试图去抽象一些比简单数字更复杂的资产类型，而又不追求包罗万象的“通用性”呢？这正是 Libra 的出发点。Libra 可以定义类似一篮子货币、金融衍生品等比货币更复杂的资产类型，以及如何对它们进行操作，这种资产被称为“资源”。Move 通过限制对资源的操作来防止不恰当的修改，从而提高资产的安全性。无论资源的操作逻辑如何，都必须满足两个约束条件：

- 稀缺性。即资产总量必须受控，不允许用户随意复制资源。通俗地说，就是允许银行印钞，但不允许用户用复印机来“制造”新钱。
- 权限控制。简单地说，就是资源的操作必须满足某种预先定义的规则。例如，张三只能花自己的钱，而不允许花李四的钱。

图 4–9 是 Move 的世界状态，与以太坊不同，它把所有资产都当作“顶级资源”（First-Class Resources），无论是 Libra 的原生代币，还是用户自己发行的资产。任何一个“币种”的余额，都存储在用户地址对应的空间中，对其进行操作受到严格的限制。这种被称为资源（resource）的对象，在交易中只

能被移动，而且只能移动一次，既不能被复制，也不能被销毁。甚至严格到在代码中赋值给一个局部变量，而后面没有使用它也不允许。

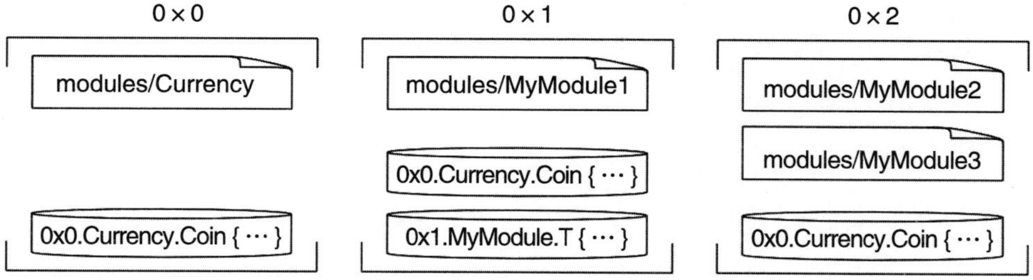

图 4-9　Libra 世界状态的存储结构

这种资产的存储方式也并非 Libra 首先提出，在此前的一些公链中已经有所应用。例如，在 Vite 公链中，用户发行的代币也是顶级资源。但是 Libra 可以支持更为复杂的资产类型，并对其提供额外的保护，这是它在技术上的主要创新。

（二）如何编程

我们再来看看三个项目如何通过编程来实现丰富的扩展性。

在比特币中，定义了一种“比特币脚本”，用来描述花一笔钱的规则。比特币是基于 UTXO 模型的，只有满足了预先定义的脚本规则，才能花费一笔 UTXO。通过比特币脚本，可以实现“多重签名”之类的复杂逻辑。比特币脚本是一种非常简单的基于栈的字节码，不支持循环之类的复杂结构，也不是图灵完备的。虽然利用它可以在比特币网络上发行新的货币（Colored Coins），但它的描述能力非常有限，对开发者也不友好，无法应用到更复杂的场景中。

在以太坊中，定义了一种 Solidity 的编程语言，可以用来开发“智能合约”。智能合约代码可以编译成一种基于栈的字节码——EVM Code，在以太坊虚拟机 EVM 中执行。Solidity 是一种高级语言，参考了 C++、Python 和 Javascript 的语法，是一种静态类型、图灵完备的语言，支持继承，允许用户自定义复杂的类型。Solidity 更像是一种通用的编程语言，理论上可以用来开发任何类型的程序，它没有针对货币或者资产类型的数据，也没有在语法和语义上做任何限制和保护。比如，用它来开发一个新的代币合约，代币的余额通常声明为 uint 类型，如果编码时对余额增减逻辑的处理不够小心，就会使余额变量发生溢出，造成超额铸币、随意增发、下溢增持等严重错误。

再来看 Libra，它定义了一种新的编程语言 Move，这种语言主要面向资产类数据，基于 Libra 所设定的“顶级资源”结构，主要设计目标是灵活性、安全性和可验证性。目前，Move 高级语言的语法设计还没有完成，白皮书只给出了 Move 的中间语言（Move IR）和 Move 字节码定义。因此，我们无法评估最终 Move 语言对开发者是否友好，但从 Move IR 的设计中，可以感受到它在安全性和可验证性方面的特点。

二、Move 的语法

下面我们来简单介绍一下 Move 的语法。Move 的基本封装单元是“模块”（Module），模块有点类似于以太坊中的“智能合约”，或者面向对象语言中的“类”。模块中可以定义“资源”（Resource）和“过程”（Procedure），类似于类中的“成员”（Member）和“方法”（Method）。所有部署在 Libra 上的模块都是全局的，通过类似于 Java 中的“包名 + 类名”的方式来引用，例如，0 × 001.MyModule，0 × 001 是一个 Libra 地址，MyModule 是一个模块名。模块中的过程有 public 和 private 两种可见性，公有过程可以被其他模块调用，私有过程只能被同模块的过程调用。而模块中的资源都是私有的，只有通过公有过程才能被其他模块访问。而且，外部模块或者过程对本模块资源的修改有严格的限制，唯一允许的操作就是“移动”（Move），不能随意对资源赋值。例如，Move 中是不允许出现一个类似于 MyCoin.setBalance（ ）这样的接口，让其他用户有机会随意修改某个币种余额的。

除了受限的资源类型，Move 模块中也允许定义非受限的成员，被称为非受限类型（Unrestricted Type），包括原生类型（boolean、uint64、address、 bytes）和非资源类的结构体（struct）。这些非受限类型就没有那么严格的访问限制，可以用来描述与资产无关的其他应用类数据。从这个角度来说，Move语言理论上应该具有和Solidity同样的描述能力，但由于实际的去中心化应用中总会涉及资产类的数据，而任何引用了资源类型的结构体也都是受限的，能够真正脱离Move语言严格限制的机会并不多。所以，在实际使用Move语言开发的时候，程序员一定会有一种戴着镣铐跳舞的感觉，代码出现编译和运行时失败的可能性也更大。通俗地说，用Move写代码不会让你感觉“很爽”，这就是安全性和可验证性的代价。想想你用C语言自己控制内存的分配和释放时，虽然有一种“我是上帝”的感觉，但也会时刻忧虑缓冲区溢出、内存泄露等潜在风险；而用Java语言开发，虽然你不再能够为所欲为地控制内存，但也不用担心这些内存的安全性问题了。自由和安全，往往是不可兼得的。

在一个Libra的交易（Transaction）中，也可以嵌入一段Move代码，被称为交易脚本（Transaction Script）。这段代码不属于任何模块，是一次性执行的，不能再被其他代码调用。脚本中可以包含多个过程，通过main过程作为入口来执行，在其中也可以调用其他模块中的过程。这个设计有点类似比特币，而和以太坊完全不同。在以太坊中，一个交易本身是不能包含一段可执行代码的，只能部署新合约或者调用一个已部署的合约。

我不太喜欢Libra的这个设计，由于任何Move代码都必须经过字节码验证器（Bytecode Verifier）的严格检查才能发布到链上，这种一次性代码的边际成本远远高于可复用的模块，会拖慢交易被确认的速度，降低系统的吞吐量。交易脚本并不是必需的，大部分现实场景都可以通过模块来覆盖，而且，它的存在还增加了Libra钱包的开发和使用难度。

下面我们来看一下白皮书中的示例代码片段，直观感受一下Move语言。请注意，这段代码是Move中间语言的（IR），未来Move高级语言肯定会提供一系列语法糖，使代码更加简洁优雅。

```
public main(payee: address, amount: u64) {
    let coin: 0x0.Currency.Coin = 0x0.Currency.withdraw_from_sender(copy(amount)); // 从sender余额扣除amount个Coin
    0x0.Currency.deposit(copy(payee), move(coin)); // 将coin累加到payee的Coin余额中
}
```

图 4-10　Move 中间语言示例代码

这段代码是一个交易脚本，只有一个 main 过程，实现的是一个叫作 Coin 的代币转账逻辑，接受一个目标地址和转账金额作为参数，预期执行结果是把 amount 数量的 Coin，从交易发起者的账户转移给 address 地址。

过程体只有两行，第 2 行声明了一个 coin 变量，类型是 0×0.Currency.Coin。0×0 是部署 Currency 模块的 Libra 地址，Coin 是一个资源类型，属于 Currency 模块。这是一个赋值语句，coin 的值是调用 0×0.Currency 模块的 withdraw_from_sender（ ）过程获得的。这个过程被执行的时候，会从 sender 的余额中扣除 amount 数量的 Coin。

第 3 行调用 0×0.Currency 模块的另一个过程 deposit（ ），把上面取得的 coin 这个资源累加到 payee 地址的余额中。

这段代码的特别之处在于，每个取变量右值的地方都有一个 copy（ ）或者 move（ ）。这就是 Move 语言最有特点的地方，它借用了 C++11 和 Rust 的 move 语义，要求在读取变量的值时，必须指定取值的方式，要么是 copy，要么是 move。用 copy 的方式取值，相当于把变量克隆出一份，原来的变量值不变，还可以继续使用；而用 move 的方式取值，原变量的引用，或者说所有权转移给了新的变量，原变量就失效了。C++ 中引入 move 语义的目的，是为了减少不必要的对象拷贝，以及临时变量的构造和析构，提高代码执行效率；而 Move 语言的目的，是为了通过更严格的语法和语义限制，来提高“资源”变量的安全性。在 Move 中，资源类型只能 move，不能 copy，而且只能 move 一次。

假如程序员在写这段代码时，他的猫正在试图抢夺键盘的控制权，导致他不慎写出了一个 bug，把第 3 行的 move (coin) 写成了 copy (coin)，会发生什么呢？

```
public main(payee: address, amount: u64) {
    let coin: 0x0.Currency.Coin = 0x0.Currency.withdraw_from_sender(copy(amount));
    0x0.Currency.deposit(copy(payee), copy(coin)); // move(coin) -> copy(coin)
}
```

图 4–11　有 bug 的 Move 代码片段 1

由于 coin 是资源类型，不允许 copy，Move 的字节码验证器会在第 3 行报错。

再假如，这个程序员写代码时，他的猫刚好从键盘上走过，踩到了 Command 和 D 键（复制上一行），于是，第 3 行代码出现了两次，又会发生什么呢？

```
public main(payee: address, amount: u64) {
    let coin: 0x0.Currency.Coin = 0x0.Currency.withdraw_from_sender(copy(amount));
    0x0.Currency.deposit(copy(payee), move(coin));
    0x0.Currency.deposit(copy(payee), move(coin)); // Cat did it!
}
```

图 4–12　有 bug 的 Move 代码片段 2

这一次他的猫闯了大祸，这个 bug 非常严重，会导致来源地址只扣除了一次金额，而目标地址却增加了双倍的金额。在这个场景下，Move 的静态检查开始真正发挥作用了，由于第一次 coin 变量经过 move 取值后已经不可用，那么第二次 move（coin）就会引起字节码验证器报错。

以太坊的开发者就没有那么幸运了，如图 4–13 的代码：

```
pragma solidity >=0.5.0 <0.7.0;

contract Coin {
    mapping (address => uint) public balances;
    event Sent(address from, address to, uint amount);

    function send(address receiver, uint amount) public {
        require(amount <= balances[msg.sender], "Insufficient balance.");
        balances[msg.sender] -= amount;
        balances[receiver] += amount;
        balances[receiver] += amount; // Cat did it again!
        emit Sent(msg.sender, receiver, amount);
    }
    ………
}
```

图 4–13　有 bug 的 Solidity 代码片段

以太坊的编译器无法发现代码中多出来一行“balances[receiver]+=amount;”，每次 send（ ）被调用，Coin 这个代币的总量都会凭空多出 amount 个。

三、Move 字节码验证器

读到这里，读者应该能够意识到，Move 中最核心的组件就是字节码验证器。让我们来看看它是如何对一段 Move 字节码进行验证的，验证过程通常包括以下步骤：

- 控制流图构建：这一步会将字节码分解成代码块，并构建它们之间的跳转关系。
- 栈高度检查：这一步主要是防止栈的越界访问。
- 类型检查：这一步会通过一个“类型栈”模型来对代码进行类型检查。
- 资源检查：这一步主要针对资源类型进行安全性检查，防止资源被复制或销毁，并确保资源变量被后续代码所使用。上文举的例子中的 bug，就是在这一步被发现的。
- 引用检查：这一步参考了 Rust 的类型系统，对引用进行静态和动态检查。检查是在字节码级别进行的，确保没有悬空的引用（指向未分配内存的引用），以及引用的读写权限是安全的。
- 全局状态链接：这一步主要检查结构体类型和过程的签名，确保模块的私有过程不会被调用，以及调用的参数列表符合过程的声明。

四、Move 虚拟机

Move 的虚拟机，和 EVM 相似的地方比较多。它也是一个基于栈的虚拟机。指令集包含六类指令：数据加载和移动、栈操作 / 代数运算 / 逻辑运算、模块成员及资源操作、引用相关操作、控制流操作、区块链相关操作。

与 EVM 类似，每一条指令都会计算一个 gas，耗光 gas 后代码会停机。Move 中，一个交易的代码执行符合原子性，要么全部执行成功，要么一条也不执行。有趣的是，虽然 Libra 是一个标准的区块链账本结构，所有交易都是全局有序的，但 Move 语言本身支持并行执行，这意味着，也许以后 Libra 可以改进成类似 Vite 的 DAG 账本，提高交易并行处理的效率。

五、未来工作

当前，Move 还处于一个比较早期的开发阶段，后续工作包括：

- 实现 Libra 链的基本功能，包括账户、Libra 代币、准备金管理、验证节点的加入和移除、交易手续费管理、冷钱包等。
- 新的语言功能，包括范型、容器、事件、合约升级等。
- 提高开发者体验，包括设计一个人性化的高级语言等。
- 形式化建模和验证工具。
- 支持第三方 Move 模块。

作者简介

刘春明　中国区块链应用研究中心常务理事，Vite Labs 创始人。

从 Move 语言的设计看 Facebook 的开放式金融

唐飞虎

摘 要

正如数学史上很多惊人的发现都是对一个固有观念的重新认识开始的（有理数、虚数等），我们对货币的认识也是如此。在哈耶克的最后一本经济学专著《货币的非国家化——对多元货币的理论与实践的分析》里，有这样的记载："既然在一般商品、服务市场上自由竞争最有效率，那为什么不能在货币领域引入自由竞争？"于是哈耶克提出了一个革命性建议：废除中央银行制度，允许私人发行货币，并自由竞争，这个竞争过程将会发现最好的货币。

Facebook 为我们描绘了开放式金融的新边界。我们回顾 Libra 的架构，发现这个连接现实与链上空间的基础设施，不是什么技术手段，而是 Facebook 的信用背书。换句话说，就是"利用自己的资源、名气，当然还有放在 Facebook 的储备金，参与资产的构建"。而这个构建的过程就是用 Move 去提交一个模块，里面定义了关于这个资产的各种方法和接口，再让第三方调用这些接口来编写自己的业务逻辑。

Facebook 如期上线了 Libra 的官网和白皮书，官宣里还放了几个钱包的截图，可谓吊足了人们的胃口。

这一次同时上线的还有一个开发者网站，里面有三篇技术白皮书，分别是：

- The Libra Blockchain

  介绍 Libra Protocol 以及它的官方实现 Libra Core。

- Move: A Language With Programmable Resources

  介绍为 Libra 量身定做的智能合约语言——Move 语言。
- State Machine Replication in the Libra Blockchain

  介绍 Libra 上跑的共识算法——LibraBFT。

之前就在想 Libra 的诞生如果要给开放式金融提供新的可能，就一定要看 Libra 赋予了开发者哪些权限，会不会推出自己的智能合约语言。这个想法现在得到了证实，这个语言直接被命名为 Move，一如 Facebook 的格言“Move Fast and Break Things”。同时，Move 也表示智能合约的本质就是对用户资产的转移（Move）进行编程，还真是一语双关呢。

初看 Libra 的白皮书和官网，特别是首页的宣传视频，里面反复在各种普通人的日常生活中快速切换——大多数还是来自我们这些第三世界国家，这让我产生了一种非常不真实的穿越感，看来币圈还真的是一个有时间膨胀效应的地方。

但是无论如何，我们都要在这种不真实感中寻找真实。这三篇技术白皮书包含比我预想的还要多的好东西。

一、Move 语言的必要性

李笑来：Facebook 又犯傻了，用得着专门设计个 Move 语言吗？

（摘自《对于 Facebook 发币，行业大咖如此点评》，作者：巴比特）

> “If you’re writing a program that has to work very closely with a program written in a certain language, it might be a good idea to write the new program in the same language.”
>
> ——Paul Graham
>
> “如果你在写一个和另一个由特定语言写成的程序密切配合的程序，用同一种语言写这个程序可能是个好主意。”
>
> ——保罗·格雷厄姆

Libra 会推出自己的智能合约语言并不令人意外，毕竟 2019 年 5 月 Durov 在 TON 的 Channel 里就已经发布了一份 Fift 的文档了。另外，Libra 要处理的 Context 和我们目前所遇到的区块链都不一样[①]，在 Move 的技术白皮书中这些诉求被归结为以下四点：

- 安全性 Safety
- 一等公民 First-class assets
- 可验证性 Verifiability
- 灵活性 Flexibility

（一）安全性 Safety

和其他拥有自己的智能合约语言的区块链项目一样，Move 设计之初的核心诉求就是安全，你能想象数百万人因为一个智能合约的漏洞就被黑客害得倾家荡产、家破人亡吗？——虽然我相信 Libra 是可以“回滚”的。

> In particular, transferring Ether to a smart contract involves dynamic dispatch, which has led to a new class of bugs known as re-entrancy vulnerabilities. High-profile exploits, such as the DAO attack and the Parity Wallet hack, have allowed attackers to steal millions of dollars worth of cryptocurrency.
>
> ——Move: A Language With Programmable Resources
>
> 具体来说，将以太转移到智能合约涉及动态分派，这导致了称为重入漏洞的新类型程序错误。高知名度的网络安全事件，如 DAO 攻击和 Parity 钱包入侵，使攻击者窃取了价值数百万美元的加密货币。
>
> ——Move：一种带有可编程资源的语言

① 用 FBCoin 自己的话说就是：The Libra mission is to enable a simple global currency and financial infrastructure that empowers billions of people。

这里 Move 又把 Ethereum 上的这几个案例拿出来批判了一番。Move 的白皮书提到，想要一劳永逸地解决安全性的问题，不能信任智能合约的开发者，要么在编译期，要么在执行期一定要做检查。而 Move 看起来则是参考了 Java 虚拟机中的设计，选择了一个折中主义的方案，在执行期之前，加了一个字节码验证器。

（二）一等公民 First-class assets

这是一组编程语言里的概念，所谓的编程语言中的一等公民就是在我们编程时首要考虑的被编程对象，最常见于理解各种函数式语言。

- 一等：该类型的值可以作为函数的参数和返回值，也可以赋给变量。
- 二等：该类型的值可以作为函数的参数，但不能从函数返回，也不能赋给变量。
- 三等：该类型的值作为函数参数也不行。

Libra 这里用这种说法，我认为只是在强调一件事情，就是用户自己发行的数字资产和 Libra 里的稳定币是平级的。

这里白皮书中还是继续挑战 Ethereum。

> 但是，以太坊智能合约虚拟机的表达方式为昂贵的编程错误开了大门。像 StrawCoin，以太币在语言中拥有特殊地位，并以增强稀有性的方式落地。但定制资产（例如，通过 ERC20 标准）的执行者并不继承这些保护措施……他们必须小心翼翼避免引入错误导致复制、复用或资产丢失……间接代表问题和以太坊智能合约虚拟机的高度动态行为结合使之具有挑战性。

一个典型的例子就是美图币（BEC）。虽然这个数字货币首次公开募资（ICO）合约只在 OpenZeppelin 标准库的基础上增加了一个函数，结果那个函数里的操作就溢出了，使得黑客可以无限增发。类似的例子还有 POWH、

Hexagon 等，不胜枚举。

另一方面，一些用户自己的代币不是第一公民，使得合约有的时候处理 Ether 和 ERC20 时，需要分别讨论。一个典型的例子就是 Bancor 的合约，为了避免额外的判断，Bancor 合约中单独写了一个 ERC20 Token 来打包 Ether，将相关的逻辑统一起来。后来这种方式逐渐形成标准，就是我们之后经常看到的 wETH 交易对。

这方面 EOS 的处理则更为优雅，绝大部分底层的功能，也是通过超级节点部署智能合约的方式上线的，其中就包括 eosio.token 本身。而 EOS 和你自己发行的数字资产在合约里的唯一区别就是发行的合约不同而已，并且 EOS 的资产结构（还有 extended_assets）也已经包含了这些边界保护。

EOS 中是把原生资产和用户资产同时下放到了合约层面，而在 Libra 中，是把用户资产和原生资产同时上升到协议底层。

（三）可验证性 Verifiability

字节码验证器理论上只能检查一下类型不匹配、内存溢出这样的简单 Bug，要检查出所有逻辑上的错误无异于要解决停机问题（halting problem），而且这部分时间的复杂度也会被加到共识算法的关键路径上，必须要做出相应的权衡。Move 的解决方法是，只将一些时间复杂度最低，同时又最关键的检查工作放在这个阶段，其他则寄希望于链下的静态验证工具。

为了简化这些静态检查工具的设计，Move 在语言层面的功能上进行了一些必要的牺牲，而这一切都是为将来做形式化验证做铺垫。

> **No dynamic dispatch**
>
> The target of each call site can be statically determined. This makes it easy for verification tools to reason precisely about the effects of a procedure call without performing a complex call graph construction analysis.

没有动态分派

每个调用站点的目标都可以被静态确定。这使得验证工具无须执行复杂的调用图构造分析即可轻松准确推断过程调用的影响。

首先被去掉的就是动态分派。动态分派是指在运行期选择调用方法的实现的流程，在现代高级编程语言中被广泛采用，被认为是面向对象语言的基本特性。但是一旦包含这个特性就会使得静态验证十分困难。一个典型的例子就是TheDAO硬分叉事件里面的重入（re-entrancy）攻击。

Limited mutability

Every mutation to a Move value occurs through a reference. References are temporary values that must be created and destroyed within the confines of a single transaction script. Move's bytecode verifier uses a "borrow checking" scheme similar to Rust to ensure that at most one mutable reference to a value exists at any point in time. In addition, the language ensures that global storage is always a tree instead of an arbitrary graph. This allows verification tools to modularize reasoning about the effects of a write operation.

有限的可变性

对Move值的每个变化都通过引用发生。引用是必须在单个脚本范围内创建和销毁的临时值。Move的字节码验证器使用类似于Rust的“借用检查”方案，以确保任意一个时间点的值最多存在一个可变引用。此外，该语言可确保全局存储始终是树形而不是任意图形。这使验证工具可以模块化推导有关写入操作的效果。

函数式语言的一个基本特性就是不可变性，这使得我们在执行函数之前就可以对程序的状态进行断言。但是保持纯粹的不可变性的话，编写业务逻辑势必会十分痛苦。在这里，Move依然采取了折中主义的办法，参考了Rust的实现，保证每个对象在任何阶段只有一个可修改的引用，这样静态验证时就只要追踪一个目标。

Modularity

Move modules enforce data abstraction and localize critical operations on resources. The encapsulation enabled by a module combined with the protections enforced by the Move type system ensures that the properties established for a module's types cannot be violated by code outside the module. We expect this design to enable exhaustive functional verification of important module invariants by looking at a module in isolation without considering its clients.

模块性

Move模块强制执行数据抽象并对资源的关键操作进行本地化处理。模块启用的封装与Move类型系统强制执行的保护相结合，可确保模块外部的代码不会违反为模块类型建立的属性。我们希望这种设计能够通过单独查看模块而不考虑其客户端来实现对重要模块不变量的详尽功能验证。

模块也是函数式语言中的概念，原本的目标是达成接口与实现分离，从而实现各个模块分别开发、验证与编译。模块与类最大的区别在于类是动态的，而模块是静态的。

在Move里则是扩展了这个概念的意义，根据白皮书，Move里的智能合约分为两类：

- 交易脚本：一组顺序执行的可以包含模块调用的转账语句，通常是一次性的，不在账本里进行保存。
- 模块：定义和某个资产相关的操作方法的集合。

换句话说，这个模块才是更接近我们一般认为的智能合约的。但是我猜测只有资产的发行方才能够定义模块到 Libra 中去，如 Uber 可以在 Libra 中定义一个资产叫优惠券，可以声明、使用和转让；Spotify 可以在 Libra 中定义另一个资产，如一首曲子或一部专辑，支持订阅、转让、购买和注销。

而一般的开发者和初创企业很可能只能开发一些交易脚本来给你的应用和网站描述一些功能有限的业务逻辑。所以，很可能那 25 个合作伙伴才是 Libra 里的一等公民。

（四）灵活性 Flexibility

Libra 的灵活性只是相对于比特币脚本而言的，我们一般开发者还是写交易脚本好了。

二、形式化验证 Formal Verification

如何保证智能合约的正确性呢？这跟保证程序的正确性是一样的问题。只有懂得如何写出干净、简单的代码，进行严密的思考，才能写出正确的智能合约。

> 做智能合约验证的工作也许能圈到钱，然而却是非常枯燥且没有成就感的。为此我拒绝了好几个有关区块链的合作项目。虽然我对区块链的其他一些想法（如去中心化的共识机制）是感兴趣的，但我对智能合约的正确性验证一点都不看好。
>
> ——摘自《智能合约和形式验证》，作者：垠神

这是不是很像 Tezos？ Tezos 设计了一种参考了 OCmal 语法的函数式语言 Liquidity 来编写合约。合约又会被首先编译成一个基于堆栈的中间语言

Michelson，并使用了一个魔改出来的 Mi-Cho-Coq 工具，来跑形式化验证的框架。

但是，形式化验证真的是解决智能合约安全性问题的银弹吗？对此我持反对意见。为了安全性问题而在表达性上做牺牲似乎有舍本逐末的嫌疑，而且我认为即便要跑形式化验证，也可以让开发者使用一个 Solidity 语言的子集，姑且称之为 XSolidity 来跑（类比 XHTML）——当然，我期待着自由市场来证明我是错的。

三、重新审视区块链

> To say something is something, but unlike the previous version of that something because its defining characteristics are different, is a bit like saying:
>
> "Unlike previous loaves of bread, which view the loaf of bread as a collectively baked set of ingredients, the Libra Loaf of Bread is a single ingredient structure that bakes the components sequentially over time."
>
> ——Facebook's Libra: blockchain, but without the blocks or chain - Financial Times
>
> 说某一事物是某一事物，但不像之前版本的该事物，因为它的特征定义是不同的，有点像说：
>
> "不同于以前的面包，将面包视为配料集体烘焙，Libra 面包是一种单一的配料结构，可以随着时间的推移顺序烘烤组分。"
>
> ——Facebook 的 Libra：区块链，但没有块或链，《金融时报》

越来越多的人开始注意到，Libra 事实上既没有区块，也没有链，只是使用 PBFT 跑了一个分布式数据库而已。但是我们知道，实际上，比特币所要面对的是一个比拜占庭将军问题更加困难的场景，面对比特币，你实际上是没有全局视野的。节点可以随时加入和离开，通讯路径也是不可靠的，节点必须持续进行发现新节点和帮助其他节点启动的工作。每个节点都只包含一部分关于网络的信息，因而逻辑上更像是一个网状网络。

Libra这样的数据结构，也能算是区块链吗？如果按照ConsenSys的说法，大概是会被冠上“Libra might not be a Real Blockchain at All”的帽子的。Jameson Lopp也直接在他的文章标题里给Blockchain加了引号。

> Blockchain: A blockchain is a replicated state machine. Replicators in the system are known as validators. Users of the system send transactions to validators. Each validator understands how to execute a transaction to transition its internal state machine from the current state to a new state.
>
> Cryptocurrency: A digital currency that uses cryptography to verify and secure financial transactions.
>
> 区块链：区块链是一个复制的状态机。系统中的复制器称为验证器。系统用户将交易发送给验证器。每个验证器都了解如何执行交易以将其内部状态机从当前状态转换为新状态。
>
> 加密货币：一种使用加密技术来验证和保护金融交易的数字货币。

但是，从上面Libra给区块链和加密货币的定义来看，好像又没什么问题。那么为什么我们会感觉那么奇怪呢？

四、作为银行的Libra（Libra as a Bank Service）

> Fb coin looks like eth and btc had a baby and switched to bft with appointed nodes that they claim will eventually be elected dpos style. The utxo model and asset focused primitives is likely to heavily restrict its

applications. The concept of backing it with other assets means it fails when those assets fail. In effect it's a new central bank. Note I have only read half of the white paper so I reserve my right to change my analysis.

——Daniel Larimer

脸书币看起来像以太坊和比特币有过一个孩子，并切换到包含指定节点的拜占庭容错，他们声称最终将通过委托权益证明方式产生。未花费交易输出模型和以资产为重点的基元可能会严重限制其应用。用其他资产支持它的概念，意味着当这些资产失败时，它也会失败。实际上它是一个新的中央银行。注意：我只阅读了一半的白皮书，所以我保留更改分析的权利。

——丹尼尔·拉里默

《精通比特币》和《精通以太坊》的作者 Andreas M. Antonopoulos 为此事先专门做了一期 QA 视频，来解释为什么自己认为 Libra 不是真正的加密货币。在这期视频里，Andreas M. Antonopoulos 给了加密货币五个支柱，它们分别是：

- 开放（Open）
- 公开（Public）
- 中立（Neutral）
- 无国界（Borderless）
- 抗审查（Censorship Resistant）

抗审查很容易理解，Facebook 只是另一家坐落在硅谷的公司，仅仅是用户在上面提供内容就会受到各国政府的审查，更别说提供管制更加严格的金融服务了。基于同样的原因，Libra 也无法做到无国界和中立。向在美国制裁名单上的国家（伊朗、叙利亚、朝鲜、古巴、委内瑞拉等）和个人汇款会违反美国的相关法律，因此美国政府一定会要求 Libra 做出客户身份识别（KYC），你是谁？你在哪里？你在用你的钱做什么……也很难想象 Libra 会提供一个公开透明的账本（区块链浏览器），这相当于把每个人每天做了什么完全暴露出来。

最后，也是最重要的，Libra 不能够开放，Libra 只是对于那些持有许可的人是无须许可的。你当然也不能脱离这个系统之外使用和出售 Libra，你不能绕过这个平台提现走人。因此，Andreas M. Antonopoulos 的结论是：Libra 是一种新式银行，而不是一种加密货币。

五、留精弃粗（Child Error）

但是，Libra 白皮书似乎早就预见了这些问题，直接给出三段给予正面回应。

> Blockchains are described as either permissioned or permissionless in relation to the ability to participate as a validator node. In a "permissioned blockchain," access is granted to run a validator node. In a "permissionless blockchain," anyone who meets the technical requirements can run a validator node. In that sense, Libra will start as a permissioned blockchain.
>
> To ensure that Libra is truly open and always operates in the best interest of its users, our ambition is for the Libra network to become permissionless. The challenge is that as of today we do not believe that there is a proven solution that can deliver the scale, stability, and security needed to support billions of people and transactions across the globe through a permissionless network. One of the association's directives will be to work with the community to research and implement this transition, which will begin within five years of the public launch of the Libra Blockchain and ecosystem.
>
> Essential to the spirit of Libra, in both its permissioned and permissionless state, the Libra Blockchain will be open to everyone: any consumer, developer, or business can use the Libra network, build products on top of it, and add value through their services. Open access ensures low barriers to entry and innovation and encourages healthy competition that benefits

consumers. This is foundational to the goal of building more inclusive financial options for the world.

区块链分为“许可型区块链”和“非许可型区块链”，这根据实体是否能作为验证者节点接入区块链平台来决定。在“许可型区块链”中，实体通过权限授予方式运行验证者节点。在“非许可型区块链”中，符合技术要求的任何实体都可以运行验证者节点。从这个意义上说，Libra 将以许可型区块链的形式起步。

为了确保 Libra 真正开放，始终以符合用户最佳利益的方式运作，我们的目标是让 Libra 网络成为非许可型网络。但挑战在于，我们认为目前还没有成熟的解决方案可以通过非许可型网络，提供支持全球数十亿人和交易所需的规模、稳定性和安全性。协会的工作之一便是与社群合作，研究和实施从许可型向非许可型的过渡，过渡工作将在 Libra 区块链和生态系统公开发布后五年内开始。

无论是在许可型还是非许可型状态下，Libra 区块链都将向所有人开放：任何消费者、开发者或公司都可以使用 Libra 网络，在这个网络上构建产品，并通过他们的服务实现增值。这种开放性是 Libra 精神的本质。开放访问权限能够确保较低的进入和创新门槛，并鼓励有利于消费者的良性竞争。这是实现以下目标的基础：为世界建立更普惠的金融服务。

可以看出，Libra 很清楚自己就是一个许可型区块链，但是我们之所以没有像比特币那样开放是因为目前技术水平不行。

Libra 在白皮书里标明自己会在五年后，开始从许可型向非许可型做迁移。但是这实在太不真实了，毕竟我们都看到了，以太坊从工作量证明（PoW）迁移到权益证明（PoS）都用了那么多年，我实在很难想象 Libra 能真正做到这一点。

开放金融是个大话题。至于 Libra，还不是完全达到了，毕竟现在还是有准入的限制。他们宣布说未来要实现非许可网络，我挺惊讶的，技术上挑战很大，能不能兑现承诺难说。

——摘自《扎小哥，你还能再锋芒毕露一点吗？——SheKnows 深度解读 Libra 白皮书》，作者：孟岩

但是，这一点也不妨碍 Libra 走向公众。Libra 看起来是最不政治正确的了：

- Libra 是联盟链，但是不妨害它发币甚至上所——而且还是双通证。
- Libra 要做 KYC，但是它一上来就开放源代码，还要成立基金会。
- Libra 使用非对称加密有公私钥，但是所有人都得来用它的钱包，所有私钥都在它的云端服务器上管理。

这实在太耐人寻味了，Libra 很清楚自己想要的是什么，整个白皮书通篇都在对 BTC 和 ETH 进行批判，按照 ByteMaster 的话说，就像是 BTC 和 ETH 生了一个用 PBFT 的孩子。但 Libra 的世界观认为，BTC 和 ETH 就是两个弃童［留精弃粗（Child Error）］，按照鲁迅的话说，就是要“取其精华，去其糟粕”。但是，什么是精华，什么又是糟粕？ Libra 弃掉的糟粕恰恰是原教旨主义者眼中所认为的精华。

而这也正是 Libra 真正可怕的地方。

六、开放式金融的边界

在传统金融里面，你自己去发行货币，是很难形成市场的。但是，在开放式金融里面，基本就没什么门槛，你需要做的就是利用区块链这个技术，然后再利用自己的一些资源如 reputation，参与产品的构建。

——摘自《X-Order 创始人 Tony Tao：数字资产的货币化非常重要》

最后，回到我们开始的话题，讨论开放式金融。之前坊间很多文章都会混

淆去中心化金融和开放金融，现在 Libra 一出，估计以后这两个概念就能够更清晰的划分了。

1900 年，在巴黎举行的第二届国际数学家大会上，希尔伯特做了题为《数学问题》的演讲，提出了著名的希尔伯特的 23 个问题。2018 年的万向区块链峰会上，吴忌寒也提出了未来十年区块链技术发展的 8 个课题。

> 过去的 ICO 泡沫浪潮中，很多项目都涉及一个基本的逻辑，区块链和现实世界并不交融。区块链的现实交互接口将在区块链第二个十年结束时得到极大发展。
>
> 大概有两个方向：一是现实世界的重压事件都在区块链上得到忠实记录，如食品溯源；二是区块链上的虚拟事件驱动现实世界的物质产生变化，如去中心化的 Airbnb、网约车。
>
> ——摘自《比特大陆吴忌寒：未来十年区块链技术发展的 8 个课题》

现在，我们应该能看得更清楚了。Facebook 为我们描绘了开放式金融的新边界。我们回顾 Libra 的架构，发现这个连接现实与链上空间的基础设施，最后不是什么技术手段，而是 Facebook 的信用背书。换句话说，就是“利用自己的资源、Reputation、当然还有放在 Facebook 那儿的储备金，参与资产的构建”。而这个构建的过程就是用 Move 去提交一个模块，里面定义了关于这个资产的各种方法和接口。再让 thirdparty 调用这些接口来编写自己的业务逻辑。

而这个资产的开放程度，实际上是你在设计模块接口的时候决定的。这里面蕴含了非常多想象的空间，如 Lyft 和 Uber 同时定义了优惠券这个资产（或者是某种服务），谁预留的接口更丰富，第三方发挥创意的空间也就更多。最后可能会倒逼各个商家都加入这种开放资产的创建中去，从而形成新的网络效应。未来这种开放资产是否会支持跨链，从而迁移进其他的公链？我们尚未得知，但是可以预见的是旧世界一定会因此变得更加开放。

十年前，中本聪打开了加密货币的潘多拉之盒，在创世区块中摘抄了当天泰晤士报的标题——The Times 03/Jan/2009 Chancellor on brink of second bailout for banks。那个时候，他是否能想象到，在十年后的今天，世界已经发生了如此多深刻的变化了。

作者简介

唐飞虎　仙女座科技首席执行官，谷歌前工程师。

第五篇

综　述

General Discussion

货币互联网的超级实验：Facebook Libra 解析

柏亮　孙宇林　蒋照生

摘　要

Libra 希望“建立一套简单的、无国界的数字货币和为数十亿人服务的金融基础设施”。我们的世界真正需要一套可靠的数字货币和金融基础设施，两者结合起来必须能兑现“货币互联网”的承诺。

Libra 打破了传统意义上的主权界限，不受任何主权国家的独立监管，并对用户不具有排异性。Facebook 希望借 Libra 建立起新的全球支付体系，实现更大范围和更深层次的普惠金融。

Libra 采用了一种“类货币局＋一篮子货币”制度来维持币值的稳定，而由 Libra 协会成员共同构成的分布式治理架构则减少某一方可能形成的垄断同时保证储备资产的安全稳定。

Libra 区块链的高效率和安全来源于两大技术核心，一个是优化后的“拜占庭容错”共识机制，另一个是为数字资产的交易和管理专门设计的 Move 语言。

尽管从技术层面分析，Libra 可能会在推动数字货币应用落地以及提升公众的数字货币认知等方面产生实质性进展，但这种超越国界的数字货币可能会在未来的推广过程中遇到重重阻碍。

一、“世界货币”的新实验？

“为什么我们不能像给朋友发消息一样简单快速地用手机转钱呢？”

“为什么不能创造一种稳定、安全并且能在全世界范围内使用的货币？”

“我们能不能让每个参与全球经济的人都平等地享受金融服务？”

Libra 在一段介绍视频的开头首先提了这样三个问题，其使命是“建立一套简单的全球货币和金融基础设施”，创造一个人人可用“世界货币”。

Libra 能背负起建立“全球货币”或“世界货币”的使命吗？不妨先来回顾一下“世界货币”二百多年的发展简史。

（一）世界货币 1.0——黄金

著名科学家牛顿晚年在英国铸币厂任厂长期间，曾不遗余力地向内阁说明黄金的重要性并要求对黄金进行统一定价。1717 年，英国议会通过决议，将黄金价格定为每盎司 3 英镑 17 先令 10 便士。1817 年，英国正式立法确认了金本位制度，此后，其他国家纷纷效仿英国的做法。到 19 世纪中后期，金本位制已经在世界范围内被普遍采用，于是黄金成为世界货币。

但随着商品经济的不断发展和国际贸易的日益频繁，黄金越来越不能满足日益增加的商品流通需要。1914 年，第一次世界大战爆发，各参战国将黄金集中用于筹措军费开支，并发行不能兑现为黄金的银行券，同时严格禁止黄金的自由输出。金本位制随着第一次世界大战的爆发而逐渐崩溃，世界货币 1.0 时代结束。

（二）世界货币 2.0——美元

第二次世界大战后期，凭借占全球 3/4 的黄金储备和强大的军事实力，美国主导了布雷顿森林体系的建立。1944 年 7 月，44 个国家的代表在美国新罕布什尔州布雷顿森林镇召开著名的布雷顿森林会议，会上通过了美国的提案，达成了《国际货币基金协定》。根据协定，黄金与美元挂钩，每盎司黄金等于 35 美元，各国货币又与美元挂钩，由此建立起美元与其他成员国货币间的固定比价，确立了以美元为中心的国际货币体系，美元成为世界货币。

20 世纪 60 年代到 70 年代，与第二次世界大战后世界各国经济逐渐复苏相对的是美国深陷越战泥潭，海外军费的不断增加让美国的黄金储备不断减少，加上两次石油危机的影响，美国的通货膨胀逐渐加剧，美元危机数次爆发。1971 年 7 月，第七次美元危机爆发，尼克松政府于当年 8 月 15 日宣布推行新经济政策，美国宣布美元停止兑换黄金，至此美元与黄金挂钩的体制名存实亡，同年 12 月《史密森学会协议》的签订标志着美元对黄金贬值；1973 年 2 月开始，随着美元的进一步贬值，主要发达国家相继转向浮动汇率制度，布雷顿森林体系开始瓦解，美元从唯一储备货币变为主要储备货币，但在国际贸易中仍处于中心地位。

1974 年，美国与沙特签订协议，宣布向沙特出售武器并保障其国土安全，作为回报，沙特接受美元作为石油出口的唯一计价和结算货币。同年 12 月，美国与 OPEC 其他成员国也逐一签订协议，“石油美元体系”由此建立，这巩固了美元在国际货币体系中的主导地位。今天，在某种程度上来看，美元依然是“世界货币”。

（三）从信用货币到数字货币

1976 年《牙买加协定》达成后，形成了国际货币体系新格局——牙买加体系，彻底切断了美元与黄金的自由兑换，信用货币体系在全球范围内建立起来。信用货币体系虽然增加了货币供应的弹性，但其致命的缺陷在于政府的货币发行在摆脱了黄金储备的束缚之后很容易失控。由于信用货币（纸币）依赖政府的信用，一旦政府出现财政或货币危机，信用货币就会变得一文不值。

由于信用货币（纸币）可以被迅速低成本地大量印刷，而市场缺乏对货币发行主体的有效监管，因此信用货币可能出现超量发行的情况，而这种超量发行会增加通胀和金融秩序失衡的风险。美元虽然是目前全球各国最主要的外汇储备，但中心化的美元作为世界货币其实蕴含了一定的风险，美国既可以利用美元的超发低成本地获取其他国家的资源，也可以针对任何一个国家以美元发动制裁。

2008 年，化名为“中本聪”的神秘密码极客首次将比特币带入大众的视野。人们经常把比特币和2008年的金融危机联系在一起。这种没有特定发行主体且去中心化的数字货币被认为是不受任何政府和金融机构控制的新型货币形式，甚至已经具备了成为世界货币的基本条件。在比特币的经济模型中，由整个比特币网络中众多节点构成的分布式数据库确认并记录所有的交易行为，并使用密码学设计确保比特币流通中各环节的安全性。但比特币并不是完美的。首先，比特币的价格经常剧烈波动；其次，在区块链的“不可能三角”中（去中心化、安全和效率），比特币放弃了效率，导致比特币的转账费用高、转账速度慢。这些因素都让比特币变得并不适合日常的小额支付场景。

为了解决区块链和数字货币发展过程中表现出的各种问题，各类区块链项目层出不穷，而数字货币的种类也已经突破2000种。虽然区块链或数字货币在解决金融服务的可获得性和信用问题上具备一定的潜力，但是，如Libra白皮书所言：“现有的区块链系统尚未获得广泛采用。现有区块链缺乏可扩展性，数字货币具有波动性，到目前为止，这些因素导致现有的数字货币在保值和交换媒介方面均表现欠佳，因而阻碍了它们在市场上的广泛使用。”

二、三大理想

从白皮书中至少能看到Libra的三大理想：改善现有货币体系、实现普惠金融、打造全球支付新体系。当然，Facebook本身商业模式的突破，可能也是它发起Libra的动力。

（一）改善现有货币体系

作为世界货币体系中的主要组成部分，由各国央行发行的主权信用货币具有明显的主权界限，用户在使用过程中也存在诸多限制。而Libra的愿景，就是成为一套简单的、无国界的低波动性的数字货币。

布雷顿森林体系解体之后，世界货币体系进入以美元为主导的浮动汇率时代。而到了2009年，从中本聪创造的第一枚比特币出现开始，现有货币体系就逐渐受到了一定冲击。比特币体现了哈耶克所主张的货币非国家化，真正意义上将其从思想理论变为一场巨大的社会实践，证明了非主权货币的可能性。

比特币诞生于 2008 年全球金融海啸的大背景之下，在改进已有电子货币"双花"等弊端的同时，也摆脱了中心化机构垄断发行和控制货币带来的种种弊病。

在现有货币体系内，也出现了推动超主权货币的努力。在 2009 年 G20 会议上，时任中国人民银行行长周小川提出："创造一种与主权国家脱钩并能保持币值长期稳定的国际储备货币，从而避免主权信用货币作为储备货币的内在缺陷。"

基于区块链发行的 Libra，打破了传统意义上的主权界限，不受任何主权国家的独立监管，并对用户不具有排异性。从这方面来看，Libra 与超主权货币存在诸多类似之处。经济学家朱嘉明认为，Libra 第一次清楚地将超主权货币从理论、技术到实施方案都解释得相当清晰；2019 年，将可能由于 Libra 的出现而被历史铭记为"超主权货币元年"。

（二）实现普惠金融

Libra 将建立在安全、可拓展和可靠的区块链基础上，以赋予其内在价值的资产储备作为后盾，并由独立的 Libra 协会负责治理，以此促进金融生态发展，创造一个更加普惠的金融体系。

普惠金融（Inclusive Finance）是指以可负担的成本为有金融服务需求的社会各阶层和群体提供适当的、有效的金融服务。

Libra 白皮书指出："通过共同努力，科技公司和金融机构还开发出了帮助增强全球经济赋权的解决方案。尽管取得了这些进展，但世界上仍有很多人游离在外。全球仍有 17 亿成年人未接触到金融系统，无法享受传统银行提供的金融服务，而在这之中，有 10 亿人拥有手机，近 5 亿人可以上网。"

普惠金融最明显的表示形式是金融业务本身的运作成本降低。传统的金融服务由银行等专门金融机构提供和运作，繁杂的运作流程会带来高昂成本，而这些成本最终会均摊到每一位最终用户身上，提高了货币本身的使用成本。而普惠金融意味着追求平等和不排异，让更多人享受到金融服务。目前金融服务成本存在明显的倒置现象，即钱越少的人，实际上付出的成本代价越高。对于银行等第三方金融机构而言，大客户更加有利可图，虽然可能单笔业务的费用比例更低。这也是Libra白皮书中所提到的“穷人为金融服务支付的费用更多”。

而Libra和其所能提供的金融服务，由于基于区块链网络，凭借去中心化、无国界、不可篡改等技术特性，能在一定程度上消除第三方金融中介的存在，简化整个金融服务流程，在客观上创造一种新的可能性：金融服务不需要独立于金融业务，业务本身就带有金融服务，即业务即金融。

Libra能让全球各国选择信任并且愿意加入Libra网络的用户以极低的门槛进入，享受Libra带来的各种便利服务。同时，金融运作不再需要单独的金融机构去负担成本，并最终转嫁给用户。Libra可以通过P2P交易，让所有参与业务的用户直接分摊成本，无须支付第三方费用，从而降低用户费用，实现普惠金融的初衷。

（三）打造全球支付新体系

Libra白皮书称：

“我们相信，开放、即时和低成本的全球性货币流动将为世界创造巨大的经济机遇和商业价值。”

“如果这个系统能让世界上任何个人或公司以公平实惠的方式即时支取自己的资金，它就是成功的。例如，成功将意味着，在国外工作的人可以通过一种方便快捷的方式将钱汇回家，而大学生则可以像买咖啡一样轻松地支付房租。”

“无论您居住在哪里，从事什么工作或收入怎样，在全球范围内转移资金应该像发送短信或分享照片一样轻松、划算，甚至更安全。金融生态系统的新产品创新和新参与者将有助于降低每个人获取资本的难度，同时为更多人提供顺畅无缝的支付体验。”

支付是全球金融系统中最庞大的生意之一。中国是目前全球移动支付最发达和最领先的国家。最新数据显示，2019 年一季度中国移动支付市场规模高达 47.7 万亿元。但无论是支付宝还是微信，现有的支付体系都是搭建在银行清算网络之上的。或者说，现有的支付体系本质上都是银行金融体系的支付端口。在互联网和金融网络仍旧相互分离的今天，支付信息需要在两个网络间进行传递。而支付宝和微信支付只是提供了两个网络之间的支付网关服务，并没有从本质上改变支付模式。支付宝的底层清算网络仍是银行间的清算系统。

而 Libra 的支付网络，是完全基于区块链的清算系统，不受传统的金融网络限制。由于 Libra 底层清算网络是全球性的，所以持有 Libra 的用户可以在世界上的任何一个地方彼此进行点对点直接交易。当然，基于分布式记账技术的 Libra 底层网络在安全性和保护用户个人财富自由等方面比现有中心化模式的清算网络更具优势。

在跨境支付方面，Libra 或许同样大有可为。根据世界银行数据，目前全球跨境支付市场规模以 1 美元不低于 5% 的速度持续增长。而埃森哲咨询去年发布的一份报告显示，每年仅通过银行进行的跨境支付交易就达到 100 亿到 150 亿笔，规模超过 25 万亿美元。

若采用现行的 SWIFT 模式进行跨境支付，由于银行间对账等繁杂流程的存在，通常需要超过 24 小时才能完成。而成本方面，手续费和服务费一般也将超过汇款总额的 5%。

此前诸如 Ripple 等项目已经进行了区块链跨境支付方面的实践，并且取得了一定成绩。但相较于 Libra，Ripple 无法进行日常支付，只能提升跨境支付的效率。也就是说，用户通过 Ripple 完成跨境支付后，仍需将其持有的 Ripple 等加密数字货币兑换成法定货币才能在现实场景中应用。Libra 无须如此，因为其本身就是为了日常支付场景而存在的货币，完成跨境支付后可以直接使用。这也是 Libra 相较于其他区块链跨境支付项目的优势之一。

Libra 是支付领域又一次变革性实验。而在此之前，Facebook 早已在这一领域进行了诸多尝试。

表 5-1 Facebook 在支付领域的尝试

产品名称	推出时间	产品作用	结局
Facebook Credits	2011 年	简化平台上与虚拟商品有关的支付交易，从中收取每笔 30% 的手续费。	由于汇率等原因，2013 年淘汰。
Facebook Gifts	2012 年	用于平台上用户之间的礼品赠送服务。	2014 年 7 月关停 Gift 服务。
Facebook Messager Payments	2015 年	仅限于好友间的支付转账。	尚未得到普及。

资料来源：零壹财经·零壹智库根据公开资料整理

（四）Facebook 的商业模式突破

Facebook 对支付如此执着，或许是希望构建一个完整的闭环生态，摆脱目前过度依赖单一业务的营收模式。而在一个健全的生态中，支付是最高频使用、也是最重要的基础设施。

Facebook 的基本属性是“社交”。凭借强大的社交属性，Facebook 已经积累了海量的用户及数据。2019 年一季度财报数据显示，Facebook 一季度的每日活跃用户数超过 15.6 亿，同比增长 8%；每月活跃用户数 23.8 亿，同样取得了 8% 的增长。

而广告则是 Facebook 目前最主要的变现渠道和收入来源。财报数据显示，Facebook 2019 年一季度的营收为 150.8 亿美元，其中，广告收入 149.12 亿美元，占公司总营收比重高达 98.9%。移动端广告营收在整体广告收入中占比高达 93%，高于去年同期的 91%。

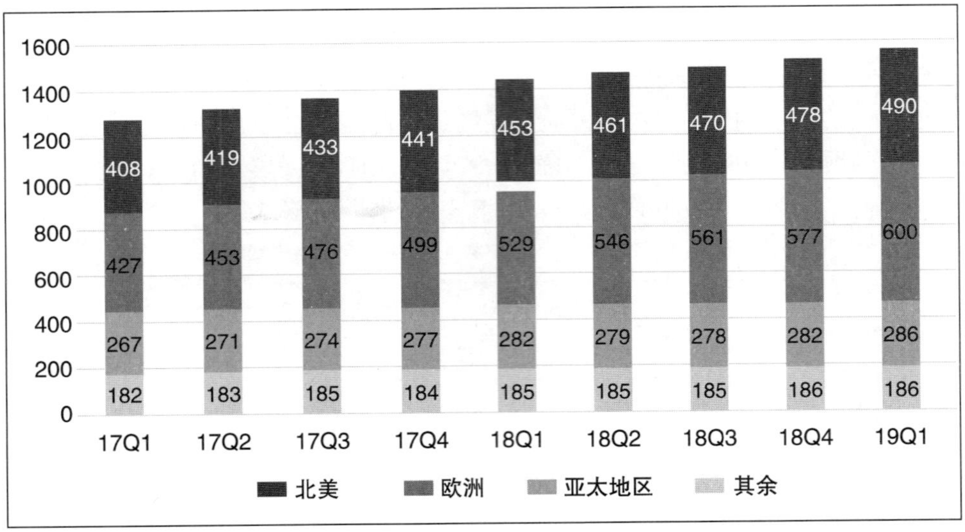

资料来源：零壹财经·零壹智库根据 Facebook 财报数据整理

图 5-1　Facebook 日活用户增长（单位：百万）

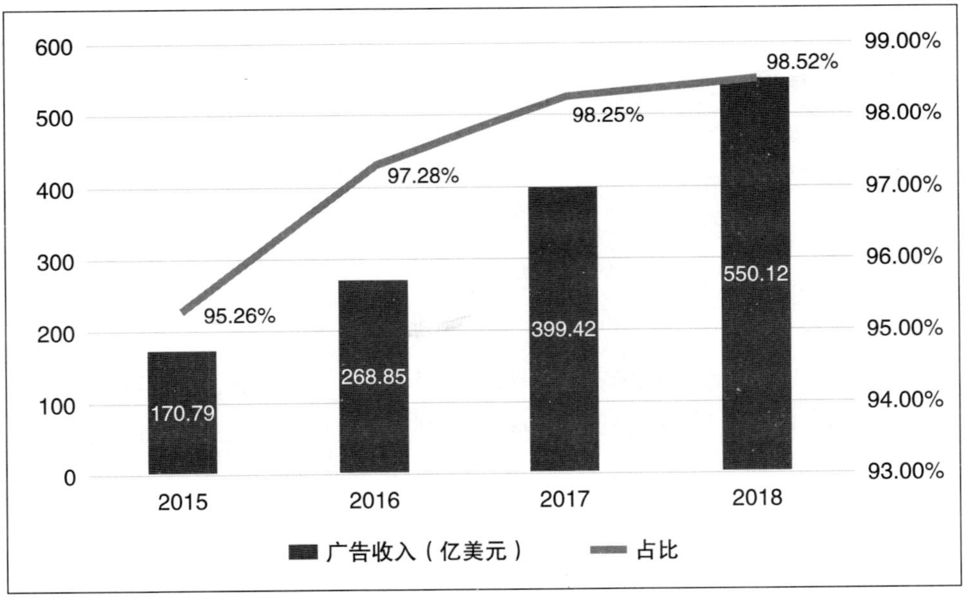

资料来源：零壹财经·零壹智库根据 Facebook 财报数据整理

图 5-2　Facebook 广告收入及占比变化

高度依赖广告收入的营收模式也正在成为 Facebook 的潜在风险。当前 Facebook 的营收几乎全部来自广告，在线游戏等其他业务的收入占比在逐年降低，Oculus 等新兴业务短期内更是无法带来巨大营收。虽然在 2019 年一季度，Facebook 的广告业务表现仍旧亮眼，但就像公司在分析师电话会议中所表示的："下半年公司还将面临巨大的广告投放方面的阻力。"

这种阻力来自内外两个方面：从内部来看，由于数据安全和隐私问题频繁发生，已经逐步导致用户的信任流失，影响广告投放效果；外部谷歌、亚马逊等强敌环伺，尤其是亚马逊近几年在数字广告方面更是异军突起，凭借高转化率和精准投放，越来越受到广告主的青睐。

缺乏支付场景的 Facebook，无法将其拥有的巨大用户和数据进行有效变现，很多业务的尝试都受到限制。以游戏业务为例，基于社交属性带动游戏业务发展的模式已被腾讯证明是可行且有效的。根据 2018 年腾讯财报数据显示，2018 年腾讯手游业务收入为 778 亿元人民币，同比增长了 24%，占全年营收收入的 41%，是腾讯营收的重要来源。根据梅特卡夫法则，网络价值等于网络节点数的平方，拥有数十亿用户的 Facebook 显然对身处 Facebook 网络中的每个用户节点来说价值和依赖度都是非常高的。理论上来说，基于这样强大的社交基因开发游戏业务，Facebook 与缺乏社交元素的 App Store 相比应该更能促进用户的参与感并带动潜在玩家的加入，但为什么游戏业务没有成为 Facebook 营收的重要部分？

专家认为，Facebook 拓展游戏业务的障碍就在于缺乏支付通道。彭博社就曾有报道指出，缺乏支付工具会成为 Facebook 通过手游创收的关键障碍，只能依赖苹果和谷歌的支付通道也就相应削减了其在游戏业务中的利润。

而 Libra 给了 Facebook 获得新的业务增长的契机。Libra 对 Facebook 最大的意义就是有望帮助 Facebook 进军支付领域，使其构造一个更加强健和多元的 Facebook 生态圈。Facebook 目前已经拥有了足够的用户基数，Libra 支付系统的引入，将为 Facebook 在游戏、电商、新闻等各个场景中的价值变现提供更多可能性。同时，Libra 协会中众多巨头的存在，也会给 Facebook 在用户和拓展合作伙伴等方面带来新的契机。

三、如何稳定："类货币局 + 一篮子货币"制度 + 分布式治理

作为一种用于日常支付的货币，首先需要稳定。比特币最初的愿景是用于点对点支付的交易场景，如今却变成一种价值存储工具，成为人们口中的"数字黄金"。其原因除了底层区块链网络交易性能缺陷外，价格的剧烈波动也是限制比特币等加密数字货币成为日常支付货币的关键因素之一。

有学者认为，货币的本质是信任。为了取得用户的广泛信任，货币离不开稳定的锚定物。布雷顿森林体系之前，货币一般以金、银等贵金属为锚；布雷顿森林体系之后，全球其他国家货币基本上以美元为锚，而美元先以黄金为锚，之后直接用国家实力做担保，以主权信用为锚。经济学家张五常也多次表示："货币有锚是好事。"

Libra 希望成为稳定的数字货币资产，并在全球范围内用于各类日常支付场景。为了完成这一目标，取得用户信任并维持价值稳定是 Libra 必须解决的问题。

根据白皮书可知，Libra 采用了一种"类货币局 + 一篮子货币"的制度来维持币值的稳定。即 Libra 的价值与一篮子法定货币有效挂钩，每一枚发行的 Libra 币都使用真实的储备资产作为担保。用户如需创造新的 Libra 币，必须使用法定货币按 1 ∶ 1 比例购买 Libra，并将该法定货币转入储备，同时由全球众多有竞争力的交易所及其他流动性提供商提供兑换支持。

（一）与一篮子货币挂钩：锚定资产价值稳定

谈到一篮子货币，最著名的就是国际货币基金组织的 SDR（特别提款权）。SDR 通过一篮子货币方式，将各类货币按一定方法组合而形成新的合成货币单位（或计价标准），并通过各种货币之间的汇率关系，维持相对稳定。作为黄金与美元之外的重要国际储备资产，SDR 并不是一种现实货币。从某种程

度上来说，它更像是国际货币基金组织发行的白条，使拥有 SDR 配额的国家能在需要外汇或解决国际贸易逆差等问题时，通过 SDR 向其他国家购买所需的一篮子货币中的各类外汇。

与 SDR 不同的是，Libra 与一篮子货币价值挂钩是为了保证锚定物的价值稳定，并减少对单一货币和单一经济体的依赖。Libra 的愿景是成为无国界的全球货币，所以它不愿也不能直接锚定美元。虽然锚定美元对 Libra 来说最为简单，但这会使 Libra 成为如 USDT 一样的美元稳定币，变成美元在数字货币世界的另一种表现形态，并且会导致其未来发展极大受制于美元和美国政府。再者，与单一法币挂钩，也不利于 Libra 在全球其他国家的推广使用，更限制了未来可能的想象空间。

另外，与单一货币锚定也会增加 Libra 本身价值稳定性风险。即便强如美元，如今也不再十分稳健。而与一篮子货币挂钩，能通过货币间汇率的对冲关系，减少单类货币价格波动对 Libra 的影响。

与 SDR 相似的是，Libra 协会将会根据市场形势变化，适时改变篮子的构成。这也进一步维持了一篮子货币的稳定。

（二）类货币局制度：真实价值支撑

货币局制度是一种汇率制度与货币发行制度合二为一的制度，主要特征包括：本币与锚定货币挂钩，保持固定汇率，且可完全兑换；以法律形式规定货币发行必须有外汇储备或硬通货的全额支持；货币发行方没有独立的货币政策，不能控制货币发行量，在金融市场上的操作完全是被动行为，这也是货币局与中央银行最明显的区别。

中国香港目前实行的“联系汇率制”本质上就是一种与美元挂钩的货币局制度。汇丰银行、渣打银行和中国银行作为港币的三大发钞行，在发行港币时，须按 7.8 港元的汇价缴存足额的美元储备，换取香港金管局的无息负债证明，才能发行等值港币。而港府在发行硬币时，也须以足额港币或外汇作为储备，才能获得发行许可。

Libra 的运作方式与货币局制度相似。每一个 Libra 币的发行都需要有真实的足额资产储备支撑。这些储备目前包括稳定且信誉良好的中央银行提供的现金和政府货币证券等一系列低波动性资产。

为了提高效率，用户不会直接接触储备，而会由授权经销商参与大量法币与 Libra 的交易，储备资金随之增减。用户如需创造新的 Libra 币，必须使用法定货币按 1 ∶ 1 比例向授权经销商购买 Libra，并存入储存，反之亦然。

对比货币局制度，不难发现这些授权经销商在 Libra 体系中的作用与发钞行相似，而可以公开交易的全球多个受监管电子交易所和经销商则与一般商业银行相似。

Libra 采用这种类货币局制度的资产抵押发行模式不仅在现实中被验证过，在加密数字货币的稳定币市场中也已经成为主流。

稳定币是加密数字货币市场的产物。如前文所言，当前以比特币、以太坊为代表的加密数字货币价格波动剧烈，无法进行日常交易支付，再加之包括中国在内的部分国家对数字货币的严监管态势，致使数字货币市场缺少法币入金渠道，于是稳定币应运而生。

目前，稳定币的发行模式大致可分为三类：

- 法币储备抵押模式，即通过抵押法币，发行与法币价值锚定的稳定数字货币。
- 数字资产抵押模式，即通过在区块链的智能合约上质押数字资产，从而发行锚定法币价格的数字货币。但由于现在数字资产本身价格波动较大，一般都需要通过超额质押以及强制清算等风控机制保证每枚稳定币背后都拥有足够抵押物。
- 算法央行模式（又称“铸币权”模式），即无须抵押物，通过事先设定的算法机制进行类似央行公开市场操作，对稳定币供给数量进行调节，从而使稳定币价格与法币锚定。

现在的稳定币市场以法币储备抵押模式为主。尽管这一模式与区块链去中心化思想背道而驰，并且其代表项目 USDT 一直饱受质疑和信任危机，但仍然无法改变目前超过 95% 的稳定币都是通过这一模式发行的现实。

所以，Libra 通过足额储备抵押发行的思路虽然没有太多新意，但却是最稳妥也最容易被用户接受的方法。与一般的稳定币相比，Libra 存在多项重要创新：

- Libra 锚定的是一篮子货币而非美元等单一法币。
- 抵押低风险资产组合而不限于美元。
- 由 100 家（当前 28 家）资深金融主体组建的协会发行。

除此之外，Libra 协会表示不会主动制定货币政策，而仅会根据市场需求来“制造”和“销毁”Libra 币，通过调整 Libra 供需关系来维持稳定。这与货币局制度的被动性货币政策也极为相似，能很大程度上保证其政策的稳定性。

同时，为了维持兑换稳定，Libra 将会与全球众多有竞争力的交易所及其他流动性提供商合作，使用户能够确信在任何时候以等同或接近于储备的价值出售任何 Libra 币，从而保障 Libra 兑换渠道的稳定性。

一篮子货币保证锚定资产稳定，有效挂钩一篮子货币确保 Libra 价值稳定，足额储备维持 Libra 具有的真实价值，与众多交易所及流动性提供商合作确保承兑渠道稳定，再加上被动性货币政策避免用户对于通货膨胀和随意增发的担忧，从而实现 Libra 的相对稳定。

（三）分布式治理：减少垄断担忧，保证储备安全

Facebook 此前饱受数据安全与用户隐私泄露等问题的困扰。2018 年上半年发生的“剑桥分析事件”让 Facebook 至今仍处于信任危机的漩涡之中。

为了避免此类事件带来的影响，白皮书中明确表示，Libra 将由一家总部位于瑞士日内瓦、独立的非营利性会员制组织 Libra 协会进行运营。协会成员将由 Libra 协会网络的验证者节点组成，旨在协调和提供网络与资产储备的管理框架，并牵头进行能产生社会影响力的资助，为普惠金融提供支持。

Libra 协会未来将是一个由 100 家独立成员构成的监管实体，目前已经包含了 Uber、PayPal、Visa、Coinbase 等机构在内的 28 家创始成员，涉及支付、

电信、风投、区块链业等诸多领域。

而 Facebook 在 2019 年底之前在 Libra 协会保持领导者角色，日后将成为一名普通的创始成员。白皮书中强调，所有决策将由协会理事会做出，重要政策或技术性决策更需要超过 2/3 的成员投票表决同意才能通过。同时，储备将在具有投资级信用评价的保管网络中进行分散保管，以限制交易对手风险。

四、技术核心：机制和语言

除了白皮书，Libra 区块链还提供了数篇技术文档详细介绍更多技术细节，如共识机制及新的编程语言等，Libra 的源代码已经在 Github 上公开，并且官方提供的一个测试网络也已经上线。

（一）优化的“拜占庭容错”机制

从白皮书来看，Libra 区块链将于 2020 年正式上线，Libra 协会的成员机构将由目前的 28 个扩充至 100 个，并且每一个初始成员机构都将负责运行一个验证节点，所有成员节点共同维护 Libra 区块链网络。这些节点之间的共识由经过优化后被称为 LibraBFT 的“拜占庭容错（BFT）”机制来协调，每一个节点都会与其他节点不断重复地进行信息的交换和验证，保证在可信节点间确认正确的信息并识别出有问题的节点。和所有采用 BFT 共识算法的区块链网络相似，Libra 区块链网络内的节点可以以更快的速度达成共识并保证全网较高的吞吐量，但只能容许最多 1/3 的问题节点存在，也就是当恶意节点数量达到 34% 即可发起攻击。

目前的 Libra 区块链设计可以被视为“联盟链”的一种，也就是白皮书中所说的“许可型区块链”，Libra 的开发团队称目前“非许可型区块链”（即“公有链”）模式对一个需要支持数十亿人使用的区块链而言还不是最佳选择。不过 Libra 的开发团队并没有放弃公有链模式，而是计划在 Libra 上线后五年开始考虑向公有链模式转变，也就是说未来所有人都可以作为节点接入 Libra 区块链为其做交易验证，从这一点来看，未来的 Libra 区块链共识机制很有可能会选择权益证明（Proof of Stake, PoS）。

（二）为数字资产设计的 Move 语言

在所有 Libra 公布的技术文档中，最吸引人的要数其采用的一种被称为“Move”的全新编程语言，这一编程语言据开发团队称“可以在 Libra 区块链中实现自定义交易逻辑和‘智能合约’”。看过 Move 编程语言的相关文档后，我们认为 Move 语言是一种专为数字资产设计的编程语言，根据技术文档，这种语言有三种用处，即发行数字货币等数字资产、处理区块链上交易及管理验证节点。

Move 是一种静态类型语言，而从本质上来说这其实是一种编程逻辑上的约束，因此比以太坊的智能合约语言要严格得多。类似 Rust、Golang、Typescript、Haskell 或 Scala 等现代编程语言均为静态类型语言，因为许多简单的程序 Bug 可以在编译的过程中就被检测出而不是等到执行程序的时候才被发现。

Move 语言中的另一个特色是技术文档中提到的“First-class Resources”，即“一等资源”，这里的“资源”和以太坊编程语言中的“Value”（值）是对应的概念，不同点在于“值”可以被随意复制，而“资源”则只能被消耗。打个比方，“资源”就像瓶中的水会随着我们的饮用而变少，而“值”就像笔记本上的句子，我们可以在脑中记住它们但它们却永远不会消失。Move 语言编写的智能合约将“资源类型”与传统的线性逻辑结合起来，因此 Libra 区块链上的数字资产的“资源类型”也符合线性逻辑的一些特征，如数字资产无法被复制也无法凭空消失。

Move 语言的“一等资源”概念还包含一个基本原则，即“数字资产为一等公民”，因此我们说 Move 语言是一种专为数字资产设计的编程语言。实际上数字资产在智能合约中可以作为变量被存储和分配，也可以作为函数和流程的参数或返回值，而 Move 语言的静态类型使得编译器在编译期间和智能合约部署之前就能检查出“资源”的大多数错误，因此增强了智能合约的安全性。

目前，Move 语言仅能在内置的智能合约使用，如发行 Libra、处理与 Libra 相关的交易及管理验证节点等，“预计将在一段时间后向开发者开放创建合约的权限”。

五、前途：需要突破的不仅仅是技术

Libra 要完成自己的理想，需要突破的不仅仅是技术，还有制度和商业层面的诸多问题需要解决。

（一）政界人士表态不乐观

Libra 白皮书中的数字货币和资产储备设计，让一部分人不仅认为 Libra 有望成为“世界货币”，还认为 Libra 协会将具有一部分中央银行才有的职能。Libra 协会直接从各国财政部购买政府债券，或债券卖方直接接受 Libra，相当于扮演了央行的角色；另外，用户不会直接接触储备，也就意味着 Libra 协会并不会对用户承兑，用户只能到二级市场进行兑换，这让 Libra 具备了更浓的央行味道。就目前来看，Libra 更像央行，而不是商业银行。但从长远来看，随着 Libra 被广泛接受和使用，Libra 可能会成为集央行与商业银行功能于一体的超级银行。

但 Libra 协会并不会制定自己的货币政策，而是仅根据授权经销商的需求来“制造”和“销毁”Libra 币，这一点又与央行可以制定自己的货币政策明显不同，Libra 协会创造的也许是一种新型的央行模式。

不过，Libra 项目白皮书发布两天后多个国家和地区的政界人士就纷纷表达了自己的态度。整体而言，反对或要求对 Libra 进行监管的声音更多。如何面对未来可能在各国出现的不同类型的监管，在当前强大而复杂的主权货币体系中生存发展，是 Libra 面临的重大挑战。

表 5–2 主要经济体政界人士声音

国家 / 地区	意见
美国	**美国众议院金融服务委员会主席** Maxine Waters： “考虑到该公司麻烦不断的过去，我要求 Facebook 同意暂停任何开发加密资产的行动，直到国会和监管机构调查这些问题并采取行动。我们不能让他们去瑞士，并与美元竞争。” **美国俄亥俄州参议员** Sherrod Brown： “Facebook 已经太过庞大，它通过这种力量利用用户的数据，侵犯用户隐私。我们不能允许 Facebook 在没有监管的情况下从瑞士银行账户中运行风险较高的新加密资产。” **美联储主席** Jerome Powell： “美联储已经就 Libra 的问题与 Facebook 进行了沟通。我们看到了一些好处，但也有风险。数字资产还处于起步阶段，因此，我们不太担心央行因为加密资产影响美联储实施货币政策的能力。”
英国	**英国央行行长** Mark Carney： “Facebook 推出的新数字货币可以降低成本并增加金融包容性，Libra 可能很重要，并将受到相应的监管。分布式账本技术（DLT）项目有潜力‘解锁数十亿英镑的资本和流动性’，并且有朝一日可能会看到它们与央行的密切合作。”
法国	**法国财政部部长** Bruno Le Maire： “Facebook 加密货币不具备成为主权货币的能力。各国政府有权向 Facebook 要求一些担保，这将明确 Libra 不会成为现有主权货币的竞争对手。稳定币不应被转移到资助恐怖主义或任何其他非法活动。”
欧盟	**欧洲议会德国议员** Markus Ferber： “Facebook 新近发布的稳定币 Libra 可能变成‘影子银行’，监管方应该高度警惕。在推出虚拟货币时，绝不能允许像 Facebook 这样的跨国企业在一个监管‘极乐世界’里运作。”

续表

国家 / 地区	意见
俄罗斯	**俄罗斯国家杜马金融市场委员会主席 Anatoly Aksakov：** “俄罗斯不会允许 Libra 项目的合法化。”
澳大利亚	**澳大利亚央行行长 Philip Lowe：** “在 Facebook 的提议成为我们日常使用的东西以前，还有很多问题，有很多监管问题需要解决。该加密资产不会登陆澳大利亚，因为澳大利亚已经有非常高效的电子支付系统。”
瑞士	瑞士金融市场监管局也在与 Facebook 加密项目的“发起者”保持联系，并将确定计划中的服务是否需要瑞士监管法律的批准，如果需要，需要哪些批准。

资料来源：零壹财经 · 零壹智库根据公开资料整理

（二）全球跨境支付面临的难题

首先，简单从支付层面来看，基于区块链的 Libra 的支付过程与基于互联网的移动支付有着很大的不同，以支付宝为代表的移动支付表面看非常方便快捷，但背后实际上需要一系列金融基础设施的支撑。

虽然有报道称支付宝的香港版本已经利用区块链技术实现了香港和菲律宾之间跨境转账的实时到账，微信支付的跨境支付业务也已经在逾 49 个国家和地区合规接入，支持 16 个币种做直接交易，但它们背后仍然需要依赖第三方机构做清结算，而 Libra 则不依赖第三方支付结算机构，所有交易直接在区块链上完成，既可以做到交易记录的透明和永久保留且不可篡改，同时也便于监管和追踪。

Libra 做支付（或跨境支付）从理论上讲具备一定的优势，但现实情况是在货币体系比较完善的国家（如支付宝和微信支付在中国的广泛使用），说服人们从一种习惯的支付方式转换到另一种支付方式很难，并且在允许一篮子货币储备情况下，如果人们用一种货币兑换成 Libra，但又要把 Libra 兑换成美元，就会带来币种错配和汇率风险，以及金融监管问题，而监管依然是不可能被绕过的一环。

（三）仍需解决的其他问题

Libra 协会计划到 2020 年将成员机构数量从目前的 28 家增加到 100 家，按照 Libra 白皮书的设想，越多的成员机构加入就越能保证 Libra 生态的健壮和应用场景的丰富。但如何吸引更多的潜在成员机构加入整个生态的建设中以及如何平衡成员机构间的内部利益，白皮书中没有明确地说明。

另外，许多支付类区块链项目普遍面临的一个窘境是与主流消费群体的脱节，Facebook 能在多大程度上将其社交网络上的用户转化为 Libra 的使用者也是一个未知数。

最后，Libra 的最终目标是转变为一个“非许可型区块链网络”，即我们通常理解的“公有链”，但就像 Libra 白皮书中所说的：“目前还没有成熟的解决方案可以通过非许可型网络，提供支持全球数十亿人和交易所需的规模、稳定性和安全性。”加上 Libra 区块链尚处于开发的早期阶段，仍有诸如链上治理合约、市场设计、网络应急等技术、经济和治理问题需要解决，无论是从短期还是长期来看，Libra 的发展都不会是一帆风顺的。

作者简介

柏亮 零壹财经·零壹智库创始人，数字资产研究院副院长，中国零售金融智库发起人。

孙宇林 零壹财经分析师。

蒋照生 零壹财经分析师。

Libra 项目研究分析报告

谷燕西

摘 要

本文的基本观点：1. Libra 项目刚刚开始，依然有缺陷和不足之处。2. Libra 项目表面的价值是它提供的稳定币产品，但它更大的价值是其底层的清算结算网络。3. 如果这个项目失败，项目管理会是其主要的一个原因。4. Libra 协会的组织模式是这个项目的最大亮点，但却被普遍低估。5. Libra 稳定币的直接铸币税不会高，甚至为负。6. Libra 项目不是稳定币产品的发展终点，具有更合理机制的稳定币项目一定会出现。本文的最后部分对与 Libra 竞争的稳定币机制进行了探讨。

一、目前的货币发行和清算机制

货币种类可以分为两种，一种是商品货币，另外一种是信用货币。商品货币是基于商品为基础而发行的货币，譬如曾经依据黄金发行的货币。信用货币是中央银行基于自己的信用而发行的货币，也就是现在通称的法币。

货币是以实物货币和电子记账的方式进行流通的。实物货币是各个央行制作的硬币和纸币。电子记账是完全基于电子化技术记录的货币的持有和流通。

在支付的过程中，采用实物货币支付的过程称之为货款两清过程，也就是俗称的“一手交钱，一手交货”。基于电子化的支付方式是交易双方在各自的银行账户中进行相应的记账。交易双方的银行和一个中间的清算公司记录这个交易的完成，保证记账的正确。支持这个支付的底层清算网络通常是一个银行之间的清算网络。在美国这个银行之间的清算网络是ACH。各银行通过这个清算网络进行数据交换，保证记账数据的正确。

在这样的一个市场结构中，银行通过吸引用户的存款来进行放贷业务。贷款业务是银行主要的营利模式。银行为获得用户的存款而向用户提供的各种服务中，免费支付是其中的一种。我们在日常的经济生活中，当采用纸币和银行借记卡进行支付时，表面上看这个支付是免费的，但实际上是通过在银行中存款获得这种免费服务。

信用卡的支付是基于信用进行支付的方式。用户在使用信用卡进行支付时，他的发卡银行将钱支付给对方。用户在此后的一段时间内将钱还给他的信用卡发卡银行。信用卡公司通常向信用卡支付的收款方收2%—3%的服务费用。信用卡公司的作用实际上是提供信用卡支付的清算网络。它同各个信用卡的发卡行和收卡行合作来完成这个流程。这样的信用卡公司包括Visa和MasterCard。

除了银行提供的支付手段之外，市场上还存在着一些其他的服务商。其中主要的一类就是在支付客户端的集成方，譬如美国的PayPal、Stripe和Square。这些公司的产品在支付客户端收集客户的付款，然后再将支付数据通过银行的清算网络和信用卡清算网络分别传送到交易双方的银行。

二、Libra的货币机制

- **货币属性** Libra是基于法币和短期政府债券抵押发行的数字稳定币，所以其本质依然是信用货币。Libra的货币政策由白皮书中如下部分做了最好的陈述。“我们的目标是让Libra与现有货币并存。由于Libra将是一种全球货币，因此协会决定不制定自己的货币政策，而是沿用货币篮子所代表的中央银行的政策。”
- **发行量** Libra的发行和销毁完全取决于市场需求。
- **定价** Libra的价格会对标一篮子法币。这个方面的机制会类似于特别提款权（SDR）。但 Libra 白皮书并没有具体说明目前 Libra 会对标哪些法币和具体数量。

- **铸币税** 对于抵押资产进行铸币的参与方来说，其铸币税应该来自其基于 Libra 实现的各种业务收入。
- **底层清算网络** Libra 稳定币的底层清算网络是一个开放性的许可链。
- **治理机制** 在瑞士注册的非营利性组织 Libra 协会对 Libra 稳定币的各个方面进行管理。协会成员约有 100 名左右。

三、Libra 的优势和机会

（一）实现更合理的铸币机制

比特币的铸币机制是一个非常公平、合理的机制。任何人和任何机构都可以通过提供比特币的记账服务而获取新生产出来的比特币。这实际上就是一个人人参与铸币的过程。在当前的金融社会中，铸币权被收归政府所有。只有政府才有权力根据其信用铸造法币。政府因此在这个铸币过程中获取了社会中的大量财富和使用这些财富的权利。普通个人和其他组织无法参与铸币，因此也无法获得铸币税。Libra 提供了一个人人参与铸币并相应地获得铸币税的机会。

在 Libra 的设计中，每个节点需要抵押自有资金 1000 万美元参与铸币。估计 Libra 的首批发行量价值 10 亿美元左右。此后，参与的节点或授权经销商可以采用去中心化金融的铸币模式让更多的机构和个人抵押其拥有的、并且是被接受的资产来参与这个铸币过程。铸币门槛因此大幅降低。这样就提供了人人参与铸币并获得相应的铸币税的机会。

（二）有机会发展成为一个商品货币

Libra 目前发行所基于的资产是法币和短期国债，所以其本质上依然是一个法币。因此，Libra 本身的价值不可避免地受到信用货币的潜在劣势的影响。

由于法币质量取决于发行政府的政策，政策的不确定性一定会影响 Libra 的价值。譬如美国政府由于越战的大幅支出导致美元大幅贬值。但是，Libra 在出生之后，就有了自己独特的身份，它可以调整未来可接受的抵押资产，就有可能逐步发展成为一种完全的商品货币，其价值将由全球市场的定价来决定。

（三）建立全球范围内的金融市场基础设施

支持比特币流通的底层区块链技术后来被证明比比特币更加具有价值。未来支持 Libra 流通的底层区块链网络或许同样比 Libra 稳定币更加具有价值。

Libra 项目的一个最大亮点是其底层区块链技术网络。Libra 项目白皮书也非常明确地将这个网络定义为金融基础设施。这样的一个网络实际上也就是金融行业通常所称的金融市场基础设施（Financial Market Infrastructure, FMI）。这样的一个底层网络支持的将不只是一个最简单的金融品种，也就是货币，而且还能支持各种复杂金融产品的流通。鉴于 Facebook 有超过 27 亿用户以及 Libra 协会中各个成员的参与，如果有几个受到市场欢迎的基于稳定币的金融应用，就能吸引大量的用户使用这个网络。又鉴于这个网络是开放性的，所以它就有可能成为一个同以太坊竞争的强有力的竞争者。

目前的各种公链都是希望成为被全球普遍采用的、以太坊第二的公链。但是在阻碍一个公链被普遍采用的各种原因中，缺少杀手级的应用是一个主要原因。现在 Libra 项目提供了一个底层链和在其之上运行的稳定币，以及在其之上的各种应用；更重要的是，这个项目还直接存在 27 亿的潜在用户。那么这样的一条底层链被市场普遍采用的几率就非常大了。

（四）国际化的社交网络同数字资产的属性相匹配

加密数字资产从一开始诞生就是国际化的。它的产生和流通不受国界的限制。而 Facebook 的社交网络同样是全球性的，其网络成员遍布于全球各个国家。这就同数字资产的国际化特点非常契合。在 Facebook 的社交网络中，用户已经习惯进行点对点之间的信息交换。在此基础上进一步开展点对点之间的价值交换就容易许多。因此这就非常有利于 Facebook 推广其稳定币产品。这种迁移机制非常类似于微信用户开始使用微信支付。

（五）实现互联网和区块链相融合的机会

支持 Libra 流通的网络支持稳定币和各种金融产品的流通交易。这个网络上的第一个金融产品显然是 Libra 稳定币。然后，Facebook 社交网络中的用户就可以在彼此之间通过 Libra 进行账户之间的直接转账。这个过程同微信用户使用微信支付有本质的不同。微信支付的本质依然是基于中心化系统的信息交换。而 Facebook 用户采用稳定币的过程是转向账户和账户之间直接的价值交易的过程。

目前区块链网络的发展在可用性方面有很大的改进空间，其中一个方面就是需要能帮助普通用户直观地看到并使用区块链的资产信息。Facebook 用户采用 Libra 的过程就是一个逐步基于信息的互联网网络同进行价值交换的区块链网络融合的过程，因此，区块链使用的普及推广也会有一个质的改进。

（六）提供未来数字金融世界的入口

未来的数字金融世界一定是基于数字资产的世界。在这个未来的统一的数字金融网络生态中，数字资产的产生、流通、存储、交易和使用都在一个链上。用户只需要一个客户端就可以管理和使用自己的数字资产和数字货币进行零售支付和证券交易，以及便捷地在数字资产和数字货币之间进行转换。如果 Libra 能得到广泛的使用，Facebook 目前的各种客户终端（不管是 Facebook，WhatsApp 还是 Instagram）就会成为这样的一个入口。现在，Libra 稳定币是由 Libra 协会管理。Facebook 为此成立的 CaLibra 只是协会成员之一。这样，Facebook 就不是 Libra 稳定币的独家经营者，因此也就不会成为其他稳定币产品的提供商的众矢之的。因此，Facebook 可以基于 Libra 进一步拓展其在用户客户端方面的优势，其他的社交网络将更难撼动 Facebook 的市场地位。

（七）正确的组织形式

Libra 的组织形式是这个项目的最大亮点之一。

Facebook 并没有对这个稳定币产品采用独家经营的方式，而是为此专门注册了一个协会，采用了联盟的组织方式来推广稳定币。而且这个组织是非营利性的，只为成员的业务提供基础服务。这个联盟迄今为止计划参与的会员包括不同公共领域中的公司，如信用卡公司的 Visa 和 MasterCard、消费应用公司 Uber 和 Lyft、支付应用端公司 PayPal 和 Stripe、阿根廷的电商公司、投资公司和非营利性公司等等。相关不同类型的公司的参与会非常有助于稳定币的推广。特别重要的是，Libra 协会的设计显然就是要保证这个协会的决策公平性，因此在初始会员中，一些行业的直接竞争对手都参与了这个协会，如 Visa 和 MasterCard、Uber 和 Lyft。这个协会因此一开始就确定了在接纳会员方面的包容性。

联盟的组织形式是一种主流的组织形式。这种形式实际上在目前的商业社会中普遍存在，从信用合作社甚至到美国联邦储备银行的组织形式都是如此。譬如美国期权结算公司（Options Clearing Corporation），它是由美国最初的五家期权交易所联合成立的非营利性公司。它为期权交易所和结算成员服务。每年账上的利润都要返还给股东和结算成员。

但目前的这些组织形式只是存在于一个小的地区或一个监管辖区的一个行业中。区块链技术的出现为这种组织形式赋予了新的活力。区块链支持智能合约在其之上的自动运行。在这个联盟形式的组织中，商业规则可以预先确定，然后再通过智能合约的方式在链上自动运行。由于没有任何人为的干预，这样的规则执行方式对任何参与方都是公平的。此方面最具代表性的应用就是收入在多个服务方之间的分配。由于智能合约自动执行分配规则，所以就可以有更多的服务方能够放心地来参与提供此服务。业务的可扩展性因此就非常强。联盟成员不再受地区和监管辖区的限制。任何一个地方的个体，只要其满足联盟规则，就可以加入。Libra 这个服务网络因此就能吸引世界各地的服务机构来参与提供基于 Libra 的相关服务，这个生态因此就可以快速稳定地发展。

（八）可行的推广策略

一个创新型的金融产品的推广必须要有一个合适的应用场景。现有的金融手段在这个应用场景中并不能提供很好的解决方案，这个创新型的金融产品才有机会产生和发展。此方面最有代表性的例子就是支付宝的产生。支付宝具备网上的支付和清算方式的功能，填补了当时金融支付无法服务的一个空白领域，而这个空白领域又是当时正在高速发展的，因此，支付宝才逐渐发展起来。

1. 推广地区

在地理范围方面，Libra 最大的机会是在传统金融实力最弱的地区进行推广。譬如一个政权货币管理能力薄弱，因而导致大量货币增发的地区，如前不久的委内瑞拉。当地人民为了保护自己的资产，就会对全球范围内的稳定货币有非常高的需求。当然，如果在这些地区，从一开始就有 Libra 在市场中流通的话，那么当地政权滥发货币的能力也会受到大幅限制。

另外的一个地区就是在刚成立的小国家中。在这些刚刚独立的小国中，每个政府都有非常强的动力发行自己的信用货币。但是因为其微小的经济体量和经济能力，其所发行的信用货币很难被市场所接受。Libra 的质量要远高于这些新兴小政权的信用货币。在这样的地理区域，市场一定会为 Libra 付出溢价。

Libra 应用最糟糕的推广领域是在像美国这样的经济实体中的人们的日常支付活动。用 Libra 来取代这个地区人们使用信用卡的习惯更是非常困难。

2. 业务领域

在业务方面，目前数字稳定币的最大应用场景依然是数字资产的交易。最初的稳定币 Tether 的应用场景就是数字资产交易。在过去一两年中，在美国市场中出现的合规的稳定币主要也是应用于数字资产的交易。当数字资产交易处于上升阶段时，市场对稳定币的需求就更加强烈，这同样表现在市场愿意为稳定币支付更高的溢价。但是在数字资产交易领域，Facebook 并没有此方面的优势。所以它选择了数字稳定币的下一个重要的应用领域，即不同法币之间的转账汇款交易。

目前金融市场中的不同法币之间的转账交易是通过中心化的清算系统来完成的。其中最著名的就是 SWIFT，但是成本高、效率低，成为市场中早已经存在的迫切需要解决的问题。区块链和加密数字货币技术的出现为解决这样的一个问题提供了很好的手段。市场中已经就此达成了共识。金融机构推出的 USC 和 JPM 就是首先用于解决机构之间不同法币的汇款。IBM 同 Stellar 合作发起的 World Wire 也是支持银行不同法币之间的汇款。因此，Facebook 首先选择这个领域作为它的稳定币的切入点也是非常自然的。

在跨境汇款领域，Facebook 确实有其无可比拟的优势。Facebook 社交网络在全球范围内拥有 27 亿用户，其中用户数量最多的国家是印度，有 2.6 亿。这样的一个优势是其他任何公司都无法具备的。零售跨境汇款市场有着每年 6000 亿美元以上的交易。这个市场需求大，而且预期依然会持续增长。另外，根据世界银行的数据，印度在 2018 年从海外收到的汇款达到 800 亿美元，占据世界首位，而且这样的汇款预期会继续增长。因此 Facebook 选择印度的零售跨境汇款业务作为它的稳定币的首先应用场景是合乎逻辑的。

3. 技术因素

Facebook 选择跨境汇款业务作为首先的业务应用，这对所需的区块链技术底层支持也比较适合。跨境汇款业务对底层清算系统的性能要求不高，区块链技术在目前的水平完全可以满足这样的业务要求。相对于目前跨境汇款至少一天的时间，区块链技术支持的实时结算在时间方面已经有了极大提高。与跨境汇款业务相比较，同一市场中的零售支付业务对底层清算网络的性能要求就高多了。区块链技术目前的水平完全无法满足这样的业务要求。

（九）服务目前得不到金融服务的群体

Libra 白皮书认为，Libra 将在全球范围内服务更多的用户，这是非常合理和可以预期的。

这个底层清算网络之上，稳定币的应用将不会只限于账户之间的支付，它同样可以进行贷款业务。由于稳定币要求使用者经过身份认证和反洗钱认证，所以使用者的真实身份会记录在链上，这些用户的借贷行为也会真实地记录在链上。借款用户的信用因此就非常容易查询到。这就会解决现实金融生活中一个非常大的问题，也就是帮助那些无银行账户和银行存款不足的用户群体，因为阻碍这个群体获得金融服务的一个主要因素就是征信成本过高。在 Libra 的这条链上能够很容易地获得每个借款用户的信用水平，因此信用好的用户就能获得与其信用水平相应的金融服务。

（十）避免商业银行过度信贷

在 Libra 网络上，采用 Libra 稳定币进行信贷业务的一个好处就是降低商业银行创造信用货币的能力。因为 Libra 都是必须要有等值的法币抵押在银行中，所以 Libra 就不会出现增发情形。当链上的信贷机构采用 Libra 进行放贷时，首先它确实要有相应的稳定币数量。而在现实的银行市场中，商业银行实际上是通过放贷创造了更多的货币。商业银行在不同时期创造信用贷款的能力受到的限制不同，在 2008 年金融危机之前，这种限制就非常小。商业银行的过度放贷是导致金融危机的一个主要原因。但在 Libra 的流通网络中，网络中的信贷机构没有这种创造信用货币的能力，因此也就消除了一个导致金融危机产生的主要原因。

四、商业模式分析

作为金融市场的基础服务，Libra 稳定币及其底层清算网络只能赚取最基本的服务费用。寄希望于稳定币产品本身获取高额利润是非常荒谬的。更不能指望 Libra 协会每年凭空增发新的稳定币在节点之间进行分配。同样不能指望 Libra 协会能像银行那样通过杠杆增发新的货币。Libra 合理的利润收入应该是来自在此基础之上的各种业务应用所产生收入中的分成，如跨境汇款和贷款。

当稳定币在账户之间进行流通时，支持其流通的底层网络可以选择收费或者不收费。收费方式也包括向交易双方收费或者向收款方收费。在现有的数字资产流通方式中，网络的流通收费基本上是免费的。如以太坊的 gas 费用的目的是为了防止攻击，而不是赚取网络服务费用。直接支持跨境汇款业务的 Stellar 网络上的交易费用的设计同样如此。如果 Libra 选择收费方式，这就会降低它相对于其他稳定币的竞争力。估计 Libra 在流通时不会收费。只有当用户将稳定币兑换为法币时，提供这种服务的节点才会收费。这个收入肯定是会在提供此服务的节点和网络之间进行分配，而且直接提供服务的节点会获得此业务收入的大部分，网络获得其中的小部分。分配给网络的收入部分肯定是在各个节点之间平均分配。以此计算下来，每个节点在这个业务方面的投资回报率应该是有限的。

当然，其他基于稳定币的业务会产生合理的收入。譬如当市场对稳定价值的需求强烈时，市场会为稳定币支付更高的溢价。鉴于目前全球金融市场的动荡性，出现这种溢价的概率是非常高的。

五、Libra 项目风险

（一）高风险的项目管理方式

如果 Libra 项目失败，项目管理肯定是它失败的一个主要原因。

项目进展管理通常有两种方式。一种是渐进式的，另外一种是大爆炸式的。渐进的项目管理方式是逐步进行的，从小规模和局部做起。在各个组成部分逐渐完成和阶段性目标逐渐实现之后，项目的最终目标自然实现。而大爆炸的方式则是一开始就将最终目标作为首先实现的目标，项目的各种工作都是为此而进行的。项目的最终目标通过一次性的方式实现。譬如所谓的国运之战和毕其功于一役都是指这个方式。两种方式相比较，显然第一种风险小很多，而第二种则风险巨大。而 Libra 项目实际上采用了第二种方式。

Libra 是一个范围巨大且复杂的项目。Facebook 的社交网络遍及全球，拥有 27 亿用户。稳定币项目的性质要比一个社交网站复杂得多。它涉及的面包括技术、货币生成机制、金融市场结构、商业模式、组织模式、推广模式、同各地监管的沟通协调等方面。现在 Facebook 计划将 Libra 在其各个终端中推行，由此可见项目范围的巨大。而项目范围过大是项目管理最大的一个风险。从现有的报道来看，Facebook 对这个项目的期望非常大。它为此在同各种机构谈合作，包括商业公司和监管机构。Facebook 在项目管理方面实际上是采用大爆炸式的方式来进行的。这种项目管理方式有其优势，但同样风险也非常高。因为一个大项目需要各方面的密切配合，任何一个小的细节都可能会导致项目的整体延误或者失败。所以渐进式的方式是更加稳妥的项目管理方式。Facebook 本身的发展实际上也是一个渐进式的项目管理模式。它首先是从美国的一个大学校园开始，然后再扩展到其他校园，最后扩展到全球范围。如果 Facebook 社交网络一开始就面向全球范围推广，那肯定会是失败的。

（二）来自各个国家现有利益的抵制

Facebook 选择印度的跨境汇款业务作为 Libra 的切入点，尽管在地区、业务和技术领域方面的选择是合理的，但 Facebook 此方面最大的阻力可能来自印度社会的现有势力。印度的社会体制是充分民主的，它的特点是任何决策都需要在充分讨论，形成共识之后才能执行。在印度社会中引入一个新型的数字货币显然是一件非常重要的事情。Libra 及其底层的清算网络会直接影响印度的金融市场基础。现有的很多利益都会因此受到冲击。在这样一种情况下，印度社会是不可能在短时间内形成共识的。这个因素会是 Facebook 对于 Libra 应用推广策略中的一个最大风险变量。

Facebook 的社交网络中的信息可以自由流通。但是在一个国家中，如果出现一种新的货币，这就是完全不同性质的事情。价值的自由交换对一个社会的影响要远大于信息的自由流通。各国政府肯定要评估它对本国货币和金融政策的影响，因此 Libra 协会需要同每个国家的金融监管进行沟通。Libra 在全球的自由流通并不是一件会自然发生的事情。

对于目前在全球贸易中占主导地位的美元，由于 Libra 是对标一篮子法币，而不是只对标美元，因此其推广使用会不可避免地影响美元的市场地位。另外，由于 Libra 协会是在瑞士注册的组织，在美国政府的监管之外，这同样会引起美国政府的关注。最后再鉴于 Facebook 此前在用户隐私方面的问题，因此预计 Libra 项目未来会同美国政府有较长时间的沟通协调。

（三）竞争风险

Libra 项目肯定同市场中现有的稳定币形成竞争。USDC、TUSD 和 GUSD 都是属于同一类型的稳定币。它们都是基于美元抵押、同美元挂钩、采用 ERC20 标准的稳定币。鉴于这些稳定币的性质和背后支持的组织，这些稳定币不会对 Libra 形成很强的竞争。

Libra 的一个竞争者是由 IBM 牵头成立的银行之间的联盟——World Wire。这个联盟是各个国家银行之间的汇款联盟。底层技术是基于 Stellar 技术，Stellar 技术也支持在其网络之上发行稳定币。实际上也有银行和第三方公司基于 Stellar 技术发行稳定币。但这些发行机构在全球市场的影响力远不及 Facebook。而且 World Wire 的主要定位是支持金融机构之间的转账业务，是一个底层清算结算网络，不是一个稳定币。所以 IBM 的 World Wire 与 Libra 的定位是完全不一样的。但是，World Wire 会是 Libra 来自银行界的一个重要的竞争对手。首先，参与 World Wire 的各国银行能够在这个网络的基础上发行基于自己国家法币的稳定币。其次，基于 Stellar 的 World Wire 发行的稳定币流通成本很低。所以，World Wire 在获得国家银行的支持、稳定币的多样性和流通成本方面都会是 Libra 的竞争对手。

Libra 的一类潜在竞争者应该是来自银行机构发行的稳定币。在这个领域中，最著名的应该是 JP Morgan 发行的 JPM 和瑞银等金融机构联合支持的 USC。尽管这两种稳定币目前的定位都是用于银行机构之间的清算和结算，但这两个稳定币可以进一步发展到零售支付领域。这就会同 Libra 形成直接的竞争。在 USC 和 JPM 这两种稳定币当中，USC 的市场竞争力更强。这是因为

USC 是由一些著名的金融机构联合支持的。这种组织模式更符合区块链技术发展的趋势。而 JPM 的支持者主要还是以 JP Morgan 为主，依然是传统的组织经营模式。这种独自经营的模式很难胜过联合经营的模式。

Libra 的另外一个潜在竞争者应该是 Jack Dorsey。Jack Dorsey 同时是 Twitter 和 Square 的 CEO。Twitter 是可以同 Facebook 相匹敌的社交网络。其月活跃用户数量达到 3.2 亿。约 80% 的 Twitter 注册用户是在美国海外。另外一个非常重要的因素是 Twitter 是加密数字货币爱好者们最喜欢的社交网络。它在这个方面的优势绝对领先于 Facebook。Square 是美国国内非常受欢迎的零售支付市场的终端，截止到 2019 年年初，已经有 4500 万的下载量。而且 Jack Dorsey 一直是比特币的爱好者。在 Square 的终端中，已经开始支持比特币的销售和支付。所以 Jack 应该比 Facebook 有更好的机会在全球范围内推广一种数字稳定币。在报道的 Libra 的协会成员中，相关金融机构有 Visa、Mastercard、PayPal 和 Stripe。但明显没有 Twitter 和 Square。这对 Libra 来说，就存在着一个潜在的、非常强大的竞争对手。

（四）缺少一个独特的应用场景

Libra 的应用缺少一个市场中需求强烈，但现有银行服务又非常弱的地方。现在看来，Facebook 在其生态中的最佳应用场景就是跨国汇款。目前跨国汇款的低效是众所周知的，但采用稳定币和区块链来解决这个问题也是众所周知的。此前，IBM 与 Stellar 合作联手多家银行建立的 World Wire 就是解决跨境汇款问题的。现在 Facebook 也采用同样的解决方案参与到这个业务当中。Facebook 的这个解决方案在时间上并没有很强的先发优势，更不是独自经营。另外，不管是 USC 还是 JPM，都会将这些稳定币进一步推广到零售客户之间的跨境转账。鉴于市场这种激烈状态，Libra 很难有足够的时间在跨境转账领域建立起自己的优势。相比之下，比特币则有多年的独自发展时间，这才能帮助其实现在加密数字货币市场中取得绝对领先的地位。

六、与 Libra 相关的一些分析

（一）Libra 同比特币的比较

比特币的初衷是成为一个电子现金，但后来实际发展成为一种数字资产。比特币的理念和机制激励了后来所有的数字货币项目，更多的创新在比特币的机制上不断衍生出来，这当然也包括当前的 Libra 稳定币项目。

在货币的价值属性方面，比特币不与其他的任何资产相关联。它的价值完全是市场共识的结果。比特币实际上是一种虚拟商品，而不是货币。Libra 是基于法币抵押而生成，它实际上是现有法币的一个衍生品。所以 Libra 的本质依然是基于信用发行的法币。

在价值的稳定性方面，因为比特币的价值是通过市场中不断交易而形成的，所以其波动性不可避免。因此比特币不适合作为一种价值交换媒介。Libra 的价格对标一篮子法币，所以其价值就稳定许多。因此就适合作为一种价值交换媒介。

在治理机制方面，比特币的治理机制完全是预先设定好，不受任何人和机构控制，自动运行的。Libra 的治理机制是由 100 个成员组成的协会来共同治理。这样的一个民主决策机制尽管与比特币相距甚远，但还是比现有的一些法币的治理机制更加合理。

作为一种数字资产，Libra 相对于比特币的一个最大的优势就是它能把现有的法币以一种更加合理的方式转化成数字形式在市场中使用。比特币作为一种虚拟资产，不同现有的法币和资产挂钩，所以就无法将现实世界中的货币和资产数字化，因此也就无法同现实的经济生活联系起来。但 Libra 能成功地完成这种嫁接，这就会极大地推进货币数字化的进程。

（二）不能过分预期 Facebook 在用户方面的优势

Facebook 社交网络拥有几乎遍及全球各个国家的 27 亿用户。这为 Libra 产品提供了一个非常强的用户基础。但是，并不能因此就推论 Libra 产品会自然成功。Facebook 此前的金融服务尝试如 Facebook Pay 和 Facebook Credit 已经表明实际情况并非如此。稳定币产品的内容和涉及的方面比之前两个金融产品更加复杂。所以 Facebook 在用户方面的优势并不能被过分期望。

（三）追求利润还是追求网络用户增长

Libra 业务首先需要做的一个选择是追求利润还是追求网络用户的增长。这两个目标是相互排斥的，只能在其中选择一个。按照互联网的商业模式，网络用户的增长是首选，但是华尔街的期望显然是利润。亚马逊的成功已经证明了互联网商业模式能够创造巨大价值。所以在此方面，我认为 Libra 更可能选择用户的增长，其稳定币业务相对于竞争者来说会提供更大的价值，以此吸引更多用户开始使用 Libra 底层清算网络，以便此后能提供更多的增值金融服务。

（四）Libra 无法取代信用卡支付

此前有新闻报道说，Libra 稳定币的一个目标是取代信用卡支付过程中信用卡公司向商家收取的 2%—3% 的服务费。如果真实情况是这样，我认为这个逻辑是不通的。

第一，信用卡支付主要是人们已经习惯于这种支付方式。这种支付方式实际上对消费者有益，对收款者无益。但是稳定币的支付方式是货款两清，这与基于信用的支付完全不同。在目前的经济生活中，使用信用卡支付和使用现金和借记卡支付（也就是稳定币的支付模式）的人群完全不同。目前使用信用卡进行支付的用户人群，很难会因为稳定币而改变他们现有的支付习惯。

第二，如果 Libra 将自己定位成同信用卡竞争，那这样的战略决策就是错误的。信用卡普遍使用的地方也是传统金融势力最强的地方。而稳定币和支持它流通的底层清算网络正是基于中心化的金融市场结构的最大挑战，所以肯定有来自传统金融势力的最强的抵制。另外，在用户人群方面，这个区域中的用户群体已经习惯于使用现有的金融服务。当一种新的金融服务手段出现时，如果没有很大的收益，这些用户人群很难改变现有的方式来采用新的金融服务手段。这也是为什么二维码支付首先在中国兴起，然后现在才开始逐步地渗入美国市场。

目前，Libra 的协会成员包括 Visa 和 Mastercard 信用卡公司。我认为信用卡公司的判断是 Libra 和其底层清算网络会提供一种非常有竞争力的货款两清支付模式（即现金和银行借记卡支付模式），但对自己的基于信用的支付方式不会产生直接的竞争影响。另外，区块链技术和数字资产的应用是明显的趋势，其对金融市场的根本性改变也是非常明显的。作为金融市场基础设施服务商，信用卡公司应该把握 Libra 为此带来的变革机会并能走在此变革的前列。

（五）缺失的数字证券交易所

数字证券交易所是 Libra 产品战略中缺失的一个重要组成部分。这样的一个交易所不是目前像 Coinbase 和 Kraken 这样的加密数字货币交易所，而是类似于美国目前的各种 ST 交易所，也就是能把现实中的各种资产和权益进行数字化，然后进行二级市场交易的加密数字资产交易所。目前这些产品被通称为 security token，但我认为这些产品今后更可能被称为数字证券，也就是 digital security。目前美国证券市场中，已经有两家公司在向 SEC 申请成立这样的数字证券交易所。

在未来的金融世界中，现实中的各种资产和权益都会被数字化，然后以数字证券的方式在二级市场中交易流通。由于未来的证券市场的结构是全球性的，流动性大幅增加，所以此前的一些较小的证券交易品种也会以中心化撮合交易的方式在二级市场上进行流通。资产种类就不仅是公司股权和基金份额，而且还会包括房地产这样的另类资产。另外，由于未来的二级市场是全球性的 7 × 24 小时交易，所以各种资产的价值就是在全球范围内进行随时公平的市场定价。这么多种类的资产以及市场的公平定价，就为基于这些资产发行的商品货币提供了坚实的基础。这也就能为 Libra 向商品货币过渡提供一个坚实的基础。

数字证券交易所不仅为稳定币的发行提供了底层资产和定价，而且还为稳定币的使用提供了一个主要的应用场景。由于数字证券交易所的全球交易的性质，稳定币因此比任何一种法币都适合于在这样的交易所中进行使用。所以数字证券交易所和稳定币是相互促进的两个方面。

另外，在未来的金融世界中，用户的零售支付场景会和证券交易场景密不可分。用户用一个客户终端就可以进行零售支付和证券交易的操作，就可以实现在数字稳定币和可变价值的数字资产之间随时提供交换。所以交易所也是支持用户金融活动的一个不可缺少的组成部分。

但是，在目前的 Libra 的战略中，数字证券交易所没有成为它的一个主要组成部分。我认为这是 Libra 的战略中一个缺失的部分。当然也有可能是 Libra 在等待数字证券交易所的进一步发展，已经在现在的设计中为未来的这样的一个交易所留下了适当的位置。有意思的是，Bakkt 的战略正好是另外一个极端。Bakkt 的愿景是建立一个数字资产的生成、存储和流通的网络，而且 Bakkt 也预见到未来的数字资产交易与支付的融合。但是 Bakkt 的战略却忽视了稳定币在这个生态中的串联作用。因此，Bakkt 肯定需要在这个方面进行改进。

（六）Libra 协会需要什么样的成员？

目前的 Libra 协会成员可以称之为 All American but no banks，或者说是“没有银行参与的全美明星队”。目前协会中的成员名气很大，每个成员都提供了 1000 万美元和名义上的支持。那么为了推广稳定币，Libra 协会未来需要什么样的成员呢？

目前稳定币最主要的应用场景是数字资产交易以及跨境汇款和支付。如果由于监管方面的原因，Libra 不能大规模应用于数字资产交易业务，那么第二个选择应该是跨境汇款和支付。这个领域是目前各种法币应用弱，但又有非常强的市场需求的地方。所以对 Libra 的应用推广帮助最大的机构应该是进行各种跨境交易和支付业务的公司，如旅游和跨境电商。在这个方面，Uber 和 Lyft 是非常好的选择。一个用户在不同的国家使用同一个打车客户端和一个数字货币进行支付，这比现有的打车支付流程方便很多。

目前协会成员中其他国家成员参与的缺失是一个需要改进的地方。不过，我相信 Libra 协会肯定对此有明确的认识，其他国家成员的招聘和参与已经在推广计划中。而且，相关领域中行业领先的公司肯定是协会成员首选的目标。在讲华语和人民币流通市场中的第三方支付领域，微信和支付宝自然是首选。因此 Libra 协会一定会邀请微信和支付宝共同加入。

Libra 协会初始成员中没有银行机构，这倒也不奇怪。毕竟货币和基于货币的各种金融业务是银行机构的主场。现在 Libra 协会要进入这个领域，并且从根本上改变游戏规则，这肯定会引起银行机构的警惕。更何况目前金融领域中已经有了基于区块链技术的数字法币生成和流通方案，各国的银行机构肯定需要进一步评估，然后才能做出选择。更为重要的是，银行体系不是像其他行业非常独立地存在的。它受到监管政策的严格监管和保护。在没有得到银行所在地监管的许可下，银行对参与这样一个改变金融市场基础的组织是非常慎重的。

（七）加入还是不加入 Libra？

对很多公司来说，是否加入 Libra 协会是一个重要的选择。鉴于 Facebook 的影响力、业务的性质以及目前已经加入的会员，现在已经有很多公司有非常强的加入兴趣。但我相信并不是所有的公司都对此有清楚的认识。在这个方面，我认为至少有以下几个因素需要慎重考虑。

首先不要期望这个节点会产生很高的利润收入。这个底层基础设施提供的是基础设施服务，因此就不可能对此服务收取很高的费用。对于有着共同利益的所有节点公司来说，Libra 底层不应该收费很高，因为这会影响它们各自业务的利润率。它们的盈利来源应该是在此基础上的业务经营收入。Libra 没有利用杠杆增发货币的权力，因此也就不能在有限的稳定币数量的基础上获取超额的收益。另外由于这个网络是一个受监管的金融基础设施，所以它也不可能每年随意增发稳定币在各个节点之间进行分配。

一个公司不需要成为一个节点才能在这个网络上开展业务。这个网络是服务所有公司的，所以它欢迎任何公司在其之上开展业务。我认为成为节点的最大的特权就是影响这个金融基础网络设施的经营决策。而这个决策权对于很多公司来说是非常重要的。假如一个公司只考虑收益的话，成为这个网络的节点未必是最佳的选择。同样的资金应用在别的领域或许能获取更高的回报。

对一些更加有实力的公司来说，是否开发一个与 Libra 稳定币相竞争的产品也是一个战略选择。鉴于现在稳定币依然处于非常早期的阶段，以及 Libra 稳定币这个项目本身存在的各种风险，市场中出现一种与其相竞争的稳定币的概率还是非常大的。从任何行业中的产品发展来看，每个产品种类最后会被两个产品垄断，在全球的稳定币产品领域同样会是如此。但是，鉴于稳定币产品的全球性质，任何考虑开发竞争性产品的公司必须考虑是否能在全球范围内推广这个稳定币。在影响稳定币被推广的所有因素中，影响全球各地的机构和政府接受这个稳定币的能力最重要。如果一个公司不具备这方面的能力，就最好不要轻易涉足稳定币领域。

（八）同微信支付的比较

微信支付的成功有目共睹。相信这也是激励 Facebook 做稳定币的一个原因。Facebook 此前相似的产品是 Facebook Pay。但那个产品并没有受到市场的热烈欢迎。Libra 项目是 Facebook 公司提供金融服务的又一个尝试。同微信支付相比，Libra 有着本质上的不同。

在用户属性方面，微信用户人群是全球讲华语的人群。主要用户人群在中国。Facebook 客户群体是全球讲各种语言的客户群体。用户人数达到 27 亿，分布在全球许多国家，而且其中相当一部分是居住在通讯和金融并不发达的地区。所以 Facebook 就能利用其社交网络的优势在这些地区向更广大用户直接提供基于稳定币的各种金融服务。

在金融业务方面，微信支付本质上是建立在现有银行体系上的一个支付客户端。它为零售用户提供了更加便捷的支付方式。它类似于美国的 PayPal、Stripe 和 Square。微信支付的支付媒介是人民币。微信支付账户中的余额实际上对应的是用户在银行账户中的人民币存款。微信支付的底层清算网络是银行之间的清算网络。当微信支付用于人民币之外的货币支付时，底层的清算网络需要通过系统对接的方式同商家所在的底层清算网络对接。

Libra 是数字化形式，其价值是对标一篮子法币。Libra 稳定币独立存在，记录在底层清算链上的账户中，同用户在银行中的存款没有关系。Libra 的流通是在基于区块链的清算网络之上，不使用银行之间的清算网络。因此 Libra 的流通不受银行之间的网络的限制。因为这个底层清算网络是全球性的，所以持有 Libra 的用户可以在世界上任何一个地方进行直接交易。另外，由于 Libra 的底层清算网络是基于分布式记账技术的，这种清算方式优于现有的中心化模式的清算网络，这也包括微信支付的清算网络。

如本篇研究中指出，Libra 稳定币项目的最大的一个亮点就是它的底层清算网络。因为这个清算网络不仅只是支持稳定币的流通，而且能支持更复杂的金融产品的流通交易。所以这个底层清算网络就有可能发展成为全球性的底层金融市场基础设施（Financial Market Infrastructure，FMI）。这样的一个优势是微信支付所无法比拟的。

（九）如何打造一个同 Libra 竞争的稳定币？

Libra，不论其成功与否，都会是数字货币发展历史上的一个里程碑事件。基于目前对 Libra 的了解，它有一定的成功概率，但它毕竟处于非常早期的阶段，而且项目中依然存在着一些高风险的因素。另外，目前它的一些优势同时也是最大的劣势。这些风险因素很有可能导致产品推出的整体延误，甚至无法达到其预期的效果。Libra 距离其一统天下的目标依然相距甚远。在其未来几年的发展过程中，与其进行竞争的稳定币依然有很大的机会出现并成为市场中的一个主要的价值交换媒介。这样的一个稳定币很有可能具有以下特征。

- 近期是基于法币抵押发行，未来是基于数字资产抵押发行。
- 近期是对标一篮子法币，以此消除单一法币的风险。
- 支持稳定币流通的底层区块链一定是开源的。
- 会出现一个全球范围的数字资产交易所，提供公平的数字资产和数字货币的全球交易和定价机制，且该数字资产交易所一定是全球券商联盟性质的。
- 所抵押的法币和数字资产依然需要托管在链上和链下全球范围内可信的托管机构中。
- 底层区块链支持多个资产托管机构。用户在这些资产托管机构中选择托管自己的数字资产。
- 鉴于全球经济发展的不平衡性，数字稳定币的最小单位应该能支持金融不发达地区的经济活动。
- 稳定币的治理机制是联盟性质的，采用治理代币进行投票决策的机制。联盟节点成员应该是各个地区合规券商，能够提供当地法币和稳定币之间的兑换服务。
- 联盟的吸引力不是靠现有联盟成员的影响力，而是需要依赖区块链技术保证商业规则的执行，这样才能吸引全球不同地区的券商参与。
- 链上用户的身份由参与节点券商或者是第三方的身份认证公司提供。

作者简介

谷燕西 CBX研究院院长。

Libra 讨论观点综述

贺宝辉（牛顿先生）

摘 要

本文旨在通过整理关于 Libra 的各类观点，提供一个关于 Libra 及其社会影响的各类观点的全面性、多层次和综合性的概述，同时试图提出未尽的讨论，以及将来思考的方向。本文的主要架构如下：

1. 为什么要发起 Libra？

2. Libra 是什么？

3. Libra 会带来哪些影响？

4. Libra 的启示与应对？

一、为什么要发起 Libra？

（一）Libra 所处的时间坐标

可以从一外一内两个维度来看 Libra 所处的时间坐标。

外部维度是指其他大公司“拥抱区块链和加密数字货币”的时间轴：

2018 年 7 月，纽交所的实际所有者 ICE 公司与微软、波士顿咨询集团和星巴克合作，成立加密数字资产服务机构 Bakkt。

从 2018 年 7 月开始，IBM 公司推出稳定币计划，这是被美国政府 FDIC 支持的稳定币。

2019 年 2 月，摩根大通发布了用于机构间清算的数字货币——摩根币。

2019 年 6 月 5 日，有 14 家银行推出让稳定币做结算用，这 14 家银行包括瑞士、加拿大、美国、英国、日本、西班牙等国家的银行。

2019 年 6 月 12 日，Visa 发布跨境支付区块链网络 B2B Connect。

可以看到，Facebook 并不是“第一个吃螃蟹的人”，美国主流经济正在一步步拥抱区块链和数字货币。

内部维度是 Facebook 自身发展的时间轴：

2017 年年底左右，Facebook 寻求收购美国最大交易平台 Coinbase，Facebook 的消息产品副总裁 Marcus 也曾经加入过 Coinbase 董事会（2018 年 8 月退出）。目前，Marcus 被任命负责区块链技术。

2018 年 1 月，扎克伯格在其新年总结中透露了进军加密货币市场的计划。

2018 年 3 月，有内线向美国媒体揭发，Facebook 违背用户协议，将超过 5000 万用户的隐私数据提供给一家大数据分析公司，可能影响了民意和政治投票。

2018 年 5 月，欧盟范围内《通用数据保护条例》即 GDPR 正式生效，同时，扎克伯格在欧洲议会出席两次听证会，并接受质询。

2018 年上半年，Facebook 曾试图收购 Algorand、Basis、Keybase 等区块链项目来加快研发进程，但收购均告失败。

2019 年 2 月，Facebook 收购了英国区块链公司 Chainspace，并开启了区块链方向的招聘。

2019 年 4 月，扎克伯格提出：“我相信 Facebook 应该能像发送照片一样简便地支付。”

2019 年 5 月，纽约时报记者爆料 Facebook 在寻求支付领域的项目融资，并后续从 Coinbase 挖走了两个金融合规领域的专家。同时，加密经济学家 Christian Catalini 加入 Facebook。

不难发现，Facebook 对区块链技术的接触和探索从 2017 年已经开始，与此同时，Facebook 和扎克伯格深受“侵犯用户隐私”问题的苦恼。

（二）Facebook 发起 Libra 的几种可能原因

1. 隐私泄露问题，被迫寻找新商业模式，改善 Facebook 的负面形象

孟岩和邵青提出，Facebook 开创了“通过无偿或低成本占有用户数据，通过高水平的大数据分析准确刻画用户特征和偏好，精准推送广告，赚取广告费”的商业模式。伴随着人们对数据隐私意识的提高，以及法律的进一步完善，“Facebook 必须经过用户明确授权、支付对价之后才能对这些数据进行分析，这就意味着它原有商业模式的成本和风险将大幅度提高，甚至可能在未来变得不再有利可图”。

Facebook 的营收基本源于广告，因此，扎克伯格不得不带领 Facebook 寻找新的商业模式，改善公众对 Facebook 的负面印象。

2. 支付领域的开拓

零壹财经、零壹智库和数字资产研究院指出：“支付是全球金融系统中最庞大的生意之一。在一个健全的生态中，支付是最高频使用，也是最重要的基础设施。Facebook 目前已经拥有了足够的用户基数，但无法将其进行有效变现，支付系统的引入，将为 Facebook 在游戏、电商、新闻等各个场景中的价值变现提供更多可能性，构建一个完整的闭环生态。”

此前，Facebook 早已在该领域进行了诸多尝试。有观点认为，感受过支付行业的轻资产、大体量、高利润后，就很难放弃这条赛道了。

有观点认为，中国的移动支付一直处于全球领先的水平，微信结合“社交 + 支付”的成功经验可以为 Facebook 所借鉴。此外，Facebook 的用户遍布全球，在跨境支付领域拥有优势。

3. 主动挑战“区块链第一”的目标

罗金海指出，Facebook 自创立以来，在互联网世界所向披靡，助长了扎克伯格的雄心壮志。作为互联网的垄断者，自然非常理解数字世界的马太效应，所以扎克伯格在区块链世界必定遵循“先发制人，一气呵成”的战略，迅速做大占据世界第一，让后来者难以挑战。“从互联网一步到位，直接跨越到区块链，并成为区块链世界的老大。”

二、Libra 是什么？

研究 Libra，需要知道它由哪些技术和思维组合而成，以及为什么 Libra 发起团队会在特定的模块选择了相应的组件。

（一）Libra 的价值观

Libra 的价值观贯穿了设计思路，奠定了“Libra 的道德制高点”，可以概括为三个词：开放、平等、共享。即 Libra 的任何环节都是开放进入的，让所有人平等参与，共享权益。

陈菜根提出：“科学技术的发展，并未带来全球经济的良性发展，甚至在制造更大的不均衡，由此造成社会问题、贫富差距问题，以及加剧贫富差别的货币金融资源分配的严重不合理。”

正如朱嘉明所总结的：“Libra 的白皮书是 21 世纪以来，最倡导货币金融平等、公正和普惠的宣言书。”

（二）Libra

1. Libra 为何是使用一篮子资产做储备的稳定币？

长期的实践证明，币价波动较小的稳定币是落地应用的必然选择。

但是这里必须说明一点：“稳定是一个相对的稳定，而不是一个绝对的稳定。当我们谈到稳定币时，一定要知道是相对什么稳定，对象是很重要的。”

刘昌用提出：“目前的稳定币大多抵押美元，许多还强调 100% 准备金，这为稳定币带来简单、强健的信用支撑，但也浪费了流动性，限制了运营方的盈利空间。Libra 抵押一篮子低风险资产，且不限于美元资产，使其能够规避单一美元资产带来的风险，更具开放金融特征，也有更大的盈利空间，其代价是很大的金融风险，并且要求更高的资产管理能力。”

有许多作者提出，当未来人们对 Libra 广泛接受，Libra 会与锚定储备资产脱钩，将以自身信用为储备进行发行。也有作者持反对意见。

2. Libra 的性质：超主权货币

多数作者默认 Libra 是货币，更多讨论 Libra 是否是货币的“非国家化”。

邹传伟提出：“因为代表一篮子已经存在的货币，Libra 没有货币创造功能。Libra 的发行 100% 基于法币储备池，不会产生铸币税。Libra 没有真正意义上的货币政策。因此，Libra 远不是货币非国家化。”根据周小川对超主权货币的阐述，Libra 是超主权货币。

3. Libra 是数字经济央行

元道和胡捷提出：“货币的发行分为基础发行和派生发行，前者发出的货币称作基础货币，后者称作派生货币。基础货币的发行基于两种锚定——主权信用和实物资产，这种储备都是 100% 的，通常由央行来进行。而在支持派生货币的情形，经济体中有一类特许机构，通常称作商业银行，可以按照不完全储备的方式放贷。”

孟岩提出：“Libra 直接从财政部购买政府债券，或债券方直接接受 Libra，则 Libra 相当于央行；Libra 不承兑，用户只能通过二级市场实现承兑，有更浓的央行味道。所以就目前来看，Libra 更像央行，而不是商业银行。”

4. 待回答的问题

许多作者提出，关于 Libra 如何选择一篮子资产，以及按照什么比例配置的问题，目前白皮书中没有足够的论述。

（三）Libra 协会

1. Libra 是否能做到去中心化?

我认为，在走向去中心化的过程中，Libra 面临两个难以逾越的问题：

（1）因为资产发行方、管理方的限制，很多资产本身难以做到去中心化，所以 Libra 很难做到去中心化。

而当我们交易的时候，交易的是产权而不是资产。所以会有两个方面需要保证，一个是保证产权与物的一一对应性，另一个是保证产权能够完全支配物品。

基于这个原理，我们能得出一个结论，针对原子资产，没法做到完全去中心化，必须依赖中心化的机构实现。比特资产里也只有一部分能做到去中心化，如版权问题就需要中心化管理机构解决。

判断一个资产是否能够完全去中心化，很重要的一点是看用户是否必须在网络中才能获取它的全部价值。比特币便是个特例，把一个比特币从区块链网络中复制出来，就只是个没法消费的数字，所以比特币是可以完全去中心化的。如果不在网络中就能获取，那么它做不到完全的去中心化，它必须依赖中心化的机构做监督，就好像现在的专利、版权。

（2）价值观难以抵抗资本的逐利性。

Libra 和 20 世纪 70 年代 VISA 刚创建时的组织架构几乎完全一样，可是 VISA 创始人 Dee Hock 隐退后，VISA 变成了一家公司，而且上市了。虽然从股价层面很难说它不成功，但是最初树立的和 Libra 相似的愿景并没有实现，所以也是一种失败。

Libra 的创始团队未来也一定有离开的那天，到时还会面临资本逐利的问题，不论通过 Libra 这样的架构，将多少手续费、利息等各种收益分给 Libra 协会的创始人，这些收益都难以比得上加 15 倍、20 倍的杠杆下的资本收益，这是完全符合理性经济人诉求的资本魅力。

2. Libra 长期面临的困难是利益博弈

刘昌用认为："货币是市场经济中最重要的商品或业务。货币的规模和流通范围越大，所涉及的经济利益就越大，所产生的斗争或博弈也就越激烈。随着系统的扩张，协调的难度会越来越大。如果 Libra 成为一个世界货币，它的一举一动，如它一篮子货币的成分构成，一篮子抵押资产的选择和处置等等，将会影响不同国家的货币稳定、国际收支、国民收入等，甚至还会涉及种族、宗教、恐怖主义等复杂的社会问题。Libra 作为一个联盟体，在这种复杂的社会环境中，博弈和斗争将变得异常激烈，以至于其货币难以稳定持续运行。想想联合国的运作，以及为什么联合国没有推出一个世界货币，可能有助于理解 Libra 长期将要面对的困难。”

3. 大家的担忧：协会创始人为什么大多都是美国成员?

虽然 Libra 设置了非常民主的投票机制，但目前协会的第一批 28 家创始人基本都是美国成员，已经接近 1/3。很多非美国企业组织表示，即使加入 Libra，投票权也已被垄断，很难取得真正意义上的投票价值，只是形式上的民主。

所以，我建议，在未走向非许可型网络之前，能否限制一个国家控制的投票权不超过 30%？这样才与 Libra 的价值观更加匹配。

（四）Libra 的技术

Move 是为“数字资产”而生的智能合约平台型语言是一种新的编程语言，用于在 Libra 区块链中实现自定义交易逻辑和“智能合约”，被大家评为 Libra 白皮书中最主要的创新和亮点。郭宇评价这种新的语言为“这也许才是未来智能合约语言该有的样子”。他提出：“传统的编程语言，包括以太坊智能合约语言中，记错账的智能合约相当多，甚至一度令大家对智能合约的未来丧失了信心。Move 合约采用一种吸收了传统理论‘线性逻辑’的类型，叫作资源类型。数字资产可以用‘资源类型’来定义，这样一来，数字资产就像资源一样，满足线性逻辑中的一些特性：数字资产不能被复制，数字资产不能凭空消失。First-class Resources 的真正含义是‘数字资产是一等公民’，这句话可以引申出，Move 是为操作数字资产而生的智能合约语言。”

（五）应用场景

Libra 的应用场景主要有以下几种，很可能也会按照以下顺序落地推进：

1. 跨境汇款

Libra 白皮书开头提到穷人无法平等享受金融服务，首先面临的便是跨境汇款问题。元道和胡捷指出：“由于天秤币 Libra 使用基于区块链的算法型账本，只含单一账本，免去了子账本之间钩稽关系的管理，清结算效率应该能够大幅提高。这一点在跨境汇款方面的效率提升尤为明显。”蒋长浩指出：“这是一个很大的市场和痛点：每年的跨境汇款至少有上万亿美金的转账额，平均一笔是 7% 的手续费，光手续费就是 700 亿美金的蛋糕。”

2. 基于 Facebook 及数字经济领域的支付

周子涵提出，Facebook 自身本就有一个庞大体量的产品，而 Libra 购买产品的第一步，在自己体系内测试是更加可控、易推动的。据《纽约时报》报道，Facebook 计划用户能够用 Libra 来支付 Facebook 广告费。

再者，Facebook 本身就在数字世界，还有诸多线上的生态合作方，在这个领域里 Libra 会畅行无阻。可以试想，如果我们在线上购买会员、听音乐、买道具、打赏，都是以 Libra 来计价，长期会带来什么影响？潜移默化中，人们会接受 Libra 成为数字经济领域的价值尺度，即本位币。

现在中国、美国人均每天手机在线都已超过 4 小时，可以预期未来只会更长，在数字世界的消费频次和比重也只会更高。若这部分消费占多数且都通过 Libra 支付，Libra 将不仅仅是数字经济领域的价值尺度，而会成为整个人类经济的价值尺度。

3. 投资

未来会出现基于 Libra 开发的数字金融产品，这些资产本身会用 Libra 做锚定，而 Libra 是用来募集投资它们最合适的货币，就像数字货币领域之前有专门募集 BTC、USDT 的 Token Fund 一样。

4. 线下支付

当 Libra 在线上形成共识和影响时，无须引导就很容易扩展到线下，这部分最主要的挑战是主权国家的监管。

（六）Libra 的合规

1. 态度：拥抱监管

Libra 的态度一开始便是拥抱监管。白皮书发布前，Libra 便已和多个主管部门进行过沟通。这种态度在白皮书中表现得非常直白：“我们相信，携手金融部门（包括各个行业监管机构和专家）进行合作和创新，是确保为这一新体系建立可持续、安全和可信支撑框架的唯一途径。”

2. 各个国家政府机关人士作出的回应

Libra 项目白皮书发布两天后，多个国家和地区的政界人士就纷纷表达了自己的态度。整体而言，反对或要求对 Libra 进行监管的声音更多。如何面对未来可能在各国出现的不同类型的监管，在当前强大而复杂的主权货币体系中生存发展，是 Libra 面临的重大挑战。

3. 监管是短期面临的主要问题，但并非不可解决

Libra 目前面临的情况是科技又一次走在了监管制度的前边，这时候并不是不可调和，而是大家还不知道怎么来应对。

以美国为代表的监管体制，并不是第一次遇到这种情况，它们有自己的包容性。郭宇航提出："美国监管部门专家早期介入，以社会平衡发展和民众的福祉为监管目标的监管体系，对于金融创新的法与非法模糊的时候给予不追究的免死金牌，使得创新者不会背负秋后算账的思想包袱，能够在创新过程中，在法律明确的边界中进行创业，在法律没有明确的边界中能够大胆尝试，不必担心自己的人身受到威胁。这样轻装上阵的创业模式，使美国的创新者得到了最基本的保护，Libra 协会中 Uber、Coinbase 等企业都是在这样的监管环境下成长起来。"

可以预期的是，Libra 在发币、资产抵押、稳定币流通、反恐、反洗钱方面都有非常多的监管细节需要考虑和完善。但从另一方面，在稳定币的法律上，Libra 并不是"第一个吃螃蟹的人"。杨民道指出："市场上的 USDC、TUSD、PAX 都是合规的稳定币，Libra 的设计架构和它们没有本质性区别，可以完全按照落地国家的法律走，执行相应的 KYC、AML、牌照申请等。Libra 有更强大的团队和财力，完全请得起最好的律师和说客帮他们疏通关系，摆平事端。"在一些法律基础建设不到位的小国，可能因为 Libra 冲击到当地货币，而被民粹主义反对。但这些国家又往往有个特点：即使有监管，也没法很好落地执行。"当他们真的宣布 Libra 非法，也无法阻碍 Libra 在该国的流通，除非完全切断互联网连接。”

（七）Libra 是动态的，不断进化的

朱嘉明指出：“今天人们所讨论的 Libra，是基于它的白皮书，而不是Libra 的终极方案，更不是 Libra 最终落地实施的样子。现在公布的 Libra 白皮书，应该说是一个具有抛砖引玉作用的文件，或者说，向全世界发出的意见征询稿。白皮书一定还会升级，相信 Libra 团队会根据全世界的反馈，作相应的调整和修订，不断丰富。因此，我们需要将 Libra 理解为动态的、不断进化和发展的历史事件。要避免浅尝辄止，需要对 Libra 作为一个长期的、影响世界和历史的经济和货币金融创新来观察和思考。”

三、Libra 会带来哪些影响？

（一）从几个维度看 Libra 的影响

1. 热度

2019 年 6 月 19 日，Libra 白皮书发布的第二天，Facebook 的微信指数高达 664 万。而 Libra 作为一个专业度极高的财经、科技类词汇，6 月 27 日的微信指数竟然盖过了大众化的词汇 Facebook 和比特币，高达 395 万，这直接彰显了 Libra 的热度：虽然大家都不是 Facebook 的用户，但是对其发起的 Libra 却是极其关心的。

2. 周期

在如今大部分话题热度不超过三天的传播环境下，Libra 从透露消息、酝酿热点，到白皮书发布之后的引爆，再到如今的持续发酵，整个话题持续时长已经超过绝大多数经济类话题，上一个有过如此热度和持续性的事件还是贸易战。

3. 范围

Libra事件的影响范围如此之广，从政府机构的官员到民间自媒体从业者，从学术界到商界，从金融大鳄到互联网大佬，从通证圈到币圈到链圈，从美国到欧洲再到中国，从业内人士到普通民众，Libra的实际影响力已经远超一般的经济事件和科技事件。

（二）给传统货币和金融体系带来的影响

揭开表象，事实上Libra只是Facebook为了解决支付问题而进行的一次尝试，并没有太多突破式创新。刘志毅指出："既然选择了传统法币与国债为锚定物的稳定币形态，也就选择了跟金融传统企业站在一起而不是成为他们的对手。"

1. Libra开启了跨国公司联盟主导的超主权货币的元年

孟岩和邵青指出："自货币出现以来，就一直具有经济与政治双重功能。因此，货币之间的竞争被赋予了很强的政治意义。但是，随着全球化的推进，国际贸易规模迅速扩大，人们需要统一的世界货币，而今天这一角色无疑属于美元，虽然这同时又带来很多问题。在当今局面下，理想中的世界货币很难实现。基于区块链的Libra，这种跨境的、联盟化的超主权数字货币，将有效地降低交易成本，大幅度提升协作效率，是跨国公司们求之不得的，将对传统金融体系造成很大冲击。"且Facebook只是"罗马军团当中的第一个反叛者"，Twitter、Google、WhatsApp和Instagram等跨国巨头们当然嗅到了超主权货币厚利的味道，早已暗中作好各种准备，只待合适时机。

由跨国公司联盟主导的超主权货币，将会彻底打破和重构当前经济与政治的稳定共生关系，而超主权货币基于分布式开放价值观的治理机制，也会将资本主义带入全新的阶段。

2. Libra对美元的影响

蔡维德指出："Libra只会帮助美元，而不会取代美元。美国政府如果要Libra下市，打个电话就可以做到，所以不可能取代美元，再厉害也只是美元的工具。"曹彤指出："即使有一天Libra替代了美元，对于美国来说，无非是金融中心从纽约迁到了硅谷，美国对全球金融的影响力不降反升。”元道和胡捷指出：“要注意的是，天秤币 Libra 并非 1 ∶ 1 锚定美元，因而它对于美元地位的影响，仍有待观察。”

总的来说，美元的支撑是美国国家信用，而暴力机器又是国家信用的关键一环；对于有能力随时从肉体和物理上消灭自己的力量，中心化很高的 Libra 不可能感受不到威胁。因此，其取代美元的欲望会比去中心化数字货币相差甚远，至少在现阶段是这样。

那么，Libra 是否会成为美元的傀儡，陷入靠美元定价的悲剧？孟岩指出：“人们普遍认为 USDT 或者其他的所谓锚定美元的数字货币以偏离美元为失败的标志；而 Libra 允许一定范围内的波动，它所谓的波动一定是以美元为参照系。”

Mikko 指出：“就像 SDR 基于篮子内货币的美元汇率计算所得，相当于它的锚还是美元。如果最后 Libra 在货币性质上和 SDR 非常类似，那么它的命运会和 SDR 一样吗？（妄图反噬美元体系结果以美元计价……）”

我认为，在货币设计上接近 SDR，并不等于在用途和最终命运上也会重蹈 SDR 的覆辙，其中最关键的问题就在于：消费者才是货币命运的最终决策人，也就是我们常说的“C 端用户”。SDR 建立在层峦叠嶂的传统银行和旧清算体系之上，无法触达 C 端，因此也就只能在篮子里终其一生。Libra 生而坐拥数以十亿计的 C 端用户，通过潜移默化改变用户的共识是完全可能的。对于 C 端用户来讲，一个货币是否失败，不仅仅会对标最强势的美元，更直接影响的反而是自己每天接触和消费的感性判断。而美元汇率这种东西，在普通消费者眼中反而不如一餐饭、一个游戏道具更真实。当美元与 Libra 的汇率严重偏离，但普通 Libra 用户在 Facebook 生态中吃饭、消费、玩游戏、看视频时，使用 Libra 计价的价格并无波动，则该用户一般会反过来认为“美元不靠谱”。而美元与 Libra 的汇率偏离，只有其使用 Libra 跨境汇兑等服务的时候，才会有更直观的判断。

最后，结合对 Libra 锚定物未来可能的变迁之分析，我们可以来思考以下两个问题：

- 与传统金融体系为友而非为敌，是否为 Facebook 的最优解？
- 现阶段不会挑战传统金融秩序，是否等于永远都不会挑战？

3. 对小国家主权货币的影响

王兴提出："Facebook 的策略很清晰，柿子捡软的捏，先把全球 200 个国家中的弱国的货币系统逐步替代掉，碰到极少数强国当然是该低头就低头，该合谋就合谋。"

毋庸置疑，在随意增发的小国家主权货币和一篮子优质法币国债锚定的世界稳定币之间，人们一定会选择后者，所以 Libra 的流通一定会对小国家主权货币造成极大冲击，乃至取代。

关于 Libra 对小国主权货币的影响，有一个历史参考案例。1997 年，朱嘉明教授为柬埔寨政府提出过关于重建经济的系统建议，提出"以美元为主体货币，以柬币为辅币"的货币制度。因为经过战乱的柬埔寨人民，经过非货币经济时代，只相信美元。美元可以实现物价稳定，避免恶性通货膨胀。柬埔寨政府没有美元发行权，而物价相对稳定，才能实现政治稳定和社会稳定。实践证明这是对的。事实上，美元早已经不是美国人的美元，而是世界货币，这里没有阴谋，这是历史形成的结果。

但小国家政府却未必接受。对于大部分非民选的威权政府来说，Libra 削弱政府控制经济的能力、减少政府铸币税，尽管可能对经济体和民众有好处，也极有可能引发其强烈反弹。

4. Libra 对传统银行体系的影响

刘昌用指出："Libra 试图抢走银行货币体系的大块蛋糕：铸币税和通胀税。随着 Libra 信用的逐渐建立，它会逐渐脱离对法币的依赖，成为基础货币，对法币体系和传统银行体系会产生很大冲击，这也为其前景带来很大悬念。"

5. 对地缘经济和政治的影响

新科技带来新的博弈战场，这是所有经济大国都要严肃面对的一个重要问题。

孟岩和邵青指出："美元的霸主地位，主要体现在国际贸易、投资和外汇储备方面，并不能够畅通无阻进入各国居民日常支付和企业间贸易之中。然而，美元做不到的事情，Libra 却可以。Facebook 的用户，完全可以围绕 Libra 进行创作、就业、购物、旅游、消费、买保险等。更重要的是，Libra 是一个'民间'身份的货币，不具有美元那样强烈的政治色彩。因此，Libra 与美元之间更多的是互补，美元与 Libra 的结盟，是大概率事件。Libra 与美元的联盟关系一旦形成，政府，尤其是民主国家政府，很难有效阻遏 Libra 对于其数字经济的渗透，更合理的选择只能是合作。"

经济与政治从来不分家。当美元 +Libra 在世界畅行无阻，现有的地缘政治和经济格局必然被打破，世界格局会面临新一轮洗牌。如何应对美元 +Libra 这种新旧世界联合推进的新局面？对于其他经济大国的决策者来说，恐怕必须要抛掉旧脑子，认认真真地研究分析，结合自身优势、特点去制定对策。

6. 对监管产生的影响

朱嘉明指出："当我们考虑和讨论 Facebook 监管问题的时候，要注意到，它的监管不是仅仅被监管，而很可能是改变监管的传统思维，改变监管的制度。"

监管绝非一成不变，反而一定会随着新物种的出现而改变，从汉谟拉比法典至今，人类的法规已经发生过无数次变更。所以，以拥抱监管态度出现的 Libra，最终会不会反过来带动监管法规的变更？我对此事持乐观态度。

（三）对数字货币及区块链圈带来的影响

1. Libra 为密码数字货币正名和提速

刘昌用指出："作为广义密码货币的一种形式，Libra 在理念、概念、逻辑、技术、基础设施等方面跟其他密码货币是相通的。"

如许多作者指出的，Libra 的发布无疑将给密码货币领域带来巨大的推广和普及，除了 Facebook 直接的用户以外，还有其强大示范效应所带来的潜在用户，例如，Twitter、Google 等其他巨头跟进所带来的用户，仅此一项，就可能为整个密码货币行业带来数十亿潜在新增用户，这无疑将是密码货币行业最好的红利。而 Libra 的横空出世，代表着顶级商业力量对数字货币的推动开始提速。

2. 对比特币等去中心化数字货币

第一，Libra 无法取代 BTC 等去中心化数字货币。

中本聪为比特币设计的去中心化框架，尤其是 PoW 机制，极大地抽象掉了可能影响货币运行的各种社会关系，为比特币避免 Libra 将要面对的政治经济博弈，胜任世界货币奠定了坚实的基础。这个框架也为弱小时期的比特币提供了强韧的生命力。

刘昌用指出："Libra 作为借助法币系统提高信用的私人信用货币，根植了中心化货币的问题，跟去中心密码货币有本质的不同。"

第二，从世俗的角度，Libra 将会推动 BTC 等数字货币的猛烈上涨，原因有二：

- Libra 给数字货币和 BTC 等带来了史无前例的曝光机会，这大大强化了 BTC 的知名度和共识度。
- 在 Libra 预期带来的海量新用户中，有投资属性和偏好的用户比例是一定的，也就是说，新用户中的投资需求将会被集中释放。

3. 对已有稳定币的影响

孟岩指出："长期对 USDT 是一个很大的冲击，因为 USDT 主要是在交易市场、二级市场、投机炒作市场充当稳定中介，是完全可以被 Libra 所取代的，更何况 Libra 的流动性应该会更好。但是短期 USDT 肯定也会应对，最可能发生的情况是 Libra 是主流，USDT 仍然能够找到自己的生存空间。尤其是 Libra 的账户体系不如 USDT 那么匿名，所以对某些特别关注隐私的用户来说，USDT 仍然有它的重要价值。"

蔡维德指出："对瑞波币的冲击也比较大，瑞波系统事实上在两年前也被发现是一个中心化的系统，而且是第三方经过许多研究才出具的独立报告。而 14 家传统的银行类似于'小老虎'，是在联合起来对抗 Facebook 这个'大老虎'。它们目前抱团集聚在一起，但还是不敌 Facebook 用户范围覆盖全球 130 多个国家、地区。"

Libra 对其他机构所发布的稳定币显然具有很大威胁，但同时威胁本身反而也会促进其他机构进行更深入的研究和思考,从而催生出更加优秀的新方案。总之，有竞争力才会有进步。

4. 对其他公链：基于 Libra 的开放金融充满想象

对于其他公链来说，Libra 是竞争，更是推动。

Libra 区块链可能是以太坊最大的竞争者。主要原因是，Libra 项目拥有将其推向客户的巨大潜力，它由具有大规模开发团队的组织进行搭建，并从以太坊复制想法并加以改善（状态租金、账户抽象）等。

Vitalik 认为："FacebookLibra 对以太坊和行业都是一大利好，它的影响力、连接的 20 多亿用户、已有的资金和开发者资源，都蕴藏着巨大的机会。如果以太坊应用能够建立桥梁连接 Libra 和以太坊，将会带来数以百万的用户。不过，Libra 绝对会和去中心化的区块链公链形成竞争，但不会取代它们。因为区块链公司所创造的去中心价值不可能被 Libra 背后的公司财团替代。仔细研究 Libra 背后的组织，会发现很多是位于美国的商业公司。而对于这些组织所管理的区块链项目、去中心化应用和密码货币，世界上有很多人感到不舒服。因此目前这两种系统都存在很多机会。"

（四）对大众产生的影响

在隐私保护方面很难有实际的进步。代世超提出："使用 CaLibra 需要 KYC，而使用 Libra 的时候，你的链上身份就和现实身份绑定在一起了，并且 Facebook 有权限知道你的信息。CaLibra 是 Facebook 的子公司，承诺不会分享你的帐户信息或财务数据，但可能会共享聚合数据。这意味着 CaLibra 总有理由，不管是从业务上，还是法律上，将触手伸到用户的财务数据。"

（五）对其他互联网公司产生的影响

由于 Libra 本身属于密码数字货币，是不折不扣的金融产品，因此对互联网公司的影响，也可以从金融层面进行分析。

首先，以超主权货币形式出现的 Libra，是对所有存量金融机构和互联网公司的降维打击；其次，将会对金融型互联网公司或互联网公司的金融业务产生直接影响；再次，对于非金融型互联网公司，因为 Libra 在其中更多起到插件作用，相当于完善了底层金融支付基础设施，所以反而会起到促进作用；最后，只有那些迭代太慢、没反应过来的互联网公司，才会受到更多的负面影响。

四、对我们的启示是什么？该如何应对？

（一）政府层面

对政府的启示：增强危机感，正视数字货币对传统金融体系的冲击。

孟岩和邵青指出："对于比特币等数字货币，相当长时间内受到普遍轻视。之前有很多人希望把头埋在沙子里，当这件事情不存在。有的人以为可以通过行政和技术拒敌于国门之外，自甘落后于世界。有的人对此存有侥幸，寄希望于其他国家集体行动封杀数字货币，逆转历史潮流。"

刘昌用指出："从比特币、竞争币到 Token、USDT、GUSD 等扩张的数字货币，世界不断以新的方式对传统金融体系产生冲击且从未停止。在比特币用于匿名交易和跨国汇款之后，ERC20 代币带来低成本、高流动性的证券发行流通系统，挑战了现有证券体制。而 USDT 的出现则打破了界限分明的法币主权边界，将美元更深地渗透到实行外汇管制的国家。Libra 作为最新的数字货币形态，其生态一旦建成，将携社交、支付、汇兑、互联网等现代经济前沿领域的庞大商业体系，对传统货币银行体系带来重大冲击。"

总之，可以无视冲击，但世界的潮流不会改变，数字货币对世界的改造不可逆转。这时候闭关锁国不会带来繁荣，只会导致落后挨打。

（二）企业层面

Libra 在白皮书中勾勒了一个美好的信念和组织架构，这种特有的开放性使 Libra 不属于任何人任何组织。但这种信念和框架到底是口头幌子，还是会真的坚定执行，我们不得而知。而检测的最好方法，便是申请加入 Libra。

测试成本不高，如果非美国机构都申请不成功，则证明 Libra 表里不一，从最底层的共识瓦解掉 Libra；如果大量非美国机构申请成功，实现组织成员的多元化，则大家共同掌舵 Libra，不会失去网络空间的话语权。上文所提到的担心一篮子货币中各种货币比例配置不合理和部分规则不合理的问题，都可以自己直接操刀来作优化。同时，依托天秤币平台，很多企业也能够走出国门，成为全球级应用。这其实和自己再重新建一个 Libra 没有太大区别，甚至还节省了成本，也更好地利用了已有的共识和网络优势。

此外，企业还有以下几种路径拥抱 Libra 带来的新时代：

- 寻找自身所在行业与区块链、数字货币的结合点开展业务，或找到行业领军组织进行结盟。
- 用 Libra 管理思维，搭建所在行业的联盟，类似 VISA 之于银行。
- 学习 Libra、VISA 等自组织的管理方式，对公司管理架构进行升级。
- 在海外业务中使用 Libra 等数字货币进行交易。

（三）区块链组织层面

Libra 基于区块链的架构，允许基于它开发应用，就像桥梁一样连接区块链圈子与传统互联网用户。其他区块链组织应抓住机会，分享这个新航母的红利：

- 将已经开发的应用平移到 Libra 上。
- 跨链，建立桥梁连接 Libra 和其他公链，使信息数据交互和资产置换成为可能。
- 在自身体系内引入稳定币 Libra。

五、结束语

从人类钻木取火、斫石为刀开始，改造世界的方式就从未停止迭代。Libra以最新的技术和设计思想进行搭建，在当前这个时代无疑是一项伟大的创举。同时，由于人皆逃不出的历史局限性，决定了其处在中心化和绝对去中心化之间的“过渡态”的现状，这个现状给了它游刃在各方政治、经济和监管势力之间的资本，也限制了它在更远未来的想象力。

但是，作为宇宙中毫末微尘一般微不足道的人类，能够在改造自然的过程中走出这全新的一步，也着实可谓珍贵。我们更应该看到，不论是不是Libra和Facebook，最终都一定会有人站出来完成此事，因为这最终还是历史的必然。

（感谢朱嘉明老师对本文提出的诸多宝贵建议，感谢赵剑锋共同编辑修订本文。）

作者简介

贺宝辉 独立学者，《牛顿先生拆解区块链》主理人。

Libra 相关文章摘要

郑延伟　整理

一、Libra 面对的挑战

Libra 将冲击传统货币政策

Kaushik Basu　温克坚编译

世界经济中的大多数制度结构和体系——易货贸易、银行、纸币、金融市场等——都是通过缓慢的演化过程形成的。人为建立全新系统的尝试通常会带来意想不到的挑战。

在可能的风险清单上，通货膨胀必须占据显著位置。通常，当通货膨胀加剧时，央行会采取措施加以控制。他们提高政策利率和存款准备金率，以帮助吸收部分流通中的货币。但如果最大的货币创造机构之一是一家私人机构，这些政策的效力可能会大大降低。Libra 本身也会带来一些通胀压力，因为它是流动性的有效补充。

最近这些年，高通胀只出现在发展中经济体，因此人们倾向于认为发达经济体不会受到影响。然而，我们需要清醒地认识到，历史上最具破坏性的两次通胀都发生在相对富裕的国家：1923 年的德国和 1946 年的匈牙利。在德国，通胀飙升之初，需要花费 1 马克的商品，仅仅一年后就高达 100 万亿马克。

经济学人商业：Facebook 将发行虚拟货币 Libra

经济学人公众号

这个项目里有很多不确定因素，任意一项有变动，都会出现问题。虽然 Facebook 声称自己初具雏形，但这项技术尚未测试，怀疑论者质疑，一个有着 100 个节点的系统每秒可以处理数千笔交易，更何况一个更大的系统。毫无疑问，黑客们正摩拳擦掌、跃跃欲试。

第二个问题是 Libra 协会的内部合作。Facebook 务必要做到不凌驾于 Libra 协会其他 99 个成员之上。与此同时，鉴于作出重大决策需要得到 2/3 的票数，遇到分歧时必须有人出来把控局面。IT 行业内不乏因内部不和而计划流产的例子。

最大的问题可能在于政治方面。显然 Facebook 已经咨询了诸多监管机构。数字钱包的供应商必须遵循国家法律，譬如反洗钱法。CaLibra 结合了 Messenger 和 WhatsApp，一开始会出现一家独大的局面，势必会引发关于竞争方面的顾虑。随着数字货币 Libra 普及化和去中心化，这种顾虑会逐渐消弭，取而代之的是人们对金融稳定性的担忧。

二、法律和监管

数字货币新纪元：浅析 Libra 的法律属性与法律监管

谢湘辉　郝朋宇　国浩律师事务所

《中国人民银行、工业和信息化部、中国银行业监督管理委员会、中国证券监督管理委员会、中国保险监督管理委员会关于防范比特币风险的通知》（银发〔2013〕289 号）明确指出：“比特币具有没有集中发行方、总量有限、使用不受地域限制和匿名性等四个主要特点。虽然比特币被称为‘货币’，但由于其不是由货币当局发行，不具有法偿性与强制性等货币属性，并不是真正意义的货币。从性质上看，比特币应当是一种特定的虚拟商品，不具有与货币等同的法律地位，不能且不应作为货币在市场上流通使用。”由此可知，我国目前将比特币等加密货币定性为虚拟商品。

就 Libra 而言，讨论其是否具有商品属性，应当首先明确其是否是民法中的“物”。根据王泽鉴先生的观点，民法上的“物”指除人之身体外的，能够为人力所支配并能独立满足人类社会生活需要的有体物及自然力。[①] 由此，民法中的“物”的特征包括：存在于人体之外；能够为人力所支配；能够满足人类社会生活的需要；有体物及自然力。毫无疑问，Libra 具有上述“物”的前三个特征，但并不属于有体物或自然力。《中华人民共和国物权法》第二条规定：“本法所称物，包括不动产和动产。法律规定权利作为物权客体的，依照其规定。”该法第五十条规定：“无线电频谱资源属于国家所有。”因此，无论从理论上还是从法律规定上来看，Libra 都很难被认定为民法上的“物”。

民法上“物”的概念与经济学上具有使用价值和交换价值的“商品”概念不同，某产品即使不属于民法中的“物”，却有可能是具有使用价值和交换价值的“商品”。从 Libra 白皮书公布的 Libra 的功能来看，其具有使用价值和交换价值，对于持有者来说属于一种财产性利益。《中华人民共和国民法总则》（以下简称《民法总则》）第一百二十七条规定：“法律对数据、网络虚拟财产的保护有规定的，依照其规定。”该规定是为了应对数据、网络虚拟财产等出现的新形式财产对法律保护的要求，即在充分尊重现有民法客体框架基础上，又保留了对数据、网络虚拟财产等具有财产价值的客体予以立法保护的可能，但如何保护网络虚拟财产，尚待进一步研究和立法。

综上，Libra 虽然不属于民法上“物”的范畴，但因其具有财产性价值，依然具有经济学上的商品属性。

---

① 王泽鉴：《民法总论》，中国政法大学出版社 2001 年版，第 208 页。

Facebook 数字货币 Libra：能否改写金融史？

徐瑾

如果说比特币诞生于理想主义，Libra 则是其现实主义转型。Libra 目前的举措，并不是一些国内评论家鼓吹的革命，更类似一次妥协，在主流金融体系和边缘数字货币之间，谋求最大公约数。这种举措，目前还没有触及金融和货币的核心，但是已经引发监管机构的关注，Facebook 与其沟通也体现得小心翼翼。

Libra 的想象力和现实阻力

周子涵　OK 集团研究部

我们曾乐观地期待，Libra Network 区块链系统从技术层面能够进行一些合规准备。但是很遗憾，我们没有看到 Libra 展现出其在合规方面的制度设计，至少 Libra 区块链没有 PKI 机制，这意味着 Libra 账户不与用户的真实身份绑定，开立 Libra 账户不需要 KYC。这也就无法从技术上满足最基本的 KYC 和反洗钱的要求。

在监管合规的压力下，Libra 或者选择进一步改造其区块链网络，使其具备满足合规要求的基础功能，并且与持牌金融机构合作，保障法币出入的可追踪审核性；或者选择极其谨慎地拓展 Libra 的应用场景，比如，只是单一消费场景内单向支付，但这又很大程度上降低了区块链网络的价值，削弱了 Libra 的想象力。

Facebook 加密项目 Libra 指日可待？需跨越三座大山

王泽龙　碳链价值

正如 CaLibra 公司所强调的，其数字货币钱包不会在数字货币目前被禁的司法辖区上线。这可能意味着 Libra 要在一段时间内失去世界上人口最多的两个国家——印度和中国的市场。印度经济事务部部长 Subhash Garg 在 2019 年

7 月 6 日接受彭博社采访时表示："Facebook 货币的设计尚不明朗，但不管它是怎样的，作为一种私有加密货币，我们都无法接受。"

值得一提的是，Facebook 在印度地区有着相当可观的用户数量，仅 Whats App 的用户量就达到了 2 亿人；此外，印度还有巨额的资金跨境需求。2018 年，印度的跨境汇款数额为 790 亿美元（约占全球跨境汇款总额的 15%），中国的则为 670 亿美元。因此，对于 Facebook 来说，印度是一个不可忽视的市场。对 Libra 项目来说，在接下来的一段时间内，印度政府的表态将至关重要。

三、Libra 的商业模式

扎克伯格：互联网红利枯竭，我要争夺数字信用红利

陈海松

数字信用是链接数字化和智能化的一个关键通道，数字货币则是数字信用的最高形态。

这是因为数据资产太过沉重，其存储、运算代价太高，已经严重地影响了数字化和智能化的进程，只有转化为轻便的数字信用才真正具备商用价值。

谁能够用更加便宜的技术或模式将数据资产化和轻量化，谁就能真正建立智能经济时代的核心竞争力，而且前提是不能触碰数据保护的红线。

人工智能技术虽然降低了算法成本，但是消耗的数据代价太高，且普遍涉及数据隐私问题，恐难以独力驱动智能化转型。

从互联网化到区块链化，并非扎克伯格的个人情怀，而是这家互联网巨头在评估各种可能性之后，给出的最优解。

虽然障碍很多，但我认为这些困难终将被克服，人们终会迎来一个全新的数字信用驱动的智能化时代。

我们预测，5G、人工智能和数字信用将构成智能经济的三大支柱，数字信用体系的发展水平将决定 5G 投资的商业价值，而互联网将降级成为基础设

施中的基础设施。

数字信用会有多种技术形式支撑，但从长期来看，区块链的优势更为显著，阿里和腾讯都会加快布局，但是否发行数字货币，将挑战监管部门的能力。

四、Libra与技术

号称Libra最大创新的Move与Solidity、DeepSEA到底有何区别？

CertiK

Libra的智能合约编程语言Move，通过Rust语言固有的安全机制和Move语言100%的静态类型验证等措施来达到提高安全的能力。但是经过CertiK的安全专家团队研究发现，与Solidity相比，Move拥有以下三个重要的不同之处：

首先，Move通过省略某些特征——动态调度和一般指针来限制语言的表达，而对语言灵活性的大规模限制可能会引发重入错误。Move的设计者表示，这些限制会让编写Move的形式化验证工具更加简单，但是目前这些工具并不存在，Facebook团队表示已经充分认识到形式化验证的优势和重要性。

“我们将创建一种逻辑规范语言和自动形式化验证工具，利用Move的验证友好设计。

验证工具链将有检查特定程序功能正确性的属性，这些属性超出了Move字节码验证器执行的安全保证。”

——Facebook团队

其次，Move支持“资源类型”（受线性类型系统启发）。模块可以定义特定类型的数据为“资源”，这意味着模块外部的任何代码都不能查看该类型值的内容：它们只能在变量之间移动并传递给函数，这虽然能够帮助Move的开发人员确保资源得到保存，但它们还不足以确保功能的正确性——Move设计者也同意这一点，并认为最终他们将需要使用形式化验证。

最后，关于执行的问题：Move的编译器会生成类型化的字节码，同时，有一个可以检查输出类型是否正确的“字节码验证器”。需要说明的是，这种“验证器”与形式化验证无关，它仅是对输出类型进行一次完整性的检查。当然，仍然可能会存在创建类型正确但内容错误的编译器 bug。

综上所述，Libra 的 Move 语言额外添加了一层规范，可以避免很多 Solidity 的漏洞，然而这些安全性和正确性的保障仍旧是单独存在的壁垒加持。

Libra 的想象力和现实阻力

周子涵　OK 集团研究部

LibraNetwork 系统的技术指标：

- 系统吞吐量为 1000TPS。
- 交易延时：10 秒。
- 验证者 100 名，长期会扩展到 500—1000 名。
- 共识算法 PBFT。
- 支持类似于以太坊的图灵完备智能合约。

和联盟链版本的以太坊相比，二者相同点在于：

- 地址依然是匿名的，没有和用户的真实身份绑定，一个用户可以任意创建多个账户，所以具有一定的抗监管特性。
- 账户模型非 UTXO，支持类以太坊的图灵完备智能合约。
- 交易的执行需要支付 Gas，Gas 价格根据网络的负荷浮动。
- 链上数据存储需要交纳一定的押金，这类似于 EOS。

主要差异在于：

- 账户可以更换公私钥，当用户怀疑私钥不安全的时候，可以更换账户的私钥，不需要将资产转移到一个新账户中。
- 用户不能部署自己的智能合约，目前所有的智能合约只能由 Libra 基金会部署。
- 新的智能合约语言叫作 Move，和 Solidity 类似，也是基于栈的语言，没有堆的概念。差异在于增强了安全性与模块化。

- 交易处理是通过批处理方式，但是没有区块概念。每一个交易独立存在。
- 存储也没有区块概念，整个存储是以 Merkletree 的方式组织。
- 双币机制：除了稳定币 LibraToken，还会有 LibraInvestmentToken，代表储备资产的收益权。Libra 协会的收益来自储备资产与 Gas，由于储备资产是低风险、低收益的，所以只有等达到一定规模才分红。
- 目前的共识算法是 PBFT，长期目标是向 PoS 迁移。
- 大量的微支付在链下完成，或者通过闪电网络的去信任清算系统，或者通过从传统的清算中心。

值得注意的是，LibraNetwork 在 PBFT 共识算法下，能够支持 100 个共识节点，具有突出的技术进步性。早期使用 PBFT 共识算法的公链，如 NEO，其共识节点数量仅有 7 个，去中心化程度严重不足。另外，考虑到 LibraNetwork 首批节点由 Libra 协会成员担任，其成员均为行业知名的公司或者学术组织，合伙作弊或服务器集体被攻陷的风险较小，去中心化程度和网络可靠安全性保障度较好。LibraNetwork 技术方案更好地兼顾了交易性能和开放性。

Facebook 加密项目 Libra 指日可待？需跨越三座大山

王泽龙　碳链价值

Libra 这种依赖社交巨头，横跨百余个国家、十余亿人口的超级项目，有着大量的技术细节难以确定。Libra 白皮书表示，它尚未处理好数据存储的问题："我们预计，随着系统的使用，最终与账户相关的存储增长可能会成为一个问题。"

此外，白皮书中还表述了一些其他尚待解决的问题，例如，怎样在更多验证者加入网络的同时最大程度地保持安全性、验证者池多久可以调整一次，以及模块组如何安全升级等。

在共识机制方面，白皮书展望其未来将完全转换为 PoS，但对于如何实现转变，如何让现有已重金注资的创始成员下放其权力，令 Libra 成为一个理想的、无须许可的、去中心化链上治理项目，现在也没有答案。

五、Libra 的应用场景

Libra 的伟大意义：行为即支付，状态即结算

段永朝

需要特别指出的是，传统支付工具的价值红利，伴随着物联网、数字经济的迅速崛起，依然会有很大的空间。但毕竟传统支付所聚焦的，依然是“有形资产的价值交换”。人的行为，特别是社交行为所引发的“价值流动”，大大超出传统支付所能涵盖的范畴,这个问题我觉得需要引起传统支付企业的重视。简单说，点赞、献花、浏览，这些碎片化行为背后，都有价值交换、流动的痕迹，这些都应该纳入“支付”的视野。

Facebook 加密项目 Libra 指日可待？需跨越三座大山

王泽龙　碳链价值

Libra 志在从跨境支付市场中分一杯羹，但同第一次世界大战场上，已经有不少机构在进行断杀。

如 IBM 与 Stellar 合作的 WorldWire 这一网络，截至 2019 年 3 月，已聚集了 72 个国家的银行与金融机构，而且支持 48 种货币和 46 种“银行终端”（包括柜面和汇款设备），允许人们在这些服务点发送和接收现金，并且该网络上已上线了多个稳定币品种。

又如摩根大通的 JPM Coin，依托摩根大通全球化的网络分支与海量流动的资金、高净值客户群体的支持，在其自家 Quorum 网络上以 1 ∶ 1 美元发行的这一代币，也将是 Libra 有力的竞争对手。

此外，同样运作在 Quorum 网络上的、摩根大通的项目还有银行间信息网络（Interbank Information Network），已经吸引了 220 家银行加入，并在 2019 年 4 月宣布也将迈入支付领域。

更值得 Libra 注意的是，2019 年 5 月，摩根大通宣布同微软 Azure 就 Quorum 的技术推进展开合作，再考虑到之前碳链价值梳理的微软在区块链行业的多年深耕，难以否定这是微软将入场加密支付的前奏。

六、Libra 的治理

Facebook 发币：左手政治、右手经济

刘泓君《财经》

与经典意义上的区块链不同，很多区块链公链创业项目提倡“链上治理”，这在 PoW（proof of work, 工作量证明）机制中，拼的是算力；在 PoS（Proof of Stake, 权益证明）机制中，拼钱。

“链上治理”的弊端是当达不到 51% 优势时，当成员发生争执难以达成一致时，就会产生分歧与内讧，比特币分叉也源于此。

Libra 这种线下治理方式的优点是可以在产生分歧时快速达成协议，弊端则是这与区块链“算法为王”的思想有着本质不同，被质疑者认为是伪民主。根据白皮书，如今不开放许可性治理，原因是，此种情况下还没有成熟的解决方案，以保证全球数十亿人交易需要的规模、稳定性和安全性。

从治理结构来看，Libra 的策略是用一种现实、折中、妥协的方案来启动运营，以此来保证这个网络的稳定性与安全性。但提出了一个未来去中心化的区块链理想，这将吸引一批区块链信徒，也因“使命感”为其带来更多影响力。

如果 Facebook 希望真正发挥 Libra 的影响力，最关键的是未来淡化自己在组织中的主要角色，在转型非许可型治理后充分地去中心化。

经济学人商业：Facebook 将发行虚拟货币 Libra

经济学人公众号

Libra 协会的首要任务是监管区块链，确保 CaLibra 不会有优先权。有观察

家提议可以为 Facebook 组建一个类似的协会，由用户、广告商、数据保护权威等代表组成。这些代表负责监管社交网络图谱（一个记录 Facebook 用户及相互间社会关系的数据库），以确保 Facebook 用户可以在其他社交网站发帖，反之亦然。

Libra，从货币视角关注一个潜在的新时代

曹彤

未来数字货币是全球属性还是天然地带有国家属性？这取决于数字货币的治理机制。目前，Facebook 计划采用的是通过 Libra 协会来治理，协会主体会员的价值观和决策机制将会非常重要。但是，无论如何，人都有社会和国家属性，都带有国家和民族的价值观，从这个角度看，即使有一天 Libra 替代了美元，对于美国来说，无非金融中心从纽约迁到了硅谷，美国对全球金融的影响力不是下降了，而是极大地提升了。

七、Libra 与货币

Libra 的想象力和现实阻力

周子涵　OK 集团研究部

参照 SDR，推测 Libra 的定价方式为：初始以 1SDR=1 美元计价，选择包括美元在内的多种货币构成，并确定不同货币在篮子中的权重，然后根据基期不同货币与美元的汇率得到 1 个 Libra 的具体构成，即各种不同货币的数量。如 1Libra=1.0174CNY+0.38671EUR+11.900JPY+0.085946GBP+0.58252USD。

一篮子货币定价制度下，能够一定程度上减少单一货币的波动带来的风险。随着篮子内各种货币的汇率变动，以美元计价，Libra 价格也随之变化，不总恒等于 1 美元。

Libra 协会称 Libra 的发行类似于货币局制度，保证足够的资产储备金。在

货币局制度下，货币发行机构按照固定汇率以 100% 的外汇储备作为保证发行货币。可以理解为，Libra 协会承诺将以 100% 的资产储备来发行 Libra。

Libra 储备资产是一系列低波动性资产，包括由稳定且信誉良好的中央银行提供的现金和政府货币证券。

储备金包括两种来源：Libra 的投资者和 Libra 用户。用户需要按照 1 ∶ 1 比例以法币购买 Libra，该法币将转入储备资产池。需要注意的是，由于 Libra 按照一篮子货币定价，所以这里的 1 ∶ 1，并非指 1 美元。

值得注意的是，Libra 将授权大量经销商进行法币和 Libra 的兑换。并且，其储备资产将分散保管，降低集中保管储备资产的风险。

具体的资产审计规则，Libra 协会尚未公开，仅表明将实现较好的可审计性。

至于与主权货币的竞争关系，现在谈论还为时尚早。Libra 只有在满足足够多的应用场景和足够大的用户群体的基本前提下，才能够实现接近于主权货币的流动性。并且 Libra 与 BTC 不同，其资产定价由美元等一篮子法币资产决定，与主权货币波动拥有高度一致的正相关性。理想状态下，Libra 能够在众多互联网产品中成为计价单位之一已经非常难得——因为我们必须考虑到各个互联网巨头生态之间的竞争和博弈；更别提想成为全球跨境贸易的计价单位。

Libra，从货币视角关注一个潜在的新时代

曹彤

从各国政府和央行来说，很希望能产生一种国家主权发行的数字货币，也就是现有法币的区块链化。很明显，这条路径的内在缺陷在于没有解决资产保有的隐私性问题，相反，财富和资产的储存更加透明，与当今数字货币产生的社会心理趋势不吻合。可以预见，即使国家主权的数字货币能够推出来，仍然改变不了现有的稳定币及数字货币的演绎趋势，只不过多了一种平行选择。

Libra：构筑全球贸易自由化的开放金融系统

王学宗

特朗普按照“三零（零关税、零补贴和零壁垒）主义”，想形成全球自由贸易新体系，替代 WTO。以美国为庄家，按照零关税壁垒和互相完全开放市场的原则，用双边博弈代替多边博弈，最后形成一个包含全球主要经济体的自由贸易的新体系。全球贸易出现了新格局，产业链全球化、供应链全球化是不可阻挡的趋势。欧盟的成员国之间，彼此完全开放市场。欧盟的治理，特别像区块链的分布式自助式组织，其中，欧元就是统一货币。把欧盟的模型放大，像欧盟的统一市场需要具有统一货币属性的欧元一样，全球贸易自由化也需要一个全球货币。互联网 + 三零主义 +Libra，将共同构筑一个世界贸易自由化的新体系。Libra 作为简单的、无国界的货币，其最大的推动力，会来自全球贸易自由化的需求。没有全球货币，没有统一的全球银行基础设施，世界自由贸易体系其实是跛脚的。在这种国际经济和技术变革的背景下，Libra 要开始一场艰巨的、充满乌托邦思想的社会经济大试验。无论是成功还是失败，它对世界文明都有积极的推动作用。

八、Libra 的竞争与合作

扎克伯格：互联网红利枯竭，我要争夺数字信用红利

陈海松

结合目前各类公开和非公开信息源，我们可以比较有信心地给出如下判断：

第一，美联储已经与 Facebook 达成初步谅解与合谋，这些隐性约定将成为 Libra 方案的一部分。

第二，对于银行业这个难啃的骨头，Facebook 采取曲线策略，第一步抓住第三方支付机构的流量入口；第二步通过支付机构逐步瓦解银行业利益同盟，

与银行业的合谋迟早会达成。

第三，Libra 的方案会为华尔街留下证券化的通道，投行将会更快地加入同盟，在利益面前投行是没有底线的。

第四，对于国际市场推广，避开中国等强监管国家，“先捏软柿子”（王兴语）。

请注意，我这里所说的合谋是一个中性词，它是一个利益同盟，并非阴谋论。但我也不拒绝阴谋论，这个世界本来就是阴谋与阳谋合谋的。

Facebook 发的不是币，而是世界变革的信号弹

陈菜根

Libra 的意义就在于，它在创造一种可能，不管其幕后是否充满了阴谋论，抑或是新时代的货币战争，起码它在揭示一个问题：科学技术的发展，并未带来全球经济的良性发展，甚至在制造更大的不均衡，由此而造成的社会问题，让世界不确定性增加，黑天鹅事件随时在酝酿。问题背后的关键，是全球生产要素的协调效率不高，频繁的国际贸易一定程度上起到了缓和作用，但怎奈社会意识差异、资产所有权模糊、分配方式合理化程度等要素的叠加，让世界一直处于貌合神离的纠结状态，直到今天，这种纠结甚至有了被误读的风险。基于疆土的现实文明，除了发烫的枪炮，很难通过世界大一统来驱除黑天鹅的降临，幸运的是，相比于以往的镰刀斧头和坚船利炮，科技和金融很可能取而代之，成为填充沟壑、促成共识的新工具。Libra 巧合地出现在国际局势渐趋不稳定的当下，实在是百姓之幸，哪怕这仅仅是一种可能，我们都应该去关注它、期待它。

九、专家评论

周小川：Libra 对外汇研究提出新的挑战

区块链资讯

在全球化的新阶段，国际上出现了各种促进货币全球化的举措，其中比较

突出的一个是加密货币分布式账本技术（DLT）。加密货币发展过程中出现了不少问题：过于急于求成，建立交易市场急于投机发财，把加密货币变成了投机品而非交易媒介。前不久出现的 Libra 则不同，在加密货币基础上做了两方面的改进。

一方面，中国人民银行在三年前就说如果搞加密货币的话，应该参考香港的经验，发钞模式可以是由中央银行发钞，也可以是由商业机构发钞。发钞行过去是汇丰银行和渣打银行，香港回归前增加了中银香港。三家发钞行明确：每发行 7.8 港元必须有 1 美元的备付准备金，相当于 100% 备付准备金。过去我们对这个重视不够，随着加密货币交易市场出现巨幅波动，大家逐渐接受了这个观点，现在都强调 100% 备付准备金。当然，Libra 没有说清楚托管量怎么计算、谁来托管的问题。自己托管会有比较大的问题，因为这中间有比较大的利益动机，而外部不知道你是不是真正做到了 100% 的准备。

另一个改进是 Libra 瞄准了跨境业务。从发达国家来看，因为他们的支付总体已经比较便利，所以新科技降低成本的作用对发达国家没有对发展中国家大。对有 Swift 系统的发达国家来讲，现有的支付方式效率差异不大，小经济体、发展中国家有大量的移民、半移民式劳工，产生大量的汇款，但跨境交易特别是汇款效率不高。Libra 就是抓住了其跨境交易成本比较高、时间拖得比较长、效率差、用户不满意的痛点。我们研究发现，现有的电子化水平不至于使汇款效率那么低，这主要还是政策原因导致的。发达国家对于资金汇出有所担忧，以及担心是否会形成一种对移民的鼓励政策。发展中国家一般对于资金回流是欢迎的，但是内部可能存在外汇管制。无论流进流出，也都存在比较大的汇率风险问题，以及反洗钱、反恐怖融资问题。

Libra 的出现提出了一个想法，对传统跨境业务、支付系统都产生了冲击。Libra 要盯住一篮子货币，这就跟 eSDR、dSDR 联系在一起。未来有可能出现一个更加国际化的强势货币，有可能与目前主要主权货币产生兑换关系，甚至成为全球主要流通货币。未来 Libra 成功与否还不知道，还有可能被更好的想法或更严格、更稳定、效率更高的电子货币取代。但我们相信，从最近几年的趋势来看，有不少机构正试图建立这样一种更全球化的货币，届时就会出现强币侵蚀弱币的问题。这对我们的人民币和外汇管理都是一个挑战。

在科技发展全球化的趋势下，我们并不是说 Libra 或未来的货币会侵蚀（现在还没有侵蚀），我们需要提前做好准备，使人民币成为一种强势货币。从本外币一体化角度，使人民币在未来国际化、全球化竞争中处于有利的地位，为我国经济发展和“一带一路”服务，同时保持经济稳定、防止经济危机。

陈元：Libra 可能对传统跨境业务、支付业务产生冲击

巴比特

十二届全国政协副主席、CF40 常务理事会主席陈元在第四届全球金融科技（北京）峰会上表示：“在金融科技应用方面，近期，Facebook 发布了名为‘Libra’的加密货币计划。Libra 不同于其他加密货币的两个最主要特点，一是可跨境自由流动，二是锚定了一篮子低波动性资产。从目前的定位来看，Libra 将在跨境支付领域发挥作用，未来推广之后，很可能会对传统的跨境业务、支付业务产生冲击。从货币政策执行、宏观审慎管理等角度出发，各国央行包括国际组织，都需要在这方面进行监管合作。”

朱民：数字货币 Libra 将对现有金融货币体系产生冲击

中国新闻网

清华大学国家金融研究院院长、国际货币基金组织前副总裁朱民 2019 年 7 月 1 日在大连表示，对于 Facebook 的数字货币 Libra 不应该掉以轻心，这对现有的金融体系、货币体系，甚至对未来的储备体系都将是很大的冲击。Libra 能否成功还未可知，但 Libra 作为一个货币出世来挑战现有全球分散的货币体系，值得重视。不过，它现在也面临诸多问题，如杠杆性问题、储备问题、集中管理体制和治理机制问题等。Libra 的核心概念，一是货币，二是跨境。“从短期来看，人们将 Libra 对标支付系统，但长期来看，Libra 必将走向货币。”朱民指出，Libra 的未来一旦成为货币，将滋生储备、金融等深层次的问题。

黄益平：若 Libra 流行开来，很多小国家的货币或消失

网易财经

北京大学数字金融研究中心主任黄益平认为，Libra 短期内落地的难度确实非常大，但是我们需要考虑的是，这个事情如果推开了，对我们意味着什么。首先，在国际支付方面，Facebook 拥有超过 27 亿用户，即便有一线成功的可能性，对我们来说都是一个很重大的挑战。其次，在国际货币体系方面，如果 Libra 真的流行开来，也许很多小国家的货币就不存在了，因为没有必要再用这些资质比较低、不太稳定的货币。到那时，人民币国际化还能不能成功，国际储备货币的未来又会如何？

建行董事长田国立：Libra 可能是未来趋势，中国应该是积极的参与者

碳链价值

2019 年 7 月 20 日，首届“数字云南”区块链国际论坛在昆明举行。中国建设银行董事长田国立在论坛上表示：“实际上建设银行也是区块链的积极参与者，我们刚刚提到建行很多产品已经和区块链密不可分了，我特别想提醒大家，这个将会是非常大的课题，现在有两种意见， 支持的站在整个更高层次的角度；欧洲反对的声音也比较多。但是不管反对也好，支持也好，‘可能’是一个趋势，是一个未来，中国的金融界和科研人员要关注这个‘可能’，‘可能’会决定未来一百年、二百年铸币权的问题。中国这么大体量应该是积极的参与者，某种程度上不是研究，因为技术含量不是很高，更多的是推广和运用。所以，建设银行有非常大的兴趣，如果大家有这方面的想法可以共同研究，这肯定不是一家一户的事，我们也愿意跟大家交流和合作。”

编者简介

郑延伟 数字资产研究院学术秘书。

附　录

Appendices

白皮书

一、了解 Libra

Libra 的使命是建立一套简单的、无国界的货币和为数十亿人服务的金融基础设施。

本白皮书概述了我们努力打造一个新的去中心化区块链、一种低波动性加密货币和一个智能合约平台的计划，以期为负责任的金融服务创新开创新的机遇。

（一）问题陈述

互联网和移动宽带的诞生令全球数十亿人得以获得世界各地的知识与信息、享受高保真通信，以及各种各样成本更低、更便捷的服务。如今，只需使用一部 40 美元的智能手机，即可在几乎世界上每一个角落使用这些服务。这种互联便利性让更多人得以进入金融生态系统，从而推动了经济赋权。通过共同努力，科技公司和金融机构还开发出了帮助增强全球经济赋权的解决方案。尽管取得了这些成果，但世界上仍有很多人游离在外。全球仍有 17 亿成年人未接触到金融系统，无法享受传统银行提供的金融服务，而在这之中，有 10 亿人拥有手机，近 5 亿人可以上网。

对于很多人而言，金融系统的某些方面与互联网诞生前的电信网络颇为相似。二十年前，在欧洲发送一条短信的平均价格是 16 欧分。而现在，只需要一部购买了基本流量套餐的智能手机，任何人都可以在全球范围内免费通信。那时的通信服务很贵，但是价格是统一的；而如今由于受到成本、可靠性和汇款流畅性方面的影响，迫切需要金融服务的人往往获得的金融服务不足或会受到限制。

纵观全球，穷人为金融服务支付的费用更多。他们辛辛苦苦赚来的收入被用来支付各种繁杂的费用，例如汇款手续费、电汇手续费、透支手续费和ATM 手续费等。发薪日贷款的年化利率可能达到 400%，甚至更高，仅借贷 100 美元的金融服务收费便可高达 30 美元。当被问及为什么仍然徘徊在现行金融体系的边缘时，那些仍没有银行账户的人往往指出：没有足够的资金、各种不菲且难以预测的费用、银行距离太远，以及缺乏必要的手续材料。

区块链和加密货币具有许多独特的属性，因而具备解决金融服务可用性和信誉问题的潜力。这些属性包括：分布式管理，确保网络不受单一实体控制；开放访问，允许任何能连接互联网的人参与其中；安全加密技术，保护资金安全无虞。

但是，现有的区块链系统尚未获得广泛采用。现有区块链缺乏可扩展性，加密货币具有波动性，到目前为止，这些因素导致现有的加密货币在保值和交换媒介方面均表现欠佳，因而阻碍了它们在市场上的广泛使用。另外，一些项目还试图破坏现有体系并绕过监管，而不是在合规和监管方面进行创新，以提高反洗钱举措的效力。我们相信，携手金融部门（包括各个行业的监管机构和专家）进行合作和创新，是确保为这一新体系建立可持续、安全和可信的支撑框架的唯一途径。这种方法能够实现巨大的飞跃，让我们朝着成本更低、进入更易、联系更紧密的全球金融系统迈进。

（二）机遇

在我们携手踏上这段征程之际，我们认为有必要向社群分享我们的信念，以便了解我们计划围绕这一倡议建立的生态系统：

- 我们认为，应该让更多人享有获得金融服务和廉价资本的权利。

- 我们认为，每个人都享有控制自己合法劳动成果的固有权利。
- 我们相信，开放、即时和低成本的全球性货币流动将为世界创造巨大的经济机遇和商业价值。
- 我们坚信，人们将会越来越信任分散化的管理形式。
- 我们认为，全球货币和金融基础设施应该作为一种公共产品来设计和管理。
- 我们认为，所有人都有责任帮助推进金融普惠，支持遵守网络道德规范的用户，并持续维护这个生态系统的完整性。

二、Libra 简介

我们的世界真正需要一套可靠的数字货币和金融基础设施，两者结合起来必须能兑现“货币互联网”的承诺。

在移动设备上保护金融资产应该既简单又直观。无论你居住在哪里，从事什么工作或收入怎样，在全球范围内转移资金应该像发送短信或分享照片一样轻松、划算，甚至更安全。金融生态系统的新产品创新和新参与者将有助于降低每个人获取资本的难度，同时为更多人提供顺畅无缝的支付体验。

现在正是在区块链技术的基础上创造一种新型数字货币的最佳时机。Libra 的使命是建立一套简单的、无国界的货币和为数十亿人服务的金融基础设施。Libra 由三个部分组成，它们将共同作用，创造一个更加普惠的金融体系：

1. 它建立在安全、可扩展和可靠的区块链基础上。

2. 它以赋予其内在价值的资产储备为后盾。

3. 它由独立的 Libra 协会治理，该协会的任务是促进此金融生态系统的发展。

Libra 货币建立在“Libra 区块链”的基础上。因为它旨在为全球人民提供服务，所以实现 Libra 区块链的软件是开源的，以便所有人都可以在此基础上进行开发，且数十亿人都可以依靠它来满足自己的金融需求。设想一下，开发者和组织机构将构建一个开放、可彼此协作的金融服务生态系统，帮助人们和公司持有和转移 Libra 以供日常使用。随着智能手机和无线数据的激增，越来越多的人将通过这些新服务上网和使用 Libra。为了使 Libra 生态系统能够在一段时间内实现这一愿景，我们从零开始构建了其所需的区块链，同时优先考虑了可扩展性、安全性、存储效率和处理量以及对未来的适应性。

这种货币单位被称为“Libra”。Libra 需要被很多地方接受，且对于那些想要使用它的人而言应该易于获得。换言之，人们需要相信他们可以使用 Libra，并且相信其价值将随着时间的推移保持相对稳定。与大多数加密货币不同，Libra 完全由真实资产储备提供支持。对于每个新创建的 Libra 加密货币，在 Libra 储备中都有相对应价值的一篮子银行存款和短期政府债券，以此建立人们对其内在价值的信任。Libra 储备的目的是维持 Libra 加密货币的价值稳定，确保其不会随着时间剧烈波动。

Libra 协会是一个独立的非营利性成员制组织，总部设在瑞士日内瓦。协会旨在协调和提供网络与资产储备的管理框架，并牵头进行能够产生社会影响力的资助，为普惠金融提供支持。本白皮书说明了其使命、愿景和权限范围。协会的成员系统由运作 Libra 区块链的验证者节点网络构成。

Libra 协会的成员将包括分布在不同地理区域的各种企业、非营利组织、多边组织和学术机构。共同负责协会章程定稿，并在完成后成为协会创始人的首批组织包括（按行业）：

- 支付业：MasterCard, Mercado Pago, PayPal, PayU (Naspers' fintech arm), Stripe, Visa
- 技术和交易平台：Booking Holdings, eBay, Facebook/Calibra, Farfetch, Lyft, Spotify AB, Uber Technologies, Inc.
- 电信业：Iliad, Vodafone Group
- 区块链业：Anchorage, Bison Trails, Coinbase, Inc., Xapo Holdings Limited
- 风险投资业：Andreessen Horowitz, Breakthrough Initiatives, Ribbit Capital, Thrive Capital, Union Square Ventures

- 非营利组织、多边组织和学术机构：Creative Destruction Lab, Kiva, Mercy Corps, Women's World Banking

我们希望到 2020 年上半年针对性发布时，Libra 协会的创始人数量能够达到 100 个左右。

Facebook 团队与其他创始人合作，在 Libra 协会和 Libra 区块链的诞生中扮演了关键角色。Facebook 将保持领导角色至 2019 年结束。当然，在 Libra，协会拥有最终决策权。Facebook 创立了受监管的子公司 Calibra，以确保社交数据与金融数据相互分离，同时代表其在 Libra 网络中构建和运营服务。

一旦 Libra 网络发布，Facebook 及其关联机构将与其他创始人享有相同的权利并承担相同的义务和财务责任。作为众多成员中的一员，Facebook 会在协会管理方面承担与其他成员相同的职责。

区块链分为“许可型区块链”和“非许可型区块链”，这由实体是否能作为验证者节点接入区块链平台来决定。在“许可型区块链”中，实体通过权限授予方式运行验证者节点。在“非许可型区块链”中，符合技术要求的任何实体都可以运行验证者节点。从这个意义上说，Libra 将以许可型区块链的形式起步。

为了确保 Libra 真正开放，始终以符合用户最佳利益的方式运作，我们的目标是让 Libra 网络成为非许可型网络。但挑战在于，我们认为目前还没有成熟的解决方案可以通过非许可型网络，提供支持全球数十亿人和交易所需的规模、稳定性和安全性。协会的工作之一便是与社群合作，研究和实施从许可型向非许可型的过渡，过渡工作将在 Libra 区块链和生态系统公开发布后五年内开始。

无论是在许可型还是非许可型状态下，Libra 区块链都将向所有人开放：任何消费者、开发者或公司都可以使用 Libra 网络，在这个网络上构建产品，并通过他们的服务实现增值作用。这种开放性是 Libra 精神的本质。开放访问权限能够确保较低的进入和创新门槛，并鼓励有利于消费者的良性竞争。这是实现以下目标的基础：为世界建立更普惠的金融服务。

三、Libra 区块链

Libra 区块链的目标是成为金融服务的坚实基础，包括打造一种新的全球货币，满足数十亿人的日常金融需求。通过对现有方案的评估，我们决定基于下列三项要求构建一个新的区块链：

- 能够扩展到数十亿账户，这要求区块链具有极高的交易吞吐量和低延迟等特点，并拥有一个高效且高容量的存储系统。
- 高度安全可靠，可保障资金和金融数据的安全。
- 足够灵活，可支持 Libra 生态系统的管理以及未来金融服务领域的创新。

Libra 区块链就是为了全面满足这些要求，在现有项目和研究的基础上从头开始设计和构建而成的，集合了各种创新方法和已被充分掌握的技术。下面重点介绍有关 Libra 区块链的三项决策：

1. 设计和使用 Move 编程语言。

2. 使用拜占庭容错（BFT）共识机制。

3. 采用和迭代改善已广泛采用的区块链数据结构。

Move 是一种新的编程语言，用于在 Libra 区块链中实现自定义交易逻辑和智能合约。由于 Libra 的目标是每天为数十亿人服务，因此 Move 的设计首先考虑到安全性和可靠性。Move 是从迄今为止发生的与智能合约相关的安全事件中吸取经验而创造的一种编程语言，能从本质上令人更加轻松地编写符合作者意图的代码，从而降低了出现意外漏洞或安全事件的风险。具体而言，Move 从设计上可防止数字资产被复制。它使得将数字资产限制为与真实资产具有相同属性的资源类型成为现实：每个资源只有唯一的所有者，资源只能花费一次，并限制创建新资源。Move 语言还便于自动验证交易是否满足特定属性，例如，仅更改付款人和收款人账户余额的付款交易。通过优先实现这些特性，Move 可帮助保持 Libra 区块链的安全性。通过减轻关键交易代码的开发难度，Move 可以可靠地执行 Libra 生态系统的管理政策，例如对 Libra 货币和验证者节点网络的管理。Move 将加快 Libra 区块链协议以及在此基础上构建的任何金融创新的演变。我们预计将在一段时间后向开发者开放创建合约的权限，以支持 Move 的演变和验证。

Libra 区块链采用了基于 LibraBFT 共识协议的 BFT 机制来实现所有验证者节点就将要执行的交易及其执行顺序达成一致。这种方法可以在网络中建立信任，因为即使某些验证者节点（最多 1/3 的网络）被破坏或发生故障，BFT 共识协议的设计也能够确保网络正常运行。与其他一些区块链中使用的“工作量证明”机制相比，这类共识协议还可实现高交易处理量、低延迟和更高能效的共识方法。

为了保障所存储的交易数据的安全，Libra 区块链中的数据受梅克尔树的保护，它是一种已在其他区块链中广泛使用的数据结构，可以监测到现有数据的任何变化。不同于以往的区块链都将区块链视为交易区块的集合，Libra 区块链是一种单一的数据结构，可长期记录交易历史和状态。这种实现方式简化了访问区块链的应用程序的工作量，允许它们从任何时间点读取任何数据，并使用统一框架验证该数据的完整性。

Libra 区块链遵循匿名原则，允许用户持有一个或多个与他们真实身份无关的地址。这是许多用户、开发者和监管机构都熟悉的模式。Libra 协会将负责监督 Libra 区块链协议和网络的演变，并将继续评估可增强区块链隐私保护的新技术，同时考虑它们的实用性、可扩展性和监管影响。

如需了解详情，请阅读有关 Libra 区块链的技术论文，也可查阅有关 Move 编程语言和 LibraBFT 共识协议的详细信息。我们已经推出了 Libra 测试网的早期版本，并提供了配套文档。测试网仍处于开发阶段，API 可能会发生变化。我们致力于开诚布公地与社群合作，因此希望你可以阅读相关内容，进行开发和提供反馈。

四、Libra 货币和储备

我们认为，世界需要一种全球性的数字原生货币，它能够集世界上最佳货币的特征于一体：稳定性、低通货膨胀率、全球普遍接受和可互换性。Libra 货币旨在帮助满足这些全球需求，以期扩展金钱对全球人民的影响。

Libra 的目标是成为一种稳定的数字加密货币，将全部使用真实资产储备（称为“Libra 储备”）作为担保，并由买卖 Libra 并存在竞争关系的交易平台网络提供支持。这意味着，任何持有 Libra 的人都可以获得高度保证，他们能够根据汇率将自己持有的这种数字货币兑换为当地货币，就像在旅行时将一种货币兑换成另一种货币一样。这种方法类似于过去引入其他货币的方式：确保这种货币可以用于换取真实资产，比如黄金。目的是为了帮助培养人们对新货币的信任，并在货币诞生初期实现广泛使用。尽管 Libra 不会使用黄金作为支持，但它将采用一系列低波动性资产（比如，由稳定且信誉良好的中央银行提供的现金和政府证券）进行抵押。

必须要强调的是，这意味着 Libra 并不总是能够转换成等额的当地指定货币（即 Libra 并不与单一货币“挂钩”）。相反，随着标的资产的价值波动，以任何当地货币计价的 Libra 价值也可能会随之波动。然而，选择储备资产的目的是最大限度减少波动性，让 Libra 的持有者信任该货币能够长期保值。Libra 储备中的资产将由分布在全球各地且具有投资级信用评价的托管机构持有，以确保资产的安全性和分散性。

Libra 背后的资产是它与许多现有加密货币之间的主要差异，这些加密货币缺乏这种内在价值，因此价格会因心理期望而大幅波动。然而，Libra 的确是一种加密货币，因此，它继承了这些新型数字货币的几个引人注目的特性：能够快速转账，通过加密保障安全性以及轻松自由地跨境转移资金。正如当今世界人们可以随时随地使用手机向好友发送消息一样，我们同样可以通过 Libra 即时、安全且经济的管理资金。

储备资产的利息将用于支付系统的成本、确保低交易费用、分红给生态系统启动初期的投资者，以及为进一步增长和普及提供支持。储备资产的利息分配将提前设定，并将接受 Libra 协会监督。Libra 用户不会收到来自储备资产的回报。

五、Libra 协会

Libra 的使命是建立一套简单的、无国界的货币和为数十亿人服务的金融基础设施。为了实现这一使命，Libra 区块链和 Libra 储备需要一个由多元化的独立成员构成的监管实体。这个监管实体就是 Libra 协会，一家独立的非营利性会员制组织，总部位于瑞士日内瓦。瑞士一直以来都持全球中立立场，并对区块链技术持开放性态度，而 Libra 协会也力求成为一家中立的国际性机构，因此在瑞士注册是理所当然的选择。Libra 协会旨在促进 Libra 区块链的运营，协调各个利益相关方（网络的验证者节点）在推广、发展和扩张网络的过程中达成一致，以及管理储备资产。

Libra 协会由 Libra 协会理事会管理，理事会由各验证者节点各指派一名代表构成。理事会成员共同对网络和储备的治理制定决策。在初始阶段，理事会由身为创始人的全球企业、非营利组织、多边组织和学术机构组成。所有决策都将通过理事会做出，重大政策或技术性决策需要 2/3 的成员投票表决同意，即 BFT 共识协议中所要求的绝对多数网络成员。

通过协会，验证者节点得以与网络的技术方案和发展目标保持一致。在这方面，协会类似于其他非营利性实体，通常以基金会的形式出现，管理开源项目。由于 Libra 未来的发展依赖于一个分散的、不断成长的开源贡献者社群，因此协会是一个必要的媒介，就开发和采用什么样的协议或规范给予引导。

Libra 协会还是一个负责管理 Libra 储备的实体，因此掌控着 Libra 经济的稳定和成长。只有 Libra 协会能够制造（mint）和销毁（burn）Libra。只有当授权经销商投入法定资产从协会买入 Libra 币以完全支持新币时，Libra 币才会被制造。只有当授权经销商向协会卖出 Libra 币以换取抵押资产时，Libra 币才会被销毁。由于授权经销商始终能够将 Libra 币以等于篮子价值的价格卖给储备，因此 Libra 储备承担着“最后的买家”的角色。Libra 协会的这些活动受储备管理政策的监管和约束，该政策只能在绝对多数协会成员同意的情况下进行更改。

在该网络发展的最初几年,需要额外依靠一些角色来替协会完成下列工作:招募担当验证者节点的创始人；为快速启动生态系统而进行筹款；设计和实施激励计划，从而推动 Libra 被广泛采用，包括向创始人发放此类激励奖金；以协会名义建立社会影响力资助计划。

协会的一个额外目标是开发和推广一种开放性身份标准。我们认为，分散而便携的数字身份是实现金融普惠和竞争的先决条件。

Libra 协会的一个重要目标就是逐步提高分散化的程度。这种去中心化有助于降低网络构建和使用的进入门槛，而且从长远来看，它也有助于提高 Libra 生态系统的弹性。如上文所述，协会将逐步实现 Libra 网络的非许可型管理和共识。协会将力求在五年内启动这一过渡，并以此逐渐减少对创始人的依赖。同样的，作为 Libra 储备的管理者，Libra 协会也会力争最大程度降低对自身的依赖。

六、Libra 的下一步计划是什么?

今天，我们将发布此文档来概述有关 Libra 的目标，并推出 libra.org 作为协会和所有 Libra 事务的信息发布主页。该站点将在未来几个月内持续发布更新。我们还开放了 Libra 区块链的源代码，并推出 Libra 的初始测试网，供开发者尝试并在此基础上进行开发。

预定的针对性发布日期为 2020 年上半年，而在此之前，我们还有大量工作要做。

（一）Libra 区块链：

- 在未来几个月内，协会将收集社群关于 Libra 区块链原型的反馈，然后进入生产就绪阶段。特别要说明的是，这项工作将侧重于确保协议和实现的安全性、性能和可扩展性。
- Libra 协会将构建有据可查的 API 和库，实现用户与 Libra 区块链之间的互动。
- Libra 协会将使用开源方法为 Libra 区块链背后的协同技术开发创建框架。我们将建立适当的程序，用于讨论和审核针对区块链底层协议和软件的更改。
- 协会将对区块链执行广泛的测试，从对协议的测试到联合各家实体（如钱包服务和交易平台）对网络进行整体测试，从而确保系统在发布前运转正常。
- 协会将努力促进 Move 语言的发展，并且在 Libra 生态系统发布之后，一旦 Move 语言发展趋于稳定，我们将为第三方创建智能合约确立相应路径。
- 协会将与社群一起，在通往非许可型生态系统的道路上攻克技术难题，力争实现我们在发布后五年内开始过渡的目标。

（二）储备：

- 协会将为储备设立监管小组，成员由分布在各地且受到监管的全球机构托管人组成。
- 协会将为储备建立运营程序，以便与授权经销商进行交易，并确保高透明度和可审计性。
- 协会将制定适当的政策和程序，以规范协会更改储备篮子组成的方式。

（三）Libra 协会：

- 我们将扩充 Libra 协会理事会，使其包含大约 100 名分布在各地的多元化成员，所有成员均担当 Libra 区块链的初始验证者节点。
- 我们将在目前提出的治理结构的基础上，为协会制定一份全面的章程和一系列细则并予以采用。

- 我们将为协会招募一名常务董事，并与此人一起继续组建协会的执行团队。
- 我们将选定与我们肩负共同使命的具有社会影响力的合作伙伴，并与他们合作建立社会影响力咨询委员会和制定社会影响力计划。

七、如何参与

协会希望打造一个充满活力的生态系统，供开发者构建应用和服务，从而鼓励世界各地的人们使用 Libra。协会认为，如果这个系统能让世界上任何个人或公司以公平实惠的方式即时支取自己的资金，它就是成功的。例如，成功将意味着，在国外工作的人可以通过一种方便快捷的方式将钱汇回家，而大学生则可以像买咖啡一样轻松地支付房租。

我们的征途才刚刚开始，需要寻求社群的帮助。如果你相信 Libra 能够为全球数十亿人服务，请分享你的观点并加入我们。为了让金融普惠在世界各地成为现实，你的反馈意见不可或缺。

- 如果你是一名研究人员或协议开发者，你可以提前预览 Libra 测试网（根据 Apache2.0 开源许可发布）和配套文档。这个流程才刚刚启动，测试网还是一个开发中的早期原型，但你可以立即读取相关内容、进行开发和提供反馈。由于目前的重点是保持原型的稳定性，项目进度最初可能会偏慢，以便我们采纳社群的意见。但是，我们致力于建立一个面向社群的开发流程，并从合并请求开始，尽快向开发者开放此平台。
- 如果你想了解 Libra 协会，请前往 Libra 官网查看详情。
- 如果你的组织有意成为创始成员或申请向 Libra 协会捐赠社会影响力资助，请前往 Libra 官网查看详情。

在未来几个月，协会将与全球社群合作，并继续与世界各地的决策者携手，推动实现这一使命。

八、结语

Libra的目标如下：在安全稳定的开源区块链基础上创建一种稳定的货币，该货币以真实资产储备为后盾，并由独立协会管理。

我们希望创造更完善、更实惠的开放式金融服务，人们不论身份、地域、职业、贫富，均可享受这种服务。我们深知，要实现这样的愿景将需要长久的艰辛努力，并且绝非一己之力可以完成，这将需要大家同心协力、脚踏实地地向前迈进。希望你能加入我们，协助我们将这一梦想变成现实，造福全球数十亿人。

全书文章摘要（英文版）

Zhu, Jiaming | Libra: The Future Monetary System and Equality in Global Financial Resources

The public release of Libra White Paper was the biggest thing that took place in our economy globally in June 2019, and the most relevant to the world population. It is a novel digital currency of an enormous innovative value—because of it, the contemporary global monetary system is likely to undergo major evolutionary processes, while the growing imbalance of the distribution and allocation of global monetary resources may be contained.

Meng, Yan　Shao, Ching | Facebook's Digital Currency: Genesis, Implication, and Consequence

The essay was first released on 16th June 2019, two days before the publication of the Libra white paper. It seeks to analysis the Facebook digital currency through multiple angles, such as operation, technology, finance, and monetary competition, with exhaustive discussion on possible ramifications. It has become a matter of consensus that 'Libra's appearance shall be the most important event in the area of digital currencies since the birth of Bitcoin', as we conclude in this essay. Likewise, our opinions in this essay that 'Libra shall become the superbank that combines the central bank and the commercial bank' and 'Libra shall become a supra-sovereign currency through permeability and non-exclusiveness of the blockchain payment network', are confirmed in the white paper that followed, and accepted by a majority of experts. The idea of understanding the relationship between the blockchain and the internet through the lens of network integration, also went viral. In the last section of the essay, we worry that China's tying its hands in the field of digital currencies may eventually lead to its lagging behind in the game, meanwhile point out the dire consequences of such passivity, and make specific suggestions, which resonate with the Chinese community of digital currencies.

Zhou, Sha | The Libra White Paper is Rarely Innovative; the Stable Coin Hardly Stable

This article consists of fifteen questions and answers, categorised into four sections. In the first section, the author elucidates on the business logic of Facebook's releasing Libra. The author argues that Facebook's releasing Libra disguise its effort to transform its business model from traditionally relying on political advertisements to financial exchanges. It, however, cannot be merely understood as economic behaviour, as it entails challenges in national security and international politics. In the second section, the author discusses challenges to Libra as a supra sovereign currency. The author contends that the nitty–gritty of the problem is how Libra will set the ratio for the basket of currencies put forward, and the clearing system behind it. Libra may be exposed to the manipulation and attack from the forex market, and in so doing loses its stabilisation. In the third section, the author delivers his analysis on the technical side of the matter. The main highlight of Libra is its Move programming language. Lastly, the author analyses Libra from a tokenomic perspective. The author argues that Libra will take over the payment function from the circulating cryptocurrencies. However, a monopoly in the new order will be non-existent.

Wu, Tong | The Next Central Bank for the Global Internet: On Facebook Releasing a Digital Currency White Paper

In this paper we analyse Libra's mission, technical framework, economic model, implication, etc, with the following conclusion: Libra is another strike against the current capital control policy. To some extent, Libra has received support from the United Kingdom and the United States, with its credit higher than some central banks of smaller states. Libra's asset reserve selection method not only fills out the blank of no current stable coins adopting financial securities on a massive scale, but as well exerts structural influence on the demand for securities, and there for spacious room to up the game; the industrial titans sitting in the Libra Association basically declares the end of the 'Age of Grassroots'. Libra's instrumentalisation is growing stronger, while its idealism is turning weaker. As the wrestling continues between finance and technology, Libra marks the moment when Silicon Valley elites meddle with Wall Street's prowess. Technology will play a more important role in the course of the development of finance. The way in which Libra is minted is close to that of commercial banks in strong nations and that of central banks in weak nations, and in the future will have a significant influence on global liquidity.

Zou, Chuanwei | Blockchain and Financial Infrastructure, and on Facebook Libra

We study the effect of the blockchain technology on financial infrastructure, and from this perspective we analyse Libra, a project that recently received much attention. Our conclusion: Financial infrastructure has an account paradigm and a token paradigm, where the former is represented by the bank account system, the latter by the blockchain technology. There is stark difference between these paradigms, but both can carry financial assets and trade. In many application scenarios, they exhibit strong interoperability and fungibility. Facebook Libra, the clearing tokens between financial institutions, and central banks' digital currencies are representatives of the token paradigm. Facebook Libra achieves some kind of supra-sovereign currency based on the token paradigm, but there is no currency creation, and far from currency denationalisation. We as well discuss in the essay the possible risks and government regulation of Facebook Libra.

Zhou, Ziheng | Four Misunderstandings About Digital Currencies, and the Analysis on Libra, the Digital Currency Issued by Facebook

Where does money come from? In short, it is the product of demand; supply is secondary; technology—it can change the face of monies, improve on supply, but it cannot create demand. Therefore, it normally comes second. The core of the monetary policy is —demand; when it spreads further, there comes supply; further than that lies the indispensable technology. The unification of monies, in form, is often the embeddedness of external forces, In fact, it is still determined by demand. Libra, the digital money issued by Facebook, presents Facebook's stance on the matter, and offers answers to these problems. This helps deepen thoughts on digital money with prescience.

Wang, Yongli | Libra: Many Challenges Await on its Road to Borderless Global Currency

This paper recounts the evolution history of cryptocurrencies and credit currencies, and proposes that cryptocurrencies are difficult to turn into real currencies without fiat currencies. Essentially Libra is a token of fiat currencies. It aims to foster an independent global currency without borders, by pegging itself with a basket of fiat currencies. However, the internal contradictions in design of Libra's asset reserve mechanism, cross-chain payment mechanism, and anonymous account clearing mechanism, initiates problems in risks in liquidity, foreign exchange, financial regulation. Its business model is a challenging one. As numerous factors coming into play, Libra will not be equal to a truly global currency once it acquires the state of a global cryptocurrency. It will not replace fiat currencies, nor will it be elevated to a supra-sovereign world currency. Before the world join hands in building supra-sovereign world currencies, it is not feasible to foster supra-sovereign world currencies ie global coins. China has leading advantages in mobile internet payment—on Libra's coming of being, China shall heed, but not panic.

Long, Baitao |Assessing Libra: The History, Present, and Future of the Monetary Financial System

The essay is divided into two parts. The first parts introduces the past, present, and future of the monetary system. First, the status quo of the monetary system is described. The rationale behind 'debt creating money' and the creation and distribution mechanism of seigniorage, in example of the United States dollar, are analysed. The cause of the 2008 global financial crisis and the corresponding development in academic understandings, practice, and governance. The essay summarises G20/FSB effort in improving on the global banking supervision framework, with an emphasis on the full reserve banking solution—the Chicago Plan. It also summarises the central bank's research on blockchain and central bank digital currencies. The second part discusses Project Libra. It first assesses the elements of Project Libra that partially fulfils the Chicago Plan, second discusses the seigniorage of Libra and its ownership, third assesses Libra's defects in financial stability, fourth discusses Libra's governance structure, democracy and openness, and at last analyses China's coping mechanism.

Liu, Changyong | Libra: Cryptocurrency Innovation with Uncertain Future

Libra is yet another major cryptocurrency innovation after Bitcoin, Altcoin, tokens, and stable coins. At its essence, Libra is a private credit money, initiated by a union of non-banking organisations, pegged to a basket of currencies and assets. It thus acquires a strong trust basis that enables it to challenge the tradition system of banking. It also brings along a considerable degree of complexity—in the short term, the main risk is from sovereign regulation, whilst in the long term from the internal contention for partisan interest. The future is yet to be certain. Nevertheless, Libra shall help propel the evolution of cryptocurrencies, and thus coerce the traditional system of fiat money into corresponding reforms.

Hu, Yitian | How Do We Understand the 'Exorbitant Privilege' of Libra

Libra, Facebook's digital currency, attempts to create a private central bank through a permissioned consortium chain model. The currency basket peg can be likened to the Special Drawing Rights, where the Libra Association in turn can be likened to the International Monetary Fund. Facebook, the private Internet enterprise, is a de facto unitary non-state actor in its management, because of the number of its users and the influence it exerts.

Hu, Jie Yuan, Dao | The Achilles' Heel of Libra: Cross-Border Regulation

There lies an enormous hurdle in the way of Project Libra's development: how can a global currency be implemented among countries and regions with mutually independent economic sovereignty. Any government will supervise and regulation any currency within its jurisdiction, as it is a matter of financial consumer protection, systemic risks of the financial system, monetary policy, taxation, and even national security. To overcome this hurdle for Libra, it is far from easy.

Yang, Jinyan | A Study on the Regulation and Compliance of Libra the Stable Coin

The emergence of the stable coin Libra urges research on the implementation of a centralised non-sovereign currency in different sovereign nations. Libra adopts the issuance mode of mortgaging external assets, which fits the fiat money's issuance mode of anchoring assets. The blockchain finance ecosystem constructed on Libra's technical features will pose challenges to financial regulation. The competition in blockchain finance is only market competition, but also system competition. Releasing beneficial policy in aid of the development of the industry is a matter of urgency.

Deng, Jianpeng | The Predicament of China's Blockchain Regulation and the Path to the Future, and Issues on the Risk and Regulation of Libra

Many risks accompany the fast development of the blockchain technology. In response, China's regulation effectively contains some risks, whilst encompassing a number of shortcomings: the contradictory nature of the implication of tokenless blockchains, the absence of virtual currency regulatory definition, the dissonance between regulatory policy and existing law, the limitation of the concept of 'securities' and its regulation, and the lack of clear legal definition of important concepts. Therefore, the one-size-fits-all approach to regulation cannot effectively handle the risks in blockchain. Project Libra, recently launched by Facebook, is very likely to impact on the monetary policies of sovereign nations, with long term effect. It is for this reason that Chinese regulatory agencies shall offer more room in its policy to the market based on prudential regulation as its principle, and international experience, in the field of blockchain.

Fan, Xiaojuan Yin, Lei Hong, Jiabin | Starting a New Epoch of Digital Monies: The Legal Nature of Libra and Thoughts on Regulation

The proposition of Libra could be another historical breakthrough in the blockchain world after Bitcoin. Its potential disruptive influence will go beyond our imagination on the state of affairs of the global financial system, money circulation, and the nature, ownership, and valuation of financial assets. The course of development for digital economy is irresistible, and all regulatory authorities in different jurisdictions heed to Facebook and Libra. There must be a lot to discuss and ponder about for such an emerging creature that will have major influence on society. This essay, in combination with the Libra white paper, will dissect the nature of Libra via the legal angles, such as types of tokens, the legal nature of digital monies. It as well offers in-depth discussion on possible regulatory problems through regulatory tendencies of different jurisdictions, money circulation, payment service licence, currency exchange regulation, etc.

Tsai, Wei-Tek | The Implication of Facebook Stable Coin: New Banking Structure and Currency Competition

The implication of the stable coin from Facebook means a whole lot more than many people's imagination, but Facebook cannot be the central bank of the world, and its stable coin will not replace strong fiat currencies such as the United States dollars. The stable coin from Facebook can only be a tool for the US dollar, as when Libra turns a globally circulating currency, the US dollar behind it will grow stronger—Libra is a vanguard for and an aide to the US dollar. In this vein, the fiat money shall not only be the traditional fiat money, but the traditional fiat money and the relevant stable coin. This time, Facebook brings about not only a general 'currency', but also a new worldwide currency competition. This new currency competition is of a different sort—it features the strength of a currency being dependant on protocol setting, liquidity, speed, and implementation. A strong nation sets a protocol, for instance, and other nations follow. In this way, new economic thinking begets new structures for the central bank and commercial banks, in additional to new supervision and regulation. For example, the Bank of England declares a new central bank structure that enables it to deal with third party payment systems directly, reclaiming lost territories of banking supervision.

Cao, Huining | Libra Is Coming for You, So What Shall China Do?

Libra is a milestone on whichever level. Libra can replace traditional payment instruments like credit cards over night for 1.7 billion underbanked people. In contrast to WeChat and Alipay with mature experiences in China, Libra can realise point to point value transmission without any centre. In contrast to traditional financial systems, Libra is more secure, transparent, cheap, and efficient. Its transaction data will not go through any corporate entities and thus Libra protects the privacy of its users.

Shao, Yu Chen, Dafei | The Dimension of Currency in Sino-US Competition: Libra and Renminbi Internationalisation

The central perplexity of digital currencies remains whether they are currencies or assets. Historically, traditional currencies are entrusted to specific relations of production to become capital and then asset. Seemingly now digital currencies are assets, then being rid of their liquidity premiums, turning themselves currencies, with the increase in amounts of them appearing dynamic. The features of internet make digital currencies supra-sovereign and exchange rates to be real global currencies. They of course can be pegged to SDR or mainstream currencies. The only problem is that Libra may still be centralised, and once again reinforce the existing currency hegemony.

Guo, Yu | 'Move' Programming Language: The Highlight of Libra

Facebook launched the cryptocurrency project Libra with a lightening speed and instantly caught the world's attention. Libra adopts a brand new technical architecture, and Move, the smart contract language architecture is most eye-catching. Move is the new smart contract language developed by Facebook for digital asset management. It absorbs the strengths of Ethereum smart contracts, and solves security issues that Ethereum fails to tackle as a result of inconsideration in Ethereum's design. The innovation of Move can be concluded in three points: first, it is resource type oriented smart contract language architecture—from contract virtual machines, to intermediate expression, to high-level specific language in the field of finance, the smart contract code goes through a static type system to improve its reliability. Second, the concept of resource is introduced to the language level, and digital assets are correctly presented with linear logic. Lastly, the modern modular system enables smart contracts to build large scale decentralised financial applications.

Zou, Jun | A Review of 'State Machine Replication in the Libra Blockchain'

LibraBFT is based on Chained HotStuff, a variant of HotStuff. HotStuff has improved on the efficiency amongst many BFT consensus protocols, and reduced the degree of complexity. To understand this, we need to review PBFT, the fundamental consensus protocol of BFT. LibraBFT inherit from HotStuff its safety, liveness, finality, linearity, and responsiveness. The realisation of Libra exhibits also its simplicity and modularity.

The design of Libra Blockchain is based on a permissioned consortium chain. The current design include a reward mechanism, and they as well consider using verifiable random function to randomly select master nodes, and disguise master nodes in case of cyber attacks. In the future it can gradually increase consensus nodes, move to the Proof of Stake mechanism, and transiting to permissionless public chain, to truly achieve a fair and inclusive Libra Blockchain.

Liu, Chunming | From a Technical Perspective: Project Libra and Move

This essay comprehends the technical paper on Move language released by Facebook from a technical point of view, and compare Project Libra with Bitcoin, Ethereum and other blockchain projects, in the hope of helping readers understand the design objectives, technical methods, and the internal logic of solution selection.

The mission of Bitcoin is 'a programmable currency', whilst the mission of Ethereum is 'programmable (decentralised) applications'—but Libra chooses 'programmable resources' lying in between. The main difference lies in 'what is to be programmed', and 'how is it to be done'.

Libra abstracts asset entities into 'resource' objects, adopts the 'top level resource' account structure, introduces definitions targeting at resource variables in Move, lowers the possibilities of developer's making mistakes through strict static and dynamic checks, and thereby improves on the security of blockchain assets.

Tang, Feihu | Looking at Facebook's Open Finance from the Design of Move

Like many surprising discoveries in the history of mathematics, we start by re-understanding a long held concept—so is our understanding of currency. In Denationalisation of Money, written by Friedrich von Hayek in his late years, it reads, 'For regulation of an industry—by government, regulatory agency, or rule—can be defended only if the industry is not regulated by competition. In general, competition will deliver the best attainable outcome. Why not in money?' Thus,

Hayek proposes a revolutionary idea, 'If we want free enterprise and a market economy to survive (as even the supporters of a so-called "mixed economy" presumably also wish), we have no choice but to replace the governmental currency monopoly and national currency systems by free competition between private banks of issue.'

Facebook depicts a new border of open finance. We review the architecture of Libra and discover that the infrastructure that connects reality with the on-chain world is not technical measures, but the credit of Facebook. In other words, it is 'to use its own resource, reputation, and monetary reserve to construct assets.' The process of construction is to use Move to submit a module, in which methods and interfaces of the asset are defined, and then third parties are called to employ these interfaces to compose their own operation logics.

Bai, Liang Sun, Yulin Jiang, Zhaosheng | The Super Experiment on the Internet of Money

Libra expects 'to enable a simple global currency and financial infrastructure that empowers billions of people.' Our world genuinely requires a set of reliable digital currencies and financial infrastructure, to fulfil in conjunction the promise of internet of money.

Libra breaks the traditional boundaries of sovereignty, without independent supervision from any sovereign states, providing non-exclusiveness to its users. Facebook hopes to establish a new global payment system via Libra, for financial inclusion with a broader scope and on a deeper level.

Libra maintains the stability of its value via a system of 'currency board + currency basket', with the distributed governance amongst members of the Libra Association to reduce possible monopoly and safeguard the stability of its reserve assets.

The high-efficiency and security of Libra result from two technical cores: one being the optimised Byzantine Fault Tolerance protocol, the another the Move language dedicated to the transaction and management of digital assets.

Libra may push for substantial progress on the implementation and public understanding of digital currencies; but as a supra-national digital currency itself, Libra will possibly encounter quite a few hurdles in its promotion.

Gu, Yanxi | The Analysis Report for Project Libra

The basic points of this report: 1. Project Libra has defects, as it only recently launched. 2. The superficial value of Project Libra is that it provides a stable coin product, but its greater value lies in its clearing and settlement network. 3. If the project fails, project management will be a main cause. 4. The organisational model of Libra Association is the biggest highlight of this project, but universally underestimated. 5. Libra as a stable coin will have a low direct seigniorage and the seigniorage might be negative. 6. Project Libra is not the end point for the development of stable coin products—stable coin projects with more reasonable mechanism are bound to appear. In the last section of the report, we discuss on the stabilisation mechanism of Libra.

He, Baohui | Executive Summary

This summary reviews viewpoints contained in this book and thereby provides a comprehensive and multifaceted view on Libra and its social implications, meanwhile endeavouring on directions for future work. The structure is as follows:

1. Why launching Libra?
2. What is Libra?
3. What does Libra imply?
4. The revelation from Libra and what is to be done with it?

Libra 大事记

冯涛涛　整理

2018/1	扎克伯格发布 2018 个人年度挑战计划首次透露了自己对区块链、加密货币的关注，想要用加密货币实现“向人们赋权”的理想。
2018/5	集团重新组建新平台与基础架构，成立区块链技术团队，David Marcus（Coinbase 董事会成员）任负责人。
2018/7	纽约证券交易所的实际所有者 ICE 公司与微软、波士顿咨询集团和星巴克合作，成立加密数字资产服务机构 Bakkt。
2018/12	彭博率先爆出 Facebook 发币的消息。
2019/2	摩根大通发布了用于机构间清算的数字货币——摩根币。
2019/2	Facebook 收购了英国区块链共识 Chainspace。
2019/3	IBM 宣布跨境支付区块链 World Wire 。
2019/6/12	Visa 宣布跨境支付区块链网络 B2B Connect。
2019/6/16	发布 Libra 项目白皮书。
2019/7/12	美国联邦贸易委员会（FTC）投票决定，对 Facebook 处以 50 亿美元罚款。
2019/7/16	Facebook Libra 项目负责人大卫·马库斯（David Marcus）出席第一场 Libra 听证会（由美国参议院银行、住房和城市事务委员会举行），发表证词：“仍在初期阶段，不寻求短期盈利，主动接受监管。”同时表示，Libra 将积极与各国监管部门合作，

技术方面的问题仍未解决；未来将打造覆盖全球的支付场景，可能对市场竞争的公平性和平等性造成负面影响；将发力普惠金融领域，中小国家或成为 Libra 发展的突破点；听证会的最终结果，将会对加密货币市场产生冲击。

2019/7/17 Facebook Libra 项目负责人大卫·马库斯（David Marcus）出席第二场 libra 听证会（由美国众议院金融服务委员会举行），重述 Libra 的定位不是证券和 ETF，可能是商品，但 Facebook 希望它是支付工具，同时表示 Libra 不会和主权货币竞争，但将与支付宝、微信竞争。在 Facebook 完全解决监管问题并获得适当批准之前，不会发布 Libra 数字货币。

2019/7/18 G7 财长会议：支持各国征收数字税，Facebook 无权创建货币。

2019/7/30 Facebook 在提交给美国证券交易委员会（SEC）的文件中表示："Libra 已受到多个司法管辖区政府和监管机构的严格审查，我们预计这种审查将继续下去。此外，市场对这种货币的接受程度也有很大的不确定性。因此，我们不能保证 Libra 或我们的相关产品和服务将及时提供，甚至可能根本不提供。我们之前没有数字货币或区块链技术的重要经验，这可能会对我们成功开发和营销这些产品和服务的能力产生不利影响。"

社会声音

2019/6/18 美国众议院金融服务委员会主席 Maxine Waters："对于 Facebook 来说，立即停止他们正在做的事情非常重要，这样我们才能了解他们要做什么。我们必须保护消费者，我们也不能允许 Facebook 和他们的员工一起去瑞士并开始与美元竞争。"

2019/6/19 美联储主席鲍威尔："美联储不会将监管 Facebook 的 Libra 项目纳入议程。""不担心美国央行会因加密货币而无法执行货币政策。"

2019/6/25 瑞士央行官员 ThomasMoser："Facebook 的加密货币项目 Libra 并没有引起监管机构的任何争议，Facebook 表示'愿意按照规则行事'，并且已与监管机构就 Libra 项目保持联系。"

2019/6/25 法国央行行长 Francois Villeroy de Galhau："Libra 必须确保交易和用户数据完全安全。如果该项目寻求的不仅仅是支付，而是提供存款等银行服务，那么它就必须像一家拥有所有运营国家银行执照的银行那样受到监管，否则就是非法的。"

2019/6/25 瑞士国际金融秘书处："Facebook 推出的 Libra 项目在瑞士受到热烈欢迎，这是一个积极的现象，表明瑞士可以在一个雄心勃勃的国际项目中发挥作用。"

2019/6/26 扎克伯格在阿斯彭思想节上表示："公司发起的 Libra 项目旨在建立加密货币和金融的基础设施。"

2019/6/26 欧洲央行和监管机构要 Libra 提供更多的信息。英国金融市场行为监管局（Financial Conduct Authority）称："目前有关 Facebook 加密货币项目 Libra 的信息不足，因此，如果不提供更多信息，Facebook 可能得不到批准。"

2019/6/27 德国联邦金融监管局（BaFin）的负责人 Felix Hufeld 敦促全球监管机构制定标准，以响应 Facebook 即将推出的加密货币 Libra。Hufeld 暗示 BaFin 可能采取监管措施，称必须以任何方式作出适当的反应，同时，他也希望能够成功地制定至少欧洲范围内（如果不是全球的）的基本标准。

2019/6/28 FATF 前主席 RogerWilkins："① Libra 有可能成为'游戏规则改变者'。Libra 或可成为能与法币竞争的压倒性货币之一。② Libra 与 Facebook 密不可分，但这一点可能起了反作用。Facebook 和其创始人扎克伯格的存在感有必要被弱化。虽然 Libra 可以利用 Facebook 的基础设施，但 Facebook 不可能拥有或管理 Libra。③虽然世界上存在很多虚拟货币，但 Libra 可以成为推动合并的催化剂。长远来看，大部分小规模的虚拟货币都将消失。Libra 有可能成为让更多人接受的虚拟货币，如果 Libra 能提高虚拟货币对于投资者而言的魅力，这就会带来另一个需要解决的问题。消费者保护、健全的宏观经济必要条件、网络安全等，这些是在虚拟货币运营中最重要的课题。④没有人控制的虚拟货币是非常好的，但也有很多相关方不喜欢，比如央行会认为一定要做好资金供给的合理化工作。⑤如果悉尼的 1 枚 Libra 与新加坡、韩国、日本的 1 枚 Libra 等价，那么外汇套利就会消失。”

2019/7/1 中国国家金融研究院院长朱民：“我们对 Libra 的出世是不应该掉以轻心的，这个对现有的金融体系、货币体系甚至未来的储备体系都会有很大冲击。”

2019/7/1 中国建设银行副行长黄毅：“现在的 Libra，一旦成功了，对我们就不是挑战，而是颠覆性的了。”

2019/7/1 俄罗斯财政部副部长阿列克谢莫伊塞夫：“俄罗斯财政部不会对 Facebook 即将推出的数字货币 Libra 发布任何特别规定，没有人会禁止它。”

2019/7/6 中国银行前副行长王永利：“Libra 根本上仍然只是法定货币的代币，还大大扩大了其设计难度与运行挑战，或者直接使用法定货币更好。Libra 很难成为超主权世界货币。”

2019/7/7 中国银行原行长、中国互联网金融协会区块链工作组组长李礼辉：“Facebook 联合 28 家机构创始的 Libra，似乎是一个企图僭越中央银行权威、颠覆现有货币体系的数字金融系统。”“当下中国必须加快数字金融制度建设，掌握数字技术主导权。”

2019/7/7 韩国金融委员会（FSC）表示，Facebook 最近公布的 Libra 加密货币项目威胁到金融系统的稳定性。FSC 担心在金融或外汇危机期间 Libra 可能会导致银行挤兑，Libra 还有可能被广泛用于

洗钱。

2019/7/7 中国国务院发展研究中心金融研究所副所长陈道富："Libra 是数字资产、数字货币再加上货币的性质。货币调控一定需要国家货币吗？未来是开放的，但是货币是需要驯服的，需要来管理调控的。道路虽然曲折的，但未来一定是多彩的。"

2019/7/8 中国人民银行研究局局长王信："Libra 等稳定币作为支付工具如果得到广泛使用，可能更多地发挥货币职能，还可能进行货币创造（通过 Libra 开展信贷），冲击法定货币并降低货币政策有效性。相反，央行发行的数字货币则有助于提升货币政策的有效性。""国务院已正式批准央行数字货币的研发，目前央行正在组织市场机构从事相应工作。"

2019/7/8 中国人民银行支付结算司副司长穆长春："Libra 创造的是跨境自由流动的可兑换数字货币。这类稳定币的出现和发展，无论是从对货币政策的执行还是宏观审慎管理的角度，都离不开央行的支持和监管，以及各国央行及国际组织的监管合作。"

2019/7/9 中国人民银行前行长、中国金融学会会长周小川："Libra 被重视和全球美元化趋势密不可分。未来它可能会成为一种强势货币，从而侵蚀弱势货币，和美元的动态也有些类似。实际上，Libra 反映的是一个强势货币取代、侵蚀弱势货币的问题。""对这类趋势的研究应该趁早，可以借鉴香港货币局的港币发行制度，对数字货币的发行方，要求 100% 担保。这样的研究非常有意义。"

2019/7/9 中国搜狗 CEO 王小川："在面对数字央行挑战的时候，今天的做法不是一个国家的能力独立发展这件事情，一定是大企业之间形成联盟来推动。"

2019/7/9 欧洲央行管委维勒鲁："Facebook 旗下加密货币 Libra 与全球私人货币有较大区别。"

2019/7/12 美国总统特朗普连续发表三条Twitter，称对虚拟货币“不感冒”：“我不是比特币和其他加密货币的爱好者，它们不是货币，且价值非常不稳定。不受监管的加密资产会助长不法行为，包括毒品交易和其他非法活动。”

2019/7/17 美国众议院金融服务委员会副主席 Patrick McHenry 表示：“华盛顿必须避免成为扼杀创新的地方，不能因为我们暂时无法理解技术创新，就选择禁止。”

2019/7/17 G7 工作小组负责人 Benoit Coeure 向七国集团表示，在拥有正确监管框架之前，不会让任何类似 Libra 的项目推出。

2019/7/18 法国财政部部长 Bruno Le Maire 在新闻发布会上表示，七国集团“不能接受私人公司在没有民主控制的情况下发行自己的货币”。

2019/7/18 华为创始人任正非在接受意大利媒体 Fabio Savelli《晚邮报》采访时被问及对 Facebook 发行的加密货币 Libra 的看法。任正非表示：“中国自己也可以发行这样的货币，为什么要等别人发行呢？一个国家的力量总比一家互联网公司强大。”

2019/7/18 中国金融学会会长、中国人民银行前行长周小川认为，Libra 在过去加密货币的基础上至少作出了两方面的重要改进：一方面，它吸取了加密货币以往急于求成、迅速建立交易市场的教训，避免币值的不稳定和投机成分；另一方面，Libra 借助 27 亿全球用户的优势瞄准跨境领域需求。同时表示未来可能会出现更加国际化、全球化的一种货币，那是一种强势的货币，导致主要货币和它产生兑换关系。这个东西并不一定是 Libra，但从最近几年的趋势看，会有不少机构和人员试图建立一种更有利于全球化的货币。如果一种更为强势的、全球化的货币出现，届时就会出现强势货币侵蚀弱势货币的问题。他介绍，目前的强势货币是美元，强币侵蚀弱币是美元侵蚀其他货币的过程。未来零售购物、资产交易都可以直接用美元，也会导致资本流动。

资本流动不仅取决于投资机会、利差，还会因为寻找安全感出现由弱势货币国流向强势货币国的情况，特别是有危机、有波动的时候。过去，全球出现的美元化进程，就是美元对弱势货币国的侵蚀。从弱势货币国来看，因为宏观调控不好、通货膨胀太高，就容易出现美元化。其中，最典型的就是津巴布韦，津巴布韦废除了本币，最后全部采用美元和其他货币。最后，周小川提醒，必须未雨绸缪，使人民币成为一种强势货币。

2019/7/20 中国建设银行董事长田国立，在 2019 年首届“数字云南”区块链国际论坛上表示：“实际上建设银行也是区块链的积极参与者，我们刚刚提到建行很多产品已经和区块链密不可分了，我特别想提醒大家，这个将会是一个非常大的课题，现在有两种意见，支持的站在整个更高层次的角度；欧洲也是反对的声音比较多。但是不管反对也好，支持也好，可能是一个趋势，是一个未来，中国的金融界和科研人员要关注这个可能，可能会决定未来 100 年、200 年铸币权的问题。中国这么大体量应该是积极的参与者，某种程度上不是研究，因为技术含量不是很高，更多的是推广和运用。所以，建设银行有非常大的兴趣，如果大家有这方面的想法可以共同研究，这肯定不是一家一户的事，我们也愿意跟大家充分交流和合作。”

2019/7/24 Facebook 公司董事长兼首席执行官马克·扎克伯格在介绍公司第二季度的经营和财务状况的电话会议上就最近大家所关注的 Libra 表示，Libra 就像我们之前遇到的很多像加密和内容监管的问题一样，我们知道这些都是非常敏感的问题，所以我们的做法是公开地针对它来进行讨论。几年前，Facebook 可能只是发布一个产品，现在我们要把最终结果的想法以及价值提前公开表述出来，我们和监管者以及专家等对有关方面进行讨论，然后决定最好的行动方案。我们对 Libra 也采用同样的方法。

我们与协会的 27 个成员进行讨论，发布白皮书，公开想法，我们认为这是一个极其重要并受到严格监管的区域，我们会遇到很多问题并把它们一一解决。我们现在就在这样做，希望能够提供一种安全、稳定并且受到严密监管的产品。

2019/7/25 清华大学国家金融研究院院长、国际货币基金组织原副总裁朱民在“开放创新，数聚生态——2019FinTech 高峰论坛”上表示：“我们不要高估 Libra，它的 20 亿都是虚拟客户，而阿里已有 10 亿真实客户；但也不要低估 Libra，对变动的速度不能掉以轻心。”同时指出：中国数字货币研究在世界前列，Libra 带来的机遇与挑战并存。为了应对世界大金融形势的挑战和要求，人民币必须加强线上和数字化概念，加强人民币可兑换，加快推进中国人民银行数字货币的研发，支持并鼓励中国支付公司加入对世界支付和数字货币市场的竞争。

2019/7/26 Visa 的 CEO Alfred F · Kelly Jr 在公司 2019 年第三季度营收电话会议表明：“我们签署了一份加入 Libra 联盟的非约束性意向书。一共有 27 家公司，我们是其中之一。但是还没有人正式加入。”

2019/8/2 上午中国人民银行召开 2019 年下半年工作电视会议。会议要求的下半年重点工作的第七点为：要因势利导发展金融科技，加强跟踪调研，积极迎接新的挑战。加快推进我国法定数字货币（DC/EP）研发步伐，跟踪研究国内外虚拟货币发展趋势，继续加强互联网金融风险整治。八是继续加强中央银行政策宣传解读。及时回应社会关切，完善多层次专家咨询制度，稳定和引导市场预期。

编者简介

冯涛涛 数字资产研究院学术秘书。

Facebook 大事记

冯涛涛　整理

2004/2	Facebook 创立。
2004/9	获得 Peter Thiel 天使投资。
2004/12	用户突破 100 万。
2005/5	获得 AccelPartners1270 万美元风险投资。
2005/12/11	Facebook 覆盖超过 2000 所大学和高中。
2006/9/11	Facebook 面向所有互联网用户开放。
2007/5/10	Facebook 宣布了一个提供免费分类广告的计划，即“Facebook 市场”。
2007/5/24	Facebook 推出应用编程接口（API），即 Facebook 开放平台（Facebook Platform）。
2007/7	Facebook 完成了第一次对其他公司的收购。
2008/5	Facebook 独立访问量为 1.146 亿次，页面浏览量为 450.4 亿。
2008/6	Facebook 推出简体中文版本。
2009/1	美国国内用户访问数达到 6850 万。
2009/4	推出虚拟货币 Credits。
2009/12	Facebook 独立访问人次达到 4.69 亿。
2010/2/2	Facebook 赶超雅虎成为全球第三大网站。
2011/2/8	Facebook 宣布在中国香港设立广告销售办事处，为中国香港和中国台湾市场提供服务。

2011/7/1 Facebook 虚拟交易强制使用 Credits。

2011/12 Facebook 月活跃用户为 8.45 亿。

2012/2/2 Facebook 向美国证券交易委员会（SEC）正式递交了首次公开募股（IPO）申请，股票代码 FB。

2012/5/18 Facebook 正式在美国纳斯达克证券交易所上市。

2013/6/17 品众互动成为 Facebook 在中国大陆地区首家代理商。

2014/2/19 Facebook 收购 WhatsApp。

2014/6/10 PayPal 总裁 David Marcus 加盟 Facebook。

2014/6/19 发生 6·19 Facebook 大规模宕机事件。

2014/7/20 Facebook 收购 Oculus VR。

2014/10/23 发布了匿名社交应用 Rooms。

2015/1 Facebook 收购了自然语言软件厂商 Wit.aiouou。

2015/1/9 Facebook 收购 QuickFire Networks。

2016/3/19 Facebook 中国行，中共中央政治局常委、中央书记处书记刘云山在北京会见 Facebook 创始人扎克伯格。

2016/8/28 Facebook 单日用户数突破 10 亿。

2016/12/19 Facebook 上线谣言审核机制功能。

2017/7 Facebook 月活用户首次超过 20 亿。

2018/1/30 Facebook 宣布执行加密货币广告禁令，并表示其是代表散户投资者行事，这些散户很容易成为通过广告进行欺诈性首次代币发行（ICO）的牺牲品。几个月后，Facebook 更新了政策，据说允许非 ICO 项目在首次获得“书面批准”后进行广告宣传。

2018/3/17 “Facebook 大数据泄密事件”（又称 Facebook 数据门）。

2018/4/10—11 两次听证会——美国众议院能源和商务委员会听证会。扎克伯格承认：“我们先前没有充分认识到我们的责任，这是一个巨大的错误。”

2018/5 Facebook 宣布组织结构重组，经历成立以来最大人事变动，成立组建三大部门：应用家族（包括 Facebook、Instagram、WhatsApp 和 Messenger 等，由 Chris Cox 负责）；新平台与基础架构（包括区块链技术团队、增强与虚拟现实团队、企业技术和人工智能团队等，由 Mike Schroepfer 负责）；核心产品服务（该部门负责诸如广告、数据分析和安全之类的共享资源等，由 Javier Olivan 负责）。美国经济委员会前主任 Jeffrey Zients 加入 Facebook 董事会，David Marcus（Coinbase 董事会成员）转岗负责区块链团队。

2018/12 Facebook 月活跃用户 23.2 亿，每日活跃用户 15.2 亿。

2019/1/9 马克·扎克伯格在个人 Facebook 主页上公布了个人 2019 年度目标："组织一系列关于科技未来的公开讨论，探讨其中所包含的机遇、希望和焦虑。"

2019/3 Facebook 月活跃用户 23.8 亿，每日活跃用户 15.6 亿。

2019/7/24 Facebook 发布公司截至 2019 年 6 月 30 日的第二季度财报，Facebook 第二季度营收为 168.86 亿美元，较 2018 年同期的 132.31 亿美元增长 28%；净利润为 26.16 亿美元，较 2018 年同期的 51.06 亿美元下滑 49%。截至 2019 年 6 月 30 日，Facebook 的平均月度活跃用户人数为 24.1 亿，比 2018 年同期增长 8%。公司董事长兼首席执行官马克·扎克伯格（Mark Zuckerberg）、首席运营官谢丽尔·桑德博格（Sheryl Sandberg）和首席财务官大卫·韦纳（David Wehner）召开了电话会议，介绍了公司第二季度的经营和财务状况。

编者简介

冯涛涛 数字资产研究院学术秘书。

相关词汇解释

袁洪哲　陶瑨翰

A

Anchorage（安克雷奇）

美国加密货币托管服务商，成立于2019年。美国证券交易委员会根据《多德—弗兰克法案》（Dodd-Frank Act），规定拥有价值超过15万美元的客户资产的机构投资者需要使用“通过认证的托管人（qualified custodian）”来存储这些资产。

Andreessen Horowitz

美国私人风险投资公司，由马克·安德烈森和本·霍洛维茨于2009年创立。公司目前管理着27亿美元资产。

AML: anti-money laundering（反洗钱）

反洗钱是维护金融稳定及打击恐怖主义等犯罪行为的重要工作目标。洗钱是非法所得（即“脏钱”）合法（即“清洗”）的过程。通常，它涉及三个步骤：放置、分层和集成。首先，非法资金被偷偷地引入合法的金融体系。其次，钱被四处转移，造成混乱，有时通过布线或通过多个账户转移。最后，它通过额外的交易集成到金融系统中，直到“脏钱”变“干净”。洗钱可能助长贩毒和恐怖主义等犯罪，并可能对全球经济产生不利影响。

Apache 2.0 Open Source License（Apache 2.0 **开源许可**）

由 Apache 软件基金会（ASF）编写的允许自由软件许可证。Apache 许可证版本 2.0 要求保留版权声明和免责声明。与其他自由软件许可证一样，许可证允许软件用户自由地将软件用于任何目的，分发、修改软件以及根据许可证条款分发软件的修改版本，而不必担心版税。

Apache Kafka

由 Apache 软件基金会开发的一个开源流处理平台，由 Scala 和 Java 编写。该项目的目标是为处理实时数据提供一个统一、高吞吐、低延迟的平台。

API，application programming interface（**应用编程接口**）

一组功能和进程，允许创建访问操作系统、应用程序或其他服务的功能或数据的应用程序。

asset（**资产**）

指用于抵押的低波动性真实资产，如由稳定且信誉良好的中央银行提供的现金和政府债券。

asset reserve（**资产储备**）

货币发行方储备外币资产用于维持收支平衡和本币汇率稳定。储备资产必须随时提供给货币当局，必须是外部实物资产，在某种程度上由决策者控制，并且必须易于转移。

Austrian School（**奥地利学派**）

一个非正统的经济思想学派，它以方法论个人主义为基础—社会现象完全由个人的动机和行为产生的概念。奥地利学派起源于 19 世纪末 20 世纪初的维也纳，由 Carl Menger、Eugen Böhmvon Bawerk、Friedrich von Wieser 等人创立。它在方法论上与普鲁士历史学派（在称为 Methodenstreit 的争议中）相对立。目前遵循这一传统的经济学家分布于许多不同的国家，但他们的学术工作仍然被称为奥地利经济学。奥地利学派早期的理论贡献包括主观价值理论、价格理论中的边际主义和形成经济计算问题，每一个都被公认为主流经济学的部分。自 20 世纪中叶以来，主流经济学家一直批评现代奥地利学派，并认为其拒绝将数学建模、计量经济学和宏观经济分析置于主流经济学之外，是“异端”。尽管奥地利学派自20世纪30年代后期以来一直被认为是“异端”，但在弗里德里希·哈耶克（Friedrich Hayek）获得1974年诺贝尔经济学奖之后，它再次引起了人们的兴趣。

B

bank deposit（银行存款）

储户交给银行保管的钱，是Libra储备的一部分。

Bison Trails

美国区块链基础设施服务公司，成立于2018年。

Blockchain（区块链）

基于密码学的去中心化分布式电子账本技术。其对于数据的改动包含时间戳，难以被篡改。

Booking Holdings

美国跨国旅游服务集团。其通过集团旗下六个品牌：缤客、Priceline.com、雅高达、KAYAK、rentalcars.com和OpenTable，提供消费者与当地厂商旅游相关服务。公司成立于1997年，并于1999年在纳斯达克上市。2018年集团总营收达到927亿美元。

Breakthrough Initiatives（突破计划）

为期十年寻找外星生命的工程项目。“突破计划”由尤里和朱莉娅·米尔纳于2015年创立，旨在探索宇宙，寻找地球以外生命的科学证据，并鼓励从星球角度进行公开讨论。

burn（熔币）

Libra协会销毁Libra。只有当授权经销商向协会卖出Libra以换取抵押资产时，Libra才会被销毁。

Byzantine Fault Tolerant（**拜占庭容错**）

分散系统在存在故障或“拜占庭”成员时提供安全保障的能力。拜占庭容错（BFT）共识协议旨在正确运行，即使某些验证器节点（最多 1/3 的网络）受到损害或失败。

C

CaLibra

Facebook 下属分支，以促使人们参与 Libra 网络为目标。其首个产品为支持 Libra 存储与交易的电子钱包，将于 2020 年推出。

central bank（**中央银行**）

负责国家或地区（如欧盟）货币政策的主体机构，通常也是一个经济共同体的唯一货币发行机构。

Coinbase, Inc

美国加密货币交易所与数字钱包服务提供商，成立于 2012 年，2018 年全球总营收近 5.2 亿美元。

community（**社区**）

一些人由于一些共同的特征或兴趣而产生联系并形成的社会组织。

compliance（**合规**）

主体符合所在地法律法规。合规是金融服务提供方决策的重要考虑。

consensus protocol（**共识协议**）

共识协议允许节点集体达成接受或拒绝交易的协议。

Creative Destruction Lab

适用于可扩增的科技导向公司的美国种子阶段项目公司。该项目于 2012 年推出，采用基于目标的辅导流程，旨在最大限度地创造权益价值。该公司已募资 2900 万美元。

cryptocurrency（**加密货币**）

基于区块链技术的通证系统，可被用以交易。

cryptography（**加密**）

利用技术手段对原有材料进行处理，使没有密钥的第三方难以窥探内容。

currency（**通货**）

一种用于作为交易媒介、可以流通的钱的表现形式，通常可分为法定货币（fiat currency）和商品货币（commodity currency）。法定货币即由法律法规所规定的钱的一种流通形式，并不具有内在价值。商品货币，如金、银等金属，是依靠其作为可交易商品的内在价值而成为可流通的商品货币。

currency basket（**一篮子货币**）

一篮子货币是具有不同权重的所选货币的组合。它通常用于货币波动风险的最小化。

D

data structure（**数据结构**）

Libra 区块链中的数据结构为 Merkle tree 结构，其作用是快速归纳和校验区块数据的存在性和完整性。

decentralisation（**去中心化**）

无中心集中管理、存储、连接的结构。

distributed governance（**分布式治理**）

并非由一个中心统筹管辖的治理模式。

dividend（**分红**）

此处指储备资产的利息按一定比例支付给生态系统启动初期的投资者。

E

eBay

美国跨国电子商务平台服务公司。2018 年交易总额达到 950 亿美元，总营收达到 107 亿美元。

economic empowerment（经济赋权）

人们对于财务资源的控制与分配作出决策并有所行动的能力。

exchange rate（货币兑换率）

持有 Libra 的人将自己持有的这种数字货币兑换成当地货币时的汇率。

F

Facebook（脸书）

美国在线社交网络服务商，美国四大科技公司之一（其他三家为亚马逊、苹果和谷歌），由马克·扎克伯格及其哈佛同学于 2004 年创立。Facebook 取材于附有学生照片的哈佛学生花名册，2013 年于纳斯达克上市。2018 年底，Facebook 日活跃用户量达到 15 亿，月活跃用户量达到 23 亿。Facebook 在 2019 年领导 Libra 网络的开发工作。

Farfetch

英国在线奢侈品零售平台服务商。销售来自全球 700 多家精品店和品牌的产品。公司由葡萄牙企业家何塞·内维斯于 2007 年创立，总部设在伦敦。Farfetch 于 2018 年在纽约证券交易所上市，2018 年总交易量达到 14 亿美元。

fiat currency（法定货币）

法定货币是一种物品（如纸币或金属币），通常由政府建立为货币。

financial ecosystem（金融生态系统）

一个包含资本提供方、资本使用方、资本交易方、中介、监管方和意见提供方的金融网络。这个网络建立在一个基本交易之上，即拥有剩余资本但观念短缺的人将资本提供给拥有剩余观念但资本短缺的人使用，以博取收益。

financial inclusion（**普惠金融**）

获得金融服务的平等机会。Libra 协会会成立具有社会影响力的拨款项目来支持普惠金融。

financial institution（**金融机构**）

从事金融和货币交易（如存款、贷款、投资和货币兑换）业务的公司。金融机构涵盖金融服务部门内广泛的业务，包括银行、信托公司、保险公司、经纪公司和投资交易商。它分为储蓄机构（如住房基金和信用合作社）、合约机构（如保险公司）和投资机构（如投资银行）。

financial service（**金融服务**）

与财务管理相关的服务，比如：投资、借贷、保险、证券发行与交易、资产管理、咨询、会计和外汇兑换。

formal verification（**形式验证**）

在硬件和软件系统的设计中，使用形式化的数学方法证明或证伪系统相对于某个形式规范或属性的预期算法的正确性的行为。形式化方法是用以指代相当广泛的理论计算机科学基础的应用，特别是逻辑演算、形式语言、自动机理论、离散事件动态系统和程序语义，还有软件和硬件规范和验证问题的类型系统和代数数据类型。

Fungibility（**同质性**）

可互换的性质。

G

GDPR，General Data Protection Regulation（**《通用数据保护条例》**）

欧盟对于数据隐私保护的相关法律,适用于欧盟与欧洲经济区内所有公民，同时，它也对向欧盟和欧洲经济区外输出个人数据作出了规定，于 2018 年 5

月生效。《条例》的首要目标在于对个人数据的控制，并通过统一欧盟内法律来简化国际商务的欧盟监管环境。《条例》的推出是欧盟 20 年来数据隐私立法方面最为重要的改变。

Geneva（**日内瓦**）

瑞士第二大城市，是 Libra 协会总部的所在地。

Git

由林纳斯·托瓦兹开创的一个开源文件版本控制系统。

GitHub

一家使用 Git 为软件开发版本控制提供托管服务的美国公司。微软于 2018 年以 75 亿美元收购了该公司。它在添加自己的功能之余提供了 Git 的所有分布式版本控制和源代码管理功能。它为每个项目提供访问控制和一些协作功能，如错误跟踪、功能请求、任务管理和百科查询。

governance policy（**治理政策**）

治理是区块链上分散节点作出决策的方法。

governing entity（**治理主体**）

此处指 Libra 协会，由多元化的独立成员构成，是一家独立的非营利性会员制组织，总部位于瑞士日内瓦。

government security（**政府债券**）

政府为融资而发行的债务证明，短期政府债券是 Libra 储备的一部分。

H

Hyperledger Fabric

一个提供分布式账本解决方案的平台。Hyperledger Fabric 由模块化架构支撑，并具备极佳的保密性、可伸缩性、灵活性和可扩增性。Hyperledger Fabric 被设计成支持不同的模块组件直接拔插启用，并能适应在经济生态系统中错综复杂的各种场景。

I

Iliad

法国电信服务提供商，总部设在巴黎，其业务包括固定电话和移动电话服务、预付电话卡以及提供和托管互联网的服务。该公司由哈维尔·尼尔于1990年创立。2018年Iliad集团总营收为47亿欧元。

三元悖论（impossible trinity）

以太坊创始人Vitalik提出区块链技术的“不可能三角”，也就是在区块链系统中，不可能在同一层面、同一时间在去中心化、安全性、可拓展性三方同时取得最佳优化，必须以牺牲其他因素去换取某一因素在一个领域上的提升。

infrastructure（**基础设施**）

使一个经济体运转的基础的服务与设施，如供水、供电、道路和互联网接入。

institutional custodian（**机构托管人**）

Libra协会为Libra储备设立的托管小组中的成员。美国证券交易委员会根据《多德—弗兰克法案》（Dodd-Frank Act）规定拥有价值超过15万美元的客户资产的机构投资者需要使用“通过认证的托管人（qualified custodian）”来存储这些资产。

interoperability（**互操作性**）

不同体系间设备的互相协作、相互替换的能力。

intrinsic value（**内在价值**）

通过投资者对于资产的评估而得出的相对于市场价值而言的实际价值。

K

Kiva

美国非营利的国际众筹小额借贷基金，成立于2005年。Kiva 2018年共向

40 万人借出 1.57 亿美元，还款率达到 96.6%。

KYC, know your customer（**客户身份识别**）

公司在与客户开展业务之前验证客户身份和财务状况的过程，属于反洗钱法规执行的一部分。该政策适用于未来和现有的业务关系——重点是从一开始就确定相关重要事实。

L

latency（**延迟**）

节点间信息传输的非即时性，是限制区块链网络交易吞吐量的主要因素。

Libra Association（ Libra **协会**）

一个独立的非营利性会员组织，总部设在瑞士日内瓦。该协会的目的是协调和提供一个网络治理框架，并储备和领导社会影响力赠款，以支持普惠金融。协会的成员身份由操作 Libra 区块链的验证节点网络组成。Libra 协会的成员将包括地域分布上分散和多样化的企业、非营利和多边组织以及学术机构。第一批组织将共同完成协会的章程，并在完成章程后成为“创始会员”。

Libra Blockchain（Libra **链**）

支撑 Libra 体系的区块链网络，起始形态为私链。

LibraBFT（Libra **拜占庭容错**）

Libra 区块链使用 LibraBFT 共识协议，采用拜占庭容错方法达成共识。

Libra currency

运行于 Libra 链之上并由 Libra 协会管理，同主权货币和稳定资产挂钩的通证。其使命为成为一种简单的全球货币与金融基础设施，为数十亿人赋权。Libra 作为一种加密货币，具备如下属性：快速汇款的能力、加密的安全性以及轻松跨境传输资金的自由。正如人们可以使用手机给朋友发短信一样，使用 Libra，同样可以做到即时、安全、低成本。

Libra Reserve（Libra 储备）

建立在存储低波动资产和货币上，并为 Libra 提供内在价值，且由 Libra 协会管理的资产储备。

Libra testnet（Libra 测试网）

Libra 测试网是 Libra 区块链软件早期原型的现场演示。

Lyft

美国跨国运输网络公司，成立于 2012 年。Lyft 在 2018 年收获了 81 亿美元的总运单量和 22 亿美元的总营收，美国市场占有率仅次于优步。

M

M0、M1、M2、M3、M4 为货币供应量按照货币流动性的强弱而划分成的不同层次。

M0

流通中现金，指银行体系以外各个单位的库存现金和居民的手持现金之和。

M1

狭义货币 =M0+ 企业活期存款 + 机关团体部队存款 + 农村存款 + 个人持有的信用卡类存款。

M2

广义货币 =M1+ 城乡居民储蓄存款 + 企业存款中具有定期性质的存款 + 外币存款 + 信托类存款。

M3

M2+ 金融债券 + 商业票据 + 大额可转让存单等。

M4

M3+ 其他短期流动资产。

MasterCard（万事达）

美国跨国支付科技公司。其前身为银行间卡协会（Interbank Card Association），成立于 1966 年。2002 年，万事达国际组织与 Europay（一家欧洲的银行卡组织）合并后由一家非营利性的组织变成一家营利性的公司。2006 年，万事达世界（MasterCard Worldwide）在纽约证券交易所上市。2018 年，其总营收达到 150 亿美元。

Mercado Pago

阿根廷母公司 Mercado Libre 下属的支付业务品牌。母公司成立于 1999 年，并于 2012 年开展了安全支付业务。Mercado Pago 是 Mercado Libre 的金融技术（FinTech）解决方案，旨在通过提供一种机制，让用户安全、轻松、及时地在线发送和接收付款，从而促进市场内外的交易。Mercado Pago 允许商家通过其网站和移动应用程序处理交易，还允许商家通过 QR 码和移动销售点（MPOS）处理实体店的交易。它还能使用户轻松地相互转移资金。通过资产管理产品 Mercado Fondo，其用户可以以具有竞争力的价格和简单的方式投资其 Mercado Pago 账户中存储的余额。贷款解决方案 Mercado Credito，使其能够为商人的营运资金需求和消费者的购买提供资金。Mercado Libre 2018 年的总营收达到 14 亿美元。

medium of exchange（**交易媒介**）

买卖双方交换商品或服务时的中介交换物，钱的一种功能。

Merkle tree（**梅克尔树**）

一种经过身份验证的数据结构。它允许有效地验证数据完整性和更新。

Mercy Corps

美国非政府组织，成立于 1979 年，在已经或正在经历各种形式的经济、社会和政治不稳定的过渡环境中进行全球人道主义援助。该组织在 2018 年向有需要的地区提供紧急资金 3200 多万美元。

mint（**铸币**）

Libra 协会创造 Libra。只有当授权经销商投入法定资产从协会买入 Libra 以完全支持新币时，Libra 才会被制造。

Move （Move 语言）

一种新的编程语言，旨在使数字资产安全且易于编程。Move 语言用于在 Libra 区块链上实现自定义事务逻辑和智能合约。

multilateral（多边）

有多个参与方。

O

open access（开放获取）

资源向大众公开的模式。

open identity（开放性身份）

Libra 协会将会开发和推广的一种标准，他们认为分散而便携的数字身份是实现金融普惠和竞争的先决条件。

open source（开源）

软件应用中源代码公开可见，并遵守相应协议使得对源代码的改动和再制不受限制。

open source methodology（开源方式）

软件免费提供原始源代码，可以以符合开源许可的方式分发和修改。

P

PayPal（贝宝）

美国支付科技公司，主营第三方在线支付，成立于 1998 年。贝宝是目前主流网站在线支付服务之一，2018 年处理了 99 亿笔在线支付，拥有 2.67 亿活跃用户。

PayU

服务在线商户的荷兰跨国支付技术服务公司，成立于 2002 年。

peg（挂钩）

这里指货币挂钩，指挂钩货币和被挂钩货币的关系是固定汇率关系。

permissioned blockchain（私链）

部分去中心化，写入权限仅在一个组织手里，读写权限由该组织决定的区块链。又被称为许可链，即需要许可。

permissionless blockchain（公链）

任何人都可读取、任何人都能发送交易且交易能获得有效确认、任何人都能参与其中共识过程的区块链。又被称为非许可链，即不需要许可。

privacy（隐私）

不愿他人知晓的私人信息。

R

resource type（资源类型）

指数字资产通过 Move 语言成为真实资产具有相同属性的“资源类型”：每个资源只有唯一的所有者，资源只能花费一次，并限制创建新资源。

Ribbit Capital

美国金融科技风险投资公司，成立于 2012 年。2018 年 9 月，Ribbit Capital 管理资产已超过 20 亿美元。

S

scalability（扩增性）

在应用规模上进行变化的能力，这对 Libra 这种有上亿用户的应用来说十分重要。

smart contract（智能合约）

智能合约是在区块链上发布的代码的常用术语，可用于执行交易。Move

编程语言将在 Libra Blockchain 上实现智能合约。

Social Impact Advisory Board（**社会影响力咨询委员会**）

由 Libra 协会选定的与其肩负共同使命的社会影响力合作伙伴合作建立的组织，共同制订社会影响力计划。

Spotify AB

瑞典媒体服务提供商，成立于 2006 年。该公司的主要业务是其音频流平台，提供来自唱片公司和媒体公司的受数字版权管理（DRM）保护的音乐和播客。作为免费增值（freemium）服务，基本功能是免费的，而通过付费订阅 Spotify 提供其他功能，如改进的流媒体质量。2018 年总营收达到 52 亿欧元。

store of value（**储值**）

价值的存储，钱的一种功能。

Stripe

美国跨国支付技术服务公司，成立于 2011 年，2018 年 9 月估值达到 200 亿美元。

Switzerland（**瑞士**）

欧洲国家，Libra 协会总部所在的国家。瑞士一直以来都持全球中立立场，并对区块链技术持开放性态度，符合 Libra 协会的目标，即成为一家中立的国际性机构。

syntactic sugar（**语法糖**）

编程语言中旨在使事物更易于阅读或表达的语法。它使语言“更甜”，即对人类友好的语法：事物可以被更清晰、更简洁地表达，或者被以某些人可能更喜欢的替代方式表达。

T

transaction fee（**交易费**）

使用 Libra 交易时产生的额外手续费用。

Thrive Capital

专注于互联网和软件投资的美国风险投资公司。由乔什·库什纳成立于2009年，目前已融资23亿美元。

throughput（**流量**）

在信息处理中，信息处理单元处理信息的速率。

trustworthiness（**可靠性**）

区块链由于其技术原理而产生高度可信的账本数据。

Turing complete（**图灵完备**）

计算机体系结构具备可以执行指令序列、条件指令和循环的性质。这意味着计算机可以执行任何可以定义的算法。图灵完备是任何计算机组织的基础和本质特征。

Turing machine（**图灵机**）

由数学家阿兰·图灵于1936年构想出的假想机器。不论多复杂，它可以模拟任何电脑算法。图灵最初设想的机器是一种可以毫无疑问地识别出不可判定命题的数学工具，不可判定命题是指那些在给定的正式公理系统中不能被证明真假的数学陈述（数学家库尔特·哥德尔已经证明，这种不可判定命题存在于任何足以包含算术的系统中）。图灵反而借此证明，从来没有任何普适的算法来确定命题是否不可判定。

U

Uber Technologies（**优步科技**）

美国跨国运输网络公司，以开发移动应用程序连接乘客和司机，提供载客车辆租赁及实时共乘的分享型经济服务。2019年在纽约证券交易所上市，2019年第一季度月活跃用户量达到7000万。

Union Square Ventures

美国风险投资公司，成立于2003年，由弗雷德·威尔逊（前平铁合伙人）

和布拉德·伯纳姆（AT&T 风险投资公司前执行人）创立，已募资 17 亿美元。

UTXO, unspent transaction output（未花费交易输出）

比特币交易中每一笔新的交易的输入必须是某笔交易的未花费输出（源头为挖矿奖励），每一笔输入的同时也需要上一笔输出所对应的私钥进行签名，并且每个比特币的节点都会存储当前整个区块链上的未花费交易输出，整个网络上的节点通过未花费交易输出及签名算法来验证新交易的合法性。这样，节点不需要追溯历史就可以验证新交易的合法性。

UTXO model（未花费交易输出模型）

比特币交易结束时的输出金额。在比特币交易中，除挖矿奖励外，每笔交易的输入皆为之前一笔或多笔交易输出（未花费交易输出）的叠加，此叠加的若干笔输出成为新的输入后即为已花费（金额大小大于或等于甲方应支付费用），而新的交易输入中甲方应支付部分和找零部分都会被标记。甲方应支付部分到达乙方钱包地址后留存成为新的未花费交易输出，找零部分到达乙方钱包地址后会返还到甲方，完成比特币交易。

V

Vodafone Group（沃达丰集团）

英国跨国电信集团。它是 2007 年于肯尼亚问世的最成功的国际移动支付解决方案之一 M–Pesa 的提供方。其 2018 年总营收为 410 亿欧元。

volatility（波动）

币值升高或降低带来的变化。Libra 通过关联币值较为稳定的一篮子主权货币来提高本身币值的稳定性，即减少币值波动。

validator node（验证节点）

世界各地的独立服务器称为节点，构成运行区块链的网络。验证器节点是验证 Libra 区块链的实体。它接收来自客户端的请求，并运行共识、执行和存储。

W

Women's World Banking

美国非营利机构，成立于1976年，向由32个国家的53个独立小额供资机构和银行组成的全球网络提供战略支助、技术援助和信息。这些机构向发展中世界的低收入企业家提供信贷和其他金融服务，特别注重面向妇女的金融服务。该组织在2017年服务了世界范围内3000万妇女。

X

Xapo Holdings Limited

总部位于中国香港的比特币存储服务公司，成立于2013年。公司提供比特币钱包与冷存储库，以及基于比特币的借记卡。

作者简介

袁洪哲 数字资产研究院学术秘书。

陶瑨翰 数字资产研究院学术秘书。

相关人名、机构索引

人名

Mark Elliot Zuckerberg（马克·艾略特·扎克伯格），Facebook 创始人兼首席执行官。

David Marcus（大卫·马库斯），Facebook 区块链项目负责人，PayPal 前总裁，Coinbase 董事会成员。

Jerome Powell（杰罗姆·鲍威尔），美国联邦储备委员会主席。

Christopher Giancarlo（克里斯托弗·吉安卡洛），美国商品期货交易委员会（CFTC）主席。

Satoshi Nakamoto（中本聪），比特币创始人。

Francois Villeroy de Galhau（弗朗索瓦·德加尔豪），欧洲央行管理委员会成员，法国央行行长。

Maxine Waters（马克辛·沃特斯），美国众议院金融服务委员会主席。

Philip Lowe（菲利普·洛），澳大利亚央行首席执行官。

Felix Hufeld，德国联邦金融监管局（BaFin）主席。

机构缩略

IMF	International Monetary Fund	国际货币基金组织
FSB	Financial Stability Board	金融稳定委员会

CFTC	Commodity Futures Trading Commission	美国商品期货交易委员会
BIS	Bank for International Settlements	国际清算银行
HFSC	House Financial Services Committee	美国众议院金融服务委员会
RBA	Reserve Bank of Australia	澳大利亚储备银行
BaFin	The Federal Financial Supervisory Authority	德国联邦金融监管局
CNAPS	China National Advanced Payment System	中国现代化支付系统
CNFN	China National Financial Network	中国国家金融网络

其他

SDR	Special Drawing Right	特别提款权

后 记

2019年6月18日，Facebook联合20余家机构，正式公开加密货币Libra的白皮书，全世界的政府、企业、金融机构和研究部门纷纷卷入其中，开始了一场牵动全球的智慧、技术、经济、政治、权力的全方位博弈。

可以预见，Libra的构想与未来的实践将影响全球金融体系、货币金融秩序、商业模式甚至某种生活方式，最重要的是，Libra应提供新型金融基础设施，将超越各种类型加密数字货币，开启人类货币金融变革的新篇章。

中国是数字经济大国，对于Libra的问题需要关注、认知、研究，在Libra提出和开启的各种场景中，不仅不应该缺席，而且要展现出严肃、审慎和开放的态度。

2019年6月20日，数字资产研究院召开了“Libra：一场牵动全球的智慧、技术、经济、政治、权力的全方位博弈”研讨会，百余位专家、学者、专业人士出席参与讨论。与此同时，针对当前中文世界里不乏关于Libra的讨论，但是缺少系统性、深刻性、原创性和启发性的相关著作的情况，朱嘉明教授在Libra白皮书发布之后，立刻倡导和规划本书，邀请国内深耕相关领域、最具有影响力的20余位专家和若干机构联合编写，旨在全方位阐述和分析Libra，为国内民众和社会各界创造一个了解和学习Libra的窗口，提供及时、全面的知识、信息和动态。

本书编写过程中遵循了以下原则：（1）追求历史与宏观视野；（2）强调国际视角；（3）技术分析与经济、社会分析并重；（4）兼收并蓄，包容多元价值和立场，创造不同观点间对话；（5）尊重专业性；（6）讨论政策建议。

我们深知，理解、分析、诠释Libra所包含的思想、技术和社会意义，绝非一个机构或某个团体所能完成的，而是需要由更多的学科、机构以及专业人士形成思想联合体。本书的作者来自经济、金融、国际关系、计算机、区块链、互联网等多个领域，感谢他们贡献出对Libra的原创性思考，汇集成为本书，实践了区块链的“共识”精神。

本书得以出版，首先感谢支持和参与本书的全体作者；还要感谢数字资产研究院的团队成员邵青、柏亮、郑延伟、陶瑨翰、袁洪哲、解晶、冯涛涛、杨青茂和陆斌泉，袁洪哲承担了本书全部的英文内容；特别要感谢东方出版社和博采雅集的团队。

最后，在本书的编写过程中，关于Libra的相关讨论仍然在持续发酵，新的思想仍在不断涌现，但是因为时间、篇幅和其他因素的限制，难免有遗珠和缺憾。我们会持续追踪，争取以后补充新的观点和思考。

本书编写组

2019年6月30日